高等学校大数据技术与应用规划教材

大数据时代移动商务

DASHUJU SHIDAI YIDONG SHANGWU

周 苏 王 文 主编

中国铁道出版社
CHINA RAILWAY PUBLISHING HOUSE

内 容 简 介

经过多年的发展，电子商务与移动商务不仅为全球经济带来了巨大的增长，更通过技术革命和观念革新改变着商业交易模式和企业管理流程，从而在根本上影响着社会的发展和变革。移动商务代表着新的商务革命，移动商务时代正成为电子商务的主流发展模式之一。

本书内容全面，结构合理，文字流畅，能够适合不同起点、不同层次读者学习移动商务知识的需要，并具有必要的技术深度。全书包括移动商务概述、大数据及其思维变革、移动购物的崛起、移动购物生命周期、移动商务的全流程营销、O2O商业模式与新零售、网络银行与移动支付、移动设备及其操作系统、局域网和无线局域网、因特网与 Web 技术、云计算与物联网、移动商务安全等内容。全书通过一系列大数据环境下移动商务知识的实验练习，把移动商务的概念、理论知识与技术融入实践当中，从而加深对本课程专业知识的认识和理解。

本书适合作为应用型高等院校相关专业"移动商务"课程具有实践特色的新型教材，也可作为其他专业和继续教育学生学习移动商务知识的教材。

图书在版编目（CIP）数据

大数据时代移动商务/周苏，王文主编.—北京：
中国铁道出版社，2018.9
高等学校大数据技术与应用规划教材
ISBN 978-7-113-24859-8

Ⅰ.①大… Ⅱ.①周… ②王… Ⅲ.①移动电子商务-高等学校-教材 Ⅳ.①F713.36

中国版本图书馆 CIP 数据核字（2018）第 186385 号

书　　名：大数据时代移动商务
作　　者：周 苏 王 文 主编

策　　划：王春霞		读者热线：（010）63550836
责任编辑：王春霞　卢 笛		
封面设计：穆 丽		
责任校对：张玉华		
责任印制：郭向伟		

出版发行：中国铁道出版社（100054，北京市西城区右安门西街8号）
网　　址：http://www.tdpress.com/51eds/
印　　刷：北京铭成印刷有限公司
版　　次：2018年9月第1版　2018年9月第1次印刷
开　　本：787 mm×1 092 mm　1/16　印张：19.75　字数：453 千
书　　号：ISBN 978-7-113-24859-8
定　　价：55.00 元

前言
Preface

　　在长期的教学实践中，我们体会到，"因材施教"是教育教学的重要原则之一，把实验实践环节与理论教学相融合，抓实验实践教学是为了促进学科理论知识的学习，抓学习过程的教学结果，是有效提高应用型高等院校相关专业教学效果和教学水平的重要方法之一。随着教改研究的不断深入，我们陆续建设了一系列以实验实践方法为主体开展教学活动的、具有鲜明特色的课程主教材，相关的数十篇教改研究论文也赢得了普遍的好评，并多次获得省级高校优秀教材奖、各级精品课程建设项目和教学优秀成果奖。我们编写的教材所涉及的课程包括：计算机导论、操作系统原理、汇编语言程序设计、数据结构与算法、现代软件工程、软件体系结构、软件测试技术、人机交互技术、项目管理、大数据导论、大数据可视化、网页设计与网站建设、网络管理技术、多媒体技术、数字媒体基础、数字艺术设计、信息安全技术、管理信息系统、信息资源管理、电子商务、移动商务、供应链物流管理、办公软件高级应用、科技应用文写作，以及创新思维与创新方法、创新思维与创业能力等课程。

　　我们的教材编写原则是：依据课程教学大纲，充分学习和理解课程教学改革成果，遵循课程教学的规律和节奏，体现实验实践的可操作性，可以作为具有应用和实践特色的课程主教材，可以很好地推动本课程的教学发展，辅助老师教，帮助学生学，帮助用户切实把握本课程的知识内涵和理论与实践的水平。

　　本书是为应用型高等院校相关专业"移动商务"课程开发的具有实践特色的新型教材，内容包括移动商务概述、大数据及其思维变革、移动购物的崛起、移动购物生命周期、移动商务的全流程营销、O2O商业模式与新零售、网络银行与移动支付、移动设备及其操作系统、局域网和无线局域网、因特网与Web技术、云计算与物联网、移动商务安全等。通过一系列大数据和网络环境下移动商务知识的实验练习，把移动商务的概念、理论知识与技术融入实践当中，从而加深对本课程专业知识的认识和理解。

　　每次课程实践和每个实验均留有"实验总结"和"教师评价"部分；全部实验完成之后的课程学习与实验总结部分还设计了"课程学习能力测评"等内容，希望以此方便师生交流对学科知识、实验内容的理解与体会，以及对学生学习情况进行必要的评估。

　　本书由周苏、王文主编，参加本书编写工作的还有：黄芳、张丽娜、涂嘉庆、许鸿飞、蔡锦锦、吴林华、周正等。本书的编写得到了浙江安防职业技术学院、浙江商业职业技术学院、哈尔滨职业技术学院、温州商学院、浙江大学城市学院、浙江大学等多所院校师生的支持，在此一并表示感谢！本书相关的实验素材可以从中国铁道出版社网站（http://www.tdpress.com/51eds/）的下载区下载。欢迎教师索取与本书教学配套的相关资料或进行互动交流。E-mail：zhousu@qq.com，QQ：81505050，个人博客：http://blog.sina.com.cn/zhousu58。

编　者

2018 年 5 月

目 录
CONTENTS

第①章

移动商务概述

【导读案例】电子商务与"一带一路"的推进实施相结合

2017 年 5 月 26 日，2017 中国电子商务创新发展峰会主论坛在贵阳举行。贵州省委常委、贵阳市委书记陈刚在主论坛上致辞（见图 1-1），以下为文字实录。

图 1-1　陈刚在 2017 中国电子商务创新发展峰会主论坛致辞

女士们，先生们，朋友们，今天我们再次相约，共聚贵阳，相聚在一年一度的电商峰会！在此，我谨代表贵州省委省政府、贵阳市委市政府对大家的到来表示热烈的欢迎，对大家长期对我们贵州贵阳的关心、帮助、支持表示感谢！

再一次站在电商峰会的会场，我个人心潮澎湃，思绪万千，不由得想起电商峰会落地贵阳以来的点点滴滴，想起过去几年电商峰会与贵阳的大数据、与数博会的深厚渊源。记得 2014 年 9 月 4 日，在以"开放、创新、融合"为主题的电商峰会落户贵阳的时候，我参加了开幕式，当时还给贵阳做了一个广告，说贵阳是一座适宜电子商务发展的城市，欢迎全国的电商来把握全新的发展机会。当时贵阳的大数据刚刚起步，迫切需要借助电商平台来宣传造势，汇聚资源。电商峰会能够落地贵阳，有贵阳的争取，但更是主办方对我们的关爱和支持。

我也还记得 2015 年 5 月 7 日，以"拥抱电子商务+"为主题的电商峰会在贵阳开幕，我也参加了开幕式，并就"互联网+""大数据+""电子商务+"谈了一些观点，两年过去了，这三个"+"都在快速推进，电子商务也在加快转型升级！与此同时，电商峰会的规模进一步扩大，影响进一步提升。

我更加记得在 2016 年这个时候，"2016 年中国大数据产业峰会暨中国电子商务创新发展峰会"开幕，电商峰会与数博会强强联合，同期两会，交相辉映。虽然我没有参加电商峰会的论坛，但时刻关注着峰会举办的情况。至此，数博会与电商峰会优势互补，相得益彰，影响力空前提高。

今天电商峰会与数博会已经合二为一了，成为中国大数据和电子商务行业规模最大、层次最高、最有影响力的年度峰会，成为推动中国大数据和电子商务发展最重要的一股力量！正如本届峰会主题所说"聚合创新要素，赋能实体经济"，这就是我们在聚合、赋能过程中共同努力、不懈努力的结果，是我们探索创新、共享共建的结果。

近年来，我国电子商务发展迅猛，战功赫赫，而且正在加速与各行各业融合，催生新兴业态，软硬结合，内外并举，纵横协调，政企合作的趋势越来越明显。在此，我和大家分享我认识的三个观点：

第一个观点，从行业未来讲，电子商务会更多与社会科学的思想方法相结合，实现创新发展，转型升级。技术的进步给电商的发展不断带来新的契机，在大数据、人工智能、区块链等技术的推动下，电子商务的发展方式、交易和服务模式已经或者正在发生着显著的变化；然而客户的需求变化永无止境，电商模式的创新也永无止境，推动电商创新的发展固然要以技术为主导，但是这还远远不够。事实证明，科技因素与社会因素相互制衡，任何产品服务的创新如果仅仅止步于技术，不学习借鉴社会学、心理学、伦理学，乃至一些哲学的思考就很难持久。

很多人认为 BAT 这样的公司在复制美国的技术，但是他们确实在中国取得了巨大的成功，我的观点是并非哪个公司拥有原始创新就一定会成为伟大的公司，中国互联网企业通过应用创新、集成创新，创造出了新的商业模式，也同样伟大。很难想象如果 BAT 没有充分结合中国实际，不去考虑人文社会学的问题，还能否成为今天的 BAT。这也就是电子商务需要与社会科学思维方法相结合的重要原因。

第二个观点，从社会价值来讲，电子商务要更多地与脱贫攻坚的现实相结合，助推精准扶贫、精准脱贫，打赢脱贫攻坚战是中国全面建成小康社会的艰巨任务，对贵州这样欠发达的省份来说更是头等大事。而发展电子商务，特别是农村电子商务，不仅是培育经济新动力，助推"大众创业，万众创新"的关键举措，而且是推进产业扶贫，决胜脱贫攻坚的好办法、突破口。事实上，早在 2015 年党中央国务院关于打赢脱贫攻坚战的决定就明确提出，加大"互联网+"的扶贫力度，实施电商扶贫工程。去年底发布的电子商务"十三五"规划，和今年发布的促进电子商务发展的三年行动实施方案都将电子商务作为重要的任务实施部署。

贵州贵阳在发展大数据的过程中，始终把电子商务作为重要的落地性产业，将其与扶贫工作紧密结合，在促进就业创业、拓宽贫困人口、增加脱贫渠道等方面发挥了很好的作用。站在政府的角度，我们欢迎电商行业的朋友更多地投入到脱贫共建的事业中，在发挥好电子商务经济价值的同时，更多地体现和提升电子商务的社会价值。

第三个观点，从历史使命讲，电子商务要更多地与"一带一路"的推进实施相结合，助力互联互通，造福世界。前不久，习近平主席在"一带一路"国际合作高峰论坛上指出：要坚持创新驱动发展，加强在素质经济、人工智能、纳米技术、量子计算机等前沿领域的合作，推动大数据、云计算、智慧城市建设，连接成 21 世纪数字丝绸之路。

这意味着我们既要打造现实的丝绸之路，更要打造数字丝绸之路；既要连通现实高速公路，更要连通信息高速公路。事实上，"政策沟通、设施联通、贸易畅通、资金融通、民心相通"这五通当中，电子商务都大有可为。特别是在推动与沿线国家重要结点城市的对点合作和跨境电商合作通道建设、电商企业国际合作平台建设，跨境电子商务综合试验区建设，以及探索实现电商领域信息流、物流、资金流高效流转的"新三通"方面将充满机遇。我们相信，有电子商务的助力，"一带一路"将从现实世界加快拓展至虚拟世界，形成网络空间命运共同体，数字丝绸之路也就为期不远。

世界在变，中国也变；中国在变，世界也会跟着变。以大数据、电子商务等为代表，中国在数字经济领域和通过数字经济推动实体经济转型方面大有引领之势。贵州作为全国首个国家大数据试验区，贵阳作为核心区，将推动大数据行动，将更加强力地推动电子商务的发展，加快做大做强数字经济。

（资料来源：央视网，2017-5-27）

阅读上文，请思考、分析并简单记录。

（1）中国电子商务创新发展峰会由国家发改委、中央网信办等十余国家部委联合支持，是我国电商领域层次最高、规模最大的行业盛会。电商峰会自 2013 年至 2017 年已经举办 5 届。请通过网络搜索，详细了解各届电商峰会，记录各届电商峰会的主题。

答：_____

_____

_____

_____

（2）陈刚在 2017 中国电子商务创新发展峰会主论坛致辞，谈到了三个观点，请简单记录。

答：_____

_____

_____

_____

（3）请通过网络搜索，详细了解国家"一带一路"的战略决策，并简单阐述。

答：_____

_____

_____

_____

（4）请简单记述你所知道的上一周内发生的国际、国内或者身边的大事。

答：_____

_____

_____

_____

_____

1.1　电子商务概述

"电子商务"通常用来描述在计算机网络上以电子形式进行的商业交易，它包括了因特网和 Web 技术能够支持的所有形式的商业和市场营销过程。

电子商务的"商品"包含许多种类的有形产品、数字产品及服务等。电子商务网站可以提供的有形产品包括衣服、鞋、滑板及汽车这类商品，这些产品多数可以通过邮递、包裹投递等物流服务运送到购买者手中。

电子商务商品中包括了越来越多的数字产品，如新闻、音乐、影像、数据库、软件及各类基于知识的商品。这些产品的独特性在于它们能够转换成比特（bit）的形式，从而可以经由 Web 投递。顾客在完成订单后立刻就可以得到产品，不再需要支付运送费用。

电子商务商家也出售服务，如在线医疗咨询、远程教育及产品定制等。这些服务中的一部分可以由计算机来执行，另一些则需要由人代理。服务能够以电子形式投递，如远程教育课程；或者需要产生一些有形产品，如个性化的汽车外罩。

许多电子商务活动被归为 B2C（Business to Consumer，企业对消费者）类，在 B2C 模式中，个人消费者能够从在线商家处购买商品和服务；在 C2C（Consumer to Consumer，消费者对消费者）模式中，消费者可以通过在线拍卖互相出售商品；B2B（Business to Business，企业对企业）模式是指一个企业从另一个企业购买商品或服务；B2G（Business to Government，企业对政府）模式则专门帮助企业将商品销售给政府；而 O2O（Online to Offline，线上-线下）模式是互联网时代生活消费领域通过线上（虚拟世界）和线下（现实世界）互动的一种新型商业模式。

电子商务强化了传统的商业模式，因为它可以提供自动化、计算机化及数字化所具有的效率和机会。跟传统的"实体"企业一样，在电子商务企业中，利润是收入和支出之间的差额。

电子商务的一个优势是它可以通过削减成本来提高利润率。例如，由出纳员处理的一笔取款或存款业务可能要花费银行大约 1 美元，在 ATM 机上这个费用大概是 25 美分，而在 Web 上则可能仅需 1 美分。

电子商务商家也可以通过为营销人员托管广告空间来获得收入，这些营销人员会创作出一些越来越难以拒绝的在线广告，如标题广告、浮动广告和弹出广告。标题广告通常嵌入在网页的顶端；浮动广告可将内容覆盖在网页上，有时只有当用户点击之后它才会隐藏，或者是在广告的定时器到时间后它会自动消失；弹出广告是指连接到一些网页时在独立窗口显示的广告。当用户点击了标题广告、浮动广告或弹出广告时，浏览器就会直接连接到这个广告发布者的网站，在那里可以找到产品信息并可以进行购买。

为标题广告、浮动广告及弹出广告托管广告空间的商家所能获得的收入取决于点击率。点击率是指站点访问者通过点击广告连接到广告发布者站点的次数。每次点击仅能为托管广告空间的商家赚取很少的一点钱。近年来，点击率已经下降了，因为大部分的消费者或简单地忽略了这些广告，或安装了广告拦截软件来阻止广告的出现。

商家和消费者都能从电子商务中获利。例如，在网上音乐商店可以找到一些另类的音乐，这些东西是"实体"商家没有空间或者没有兴趣存放的。Web 和搜索引擎给小型商家提供了一种方法，使他们不必做昂贵的全国性广告就可以被顾客发现和吸引顾客。

1.2　移动商务的概念

经过多年的发展，电子商务不仅为全球经济带来了巨大的增长，更通过技术革命和观念革新改变着商业交易模式和企业管理流程，从而在根本上影响着社会的发展和变革。

随着移动通信与计算机、因特网等技术的结合，以移动支付为代表的移动商务（M-commerce，M-mobile，又称移动电子商务）应运而生。移动商务的出现标志着新一轮商务革命的开始，一个新的移动商务时代已经到来，成为带动电子商务发展的新引擎，继续扩展企业从事商务活动的方式，并改变公司、客户、供应商和伙伴的关系。

1.2.1　移动商务的应用背景

传统的因特网是以点对点通信为基础构建的，网络结点之间进行的通信对线路要求很高。但是，随着网上传输的数据量不断增多，人们对信息的需求更加多样化，这种通信方式已经远远不能满足电子商务发展的要求。同时，因特网上的信息传输并不都是点对点方式的，相当数量的信息是从一个源发给多个接收者的，即信息广播或多播，这些信息如果利用点对点网络来传输，就会极大地浪费网络资源，降低网络的使用效率。

数字技术、网络技术、计算机技术和通信技术的发展与结合，促使因特网与移动通信的融合产生了新的增长点，即移动因特网。移动因特网采用网际互联协议 IP，实现异质网间的互联互通，并为今后异质网的融合，特别是异质网间业务与应用的融合提供了重要的技术基础。

随着手机终端的大屏化和手机应用体验的不断提升，手机作为网民主要上网终端的趋势进一步明显。移动商务类应用发展迅速，互联网应用向提升体验、贴近经济方向靠拢。互联网对个人生活方式的影响进一步深化，从基于信息获取和沟通娱乐需求的个性化应用，发展到与医疗、教育、交通等公用服务深度融合的民生服务。未来，在云计算、物联网及大数据等应用的带动下，互联网将推动农业、现代制造业和生产服务业的转型升级。

很多城市在城市道路、景区、公交站台、购物商场、行政服务、交通枢纽等区域，向市民和游客等免费开放室外 Wi-Fi 网络，很多人可以随时随地用手机上网。市区商业中心尤为密集。现在，在城区或乡镇的人口密集区，提供免费无线上网或基于 4G 的无线网络服务，变得越来越普及。这些基础设施的建设大大促进了移动电子商务的蓬勃发展。

1.2.2　移动商务定义

移动商务是指通过移动通信网络进行数据传输，并且利用智能手机、PDA（Personal Digital Assistant，个人数字助理）、掌上电脑、笔记本式计算机等移动终端开展各种商业经营活动的一种新的电子商务模式。通过移动通信解决方案可以真正实现使任何人在任何时间、任何地点得到整个网络的信息和服务。

移动商务，顾名思义，就是"移动+商务"，是在移动过程中开展的商务活动，移动是手段，商务是目的。

狭义的移动商务只包含涉及货币类交易的商务模式，广义的移动商务则包括人们通过随身携带的移动设备随时随地获得的一切服务，服务领域涉及通信、娱乐、商业广告、旅游、紧急救助、农业、金融等。人们所说的移动商务通常是指广义的移动商务。

很多学者和机构对移动商务给出了定义，例如：

（1）移动商务是指通过移动通信网络进行的、涉及资金价值的任何交易。按照这个定义，不论是在 B2C 还是 B2B 领域，移动商务都是电子商务的一部分。通过快速发展的移动服务，移动商务不仅增加了电子商务市场的交易量，同时还扩展了整个电子商务市场。

（2）从交易的角度考虑，任何形式的交易和经济价值，如果是通过移动通信网络利用一种或多种移动终端设备来实现的，那么就可以被认为是移动商务。

（3）移动商务是基于因特网的电子商务的延伸，任何电子商务交易，不论由何人在何地操作，只要通过无线终端设备实现，都被认为是移动商务。

（4）移动商务是一个由个人和组织共同构成的交互式"生态系统"。这个系统由社会经济背景和各种成功的技术构成，通过无线和移动技术的应用，经济背景和技术在社会交互下共同创造新的应用。

（5）移动商务指不受时间和空间的限制，通过任何移动设备和无线通信网络，与移动交易、数据传输、网络设备有关的所有活动，或者改善商务运作和商业流程效率的活动。

（6）通过连接公共和专用网络，使用移动终端来实现各种活动，包括经营、管理、交易、娱乐等。

电子支付是指单位、个人通过电子终端，直接或间接地向银行机构发出支付指令，实现货币支付与资金转移。代表移动商务的移动支付（手机支付）是一种新的电子支付方式，具有方便、快捷、安全、低廉等优点和非常大的商业前景，将会引领移动商务和无线金融的发展。

综上所述，移动商务是指通过移动通信网络进行数据传输并且利用移动终端开展各种商业经营活动的一种新的电子商务模式，它由电子商务的概念衍生出来。电子商务以PC 为主要界面，是"有线的电子商务"；而移动商务则是通过手机、PDA 等这些可以装在口袋里的终端与消费者交互，使得消费者无论何时、何地都可以进行商务活动。

1.2.3　移动商务的模式和内容

移动商务在本质上仍属于电子商务，是由技术发展与市场变化而出现的新的商务模式。人们可以从用户、技术和商务等不同角度来分析移动商务的模式和内容。

从用户角度来看，个体消费者可以购买娱乐信息内容，包括图片、铃声、游戏、赛事成绩等。人们可以使用手机等移动通信设备，随时随地上网，查询信息，购买产品，预订服务，既方便快捷，又节省时间。移动商务给消费者提供更多方便的商业体验。对于企业用户来说，移动商务可以为他们提供快速、便捷的信息服务，应用于内部办公、外部服务、信息发布及定向宣传等。

从技术角度来看，移动商务不仅是技术的创新，也是一种企业管理模式的创新。手机、PDA 和笔记本式计算机等移动通信设备与企业后台连接后，通过无线通信技术进行网上商务活动，使得移动通信网和因特网有机结合，突破了有线网络的局限，更加直接、高效地进行信息互动，扩大了电子商务的领域，节省了人力成本，使企业能够及时把握市场动态和动向。移动商务充分运用其移动性消除了时间和地域的限制，为电子商务活动提供便捷，使随时随地的信息传输和商业交易成为可能。因此可以说，移动商务利用了各种移动设备和移动通信技术，随时随地存储、传输和交流各种商业信息，是一种新的业务模式。

从商务角度来看，移动商务通过移动通信网络进行数据传输，利用手机、PDA 等移动终端开展各种商业经营活动，是与商务活动参与主体最贴近的一类电子商务模式。由于用户与移动终端的对应关系，通过与移动终端的通信可以在第一时间准确地与对象进行沟通，使用户更多地脱离设备网络环境的束缚，最大限度地驰骋于自由的商务空间。

具体来讲，移动商务可以划分为三层（见图 1-2）。

核心交易是商家向最终用户提供的核心服务，亦即狭义的移动商务，如购买电影票、银行交易或在手机上玩交互性的收费游戏等。包装服务提供商业活动的环境，包括广告、营销、内容整合和搜索服务等对核心交易活动起帮助作用的服务。交易支持服务是支持交易活动所必需的业务流程，如安全认证、支付和配送等。

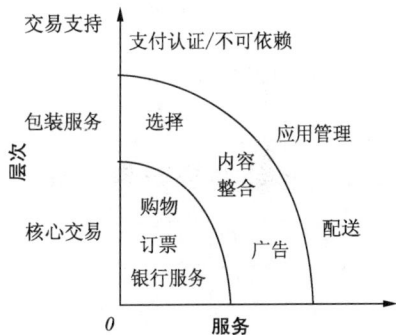

图 1-2　移动商务三层次

人们往往只看移动商务给消费者带来更多更方便的商业体验，为企业用户提供了应用于内部办公、外部服务、信息发布及定向宣传等多种应用功能，实际上，移动商务不仅改变了信息获取的速度和方式，更改变了商务对接、合同签订、货款交割、库存管理、流动性车辆调度、移动目标追踪和查询方式等固有的运作和流转方式，给传统的企业管理、营销管理、商务管理带来了巨大的变革，形成了新的"商业气候"，满足了新的商业需求。

1.2.4　电子商务到移动商务的演化

互联网催化的电子商务实质上是信息技术对传统商务活动的一场工具性革命，是一种商务活动的新形式。随着无线数据网络的发展，又创造了新的移动商务产业，它在技术、管理和市场等各方面都对现有的商务环境产生了强烈的冲击。

电子商务向移动商务的演进可以从技术、管理、经济及发展的角度来表现。

（1）从技术的角度看，电子商务采用互联网及其他广域网、局域网等现代化信息手段为工具来进行交易，从而达到提高效率、降低成本的目的。移动商务是依托移动通信网络，使用移动通信终端和设备进行各种商务信息交互和各类商务活动。信息技术的发展，使得移动互联网及各种 WAP 技术、二维码技术、微信、SMS（Short Message Service，短信）技术等都广泛应用于移动商务中。

（2）从企业管理的角度看，电子商务是用电子的方式和技术来组织企业内部、企业之间、企业与消费者之间的相互活动，电子商务的发展使得企业供应链管理战略不断得到重视，而且企业的竞争也逐步从产品竞争发展为供应链竞争，供应链成为一种核心竞争资源。移动商务是直接或间接地通过移动平台进行价值创造、传递及实现的过程，从某种程度上说，它使得企业的供应链得到进一步的延伸和拓展，管理效率进一步提高，但同时移动价值链的管理也更加复杂。

（3）从经济学的角度看，电子商务提供了一个新市场，市场活动中的市场主体、产品、过程都不同程度地被电子化。例如，通过数字过程提供数字产品，市场主体网络虚拟化等，而且实物产品的销售也会受到数字过程的影响，成为新市场的一部分。数字商务是电子商务的核心，即市场主体和过程都是数字化的。而移动商务也具有这一新市场的基本特征，同时在主体、产品和过程等市场要素中体现出位置相关性、随时随地和个性化等特点。

（4）从发展的角度看，电子商务的发展经历了三个主要阶段：一是技术主导阶段，认为使用了电子商务技术就实现了电子商务；二是"鼠标+水泥"阶段，重视电子与传统商务的有效结合；三是商务创新和变革阶段，体现生产关系要适应生产力的发展这一基本规律，商务模式与电子技术相匹配，不断创新与变革。而移动商务则是电子商务的延伸和发展，并在移动增值服务领域创新出了移动商务模式。

1.2.5 移动商务与电子商务比较分析

电子商务通过有线技术进行数据和信息传递及接入互联网，移动商务则通过无线技术和各种便携设备进行数据和信息传输及互联网接入。移动商务因其使用的技术和实现方式与传统商务和电子商务不同，在其应用过程中体现出与以往商务模式的较大区别。

1. 技术特性比较

移动商务与电子商务在技术特性上的比较如表 1-1 所示。

表 1-1　移动商务与电子商务在技术特性上的比较

技术特性	电子商务	移动商务
网络基础设施		
起源	政府资助的因特网项目	私有的蜂窝电话通信服务
所有权	大众共享	私有企业
连接性	全球范围的通用连接	短距离、地区范围和全球范围的相互分割的系统

续表

技术特性	电子商务	移动商务
网络容量	较宽，可以无限扩充	受到可用频谱的限制
数据传输	主要用于数据通信	主要用于语音通信
协议	一致和标准的互联网协议	多个相互竞争的移动通信协议
地理定位系统	无	有多种地理定位技术
应用开发平台		
服务发现	基于 URL 域名和超链接进行资源定位	没有统一的资源定位符
方便交互	基于 Http/Web 的查询—反馈系统	短消息和简化的 Web 访问功能，智能代理技术
应用开发工具	多种通用的编辑工具	编程语言特殊、种类有限
应用互操作性	开放式的系统、运行于任何 PC	不同的设备各不相同
应用集成	容易与已有系统集成	难以与其他信息系统集成
支付系统	第三方支付机制	内置的持有者支付机制
终端设备		
终端类型	以 PC 为主	多种类型的终端设备
人机交互界面	具有很大的显示屏幕和文本输入键盘，也可能有声音和视屏通信功能	用于语音的蜂窝电话和用于数据通信的 PDA 屏幕，键盘都很小
处理能力	功能强大的 CPU，很大内存和磁盘空间，存储空间几乎是无限的	有限的处理能力、有限的存储空间、电源的可用时间有限
移动性	固定位置，不能移动	可移动
地理定位	难以定位	可以定位
设备识别	不能识别	容易识别
个人识别	无	可用生物信息技术进行个人识别

（1）网络基础设施。相比有线互联网的高带宽、低成本来说，无线通信在带宽方面受到无线电频谱的限制，带宽有限且成本较高。但是无线通信除移动性之外还有一个独特的功能，即地理定位，这使移动商务具有基于位置的服务等独特的应用内容。

（2）应用开发平台。移动商务环境下的应用平台开发比电子商务环境要更为复杂。例如，在支付系统方面，互联网起源于政府资助的项目，从一开始就是免费的，在开展电子商务时，需要通过第三方支付等机制解决支付的问题。移动通信则主要由市场化的企业所运营，技术上很容易实现内置的用户支付机制，从一开始就解决了支付的问题。

（3）终端设备。电子商务应用的兴起是由于个人计算机的普及，其显示器屏幕大、有标准输入键盘、内存大，具有很强的处理能力，基本不用考虑电池问题。而移动通信设备则有屏幕小、输入不方便、网络速度慢等弱点，而且存在电池的续航能力问题，因此不适合复杂的应用。

2．服务特性比较

移动商务与电子商务在服务特性上的比较如表 1-2 所示。

表 1-2   移动商务与电子商务在服务特性上的比较

服务特性	电子商务	移动商务
用户群		
用户特点	有因特网连接的 PC 用户	蜂窝电话和 PDA 用户
地理分布	大部分受教育程度较高	移动商务用户和年轻的、受教育程度较低的用户
移动性		
服务提供	服务提供到家庭或办公室，避免旅行	服务提供给移动中的人，方便旅行者的需求
移动目标的跟踪	无	实时跟踪移动的目标
位置相关性		
位置感知	与位置无关，位置是作为一个被克服的约束条件	位置作为一个产生价值的新维度，基于位置的服务
服务范围	全球市场	局部/需求发生的地方
时间相关性		
时间敏感	永远在线（24 小时×7 天），时间作为应被克服的约束条件	时间敏感，紧急事件的处理，临时的购买需求

（1）用户群。移动商务与电子商务的用户群差异较大，而且移动商务的潜在用户群体远远大于电子商务。大部分电子商务用户具有一定的计算机基础知识，而移动电话用户分布不均匀，文化差异较大，部分用户可能对计算机和网络知之甚少，这使得企业在进行市场细分和开发各种应用时必须十分慎重。

（2）移动性。从某种意义上讲，电子商务通过减少人们的差旅出行来提高效率、节约成本，而移动商务则主要是辅助和支持旅行者和移动工作者。由于其移动特性，移动商务产生了许多电子商务无法实现的服务内容，比局限于办公室和其他固定位置的电子商务具有更多的商业机会。移动性是移动商务最重要的特征，它使得服务可以随时随地，且个性化特征明显，体现了其独特的优势，移动服务正是在此基础上建立它的价值主张。移动性也有其不利之处，如移动终端界面小、应用的数据带宽有限等。

（3）位置相关性。基于位置的服务被认为是未来移动商务成功的关键因素。便携的地理定位系统变得越来越小、越来越便宜。这些系统不但可以用于精确地定位用户的当前位置，还可以为用户提供与位置相关的服务。在基于位置的服务中，为用户提供相关的信息被认为具有很大的商业价值。

（4）时间相关性。电子商务和移动商务在对待时间的方式上也大不相同。电子商务的目的是摆脱有形商店的时间限制，而移动商务的部分应用主要是解决时间紧迫性问题。例如，在医疗救护等特定的应用，以及顾客临时决定的购买需求都具有时间紧急的特征。

3．商业模式比较

移动商务与电子商务在商业模式上的比较如表 1-3 所示。

表 1-3 移动商务与电子商务在商业模式上的比较

商业模式	电子商务	移动商务
价值取向		
通信需求	低成本、全球通信	移动通信可直接定位到个人
信息需求	丰富、免费、容易搜索的信息	时间相关和位置敏感的信息
方便性	全球市场无地域限制；避免了旅行；无时间限制	导航，局部地区服务引导；容易支付
成本	交易成本低	未必能降低成本，但可以改进物流效率
紧急性和安全性	无	方便紧急救助服务
服务质量	个性化、客户自助服务	位置敏感的服务
工作者支持	支持办公室工作人员	支持移动工作者
成本结构		
市场进入成本	低	高
内容生成成本	高	低
内容分发成本	低	高
物流成本	有形商品的物流成本高，信息商品和服务的成本低	有形商品的物流成本低，信息商品和服务的成本高
应用开发成本	低	高
技术投资成本	低	高
利润来源		
减少商业成本	减少了搜索成本、促销成本、顾客服务成本、交易成本	改进了移动工作者和物流运作的效率
广告	主要的收入来源	有限
通信费用	访问互联网的成本低，通信是一种成本而非利润来源	按时间或流量收费，主要的利润来源
基础设施建设	增长不明显	明显增长
在线销售	全球市场的机会	少数商品、小批量
服务费用	免费或者收费较少	按订阅方式进行收费

（1）价值取向。移动商务与电子商务在价值取向方面的差异主要源于它们在移动性、位置相关性、通信成本和终端能力等方面的差异。电子商务吸引消费者的地方主要在低成本和无限的互联网空间。而移动商务的吸引力在于其端到端、个人到个人的通信能力，以及提供随时随地的各种类型的服务等方面。

在电子商务方面，强大的信息交互管理使得互联网消除了买卖双方的信息不对称，因此电子商务的价值主要体现于快速的反应、交易周期的缩短，以及搜索成本和交易成本的减少。移动商务具有提供紧急条件下的公共安全方面的潜力，还可以改进物流运作效率等。

（2）成本结构。电子商务的兴起主要是受到统一的互联网标准和很低的交易成本的刺激，它还导致了电子邮件、网站托管、计算机软件等向免费的方向发展。这些因素明显降低了电子商务进入的成本壁垒,因此可以使更多的企业有机会参加到电子商务活动中来。

相比之下,移动商务产生于通信行业,收取服务费用和激烈的竞争是这个行业的固有特征。购买行业准入的牌照并建设移动通信网络需要大量的资金投入,因此移动商务的从业者必须通过商业活动取得收益,以平衡巨大的基础设施投资。对有限带宽资源的激烈竞争也使得无线通信无法像互联网那样提供免费的服务。因此,高成本是移动商务的一个主要特征。

另外,电子商务和移动商务都销售两种商品:有形商品和无形商品(信息或服务),但是所花费的成本却大不相同。无形商品的特点是初始生产成本很高,但随后复制的成本却几乎为零。绝大多数移动商务应用需要的信息(天气、地图、音乐等)都已经产生。这表明电子商务中信息内容的生产成本远高于移动商务,但是在内容的分发和传播方面,移动商务的成本则远高于电子商务。

(3)利润来源。电子商务降低了交易成本,从而可以取得较高的投资回报率,通过网上的物流解决方案,可以降低采购、劳动力和物料等成本。而有限的交易处理能力和高昂的通信成本使移动商务不具备这样的优势。但是,使用无线通信可以帮助改进移动工作者和移动物流运作的效率。例如,股票交易市场中使用移动炒股方案,可以提高交易的效率。此外,许多电子商务企业将广告视为主要的利润来源,通过在门户网站设置广告来获得收益。而移动商务用户比电子商务用户更加缺乏耐心(如因为手机终端的电池寿命有限),他们不会花大量的时间来阅读广告或比对各种信息来做决定。电子商务中互联网的访问基本上是免费的,而移动通信的成本都由消费者支付。

通过上述分析,与电子商务相比,移动商务具备以下优势:

(1)移动商务创造更高效、更准确的信息互动,以直接面向用户为特征的随身通信和实时沟通,让信息传递突破了互联网的局限,实现了在线效率。

(2)移动商务以更广泛的消费者覆盖为基础,将传统电子商务的疆界成倍扩张。在以客户为中心的现代商业社会,将面向互联网用户的关注更多转向数倍人口的移动通信消费者,这一过程是更加务实和更具商业价值的转变。

(3)移动商务开拓更大自由尺度的商务环境,任何人(anyone)在任何地点(anywhere)和任何时间(anytime)都有条件保持信息沟通,减少传统电子商务对设备条件与网络环境的要求,降低用户端参与的门槛。移动商务在给予消费者更多使用便利的同时,也为企业创造了更多的商业机会。

(4)移动商务以贴近用户的沟通实现与用户更紧密的对应关系,使信息沟通的有效性和商业价值得以提升。手机号码与消费者及其消费能力之间存在着对应关系,由于移动通信的随身特点,使每个手机号码都代表着一个确定的消费者和相应的消费能力,移动通信终端的号码在事实上成为消费者及其消费能力的商业符号,这是以往任何通信方式都不具备的一种更紧密的对应关系,更体现了固网电话和电子邮件都未达到的商业资源价值。

正是移动商务的技术领先性与市场适应性使其创造出明显优于传统电子商务的竞争实力。更个性化的移动客户服务、更精确的移动营销方法、更高效的移动办公系统、更快速的移动信息采集与管理、更安全方便的移动支付手段,以及更丰富的行业应用将为企业创造更高的商业效率。

1.3 移动商务的分类

因特网、移动通信技术和其他技术的完美结合创造了移动商务，移动商务以其灵活、简单、方便的特点受到消费者的欢迎。通过移动商务，用户可以随时随地地获取所需的服务、应用、信息和娱乐。按照不同的标准，移动商务的分类也有所不同（见表 1-4）。

表 1-4 移动商务的分类

分类标准	类别	实例
移动商务实现技术	基于移动通信网络	GSM、CDMA
	基于无线局域网	WLAN
	基于其他技术	RFID、Bluetooth、卫星通信等
移动商务服务内涵	内容提供型	下载、定制服务
	信息消费型	天气预报、手机报
	企业管理型	
	资源整合型	
	快速决策型	
	公益宣传型	GtoC 应用
	定位跟踪型	旅游信息推送
	信息转移型	
	集成管理型	
	扫描收费型	二维条码电子电影票
确认方式	密码确认型	移动
	短信回复确认型	银行业务签约注册确认
用户需求	搜索查询型	
	需求对接（按需定制）型	
	预约接受型	移动看病挂号系统
难易程度	浅层应用	
	深层应用	
	移动转移对接型	

移动商务是一种创新的应用模式，其在技术架构的实现上有四个层次：通信系统层、业务平台层、增值服务层和业务应用层。与内在的技术架构相对应的是移动商务所牵动的多环节的产业链条，包括通信系统提供商、通信运营商、平台技术提供商、应用开发实施商、应用服务商及最终用户六个环节。移动商务充分运用其移动性消除了时间和地域的限制，突破了互联网的局限，使随时随地的信息传输和商业交易成为可能。随着 4G 时代的来临，宽带传输、手持终端、终端数据表现形式等技术会获得进一步发展，移动

商务相关的产业将获得更快速的发展。

1.4 移动商务的特点和基本结构

正如因特网技术的发展与应用对传统商务模式产生了巨大的影响，移动因特网的发展也为企业提供了移动商务的更多可能，为用户便捷、快速地获取信息提供了多样化的选择，并且提高了商务处理的能力。移动商务可以提高人们生活的质量，提高企业的核心竞争力，特别是发展移动商务只需在先前电子商务投资的基础上进行构建，是已经配置了的技术在新领域的逻辑延伸。

1.4.1 移动商务的特点

消费者对手机通信的依赖使移动通信终端与消费者存在着的特殊的对应关系，手机号码事实上成为消费者及其消费能力的商业符号，更将在新技术的推动下成为消费者虚拟的统一账户号码，移动商务的市场需求和商业价值指出了电子商务的进化方向。

移动商务应用的发展基于移动设备的行业应用软件，最终将与企业或行政部门等各类组织自身的信息管理系统建设实现紧密结合，形成移动商务系统。这样的系统将具有以下特点：

（1）设备的兼容性和开放性。以掌上电脑等移动设备结合移动应用软件构成的移动信息终端为基础，系统具有很高的兼容性和开放性，能迅速和容易地适应用户时常寻求的新服务和应用，用户也能够自由地使用各种各样的移动设备。

（2）有很高的冗余度。系统结构能反映机构的管理结构和业务特点，符合其工作对移动数据管理和数据流向的基本要求，系统有很高的冗余度，能够应付大量的用户及其同步交易。

（3）数据及时、准确且符合已有业务标准。来自移动信息终端的第一手数据能够及时、准确地反映业务进展状况，为管理决策提供有效的支持。系统符合已有的业务标准，以节省成本和执行的时间。

（4）处理特殊事件的能力。与固定网络比较，无线交易由于网络是在跨服务区状态下传输信号，经常在处理事务时出现掉线，或者在交易进行时移动终端关闭。因此，移动商务系统应该能可靠地处理类似情况。

（5）安全性。这对移动商务非常重要。任何人通过无线网络传送信息，理论上其他人都可以截获资料。虽然移动通信运营商已经为信息传送加密，但是移动商业和银行系统却需要更高级的安全保障。

移动商务并不仅仅是电子商务的简单扩展，相对于电子商务，移动商务有一些独有的特点，主要体现为如下四点：

（1）无所不在。与传统的固定电话和电子商务不同，在移动通信方式下，用户可以在任何时间、任何地点进行移动商务。这个特性对于用户的某些特定需求非常有价值，如用户需要实时关注股票价格、拍卖信息等。对于时间和位置敏感的行业，如金融业和旅游业，也能从该特性中获得巨大的收益。

（2）便捷性。无线终端设备的小巧方便使得移动商务比电子商务更有优势。人们进行商务活动不再受地域限制，而且移动商务便捷的访问方式也能提高人们的效率。例如，人们在排队或塞车的时候，能利用手机等移动终端访问网络或处理日常工作事务。此外，各种移动服务应用为移动商务的便捷性提供了条件，如手机邮箱、移动即时通信、文件共享等。

（3）位置相关性。全球定位技术使得与位置相关的各种移动服务得到迅速发展。通过 GPS 技术，服务提供商能够准确识别用户所在的位置，从而为该用户提供与位置相关的有用信息。该特性在广告业得到了较好的应用。例如，在查询旅游信息的时候，服务商除了给用户提供预定的信息，还可能包括与位置相关的其他信息。此外，位置相关性最重要的应用在于急救，当用户需要急救而不知自己所处的位置时，救护人员可以通过定位技术迅速到达现场实施抢救。

（4）私人化。移动终端设备和手机号码通常都是被唯一一个用户所使用的，这使个性化市场定制成为可能。信息技术和数据挖掘技术则能推动个性化服务的应用与发展。例如，根据个人的喜好不同，服务商可以针对特定用户提供该用户感兴趣的信息，这在广告增值业务中的作用会越来越重要。此外，由于移动终端界面很小，能显示的内容十分有限，因此，先对庞杂的信息进行筛选并只将用户感兴趣的个性化内容传递给用户，是非常必要的。为了实现个性化定制，移动用户数据库的建设是成功的基础条件，而任何一个使用移动服务的用户都拥有能唯一标识的 SIM 智能卡。该卡就充当了移动数据库的功能，用户使用的服务项目、资费等信息均被运营商记录存储下来，那么这些私人化的信息就为成功开展客户定制服务提供了保证。

由以上移动商务的特点可知，对于用户而言，移动商务会提高个人生活的方便性、自由性与个人化；而对于企业而言，企业也可以引入移动商务，来增加顾客信息的正确性与高效性，并借助精准的客户分析来提高客户忠诚度。

1.4.2 移动商务的基本结构

在移动商务的基本结构中定义了几个功能层（见图 1-3），从而简化了设计和开发过程，以便于商家和用户制定经营策略并建立移动商务应用。

从供应商和开发商层面看，基本结构中包括了 3 个功能层，主要是体现不同需求和作用；而从用户层面看，则包括 4 个功能层，其作用是：

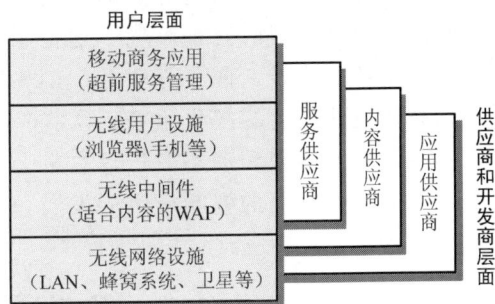

图 1-3 移动商务基本结构

（1）移动商务应用。许多新的应用如超前服务管理和移动盘存等将有可能成为现实，部分现有的电子商务应用经过改进也可用于移动环境。

（2）无线用户设施。移动商务应用的设计需考虑用户设施，如浏览器、移动装置的能力。

（3）无线中间件。由于中间件能够包含许多网络应用功能，同时提供统一、便于使用的界面，所以，它对于开发移动商务应用将起到极其重要的作用。

（4）无线网络设施。在移动商务中，服务质量是至关重要的，这主要取决于 LAN、蜂窝系统、卫星等网络资源和能力。

移动商务的应用领域非常广泛，如有移动盘存管理、产品定位、超前服务管理、交易管理、内容提供服务和遥测服务等。

（1）移动盘存管理。跟踪货物、服务甚至人员所处位置，以便供应商能够确定送货时间，由此改善用户服务，并增强商家的竞争力。移动盘存管理的成功取决于成本、无线设施的可靠性和用户使用新技术的能力。潜在的用户包括航运公司、配件厂商、航空公司和其他大宗物资运输公司等。

（2）产品定位。就一般商务而言，用户在某个特定地区内寻找特定规格的物品，可能要走访销售该物品的多家商店，耗费大量时间和精力。然而，在移动商务中，如用户使用被移动装置访问过的产品数据库和销售这种产品的商店，产品定位服务功能便可向中央数据库发出查询信号，从而在距用户最近的商店内找到所需要的物品。

（3）超前服务管理。这一功能是通过各种应用程序收集用户的需求信息，而后通知商家提供服务。例如，某种应用程序可以收集汽车部件老化的信息，即汽车上的智能传感器连续跟踪部件的磨损和破裂信息，并通过无线电、微波或卫星系统把该信息送给供应商，从而使供应商为用户提供即时服务。同时，汽车制造商还可以利用这些信息改进汽车设计和制造技术，从而提供超前服务管理，当部件需要更换时及时提示车主。甚至在未来，警察部门也可以使用这种服务管理功能，保证执行执法任务途中的交通安全。

（4）交易管理。随着电子商务的发展，用户将会越来越多地凭借移动装置从事各种移动交易：一是适合移动电话和 PDA 的网上购物业务，包括浏览、选择、购买、付费和递送等，而购物网站能够提供购物所需的所有这些功能；二是使用无线装置实时进行采购、服务和付费业务，这类业务有可能迅速增多；三是微交易，即当用户使用装有电子现金的移动电话或 PDA 时，广泛利用数字现金的商务交易即可实现。

（5）内容提供服务。这方面的功能是利用无线信道的分发特性来提供数字内容，其中包括信息浏览，即时查询天气、远程调度、体育比赛记分、机票、市场价格等动态信息及目录服务。无线新闻预订业务、UPS PDA 链接的包裹跟踪和定位业务则是新涌现出来的具有代表性的内容提供服务。数字产品便于在无线装置之间传送，因此，传送音乐、软件、高清晰度图像和动态广告信息也会更加普遍。高质量显示屏的出现和传输带宽的加宽，无疑将促进新的视频应用的发展。

1.5　移动商务的发展趋势

无线通信技术是移动电子商务发展的基础，当前已经处于 4G 通信时代，并正在进入 5G 通信时代。因此，移动商务未来很大程度上取决于移动互联网的发展。

凭借移动互联网，加上随身携带的含 GPS、高速处理器、具备人性化输入功能的高性能移动终端，人们可以随时参与到一项商业交易，也能让商家及时地为自己服务。

1.5.1　我国移动商务的发展

我国移动商务的发展有其自身的特征。与国外不同，我国电信行业受政府保护，再加上移动运营的固定成本投资巨大，进入门槛比较高，形成相对垄断的局面。

最显著的特点是，国内的运营商在整个价值链上处于核心地位，它们发挥的作用也不仅仅局限于运营移动网络，还充当着无线网络接入提供商、无线门户运营商等多种角色，而且还有向价值链上游和下游延伸的趋势。运营商拥有自身的移动网络，并且占有了巨大的客户资源，从而使其在整个行业中占据主导地位，其他参与者必须依附运营商才能生存发展。这也导致国内的运营商不仅是商业实体，而且从某种意义上来说，还充当了行业管理者的角色。

我国移动商务的另一大特点是：在众多移动服务中，微信和短信服务最为流行。国内手机用户除了利用微信和短信进行日常交流外，还可以参与电视、电台节目，定制各类服务，包括音乐、影视、游戏、书籍及各类资讯信息，可以进行手机理财、手机缴费、购买数字点卡、机票、电影票、彩票、保险、网上教育、软件等产品。微信和短信服务的种类多样性、费用的经济性和使用的方便性，促进了国内"拇指"经济的飞速发展。

但从另一方面来看，"拇指"经济的发达也说明了我国移动商务的应用还处于低级阶段。由于我国移动数据传输业务的速度上还不令人满意，而且数据传输的费率较高，导致多媒体业务还没有被广大用户接受和认可。但 4G/5G 时代数据传输速率必定大大增加，部分微信/短信业务将演变为多媒体业务，逐步推动移动商务向高层次发展。

此外，用户进行移动商务的典型工具——手机，价格低廉，使用简便，各个阶层的人都容易接受，而不像电子商务仅局限于受教育程度较高、收入较高的人群。尤其在我国地域广泛、人口众多的农村，手机也开始逐渐普及，这表明不论从用户群数量，还是从市场范围来说，移动商务的市场都比电子商务的市场大得多。这也是我国移动商务的一个重要特征。

移动电话的使用让电子商务的开展摆脱了地理位置的限制，使商家对客户的服务无处不在。在预先定位的基础上，广告商可以选择用户感兴趣的或能满足用户当前需要的信息，确保消费者所接受的就是他所想要的。通过对广告的成功定位，广告商可以获得较高的广告阅读率。同时，商家可以通过基于地理位置的服务产生或巩固虚拟社区，以满足客户进行社交、与人沟通的需求。移动商务的这些特征对于企业来说不仅意味着机遇，同时也是一种挑战。它突破了互联网的局限（有线），充分运用其移动性消除了时间和地域的限制，使得企业与顾客能够更加直接、高效地进行信息互动，使企业及时把握市场动态和动向。

与传统电子商务整体发展水平偏低的状况相比，我国移动商务的前景要乐观得多。我国庞大的手机用户人群和手机用户的高速度增长是移动商务在中国发展的基本基础。我国移动商务之所以发展如此迅速，是有其深层原因的。

（1）社会化大生产和市场经济及全球经济一体化的发展，需要新的商务模式，尤其是不受地点和时间、不受气候和环境限制的移动商务。

（2）中国经济持续稳定增长，人民收入水平提高，使购买移动电话有了一定的物质基础。

（3）国家的扶植政策使移动商务迅速发展成为可能。

（4）复杂的自然地理环境和多发的自然灾害使我国发展移动商务比发展有线的电子商务更有意义。我国地域辽阔，地质条件复杂，2/3 面积为山地、丘陵和高原，在这样的地区，尤其在人员稀少的地方，架设有线线路和敷设光缆成本高、组网难，形成规模经营更难。而这些地区经济正在启动，资源有待开发，产品需要外销，因而移动商务比较适用。

1.5.2　移动互联网与可穿戴设备的结合

除传统应用外，移动互联网与可穿戴设备的结合也是很有前景的。智能可穿戴设备在未来的几年有望进入实用阶段。

（1）基于数据的健康分析。嵌入式生物传感器和软件，将会持续捕捉、传递并分析人体健康和身体状况。根据收集到的数据，医生、护理人员甚至是运动教练可以快速做出相应的决策。也正因如此，可穿戴设备可以填补很多医疗行业的空白。下一阶段，可穿戴设备将会帮助每个人改善身体机能，如健康、生物机能（身姿和步伐）等。

（2）搭载传感器的个性化服装。个性化的可穿戴设备包括一些搭配了传感器的服装，消费者穿上这些衣服以后，可以检测自身状况，继而能更好地健身、锻炼。有了智能运动服，运动员和教练就能更好地了解运动量是否合理，是否需要补水，运动员心理压力是否过大。

（3）基于手势的人机交互。人机交互是指用户可以使用手势或其他自然动作与设备进行交互。采用日常动作和手势，可以代替复杂的机器操作。此外，手势操作还可以进一步提升用户体验，人们也能更轻松地学会操控新设备和新软件。

（4）身份验证。可穿戴设备能为用户提供独一无二的签名认证服务。举个例子，有些人体独有的特征，如心律就可以用于身份验证。这比那些手写密码要安全、强大得多。还有一些公司正在研究利用外部设备近场技术实现自动登录，如当安卓手机与安卓智能手表彼此靠近时，便可互相解锁。

1.5.3　其他移动商务形态

其他移动商务的主要应用趋势包括：

（1）手机的输入会越来越方便，现在有研究人员在研究借助人的表情、眼神，将这些信息输入到手机中。

（2）社交化服务将是移动商务中帮助人们建立信任的一种手段，这方面的研究与应用成果会因移动互联网而越发引起人们的关注。

（3）位置服务，包括三维的位置信息服务会在移动电子商务中起到更加重要的作用。谷歌前几年就有一个研究小组专门研究这方面的算法。

（4）正如互联网时代涌现阿里巴巴、亚马逊、腾讯、谷歌之类富有创新的公司一样，在移动互联网时代也一定会涌现出伟大的公司。

（5）除实物商品交易外，服务商品在移动电子商务条件下会得到较大的发展，如家教、家政和教育服务等。

【习　　题】

1. 从出现的先后顺序来划分，出现了第五媒体的说法，指的是（　　）。
   A. 电视　　　　　　B. 移动网络　　　　　C. 互联网　　　　　　D. 报纸
2. 下列说法不正确的是：中国已经成为（　　）。
   A. 全球人数最多　　　　　　　　　B. 规模最大
   C. 资源最丰富的移动通信市场　　　D. 移动通信技术最先进的国家
3. 移动商务和电子商务在发展中的一个重要不同点是（　　）。
   A. 发展快
   B. 规模大
   C. 商务模式多样化
   D. 起步阶段就拥有一批具有自主知识产权的专利技术和专利产品
4. （　　）是移动商务的杀手锏应用。
   A. 基于位置的服务　　　　　　　　B. 随时随地的访问
   C. 紧急访问　　　　　　　　　　　D. 无线游戏的服务
5. 移动商务促使移动营销和（　　）的整合。
   A. 网络营销　　　B. 传统营销　　　　C. 精准营销　　　　D. 绿色营销
6. 移动商务推广应用的瓶颈是（　　）。
   A. 安全问题　　　B. 支付问题　　　　C. 技术问题　　　　D. 物流问题
7. 移动商务的真正价值实现是（　　）。
   A. 技术　　　　　B. 服务　　　　　　C. 创新　　　　　　D. 管理
8. 移动商务的主要特征是（　　）。
   A. 商务　　　　　B. 模式　　　　　　C. 技术　　　　　　D. 移动
9. （多选题）移动商务发展进程中的错误观点是（　　）。
   A. 移动商务的特征等同于电子商务的特征
   B. 移动技术的特征就是移动商务的特征
   C. 移动商务是移动技术+商务
   D. 移动商务具有很多电子商务没有或不具备的特征

【实验与思考】关于移动购物的社会调查与分析

1. 实验目的

本节"实验与思考"的目的是：通过一组问卷调查，对移动商务的现状有一个感性的认识；通过对调查问卷数据的分析，掌握社会调查分析方法。

2. 工具/准备工作

在开始本实验之前，请回顾教科书的相关内容。

需要准备一台带有浏览器，能够访问因特网的计算机。

3．实验内容与步骤

请就以下 10 个问题制作问卷，组织一次小型的有关移动购物的问卷调查。注意调查对象的人数不应少于 10 人。

问卷题目：

（1）你认为在中国，（　　　　）的商品通过移动终端购买最少。

　　　A．服装类　　　B．美容化妆类　　　C．数码类　　　　　　D．食品饮料类

（2）你认为在中国，人们使用移动终端最希望实现的目标是（　　　　）。

　　　A．寻找折扣券　　　　　　　　　B．进行多处价格比较

　　　C．寻找产品独特性的价值　　　　D．找到实体店铺的地址

（3）你认为在中国，（　　　　）的人通过移动终端购物比例最大。

　　　A．年收入在 3 万元到 5.5 万元之间

　　　B．年收入在 5.5 万元到 8 万元之间

　　　C．年收入在 8 万元以上

　　　D．年收入在 1 万元到 3 万元之间

（4）你认为在中国，（　　　　）的人通过移动终端购物比例最大。

　　　A．18～24 岁　　　B．25～34 岁　　　C．35～44 岁　　　　D．45～54 岁

（5）你认为通过移动终端购物的人，（　　　　）的表现行为较多。

　　　A．心中已经有产品，再去寻找　　　B．心中没有产品，浏览中就采购了

　　　C．就想买点什么，逛出来　　　　　D．碰巧看到就定了

（6）你认为通过移动终端影响人们购买，（　　　　）的做法更加有效。

　　　A．社交圈中渗透　　　　　　　　B．App 中植入

　　　C．推送产品传播广告　　　　　　D．微信推送

（7）在移动终端上，（　　　　）主题的邮件被打开查看的可能性最高。

　　　A．消费品类　　　　　　　　　　B．酒店服务业品类

　　　C．金融服务业领域　　　　　　　D．娱乐游戏领域

（8）你认为传统的线下营销影响力与移动终端传播影响力最大的不同是（　　　　）。

　　　A．传播的通路变了　　　　　　　B．传播的速度变了

　　　C．传播的量变了　　　　　　　　D．传播的时间变了

（9）你认为 25～34 岁之间的人在移动终端上使用最频繁的是（　　　　）。

　　　A．电子邮件　　　B．新闻浏览　　　C．社交网络　　　　　D．游戏应用

　　　E．查找地址　　　F．寻求评价　　　G．文字处理

（10）你通过移动终端购买过最多的是（　　　　）。

　　　A．电子书　　　B．日用产品　　　C．数码产品　　　　　D．服装类产品

　　　E．购买的次数不到 10 次　　　F．其他

调查统计：

本次问卷调查收回答卷的数量是：＿＿＿＿＿＿＿＿＿

题目	(1)				(2)				(3)				(4)			
数量	A	B	C	D	A	B	C	D	A	B	C	D	A	B	C	D
占比																
	(5)				(6)				(7)				(8)			
	A	B	C	D	A	B	C	D	A	B	C	D	A	B	C	D
	(9)						(10)						备注			
	A	B	C	D	E	F	A	B	C	D	E	F				

调查分析：

请根据调查数据做出你的分析，撰写短文记录。

_____
_____
_____
_____
_____
_____
_____
_____
_____
_____
_____
_____

请记录：

操作能够顺利完成吗？如果不能，请分析原因。

_____
_____

4．实验总结

_____
_____
_____

5．实验评价（教师）

_____
_____

第②章

大数据及其思维变革

【导读案例】亚马逊推荐系统

虽然亚马逊的故事大多数人都耳熟能详，但只有少数人知道它早期的书评内容最初是由人工完成的。当时，亚马逊聘请了一个由 20 多名书评家和编辑组成的团队，他们写书评、推荐新书，挑选非常有特色的新书标题放在亚马逊的网页上。这个团队创立了"亚马逊的声音"这个版块，成为当时公司皇冠上的一颗宝石，是其竞争优势的重要来源。《华尔街日报》的一篇文章中热情地称他们为全美最有影响力的书评家，因为他们使得书籍销量猛增。亚马逊实体书店也延续了这一思路，进行图书推荐，如图 2-1 所示。

图 2-1　亚马逊纽约实体店的图书推荐

亚马逊公司的创始人及总裁杰夫·贝索斯决定尝试一个极富创造力的想法：根据客户个人以前的购物喜好，为其推荐相关的书籍。

一开始，亚马逊就从每一个客户那里收集了大量的数据。比如说，他们购买了什么书籍？哪些书他们只浏览却没有购买？他们浏览了多久？哪些书是他们一起购买的？客户的信息数据量非常大，所以亚马逊必须先用传统的方法对其进行处理，通过样本分析找到客户之间的相似性。但这些推荐信息是非常原始的，就如同你在买一件婴儿用品时，会被淹没在一堆差不多的婴儿用品中一样。詹姆斯·马库斯回忆说："推荐信息往往为你提供与你以前购买物品有微小差异的产品，并且循环往复。"

亚马逊的格雷格·林登很快就找到了一个解决方案。他意识到，推荐系统实际上并没有必要把顾客与其他顾客进行对比，这样做其实在技术上也比较烦琐。它需要做的是找到产品之间的关联性。1998 年，林登和他的同事申请了著名的"item-to-item"协同过滤技术的专利。方法的转变使技术发生了翻天覆地的变化。

因为估算可以提前进行，所以推荐系统不仅快，而且适用于各种各样的产品。因此，当亚马逊跨界销售除书以外的其他商品时，也可以对电影或烤面包机这些产品进行推荐。由于系统中使用了所有的数据，推荐会更理想。林登回忆道："在组里有句玩笑话，说的是如果系统运作良好，亚马逊应该只推荐你一本书，而这本书就是你将要买下的一本书。"

现在，公司必须决定什么应该出现在网站上，是亚马逊内部书评家写的个人建议和评论，还是由机器生成的个性化推荐和畅销书排行榜？

林登做了一个关于评论家所创造的销售业绩和计算机生成内容所产生的销售业绩的对比测试，结果他发现两者之间相差甚远。他解释说，通过数据推荐产品所增加的销售远远超过书评家的贡献。计算机可能不知道为什么喜欢海明威作品的客户会购买菲茨杰拉德的书。但是这似乎并不重要，重要的是销量。最后，编辑们看到了销售额分析，亚马逊也不得不放弃每次的在线评论，最终，书评组被解散了。林登回忆说："书评团队被打败、被解散，我感到非常难过。但是，数据没有说谎，人工评论的成本是非常高的。"

如今，据说亚马逊销售额的三分之一都来自于它的个性化推荐系统。有了它，亚马逊不仅使很多大型书店和音乐唱片商店歇业，而且当地数百个自认为有自己风格的书商也难免受转型之风的影响。

实体书店也沿用亚马逊推荐系统，那"如果喜欢"左边的书籍，则"你可能会喜欢"右边所推荐的书籍，如图 2-2 所示。

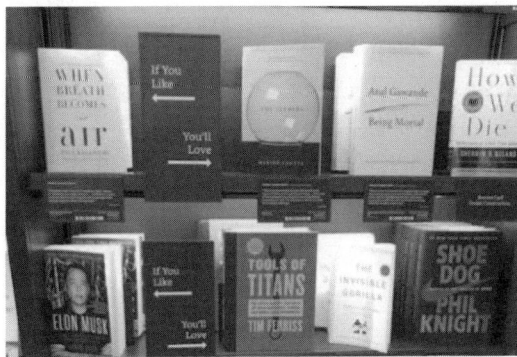

图 2-2　实体书店沿用亚马逊推荐系统

知道人们为什么对这些信息感兴趣可能是有用的，但这个问题目前并不是很重要。但是，知道"是什么"可以创造点击率，这种洞察力足以重塑很多行业，不仅仅是电子商务。所有行业中的销售人员早就被告知，他们需要了解是什么让客户做出了选择，要把握客户做决定背后的真正原因，因此专业技能和多年的经验受到高度重视。大数据却显示，还有另外一个在某些方面更有用的方法。亚马逊的推荐系统梳理出了有趣的相关关系，但不知道背后的原因——知道是什么就够了，没必要知道为什么。

阅读上文，请思考、分析并简单记录。

（1）你熟悉亚马逊等电商网站的推荐系统吗？请列举一个这样的实例（你选择购买什么商品，网站又给你推荐了其他什么商品）。

答：＿＿＿＿＿＿＿＿＿＿＿＿＿＿＿＿＿＿＿＿＿＿＿＿＿＿＿＿＿＿＿＿＿＿＿＿

＿＿＿＿＿＿＿＿＿＿＿＿＿＿＿＿＿＿＿＿＿＿＿＿＿＿＿＿＿＿＿＿＿＿＿＿＿＿

＿＿＿＿＿＿＿＿＿＿＿＿＿＿＿＿＿＿＿＿＿＿＿＿＿＿＿＿＿＿＿＿＿＿＿＿＿＿

＿＿＿＿＿＿＿＿＿＿＿＿＿＿＿＿＿＿＿＿＿＿＿＿＿＿＿＿＿＿＿＿＿＿＿＿＿＿

（2）亚马逊书评组和林登推荐系统各自成功的基础是什么？

答：＿＿＿＿＿＿＿＿＿＿＿＿＿＿＿＿＿＿＿＿＿＿＿＿＿＿＿＿＿＿＿＿＿＿＿＿

＿＿＿＿＿＿＿＿＿＿＿＿＿＿＿＿＿＿＿＿＿＿＿＿＿＿＿＿＿＿＿＿＿＿＿＿＿＿

＿＿＿＿＿＿＿＿＿＿＿＿＿＿＿＿＿＿＿＿＿＿＿＿＿＿＿＿＿＿＿＿＿＿＿＿＿＿

＿＿＿＿＿＿＿＿＿＿＿＿＿＿＿＿＿＿＿＿＿＿＿＿＿＿＿＿＿＿＿＿＿＿＿＿＿＿

（3）为什么书评组最终输给了推荐系统？请说说你的观点。

答：＿＿＿＿＿＿＿＿＿＿＿＿＿＿＿＿＿＿＿＿＿＿＿＿＿＿＿＿＿＿＿＿＿＿＿＿

＿＿＿＿＿＿＿＿＿＿＿＿＿＿＿＿＿＿＿＿＿＿＿＿＿＿＿＿＿＿＿＿＿＿＿＿＿＿

＿＿＿＿＿＿＿＿＿＿＿＿＿＿＿＿＿＿＿＿＿＿＿＿＿＿＿＿＿＿＿＿＿＿＿＿＿＿

＿＿＿＿＿＿＿＿＿＿＿＿＿＿＿＿＿＿＿＿＿＿＿＿＿＿＿＿＿＿＿＿＿＿＿＿＿＿

（4）请简单描述你所知道的上一周内发生的国际、国内或者身边的大事。

答：＿＿＿＿＿＿＿＿＿＿＿＿＿＿＿＿＿＿＿＿＿＿＿＿＿＿＿＿＿＿＿＿＿＿＿＿

＿＿＿＿＿＿＿＿＿＿＿＿＿＿＿＿＿＿＿＿＿＿＿＿＿＿＿＿＿＿＿＿＿＿＿＿＿＿

＿＿＿＿＿＿＿＿＿＿＿＿＿＿＿＿＿＿＿＿＿＿＿＿＿＿＿＿＿＿＿＿＿＿＿＿＿＿

＿＿＿＿＿＿＿＿＿＿＿＿＿＿＿＿＿＿＿＿＿＿＿＿＿＿＿＿＿＿＿＿＿＿＿＿＿＿

2.1　大数据与大数据时代

人们正处在一个信息时代，这是一个知识成为生产力的时代。今天，人们正在比以往更多地利用信息，以获得竞争的优势，引进并更好地利用 IT 技术来创造竞争优势。这里所说的 IT 技术，是一组加工信息的工具，而竞争优势实际上有赖于人们对 IT 技术的态度，以及如何使用 IT 技术。

　　对大量数据进行分析，并从中获得有用观点，这种做法在一部分研究机构和大企业中，过去就已经存在了。现在的大数据和过去相比，主要有三点区别：第一，随着社交媒体和传感器网络等的发展，在人们身边正产生出大量且多样的数据；第二，随着硬件和软件技术的发展，数据的存储、处理成本大幅下降；第三，随着云计算的兴起，大数据的存储、处理环境已经没有必要自行搭建。在数字化时代，数据处理变得更加容易、更加快速，人们能够在瞬间处理成千上万的数据，而"大数据"全在于发现和理解信息内容及信息与信息之间的关系。

2.1.1　大数据的定义

　　信息社会所带来的好处是显而易见的：每个人口袋里都揣有一部手机，每台办公桌上都放着一台计算机，每间办公室内都连接到局域网甚至互联网。半个世纪以来，随着计算机技术全面和深度地融入社会生活，信息爆炸已经积累到了一个开始引发变革的程度。它不仅使世界充斥着比以往更多的信息，而且其增长速度也在加快。信息总量的变化还导致了信息形态的变化——量变引起了质变。图 2-3 形象地说明了大数据时代。

图 2-3　大数据时代

　　所谓大数据（Big Data），狭义上可以定义为：用现有的一般技术难以管理的大量数据的集合。这里，"用现有的一般技术难以管理"是指用目前在企业数据库占据主流地位的关系型数据库无法进行管理的、具有复杂结构的数据。或者也可以说，是指由于数据量的增大，导致对数据的查询（Query）响应时间超出允许范围的庞大数据。

　　研究机构 Gartner 给出了这样的定义："大数据"是需要新处理模式才能具有更强的决策力、洞察发现力和流程优化能力的海量、高增长率和多样化的信息资产。

　　麦肯锡[①]说："大数据指的是所涉及的数据集规模已经超过了传统数据库软件获取、存储、管理和分析的能力。这是一个被故意设计成主观性的定义，并且是一个关于多大的数据集才能被认为是大数据的可变定义，即并不定义大于一个特定数字的 TB 才称为大数据。因为随着技术的不断发展，符合大数据标准的数据集容量也会增长；并且定义随不同的行业也有变化，这依赖于在一个特定行业通常使用何种软件和数据集有多大。因此，大数据在今天不同行业中的范围可以从几十 TB 到几 PB。"

　　随着"大数据"的出现，数据仓库、数据安全、数据分析、数据挖掘等围绕大数据商业价值的利用正逐渐成为行业人士争相追捧的利润焦点，在全球引领了又一轮数据技术革新的浪潮。

---

　　① 麦肯锡：是世界级领先的全球管理咨询公司。自 1926 年成立以来，公司的使命就是帮助领先的企业机构实现显著、持久的经营业绩改善，打造能够吸引、培育和激励杰出人才的优秀组织机构。

　　麦肯锡在全球 52 个国家有 94 个分公司。在过去十年中，麦肯锡在大中华区完成了 800 多个项目，涉及公司整体与业务单元战略、企业金融、营销/销售与渠道、组织架构、制造/采购/供应链、技术、产品研发等领域。

　　麦肯锡的经验是：关键是找那些企业的领导们，他们能够认识到公司必须不断变革以适应环境变化，并且愿意接受外部的建议，这些建议在帮助他们决定作何种变革和怎样变革方面大有裨益。

2.1.2　用 3V 描述大数据特征

从字面来看,"大数据"这个词可能会让人觉得只是容量非常大的数据集合而已。但容量只不过是大数据特征的一个方面,如果只拘泥于数据量,就无法深入理解当前围绕大数据所进行的讨论。因为"用现有的一般技术难以管理"这样的状况,并不仅仅是由于数据量增大这一个因素所造成的。

IBM 说:"可以用 3 个特征相结合来定义大数据:数量(Volume,或称容量)、种类(Variety,或称多样性)和速度(Velocity),这 3 个特征就是简单的 3V,即庞大容量、极快速度和种类丰富的数据"(见图 2-4)。

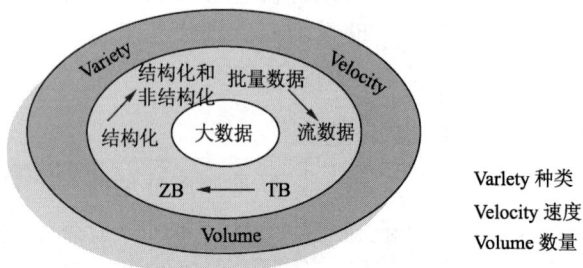

Varlety 种类
Velocity 速度
Volume 数量

图 2-4　按数量、种类和速度来定义大数据

1. Volume(数量)

用现有技术无法管理的数据量,从现状来看,基本上是指从几十 TB 到几 PB 这样的数量级。当然,随着技术的进步,这个数值也会不断变化。

如今,存储的数据数量正在急剧增长中,人们存储所有事物,包括环境数据、财务数据、医疗数据、监控数据等。有关数据量大小的对话已从 TB 级别转向 PB 级别,并且不可避免地会转向 ZB 级别。可是,随着可供企业使用的数据量不断增长,可处理、理解和分析的数据的比例却不断下降。

2. Variety(种类、多样性)

随着传感器、智能设备及社交协作技术的激增,企业中的数据也变得更加复杂,因为它不仅包含传统的关系型数据,还包含来自网页、互联网日志文件(包括点击流数据)、搜索索引、社交媒体论坛、电子邮件、文档、主动和被动系统的传感器数据等原始、半结构化和非结构化数据。

种类表示所有的数据类型。其中,爆发式增长的一些数据,如互联网上的文本数据、位置信息、传感器数据、视频等,用企业中主流的关系型数据库是很难存储的,它们都属于非结构化数据。

当然,在这些数据中,有一些是过去就一直存在并保存下来的。和过去不同的是,除了存储,还需要对这些大数据进行分析,并从中获得有用的信息,如监控摄像机中的视频数据。近年来,超市、便利店等零售企业几乎都配备了监控摄像机,最初目的是为了防范盗窃,但现在也出现了使用监控摄像机的视频数据来分析顾客购买行为的案例。

例如,美国高级文具制造商万宝龙(Montblane)过去是凭经验和直觉来决定商品陈列布局的,现在尝试利用监控摄像头对顾客在店内的行为进行分析。通过分析监控摄像机的数据,将最想卖出去的商品移动到最容易吸引顾客目光的位置,使得销售额提高了 20%。

美国移动运营商 T-Mobile 也在其全美 1 000 家店中安装了带视频分析功能的监控摄像机,可以统计来店人数,还可以追踪顾客在店内的行动路线、在展台前停留的时间,甚至是试用了哪一款手机、试用了多长时间等,对顾客在店内的购买行为进行分析。

3．Velocity（速度）

数据产生和更新的频率，也是衡量大数据的一个重要特征。就像人们收集和存储的数据量和种类发生了变化一样，生成和需要处理数据的速度也在变化。不要将速度的概念限定为与数据存储相关的增长速率，应动态地将此定义应用到数据，即数据流动的速度。有效处理大数据需要在数据变化的过程中对它的数量和种类进行分析，而不只是在它静止后进行分析。

例如，遍布全国的便利店在 24 小时内产生的 POS 机数据，电商网站中由用户访问所产生的网站点击流数据，高峰时达到每秒近万条的微信短文，全国公路上安装的交通堵塞探测传感器和路面状况传感器（可检测结冰、积雪等路面状态）等，每天都在产生着庞大的数据。

IBM 在 3V 的基础上又归纳总结了第 4 个 V——Veracity（真实和准确）。"只有真实而准确的数据才能让对数据的管控和治理真正有意义。随着社交数据、企业内容、交易与应用数据等新数据源的兴起，传统数据源的局限性被打破，企业愈发需要有效的信息治理以确保其真实性及安全性。"

可见，大数据是个动态的定义，不同行业根据其应用的不同有着不同的理解，其衡量标准也在随着技术的进步而改变。

2.1.3　广义的大数据

狭义上，大数据的定义着眼点于数据的性质上，人们在广义层面上再为大数据下了一个定义（见图 2-5）：所谓大数据，是一个综合性概念，它包括因具备 3V（Volume/Variety/Velocity）特征而难以进行管理的数据，对这些数据进行存储、处理、分析的技术，以及能够通过分析这些数据获得实用意义和观点的人才和组织。

"存储、处理、分析的技术"，指的是用于大规模数据分布式处理的框架 Hadoop、具备良好扩展性的 NoSQL 数据库，以及机器学习和统计分析等；"能够通过分析这些数据获得实用意义和观点的人才和组织"，指的是目前十分紧俏

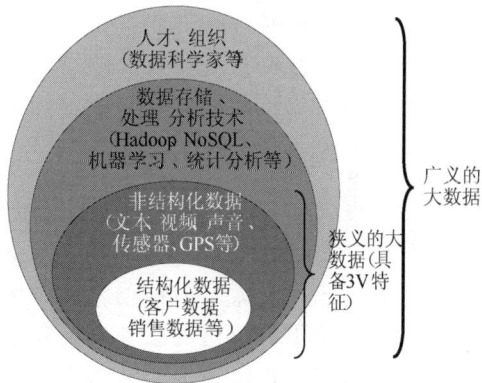

图 2-5　广义的大数据

的"数据科学家"这类人才，以及能够对大数据进行有效运用的组织。

2.1.4　大数据的结构类型

大数据具有多种形式，从高度结构化的财务数据，到文本文件、多媒体文件和基因定位图的任何数据，都可以称为大数据。大数据最突出的特征是它的结构。图 2-6 显示了几种不同数据结构类型数据的增长趋势（趋向于非结构化），由图可知，未来数据增长的 80%~90% 将来自于不是结构化的数据类型（半、"准"和非结构化）。

虽然图 2-6 显示了 4 种不同的、相分离的数据类型，实际上，有时这些数据类型是可以被混合在一起的。例如，有一个传统的关系数据库管理系统保存着一个软件支持呼

叫中心的通话日志，这里有典型的结构化数据，如日期/时间戳、机器类型、问题类型、操作系统，这些都是在线支持人员通过图形用户界面上的下拉式菜单输入的。另外，还有非结构化数据或半结构化数据，如自由形式的通话日志信息，这些可能来自包含问题的电子邮件，或者技术问题和解决方案的实际通话描述。还有一种可能是与结构化数据有关的实际通话的语音日志或者音频文字实录。即使是现在，大多数分析人员还无法分析这种通话日志历史数据库中的最普通和高度结构化的数据，因为挖掘文本信息是一项强度很大的工作，并且无法简单地实现自动化。

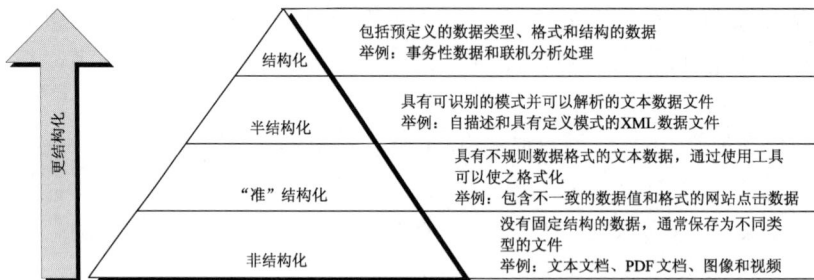

图 2-6　数据增长日益趋向非结构化

2.2　大数据时代的移动商务

进入大数据时代，人们越来越深刻地认识到大数据给各行各业带来的巨大变化，随着这种趋势的持续，大公司、小企业及个体经营者都会花费时间去拥抱大数据，以提供更好的服务与支付的解决方案，提高业绩，以建立和保持竞争优势。

2.2.1　大数据与移动设备

为了使数据真正有意义，需要高效地捕获和存储数据，然后必须有人管理数据、分析数据并从中提取价值（value）。数据，无论大小，如果对某人没有价值，就没有任何价值。

世界上充斥着大量的数据，其中大部分是由移动设备创建的，它可以用来帮助为移动消费者创建更有价值的服务和广告。移动设备特别适用于大数据的发展。移动大数据不仅仅是智能手机渗透率和消费者使用模式的函数。数据还由在后台工作的应用程序或其他服务创建。从技术上讲，它与使用传统 Web 创建的数据没有什么不同。不同的是，当人们将行为转移到数字渠道时，消费者只是在生产更多的信息技术，留下了记录人们的行动和行动的数据线索。即使人们表面上不使用手机，仍然在创造大量的数据。

这些数据可用于优化和个性化移动体验：移动大数据可用于各种令人眼花缭乱的用途，但通常用于优化和个性化移动服务和营销活动。例如，应用程序开发人员可能会使用 Flurry 的分析来改进他们的应用程序。保留是开发人员的关键指标。开发人员可以将他们的用户保留号码与他们自己类别中的所有其他应用程序和应用程序进行比较，以深入了解这些应用程序的堆栈方式，以及他们可能需要更改哪些内容来改进其号码。

或者帮助推动移动广告和营销的爆炸式发展：位置数据是移动大数据的一个重要组成部分，可能是区别于基于 Web 的大数据的主要数据类型。位置数据有望帮助移动广告和营销行业转型。提供实时超本地定向广告的能力代表着广告市场潜在的重大发展。来自社交媒体的数据及位置数据也可用于推动个性化活动。

2.2.2　在线支付领域的大数据应用

近年来，越来越多的支付提供商开始采用大数据技术，支付宝、PayPal 等公司的服务模式正在日益受到大数据技术发展的影响。

在线创建一个可行的数字工作区，能够轻松安全地在线支付费用。而支付系统的设置复杂性和费用是网络消费者发展的严重障碍，支付宝和 PayPal 等机构已经构建了一种环境，让各种规模的企业家和企业轻松为客户提供电子支付选项。他们还为消费者提供了一种安全感，即他们的付款信息不会被不适当地使用。

最近，其他公司已经开始通过应用程序提供支付服务，并使得支付服务更加简单。微信、腾讯 QQ、Facebook 和许多其他消息类应用程序允许人们通过首选的通信媒介直接支付，并削弱了网站或在线店面的重要性。

2.2.3　大数据驱动移动商务发展

在谈到未来的在线业务时，智能手机的力量不能被忽视。2016 年，移动互联网用户数量首次超过台式机，并且这种趋势一直在持续。而如果没有大数据，这些都不可能实施。由于企业可以汇集来自多个来源的数据，因此他们已经开始利用移动技术来了解更多关于客户的信息。

对于在线业务的企业如何在移动网络市场上保持竞争力，他们将需要重新思考他们设计网站的方式，以及如何提供服务。这是一个挑战，目前仍处于初步的阶段。

有几种新技术将对在线业务的未来产生重大影响。最有影响力的三个技术是人工智能、增强现实、虚拟现实。

人工智能和增强现实已经推出了一些应用，并被许多在线业务的企业有效地使用。人工智能框架负责聊天机器人的开发，使企业能够通过简单的应用程序而不是员工与消费者进行响应式对话。

增强现实尚未完全整合，但许多公司正在开始使用这种技术提供功能，如可以在商店中向消费者提供交易的应用程序。

虚拟现实是一种能够革新零售业的最新的技术创新，其不仅仅是一种产品和服务，也可以作为一种工具，企业可以通过这种工具来增加消费者的参与度，并将其产品提供给目标人群。虚拟现实可能会发展到这样的一个程度：购物者可以从舒适的家中研究服装、家具、汽车和其他产品，这在十年前是难以想象的。这项技术对于基于业务的企业也是一种福音，因为它将允许人们以比电话或在线聊天更加个人化的环境与客户进行交流。

随着人们的个人和业务生活迁移到移动环境，大数据应用程序几乎永无止境。

2.3　思维变革之一：样本=总体

实际上，大数据的精髓在于人们分析信息时的三个转变，这些转变将改变人们理解和组建社会的方法，这三个转变是相互联系和相互作用的。

第一个转变就是，在大数据时代，人们可以分析更多的数据，有时候甚至可以处理和某个特别现象相关的所有数据，而不再是只依赖于随机采样。19世纪以来，当面临大量数据时，社会都依赖于采样分析。但是采样分析是信息缺乏时代和信息流通受限制的模拟数据时代的产物。以前人们通常把这看成是理所当然的限制，但高性能数字技术的流行让人们意识到，这其实是一种人为的限制。与局限在小数据范围相比，使用一切数据为人们带来了更高的精确性，也让人们看到了一些以前无法发现的细节——大数据让人们更清楚地看到了样本无法揭示的细节信息。

2.3.1　小数据时代的随机采样

数千年来，政府一直都试图通过收集信息来管理国家，只是到最近，小企业和个人也有可能拥有大规模收集和分类数据的能力，而此前，大规模的计数则是政府的事情。

以人口普查为例。据说古代埃及曾进行过人口普查，《旧约》和《新约》中对此都有所提及。那次由奥古斯都恺撒①（图2-7）主导实施的人口普查，提出了"每个人都必须纳税"。

图2-7　奥古斯都恺撒

1086年的《末日审判书》对当时英国的人口、土地和财产做了一个前所未有的全面记载。皇家委员穿越整个国家对每个人、每件事都做了记载，后来这本书用《圣经》中的《末日审判书》命名，因为每个人的生活都被赤裸裸地记载下来的过程就像接受"最后的审判"一样。然而，人口普查是一项耗资巨大且费时的事情，尽管如此，当时收集的信息也只是一个大概情况，实施人口普查的人也知道他们不可能准确记录下每个人的信息。实际上，"人口普查"这个词来源于拉丁语的"censere"，本意就是推测、估算。

三百多年前，一个名叫约翰·格朗特的英国缝纫用品商提出了一个很有新意的方法，来推算出鼠疫时期②伦敦的人口数，这种方法就是后来的统计学。这个方法不需要一个人一个人地计算。虽然这个方法比较粗糙，但采用这个方法，人们可以利用少量有用的样本信息来获取人口的整体情况。虽然后来证实他能够得出正确的数据仅仅是因为运气好，但在当时他的方法大受欢迎。样本分析法一直都有较大的漏洞，因此，无论是进行人口普查还是其他大数据类的任务，人们还是一直使用清点这种"野蛮"的方法。

---

① 奥古斯都恺撒，全名盖乌斯·尤里乌斯·恺撒·奥古斯都（公元前63年9月23日—公元14年8月19日），原名盖乌斯·屋大维·图里努斯，罗马帝国的开国君主，元首政制的创始人，统治罗马长达43年，是世界历史上最为重要的人物之一。他是恺撒的甥孙，公元前44年被恺撒收为养子并指定为继承人，恺撒被刺后登上政治舞台。公元前1世纪，他平息了企图分裂罗马共和国的内战，被元老院赐封为"奥古斯都"，并改组罗马政府，给罗马世界带来了两个世纪的和平与繁荣。公元14年8月，在他去世后，罗马元老院决定将他列入"神"的行列。

② 鼠疫时期：鼠疫又称黑死病，它第一次袭击英国是在1348年，此后断断续续延续了300多年，当时英国有近1/3的人口死于鼠疫。到1665年，这场鼠疫肆虐了整个欧洲，几近疯狂。仅伦敦地区，就死亡六七万人以上。1665年的6月至8月的仅仅3个月内，伦敦的人口就减少了十分之一。到1665年8月，每周死亡达2 000人，9月竟达8 000人。鼠疫由伦敦向外蔓延，英国王室逃出伦敦，市内的富人也携家带口匆匆出逃，居民纷纷用马车装载着行李，疏散到了乡间。

考虑到人口普查的复杂性及耗时耗费的特点，政府极少进行普查。古罗马在拥有数十万人口的时候每 5 年普查一次。美国宪法规定每 10 年进行一次人口普查，而随着国家人口越来越多，只能以百万计数。但是到 19 世纪为止，即使这样不频繁的人口普查依然很困难，因为数据变化的速度超过了人口普查统计分析的能力。

美国在 1880 年进行的人口普查，耗时 8 年才完成数据汇总。因此，他们获得的很多数据都是过时的。1890 年进行的人口普查，预计要花费 13 年的时间来汇总数据。然而，因为税收分摊和国会代表人数确定都是建立在人口的基础上的，必须获得正确且及时的数据。很明显，当人们被数据淹没的时候，已有的数据处理工具已经难以应付了，所以就需要有新技术。后来，美国人口普查局就和美国发明家赫尔曼·霍尔瑞斯（被称为现代自动计算之父）签订了一个协议，用他的穿孔卡片制表机（见图 2-8）来完成 1890 年的人口普查。

图 2-8　霍尔瑞斯普查机

经过大量的努力，霍尔瑞斯成功地在 1 年时间内完成了人口普查的数据汇总工作。这简直就是一个奇迹，它标志着自动处理数据的开端，也为后来 IBM 公司的成立奠定了基础。但是，将其作为收集处理大数据的方法依然过于昂贵。毕竟，每个美国人都必须填一张可制成穿孔卡片的表格，然后再进行统计。这么麻烦的情况下，很难想象如果不足 10 年就要进行一次人口普查应该怎么办。对于一个跨越式发展的国家而言，10 年一次的人口普查的滞后性已经让普查失去了大部分意义。

这就是问题所在，是利用所有的数据还是仅仅采用一部分呢？最明智的自然是得到有关被分析事物的所有数据，但是当数量无比庞大时，这又不太现实。那如何选择样本呢？有人提出有目的地选择最具代表性的样本是最恰当的方法。1934 年，波兰统计学家耶日·奈曼指出，这只会导致更多更大的漏洞。事实证明，问题的关键是选择样本时的随机性。

统计学家们证明：采样分析的精确性随着采样随机性的增加而大幅提高，但与样本数量的增加关系不大。这种非常有见地的观点为人们开辟了一条收集信息的新道路。通过收集随机样本，人们可以用较少的花费做出高精准度的推断。因此，政府每年都可以用随机采样的方法进行小规模的人口普查，而不是只能每 10 年进行一次。事实上，政府也这样做了。当收集和分析数据都不容易时，随机采样就成为应对信息采集困难的办法。

在商业领域，随机采样被用来监管商品质量。这使得监管商品质量和提升商品品质变得更容易，花费也更少。以前，全面的质量监管要求对生产出来的每个产品进行检查，而现在只需从一批商品中随机抽取部分样品进行检查就可以了。本质上来说，随机采样让大数据问题变得更加切实可行。同理，它将客户调查引进了零售行业，将焦点讨论引进了政治界，也将许多人文问题变成了社会科学问题。

随机采样取得了巨大的成功，成为现代社会、现代测量领域的主心骨。但这只是一条捷径，是在不可收集和分析全部数据的情况下的选择，它本身存在许多固有的缺陷。它的成功依赖于采样的绝对随机性，但是实现采样的随机性非常困难。一旦采样过程中存在任何偏见，分析结果就会相去甚远。

2.3.2　全数据模式：样本=总体

采样的目的是用最少的数据得到最多的信息，而当人们可以获得海量数据的时候，它就没有什么意义了。在很多领域，从收集部分数据到收集尽可能多的数据的转变已经发生了。如果可能的话，人们会收集所有的数据，即"样本=总体"。

"样本=总体"是指人们能对数据进行深度探讨。谷歌流感趋势预测不是依赖于随机样本，而是分析了全美国几十亿条互联网检索记录。分析整个数据库，而不是对一个小样本进行分析，能够提高微观层面分析的准确性，甚至能够推测出某个特定城市的流感状况。所以，人们现在经常会放弃样本分析这条捷径，选择收集全面而完整的数据。人们需要足够的数据处理和存储能力，也需要最先进的分析技术。同时，简单廉价的数据收集方法也很重要。过去，这些问题中的任何一个都很棘手。在一个资源有限的时代，要解决这些问题需要付出很高的代价。但是现在，解决这些难题已经变得简单容易得多。曾经只有大公司才能做到的事情，现在绝大部分的公司都可以做到了。

使用所有的数据并不代表这是一项艰巨的任务。大数据中的"大"不是绝对意义上的大，虽然在大多数情况下是这个意思。谷歌流感趋势预测建立在数亿的数学模型上，而它们又建立在数十亿数据结点的基础之上。完整的人体基因组有约 30 亿个碱基对。但这只是单纯的数据结点的绝对数量，不代表它们就是大数据。大数据是指不用随机分析法这样的捷径，而采用分析所有数据的方法。

因为大数据是建立在掌握所有数据，至少是尽可能多的数据的基础上的，所以人们就可以正确地考察细节并进行新的分析。在任何细微的层面，人们都可以用大数据去论证新的假设。是大数据让人们发现了流感的传播区域和对抗癌症需要针对的那部分 DNA。它让人们能清楚分析微观层面的情况。

当然，有些时候，人们还是可以使用样本分析法，毕竟人类仍然活在一个资源有限的时代。但是更多时候，利用手中掌握的所有数据成为最好也是可行的选择。

2.4　思维变革之二：接受数据的混杂性

第二个转变就是，研究数据如此之多，以至于人们不再热衷于追求精确度。当人们测量事物的能力受限时，关注最重要的事情和获取最精确的结果是可取的。直到今天，人们的数字技术依然建立在精准的基础上。人们假设只要电子数据表格把数据排序，数据库引擎就可以找出和检索的内容完全一致的检索记录。

这种思维方式适用于掌握"小数据量"的情况，因为需要分析的数据很少，所以必须尽可能精准地量化自己的记录。但是，在大数据时代，很多时候追求精确度已经变得不可行，甚至不受欢迎了。当人们拥有海量即时数据时，绝对的精准不再是人们追求的主要目标。大数据纷繁多样，优劣掺杂，分布在全球多个服务器上。拥有了大数据，人们不再需要对一个现象刨根究底，只要掌握大体的发展方向即可。当然，人们也不是完全放弃了精确度，只是不再沉迷于此。适当忽略微观层面上的精确度会让人们在宏观层面拥有更好的洞察力。

2.4.1 允许不精确

对"小数据"而言，最基本、最重要的要求就是减少错误，保证质量。因为收集的信息量比较少，所以必须确保记录下来的数据尽量精确。为了使结果更加准确，很多科学家都致力于优化测量的工具。在采样的时候，对精确度的要求就更高更苛刻了。因为收集信息的有限意味着细微的错误会被放大，甚至有可能影响整个结果的准确性。

然而，在不断涌现的新情况里，允许不精确的出现已经成为一个亮点，而非缺点。因为放松了容错的标准，人们掌握的数据也多了起来，还可以利用这些数据做更多新的事情。这样就不是大量数据优于少量数据那么简单了，而是大量数据创造了更好的结果。

同时，人们需要与各种各样的混乱做斗争。混乱，简单地说就是随着数据的增加，错误率也会相应增加。所以，如果桥梁的压力数据量增加 1 000 倍的话，其中的部分读数就可能是错误的，而且随着读数量的增加，错误率可能也会继续增加。在整合来源不同的各类信息的时候，因为它们通常不完全一致，所以也会加大混乱程度。

当然，在萃取或处理数据的时候，混乱也会发生。因为在进行数据转化的时候，人们是在把它变成另外的事物。例如，假设你要测量一个葡萄园的温度，但是整个葡萄园只有一个温度测量仪，那你就必须确保这个测量仪是精确的而且能够一直工作。反过来，如果每 100 棵葡萄树就有一个测量仪，有些测试的数据可能是错误的，可能会更加混乱，但众多的读数合起来就可以提供一个更加准确的结果。因为这里面包含了更多的数据，而它不仅能抵消掉错误数据造成的影响，还能提供更多的额外价值。

再来想想增加读数频率的假设。如果每隔一分钟就测量一下温度，人们至少还能够保证测量结果是按照时间有序排列的。如果变成每分钟测量十次甚至百次的话，不仅读数可能出错，连时间先后都可能搞混。试想，如果信息在网络中流动，那么一条记录很可能在传输过程中被延迟，在其到达的时候已经没有意义了，甚至干脆在奔涌的信息洪流中彻底迷失。虽然人们得到的信息不再那么准确，但收集到的数量庞大的信息让人们放弃严格精确的选择变得更为划算。

可见，为了获得更广泛的数据而牺牲了精确性，也因此看到了很多如若不然就无法被关注到的细节。或者，为了高频率而放弃了精确性，结果观察到了一些本可能被错过的变化。虽然如果人们能够下足够多的工夫，这些错误是可以避免的，但在很多情况下，与致力于避免错误相比，对错误的包容会带给人们更多好处。

"大数据"通常用概率说话。人们可以在大量数据对计算机其他领域进步的重要性上看到类似的变化。大家都知道，如摩尔定律所预测的，过去一段时间里计算机的数据处理能力得到了很大的提高。摩尔定律认为，每块芯片上晶体管的数量每两年就会翻一倍。这使得计算机运行更快速了，存储空间更大了。大家没有意识到的是，驱动各类系统的算法也进步了，有报告显示，在很多领域这些算法带来的进步还要胜过芯片的进步。然而，社会从"大数据"中所能得到的，并非来自运行更快的芯片或更好的算法，而是更多的数据。

2.4.2 大数据的简单算法与小数据的复杂算法

20 世纪 40 年代，计算机由真空管制成，要占据整个房间这么大的空间。而机器翻译也只是计算机开发人员的一个想法。在冷战时期，美国掌握了大量关于苏联的各种资料，但缺少翻译这些资料的人手。所以，计算机翻译也成了亟待解决的问题。

最初，计算机研发人员打算将语法规则和双语词典结合在一起。1954 年，IBM 以计算机中的 250 个词语和六条语法规则为基础，将 60 个俄语词组翻译成了英语，结果振奋人心。IBM 701 通过穿孔卡片读取了一句话，并将其译成了"我们通过语言来交流思想"。在庆祝这个成就的发布会上，一篇报道就有提到，这 60 句话翻译得很流畅。这个程序的指挥官利昂·多斯特尔特表示，他相信"在三五年后，机器翻译将会变得很成熟"。

事实证明，计算机翻译最初的成功误导了人们。1966 年，一群机器翻译的研究人员意识到，翻译比他们想象得更困难，他们不得不承认自己的失败。机器翻译不能只是让计算机熟悉常用规则，还必须教会计算机处理特殊的语言情况。毕竟，翻译不仅仅只是记忆和复述，也涉及选词，而明确地教会计算机这些非常不现实。

在 20 世纪 80 年代后期，IBM 的研发人员提出了一个新的想法。与单纯教给计算机语言规则和词汇相比，他们试图让计算机自己估算一个词或一个词组适合于用来翻译另一种语言中的一个词和词组的可能性，然后再决定某个词和词组在另一种语言中的对等词和词组。

20 世纪 90 年代，IBM 这个名为 Candide 的项目耗费了大概十年的时间，将大约有 300 万句之多的加拿大议会资料译成了英语和法语并出版。由于是官方文件，翻译的标准非常高。用那个时候的标准来看，数据量非常之庞大。统计机器学习从诞生之日起，就聪明地把翻译的挑战变成了一个数学问题，而这似乎很有效！计算机翻译能力在短时间内就提高了很多。然而，在这次飞跃之后，IBM 公司尽管投入了很多资金，但取得的成效不大。最终，IBM 公司停止了这个项目。

2006 年，谷歌公司也开始涉足机器翻译。这被当作实现"收集全世界的数据资源，并让人人都可享受这些资源"这个目标的一个步骤。谷歌翻译开始利用一个更大更繁杂的数据库，也就是全球的互联网，而不再只利用两种语言之间的文本翻译。

为了训练计算机，谷歌翻译系统会吸收它能找到的所有翻译。它会从各种各样语言的公司网站上寻找对译文档，还会去寻找联合国和欧盟这些国际组织发布的官方文件和报告的译本。它甚至会吸收速读项目中的书籍翻译。谷歌翻译部的负责人弗朗兹·奥齐是机器翻译界的权威，他指出："谷歌的翻译系统不会像 Candide 一样只是仔细地翻译 300 万句话，它会掌握用不同语言翻译的质量参差不齐的数十亿页的文档。"不考虑翻译质量的话，上万亿的语料库就相当于 950 亿句英语。

尽管其输入源很混乱，但较其他翻译系统而言，谷歌的翻译质量相对而言还是最好的，而且可翻译的内容更多。到 2012 年年中，谷歌数据库涵盖了 60 多种语言，甚至能够接受 14 种语言的语音输入，并有很流利的对等翻译。之所以能做到这些，是因为它将语言视为能够判别可能性的数据，而不是语言本身。如果要将印度语译成加泰罗尼亚语，谷歌就会把英语作为中介语言。因为在翻译的时候它能适当增减词汇，所以谷歌的翻译比其他系统的翻译灵活很多。

谷歌的翻译之所以更好并不是因为它拥有一个更好的算法机制，而是因为谷歌翻译增加了很多各种各样的数据。从谷歌的例子来看，它之所以能比 IBM 的 Candide 系统多利用成千上万的数据，是因为它接受了有错误的数据。2006 年，谷歌发布的上万亿的语料库，就是来自于互联网的一些废弃内容。这就是"训练集"，可以正确地推算出英语词汇搭配在一起的可能性。

谷歌公司人工智能专家彼得·诺维格在一篇题为《数据的非理性效果》的文章中写道："大数据基础上的简单算法比小数据基础上的复杂算法更加有效。"他们指出，混杂是关键。

2.4.3　纷繁的数据越多越好

通常传统的统计学家都很难容忍错误数据的存在，在收集样本的时候，他们会用一整套的策略来减少错误发生的概率。在结果公布之前，他们也会测试样本是否存在潜在的系统性偏差。这些策略包括根据协议或通过受过专门训练的专家来采集样本。但是，即使只是少量的数据，这些规避错误的策略实施起来还是耗费巨大。尤其是当人们收集所有数据的时候，这就行不通了。不仅是因为耗费巨大，还因为在大规模的基础上保持数据收集标准的一致性不太现实。

如今，人们已经生活在信息时代，掌握的数据库越来越全面，它包括了与这些现象相关的大量甚至全部数据。大家不再需要那么担心某个数据点对整套分析的不利影响。人们要做的就是要接受这些纷繁的数据并从中受益，而不是以高昂的代价消除所有的不确定性。

有时候，当人们掌握了大量新型数据时，精确性就不那么重要了，也同样可以掌握事情的发展趋势。大数据不仅让人们不再期待精确性，也让人们无法实现精确性。然而，除了一开始会与人们的直觉相矛盾之外，接受数据的不精确和不完美，反而能够更好地进行预测，也能够更好地理解这个世界。

值得注意的是，错误性并不是大数据本身固有的特性，而是一个亟需人们去处理的现实问题，并且有可能会长期存在。它只是人们用来测量、记录和交流数据的工具的一个缺陷。如果说哪天技术变得完美无缺了，不精确的问题也就不复存在了。因为拥有更大数据量所能带来的商业利益远远超过增加一点精确性，所以通常人们不会再花大力气去提升数据的精确性。这又是一个关注焦点的转变，正如以前，统计学家们总是把他们的兴趣放在提高样本的随机性而不是数量上。如今，大数据给人们带来的利益，让大家能够接受不精确的存在了。

2.4.4　5%的数字数据与95%的非结构化数据

据估计，只有5%的数字数据是结构化的且能适用于传统数据库。如果不接受混乱，剩下95%的非结构化数据都无法被利用，如网页和视频资源。通过接受不精确性，人们打开了一个从未涉足的世界的窗户。

人们怎么看待使用所有数据和使用部分数据的差别，以及怎样选择放松要求并取代严格的精确性，将会对人们与世界的沟通产生深刻的影响。随着大数据技术成为日常生活中的一部分，人们应该开始从一个比以前更大更全面的角度来理解事物，也就是说应该将"样本=总体"植入思维中。

现在，人们能够容忍模糊和不确定出现在一些过去依赖于清晰和精确的领域，当然过去可能也只是有清晰的假象和不完全的精确。只要人们能够得到一个事物更完整的概念，就能接受模糊和不确定的存在。就像印象派的画风一样（见图2-9），近看画中的每一笔都感觉是混乱的，但是退后一步你就会发现这是一幅伟大的作品，因为你退后一步的时候就能看出画作的整体思路了。

相比依赖于小数据和精确性的时代，大数据因为更强调数据的完整性和混杂性，帮助人们进一步接近事实的真相。"部分"和"确切"的吸引力是可以理解的。但是，当人们的视野局限在可以分析和能够确定的数据上时，对世界的整体理解就可能产生偏差和错

图 2-9　印象派画作

误。不仅失去了去尽力收集一切数据的动力，也失去了从各个不同角度来观察事物的权利。所以，局限于狭隘的小数据中，人们可以自豪于对精确性的追求，但是就算可以分析得到细节中的细节，也依然会错过事物的全貌。大数据要求人们有所改变，必须能够接受混乱和不确定性。

2.5　思维变革之三：数据的相关关系

第三个转变即人们不再热衷于寻找因果关系。这是因前两个转变而促成的。寻找因果关系是人类长久以来的习惯，即使确定因果关系很困难而且用途不大，人类还是习惯性地寻找缘由。相反，在大数据时代，人们无须再紧盯事物之间的因果关系，而应该寻找事物之间的相关关系，这会给人们提供非常新颖且有价值的观点。相关关系也许不能准确地告知你某件事情为何会发生，但是它会提醒你这件事情正在发生。在许多情况下，这种提醒的帮助已经足够大了。

如果数百万条电子医疗记录显示橙汁和阿司匹林的特定组合可以治疗癌症，那么找出具体的药理机制就没有这种治疗方法本身来得重要。同样，只要人们知道什么时候是买机票的最佳时机，就算不知道机票价格疯狂变动的原因也无所谓了。大数据告诉人们"是什么"，而不是"为什么"。在大数据时代，人们不必知道现象背后的原因，不再需要在还没有收集数据之前，就把其分析建立在早已设立的少量假设的基础之上。

2.5.1　关联物——预测的关键

所谓相关关系，其核心是指量化两个数据值之间的数理关系。相关关系强是指当一个数据值增加时，另一个数据值很有可能也会随之增加。人们已经看到过这种很强的相关关系，如谷歌流感趋势：在一个特定的地理位置，越多的人通过谷歌搜索特定的词条，该地区就有更多的人患了流感。相反，相关关系弱就意味着当一个数据值增加时，另一个数据值几乎不会发生变化。例如，可以寻找关于个人的鞋码和幸福的相关关系，但会发现它们几乎扯不上什么关系。

相关关系通过识别有用的关联物来帮助分析一个现象，而不是通过揭示其内部的运作机制。当然，即使是很强的相关关系也不一定能解释每一种情况，比如两个事物看上

去行为相似，但很有可能只是巧合。相关关系没有绝对，只有可能性。也就是说，不是亚马逊推荐的每本书都是顾客想买的书。但是，如果相关关系强，一个相关链接成功的概率是很高的。这一点很多人可以证明，他们的书架上有很多书都是因为亚马逊推荐而购买的。

通过找到一个现象的良好的关联物，相关关系可以帮助人们捕捉现在和预测未来。如果 A 和 B 经常一起发生，只需要注意到 B 发生了，就可以预测 A 也发生了。这有助于捕捉可能和 A 一起发生的事情，即使不能直接测量或观察到 A。更重要的是，它还可以帮助人们预测未来可能发生什么。当然，相关关系是无法预知未来的，他们只能预测可能发生的事情。但是，这已经极其珍贵了。

2004 年，沃尔玛对历史交易记录这个庞大的数据库进行了观察，这个数据库记录的不仅包括每一位顾客的购物清单及消费额，还包括购物篮中的物品、具体购买时间，甚至购买当日的天气。沃尔玛公司注意到，每当在季节性飓风来临之前，不仅手电筒销售量增加了，而且 POP-Tarts 蛋挞（美式含糖早餐零食）的销量也增加了。因此，当季节性风暴来临时，沃尔玛会把库存的蛋挞放在靠近飓风用品的位置，以方便行色匆匆的顾客从而增加销量。

建立在相关关系分析法基础上的预测是大数据的核心。这种预测发生的频率非常高，以至于人们经常忽略了它的创新性。当然，它的应用会越来越多。

例如，对于零售商来说，知道一个顾客是否怀孕是非常重要的。因为这是一对夫妻改变消费观念的开始，也是一对夫妻生活的分水岭。他们会开始光顾以前不会去的商店，渐渐对新的品牌建立忠诚度。塔吉特公司的市场专员们向分析部求助，看是否有办法能够通过一个人的购物方式发现她是否怀孕。公司的分析团队首先查看了签署婴儿礼物登记簿的女性的消费记录，分析团队注意到，登记簿上的妇女会在怀孕大概第三个月的时候买很多无香乳液。几个月之后，她们会买一些营养品，如镁、钙、锌等。公司最终找出了大概 20 多种关联物，这些关联物可以给顾客进行"怀孕趋势"评分。这些相关关系甚至使得零售商能够比较准确地预测预产期，这样就能够在孕期的每个阶段给客户寄送相应的优惠券，这才是塔吉特公司的目的。

2.5.2　通过因果关系了解世界

传统情况下，人类是通过因果关系了解世界的。

首先，人们的直接愿望就是了解因果关系。即使无因果联系存在，也还是会假定其存在。研究证明，这只是人们的认知方式，与每个人的文化背景、生长环境及教育水平无关。当人们看到两件事情接连发生的时候，会习惯性地从因果关系的角度来看待它们。看看下面的三句话：弗雷德的父母迟到了。供应商快到了。弗雷德生气了。

当读到这里时，可能立马就会想到弗雷德生气并不是因为供应商快到了，而是他父母迟到了的缘故。实际上，人们也不知道到底是什么情况。即便如此，还是不禁认为这些假设的因果关系是成立的。

普林斯顿大学心理学专家，同时也是 2002 年诺贝尔经济学奖得主丹尼尔·卡尼曼就是用这个例子证明了人有两种思维模式：一种是不费力的快速思维，通过这种思维方式几秒钟就能得出结果；另一种是比较费力的慢性思维，对于特定的问题，需要考虑到位。

快速思维模式使人们偏向用因果联系来看待周围的一切，即使这种关系并不存在。这是对已有的知识和信仰的执着。在古代，这种快速思维模式是很有用的，它能帮助人们在信息量缺乏却必须快速做出决定的危险情况下化险为夷。但是，通常这种因果关系是并不存在的。

卡尼曼指出，平时生活中，由于惰性，人们很少慢条斯理地思考问题，所以快速思维模式就占据了上风。因此，会经常臆想出一些因果关系，最终导致了对世界的错误理解。

父母经常告诉孩子，天冷时不戴帽子和手套就会感冒。然而，事实上，感冒和穿戴之间却没有直接的联系。有时，人们在某个餐馆用餐后生病了，就会自然而然地觉得这是餐馆食物的问题，以后可能就不再去这家餐馆了。事实上，肚子痛也许是因为其他的传染途径，比如和患者握过手之类的。然而，快速思维模式使人们直接将其归于任何自己能在第一时间想起来的因果关系，因此，这经常导致人们做出错误的决定。

与常识相反，经常凭借直觉而来的因果关系并没有帮助人们加深对这个世界的理解。很多时候，这种认知捷径只是给了自己一种已经理解的错觉，但实际上，因此完全陷入了理解误区之中。就像采样是人们无法处理全部数据时的捷径一样，这种找因果关系的方法也是大脑用来避免辛苦思考的捷径。

在小数据时代，很难证明由直觉而来的因果联系是错误的。现在，情况不一样了。将来，大数据之间的相关关系，将经常会用来证明直觉的因果联系是错误的。最终也能表明，统计关系也不蕴含多少真实的因果关系。总之，快速思维模式将会遭受各种各样的现实考验。

为了更好地了解世界，人们会因此更加努力地思考。但是，即使是用来发现因果关系的第二种思维方式——慢性思维，也将因为大数据之间的相关关系迎来大的改变。

日常生活中，人们习惯性地用因果关系来考虑事情，所以会认为，因果联系是浅显易寻的。但事实却并非如此。与相关关系不一样，即使用数学这种比较直接的方式，因果联系也很难被轻易证明。人们也不能用标准的等式将因果关系表达清楚。因此，即使慢慢思考，想要发现因果关系也是很困难的。因为人们已经习惯了信息的匮乏，故此亦习惯了在少量数据的基础上进行推理思考，即使大部分时候很多因素都会削弱特定的因果关系。

就拿狂犬疫苗举例，1885 年 7 月 6 日，法国化学家路易·巴斯德接诊了一个 9 岁的小孩约瑟夫·梅斯特，他被带有狂犬病毒的狗咬了。那时，巴斯德刚刚研发出狂犬疫苗，也实验验证过效果了。梅斯特的父母就恳求巴斯德给他们的儿子注射一针。巴斯德做了，梅斯特活了下来。发布会上，巴斯德因为把一个小男孩从死神手中救出而大受褒奖。

但真的是因为他吗？事实证明，一般来说，人被狂犬病狗咬后患上狂犬病的概率只有七分之一。即使巴斯德的疫苗有效，这也只适用于七分之一的案例中。无论如何，就算没有狂犬疫苗，这个小男孩活下来的概率还是有 85%。

在这个例子中，大家都认为是注射疫苗救了梅斯特一命。但这里却有两个因果关系值得商榷：第一个是疫苗和狂犬病毒之间的因果关系；第二个就是被带有狂犬病毒的狗咬和患狂犬病之间的因果关系。即便是疫苗能够医好狂犬病，第二个因果关系也只适用于极少数情况。

不过，科学家已经克服了用实验来证明因果关系的难题。实验是通过是否有诱因这两种情况，分别来观察所产生的结果是不是和真实情况相符，如果相符就说明确实存在因果关系。这个衡量假说的验证情况控制得越严格，你就会发现因果关系越有可能是真实存在的。

因此，与相关关系一样，因果关系被完全证实的可能几乎是没有的，所以只能说，某两者之间很有可能存在因果关系。但两者之间又有不同，证明因果关系的实验要么不切实际，要么违背社会伦理道德。例如，怎么从 5 亿词条中找出和流感传播最相关的呢？难道真能为了找出被咬和患病之间的因果关系而置成百上千的病人的生命于不顾吗？因为实验会要求把部分病人当成未被咬的"控制组"成员来对待，但是就算给这些病人打了疫苗，又能保证万无一失吗？而且就算这些实验可以操作，操作成本也非常昂贵。

2.5.3　通过相关关系了解世界

相关关系分析本身意义重大，同时它也为研究因果关系奠定了基础。通过找出可能相关的事物，人们可以在此基础上进行进一步的因果关系分析。如果存在因果关系的话，再进一步找出原因。这种便捷的机制通过实验降低了因果分析的成本。人们也可以从相互联系中找到一些重要的变量，这些变量可以用到验证因果关系的实验中去。可是，必须非常认真。

相关关系很有用，不仅仅是因为它能提供新的视角，而且提供的视角都很清晰。一旦把因果关系考虑进来，这些视角就有可能被蒙蔽。

例如，Kaggle 是一家为所有人提供数据挖掘竞赛平台的公司，举办了关于二手车的质量竞赛。二手车经销商将二手车数据提供给参加比赛的统计学家，统计学家们用这些数据建立一个算法系统来预测经销商拍卖的哪些车有可能出现质量问题。相关关系分析表明，橙色的车有质量问题的可能性只是其他车的一半。

当人们读到这里的时候，不禁会思考其中的原因。难道是因为橙色车的车主更爱车，所以车被保护得更好吗？或是这种颜色的车子在制造方面更精良吗？还是因为橙色的车更显眼、出车祸的概率更小，所以转手的时候，各方面的性能保持得更好？

马上就陷入了各种各样谜一样的假设中。若要找出相关关系，人们可以用数学方法，但如果是因果关系，这却是行不通的。所以，没必要一定要找出相关关系背后的原因，当知道了"是什么"的时候，"为什么"其实没那么重要了，否则就会催生一些滑稽的想法。比方说上面提到的例子，是不是应该建议车主把车漆成橙色呢？毕竟，这样就说明车子的质量更过硬啊！

考虑到这些，如果把以确凿数据为基础的相关关系和通过快速思维构想出的因果关系相比较，前者就更具说服力。在越来越多的情况下，快速清晰的相关关系分析甚至比慢速的因果分析更有用和更有效。

因果关系还是有用的，但是它将不再被看成是意义来源的基础。在大数据时代，即使很多情况下，人们依然指望用因果关系来说明自己所发现的相互联系，但是，需要知道因果关系只是一种特殊的相关关系。相反，大数据推动了相关关系分析。相关关系分析通常情况下能取代因果关系起作用，即使不可取代的情况下，它也能指导因果关系起作用。

【习　题】

1. 第一个提出大数据概念的公司是（　　）。

　　A. 麦肯锡公司　　　　　　　　　B. 谷歌公司

　　C. 微软公司　　　　　　　　　　D. Facebook 公司

2. 以下说法错误的是（　　）。

　　A. 大数据的思维方式遵循因果逻辑推理

　　B. 摩尔定律是戈登•摩尔提出的

　　C. 图灵测试是阿兰•图

　　D. ENIAC 于 1946 年诞生

3. （　　）年被称为大数据元年。

　　A. 2012　　　　B. 2010　　　　C. 2008　　　　D. 2006

4. 以下说法错误的是（　　）。

　　A. 大数据会带来机器智能　　　　B. 大数据不仅仅是讲数据的体量大

　　C. 大数据的英文名称是 large data　　D. 大数据是一种思维方式

5. 关于大数据的来源，以下理解正确的是（　　）。

　　A. 当今的世界，基本上一切都可以用数字表达，所以称为数字化的世界

　　B. 每个人都是数据的制造者

　　C. 大数据是数据量变积累达到质变的结果

　　D. 数据的产生需要经历很长时间

6. 进入大数据时代，人们越来越深刻地认识到大数据给各行各业带来的巨大变化，以下不属于大数据时代的思维变革内容的是（　　）。

　　A. 研究数据如此之多，以至于人们不再热衷于追求精确度

　　B. 人们更加注重在大数据中寻找因果关系

　　C. 在大数据时代，人们可以分析更多的数据，有时候甚至可以处理和某个特别
　　　　现象相关的所有数据，而不再是只依赖于随机采样

　　D. 人们不再热衷于寻找因果关系

7. （多选题）大数据时代的五个无处不在，包括（　　）和服务无处不在。

　　A. 软件无处不在　　　　　　　　B. 计算无处不在

　　C. 大数据无处不在　　　　　　　D. 网络无处不在

8. （多选题）关于大数据的内涵，以下理解正确的是（　　）。

　　A. 大数据里面蕴藏着大知识、大智慧、大价值和大发展

　　B. 大数据还是一种思维方式和新的管理、治理路径

　　C. 大数据就是很大的数据

　　D. 大数据在不同领域，又有不同的状况

9. （多选题）以下（　　）及云计算等因素推动了大数据的出现。

　　A. 社交媒体　　　　　　　　　　B. 摩尔定律

　　C. 数据挖掘　　　　　　　　　　D. 普适计算

【实验与思考】进入"数据超市"了解大数据

1．实验目的

本节"实验与思考"的目的是：

（1）熟悉大数据的基本概念，熟悉大数据时代思维变革的主要内容；

（2）通过"数据超市"网站，了解大数据资源，掌握数据获取方法，提高数据分析与运用能力。

2．工具/准备工作

在开始本实验之前，请认真阅读课程的相关内容。

需要准备一台带有浏览器，能够访问因特网的计算机。

3．实验内容与步骤

【概念理解】

（1）请结合查阅相关文献资料，为"大数据"给出一个权威性的定义。

答：_____

_____

_____

_____

这个定义的来源是：_____

（2）请具体描述大数据的 3V。

答：

① Volume（数量）：_____

_____

② Variety（多样性）：_____

_____

③ Velocity（速度）：_____

_____

（3）大数据时代人们分析信息、理解世界的三大转变是什么？

答：

①_____

_____

②_____

_____

③_____

_____

（4）请简述，在大数据时代，为什么要"分析与某事物相关的所有数据，而不是依靠分析少量的数据样本"？

答：_____

_____

_____

_____

（5）请简述，在大数据时代，为什么"人们乐于接受数据的纷繁复杂，而不再一味追求其精确性"？

答：_____

_____

_____

_____

（6）什么是数据的因果关系？什么是数据的相关关系？

答：_____

_____

_____

_____

_____

【数据实践】

信息时代，尽管有了大大小小的信息系统、信息中心，但是，如果排污口归环保部门管理，水源地归水利部门管理，两方面数据不共享，则取水口和排污口就可能规划在同一个地理位置，出现"数据打架"的情况……

湖南省历时 3 年建设了全省的地理空间数据交换共享平台并正式对外发布，这一共享平台基于覆盖全省的基础地理信息数据库，将实现"大数据 + 政务"，打破了各部门的"信息孤岛"。

据报道，地理空间数据交换共享平台像是一个"超市"，各部门可以在"货架"上拿取所需数据。例如，出现自然灾害时，应急部门可第一时间调取地质环境、交通线路、医院、粮站等数据，为救灾提供全方位支持。

湖南省国土资源厅与交通、环保、工商、公安等 10 多个部门签订了共建共享协议，并建立了 150 多个应用系统，应用范围包括生态保护红线划定、重大污染源防控、海绵城市建设、城市反恐安防、土地确权登记等。

下面通过访问"数据超市"网站，尝试了解网络大数据资源，掌握数据获取方法，提高数据分析与运用能力。

步骤 1：打开浏览器，输入网站地址 http://www.data-shop.net/，屏幕显示"数据超市"网站，如图 2-10 所示。

图 2-10　"数据超市"网站

"数据超市"网站关联的数据内容相当丰富，其所有数据均由网站定制的爬虫程序（搜索引擎爬虫）采集于互联网，数据均为网站公开的非隐私数据。该网站声明："没有也不会采用任何非法手段（如黑客技术）盗取网站后台数据。如果您觉得我们侵犯了您的隐私，请联系我们予以处理。 我们只能保证数据和目标网站的一致性，无法保证源数据本身的准确性。"

平时人们在学习、研究、编制报告、撰写论文过程中，常常会苦于无法获得有效数据，陷入胡编乱造的境地。"数据超市"给大家提供了一个有效地获取合法数据的途径。

步骤 2：请选择适当的分析题目，如"淘宝外卖（口碑外卖）全国商户数据"，尝试在"数据超市"查找数据来源，分析数据的真实性和可获得性。

请记录：你选择的分析题目是：＿＿＿＿＿＿＿＿＿＿＿＿＿＿＿＿＿＿＿＿

步骤 3：

是否能在"数据超市"网站中找到了你要的数据：　○　是　　　　　○　否

如果没有找到，请简单分析你认为可能的原因是：＿＿＿＿＿＿＿＿＿＿＿＿

＿＿＿＿＿＿＿＿＿＿＿＿＿＿＿＿＿＿＿＿＿＿＿＿＿＿＿＿＿＿＿＿＿＿＿＿

如果找到了，你认为所获得的数据：　　○　真实可靠　　　　　○　不真实

如果你认为所获得的目标数据不真实，请简单分析为什么。＿＿＿＿＿＿＿＿

＿＿＿＿＿＿＿＿＿＿＿＿＿＿＿＿＿＿＿＿＿＿＿＿＿＿＿＿＿＿＿＿＿＿＿＿

步骤 4：请你在成功获得的数据源中做适当钻取（深入了解），你觉得这些数据对你的学习和研究是否有帮助？请简单阐述。

答：＿＿＿＿＿＿＿＿＿＿＿＿＿＿＿＿＿＿＿＿＿＿＿＿＿＿＿＿＿＿＿＿＿

＿＿＿＿＿＿＿＿＿＿＿＿＿＿＿＿＿＿＿＿＿＿＿＿＿＿＿＿＿＿＿＿＿＿＿＿＿

＿＿＿＿＿＿＿＿＿＿＿＿＿＿＿＿＿＿＿＿＿＿＿＿＿＿＿＿＿＿＿＿＿＿＿＿＿

＿＿＿＿＿＿＿＿＿＿＿＿＿＿＿＿＿＿＿＿＿＿＿＿＿＿＿＿＿＿＿＿＿＿＿＿＿

＿＿＿＿＿＿＿＿＿＿＿＿＿＿＿＿＿＿＿＿＿＿＿＿＿＿＿＿＿＿＿＿＿＿＿＿＿

4．实验总结

_____

_____

_____

_____

5．实验评价（教师）

_____

_____

第❸章

移动购物的崛起

【导读案例】中国建 156 颗卫星天基互联网 Wi-Fi 信号覆盖全球

猎鹰 9 号（Falcon 9，见图 3-1）火箭是美国 SpaceX（太空探索技术）公司研制的可回收式中型运载火箭，运载能力与长征 7 号相近。猎鹰 9 号于 2010 年 6 月 4 日首次发射，于 2015 年 12 月 21 日完成首次回收。

2018 年 2 月 22 日，SpaceX 公司又在加州范登堡空军基地成功地发射了一枚"猎鹰 9 号"火箭，将其两颗互联网实验卫星 Microsat 2a 和 2b（"丁丁-a"和"丁丁-b"）送入轨道。它们是 SpaceX 星链（Starlink）计划的试验星，将开展对地通信测试。该项目计划在 2024 年前发射近 1.2 万颗小卫星，向全世界推出高速互联网服务。

不过，大家不用急着找马斯克要 Wi-Fi 密码，我国的天基互联网也在建设之中。

全球移动宽带卫星互联网系统即将启动建设

记者从中国航天科技集团了解到，该集团计划在今年全面启动全球移动宽带卫星互联网系统建设（见图 3-2）。该系统是一个部署在低轨道的通信卫星星座，一期建设工程将发射 54 颗卫星，后续会实施二期工程建设，实现系统能力的平滑过渡，卫星数量将超过 300 颗。

中国航天科技集团科技委主任包为民介绍，该系统将建成为全球无缝覆盖的空间信息网络基础设施，能够为地面固定、手持移动、车载、船载、机载等各类终端，提供互联网传输服务，可在深海大洋、南北两极、"一带一路"等区域实现宽、窄带结合的通信保障能力。通过这样一个全球无缝覆盖的系统，处于地球上任何地点的任何人或者任何物体，都可以在任何时间实现信息互联。

图 3-1　猎鹰 9 号火箭

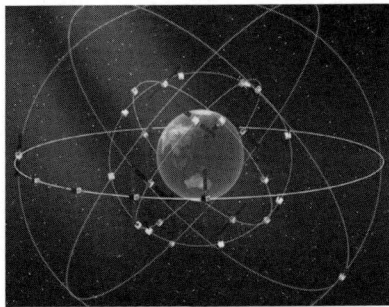

图 3-2　全球移动宽带卫星互联网系统

全球移动宽带卫星互联网系统将实现 6 个方面的应用能力：一是智能终端通信，支持商业手机直接接入卫星星座，提供高清晰语音服务、微信等即时通信服务、电子邮件服务等；二是互联网接入，提供低延迟的数据服务能力，使用户享受到与地面网络近似的上网体验，面向野外作业和远洋作业等市场，实现远程教育、远程医疗服务保障；三是物联网接入，服务于低能耗微型化物联网终端，重点开拓环境监测、远洋物流、危化品监控、交通管理、智慧海洋等新型产业需求；四是热点信息推送，充分利用卫星广域覆盖的特性，实现文化宣传、灾害预警、公共安全警告、天气播报、头条新闻播发、交通广播等热点焦点信息的实时播发推送；五是导航增强，转发北斗差分改正信息，为机载、车载定位终端提供更加精准可靠的位置服务，满足无人汽车驾驶、无人机管控、精准农业、工程机械市场的发展需求；六是航空航海监视，能够实现全球飞机、船舶的全周期跟踪、提供统计数据增值服务。

虹云工程 2018 年发射技术验证星

据中国航天科工集团二院院长张忠阳介绍，航天科工正在推进的虹云工程将在 2018 年发射首颗技术验证星，开展低轨宽带通信演示验证及应用示范。

"虹云工程建设按照三步走的策略进行。"张忠阳说，今年完成第一步后，第二步是发射 4 颗业务试验星组网试运行，于 2020 年完成业务试验系统。2022 年，我国将部署、运营整个星座，构建 156 颗卫星组成的天基宽带互联网，形成以低轨宽带通信为主，并具备导航增强、实时遥感支持能力的通信、导航、遥感综合信息系统。"届时，无论我们身处沙漠、海洋或是飞机上，都能享受到与家里一样的上网速度和服务体验。"

虹云工程极具先进性，将成为世界首套低轨 Ka 宽带通信系统，并在全世界首次采用宽带星间通信、星上宽带路由、多通道移相芯片等技术，宽带卫星通信终端体积最小、功耗最小、质量最轻。

谈及国外相关技术发展，张忠阳认为 SpaceX 的创新、挑战精神值得学习，其星链计划手笔极大。虹云工程虽然卫星数量和规模偏小，目标却与之一致，最终实现的功能也大同小异。

（资料来源：腾讯新闻，腾讯网，2018-3-5）

阅读上文，请思考、分析并简单记录。

（1）卫星天基互联网 Wi-Fi 信号覆盖全球，对移动商务意味着什么？

答：_____

_____

_____

（2）卫星天基互联网的应用对人们的社交活动会产生什么影响？

答：_____

_____

_____

（3）你对中国航天事业的发展还有什么见解或想法？

答：_____

_____

_____

_____

（4）请简单记述你所知道的上一周发生的国际、国内或者身边的大事。

答：_____

_____

_____

_____

_____

3.1　移动终端的力量

从来没有任何一种力量像现在的移动终端一样，如此强有力地改变着人们的消费行为方式。有了移动终端，消费者不再需要"去购物"，他们随时随地都"在购物"。有了移动终端，消费者的行为机动性更强，他们可以一边忙碌，一边通过手中小巧的终端随时随地接收信息。不管是购物前、交易中还是付款后，现在的消费者都可以通过手机发出指令，这给商品零售商带来了新的挑战和机遇，促使他们寻找影响消费者购物决策的新方式。

移动购物与传统的购物方式大相径庭。首先它是全天候的，与过去传统购物方式不同，移动购物可以随时进行。消费者不需要再待在某个实体店或者坐在计算机前单击鼠标购物，他们可以在看电视、乘坐交通工具，甚至走路散步时做出购物决策。其次，消费者可以决定自己需要的卖家和商品处在什么位置、离自己有多远。只需要轻触几次屏幕，就能根据自己的位置找到周围哪里有自己需要的商品。再次，移动购物的发展空间异常巨大，正如权威的思科全球移动数据流量预测报告所指出的，2016 年之前接入移动互联网的设备就已经超过了地球上的人口数量总和。最后，移动商务是个性化的。移动终端本身就是高度个性化的产品，且设备之间的交流有着固有的一对一的特性——不管这种交流是通过声音、文字，还是通过图像、视频。

从根本上来说，移动终端赋予了人们在任何时间、任何地点购物的能力，传统的购物行为已经被彻底颠覆了。在实体店，拥有智能手机的消费者中 58% 的人会使用他们的移动终端到相关的网上商城去逛逛，55% 的人则会利用智能手机进行线上线下比价。可以明确的是，移动终端对于购物行为的影响将会与日俱增。

3.2　移动脉动效应

除了各式各样的实体零售店，其实所有产品和服务的品牌及销售者都会受到移动商务的影响。这种影响很明显，因为在购物过程中存在着一个所谓"移动脉动"效应。举个例子，当门票大多通过智能手机和平板电脑来销售的时候，更多的消费者在检票时将不再选择传统的检票方式，而是展示在他们智能手机上的密码和凭证。而"移动脉动"效应就是，门票销售过程中使用移动终端，对在固定地点销售门票的票务代理人员的数量和纸质门票印刷的影响。这在航空安检中已经是一种十分普遍的现象了，因为登机牌已然可以在智能手机上显示。

根据朱尼普研究公司的专业分析，2016 年全球推送到移动终端上的电子票数量达到了 230 亿，通过近距离无线通信技术完成的移动票务销售收入占到了移动票务总收入的一半以上。移动终端用户越来越多地将移动票务作为移动购物生活方式的一部分，这些电子票包括了体育比赛、旅游、娱乐等活动的票务。

NBC 环球公司创立的 Fandango 是一个在线出售电影票的网站，这个网站卖出的电影票中超过 1/3 是通过移动终端出售的，而且这个 App 已经被下载了 2 500 万余次。随着手机终端验票的普及，"移动脉动"效应意味着电影院不再需要那么多验票人员。而航空业也紧随其后，虽然它开始的方式不大相同。最开始，很多航空移动 App 只告诉你理论上航班什么时候可以启程或者什么时候可以到达，有些 App 可以让你了解自己的行李是不是和你乘坐同一航班。而现在，绝大多数的航空公司都可以通过移动客户端出售机票。据旅游网站 Expedia 分析，如今通过移动客户端来预订美国旅馆的数量已经达到总预订数的一半。

3.3　移动购物生命周期

销售过程的阶段论是一个早已为人熟知的被称为"AIDA"的传统购物概念，其内容包括引起注意（Attention）、唤起兴趣（Interest）、激发欲望（Desire）和采取行动（Action）这 4 个阶段。这一概念提供了一种思考方式，让大家考虑在销售过程中如何和消费者互动。首先营销人员需要吸引消费者的注意力；其次，营销人员必须唤起消费者的兴趣——通过清晰定义他们所销售商品的用途也许能够做到这一点；再次，通过展示产品来匹配和满足消费者的需求，并以此激发消费者对产品的欲望；最后，促使消费者行动，以达成销售。

随着时间的流逝，消费漏斗（见图 3-3）或者说传统的销售渠道的演化使得一些销售阶段被更加精确地重新定义。这些阶段被命名为：意识、熟悉、考虑、购买和忠诚——它们仍然被用来影响处在不同购买决策阶段的消费者。直到最近，营销人员仍然可以通过一个集中化的传播方式相对稳定并且便捷地将营销信息发送到消费者身边，如营销人员能够通过类似电视或者广播电台这样的大众传媒来将信息同步到数百万消费者面前。

如今，传统的"销售漏斗"理论已然走向消亡，它被所谓"移动购物生命周期"的理论所代替——这个理论包括了市场营销人员有机会影响移动购物用户的消费行为和购买决策的 6 个特定时刻。根据传统的"销售漏斗"理论而开展的市场营销，在面对移动购物用户时已经不那么有效了，因为整个购买流程已经是不断反复而不是循序渐进的了。换句话说，在传统的销售漏斗理论中，消费者购买商品时走一步看一步，因此营销人员可以在他们趋向购买时锁定他们。但是有了移动终端后，移动购物用户的购买流程不再那么可预测，他们的购物行为在任何时候都可能发生。但最重要的是，当这些用户在使用移动终端购物的时候，他们可以在 6 个不同的时段被左右。移动购物的预购、在途、在店、决策、购买、售后这 6 个阶段（见图 3-4）就是施加影响的重要时刻。一旦市场营销人员更好地理解了这 6 个施加影响的关键点，那么在移动购物生命周期中，市场营销人员就能更有效地锁定信息来接触和影响消费者。

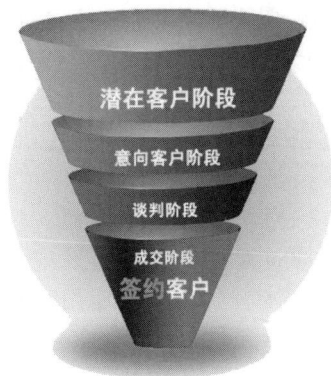

图 3-3　传统的销售漏斗

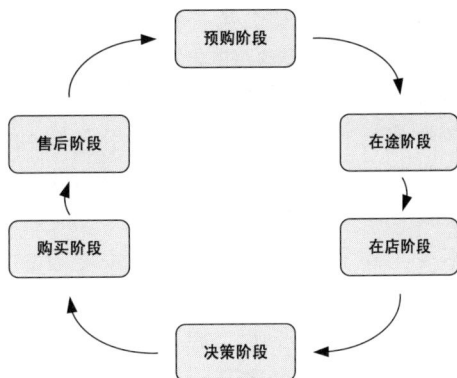

图 3-4　移动购物生命周期

在移动购物生命周期中，移动购物用户在实际购物过程中的 6 个阶段都非常有活力。他们在这个周期的每个阶段都会使用各种各样的移动终端。营销人员在每个阶段都有机会来决定或者影响消费者行为。营销人员所选择的时间点、所处位置和与移动购物用户互动时的心智模式都能够影响实际购买行为。随着智能手机普及率的提高，更多人开始尝试移动购物，而这 6 个阶段中的每一个都会持续扩展。

3.4　品牌移动化的四大关键领域

美味世界（Mondelez）国际公司正式创建于 2012 年底，由前卡夫食品公司的国际食品制造业务构成。公司在世界各地分布着大约 10 万名公司雇员，年收入约 360 亿美元。这家公司旗下拥有的知名品牌包括吉百利、纳贝斯克、奥利奥、Trident 口香糖、荷氏、趣多多、妙卡巧克力和果珍，该公司是移动影响力的领导者。

在移动浪潮中，像美味世界这样的国际化大品牌，其公司规模大、管理流程固定并不意味着它就不能变得相对灵活，一个公司需要加强组织上下对于移动战略重要性的认识和领导层对分配重要资源的承诺。美味世界有着对移动战略重要性的清晰愿景，作为移动影响力的领导者，他们试图用长短期兼顾的眼光来看待全球化的移动趋势，试图超越渐进变革和低速增长，迅速跟上消费者变迁的步伐。

移动终端能够在全球发挥作用有四个关键领域，第一个是发挥视频的效用。正如人们所知道的，越来越多的消费者观看视频摄取信息，而 23% 的媒体内容在移动终端上消费。坦率地说，不只是大量的视频内容在终端上消费，消费者还通过移动终端消费所有类型的媒体内容。那么，如何建立自己的品牌与移动终端的联系呢？如何通过确定一个视频传播重点来最大化这种联系呢？另外，如何确保能够将各种屏幕作为平台看待，而不是只将它们看成单独的第一屏、第二屏、第三屏？又该如何看待基于屏幕的媒体？

第二个是增加消费者参与度。现在人们往往会在观看体验中分心或被打断，如看电视的那一刻你会低头看手机。如何创造互补的参与体验从而切实提升投资的效率呢？又该如何创建第二屏幕的体验呢？还有如何有效利用社交网络交谈中隐现的行为呢？

这里包含了两方面，而这两方面都与驱动购买欲望相关。一是关于购物冲动的。现在手机终端已经十分普及，世界上有 70 亿人口，其中的 51 亿是人手一部手机，移动终端显然是一个大型平台，并且有大量的媒体资源。

其二是有很多机会去接近待售的产品。无论是在早上醒来查看手机时，还是在上下班的路上，人们都有机会获得最前沿的信息。当你朝着可能会买东西的地方走去，来到销售点，便有机会了解产品，并且有可能会碰到出售产品的零售商。这是一个很好的机遇：如何看待这些媒体渠道和引起购物冲动的渠道。接近消费者的方法有很多，其中最重要的是改变广告费用支出，因为这是市场营销周期中最灵活的部分。

第三个领域包括 App 开发、内容创作等类似的事项——对于大部分组织而言这要增加不少工作量。从组织的宏观角度看，将增加广告投入。通过互联网，你会发现这样的例子有很多，但是最终，内容体验还是最重要的。这些内容体验会在人们使用移动终端登录的大型平台产生，如微信、QQ、Facebook 或者 Twitter 等。

这些社区的管理是为移动终端专门设置的，它能否改变你所上传图片的大小，可否利用手机的力量创建链接，如位置等，它甚至有可能创造消费者会参与的手机应用或其他体验。所有这些将成为整个系统平衡的重要部分。大多数营销人员在实际支出方面正以最快的速度进行改变。

第四个是移动零售。对零售商而言在零售环境中有什么新的机会吗？在改善购物体验上有什么新的举措吗？由于包装与手机相关联，应该如何处理包装问题？

解除锁定的内容，结合包装和设备，并结合健康信息、食谱或捆绑销售——这些结合起来会成为一个真正的技能组合，它们也是当你展望未来的消费者和零售业时想要取得成功必须要做到的，甚至是消费者是否购买你的产品的决定性因素。

此外，手机将成为钱包。随着近场通信（NFC）[①] 和在线钱包的普及，顾客按按手机就可以进行购买并处理优惠券、折扣或者所有类型的东西。当人们用战略眼光看待全局时，品牌移动化的这四大关键领域非常重要。

移动购物生命周期的每个阶段都会随着时间进化并走向成熟。由于国家间的差异和移动文化的差异，每个阶段同样能够产生轻微的差别。

3.5　移动用户的购物行为

就像网上购物改变购买行为一样，移动购物更加具有革命性。全世界有 50 亿手机用户，这个数字是全世界台式计算机的 5 倍多。网上购物者通常用他们的台式计算机或笔记本式计算机购物，而移动购物者在任何地方都可以购物。此外，移动购物者几乎随时都拿着手机并保持在线状态，他们可以在任何时间都进行移动购物。平板电脑也给远程浏览、价格比较及购物打开了一扇门。

大量研究成果可以辨识出有多少人使用手机购物、扫描产品、查找商品信息，以及所有其他使用移动终端的行为。尽管其中的一些具体结果可能不同，但这些研究都表明大体相同的趋势和模式：智能手机和平板电脑的使用率在众多类别和活动中呈上升之势，智能手机和平板电脑用户在使用他们的设备方面十分活跃。

捷孚凯（GfK）是一家世界领先的研究机构，它在超过 100 个国家进行过调研。根

---

① NFC（Near Field Communication，近场通信），又称近距离无线通信技术，是一种短距离（10cm 内）的高频无线通信技术，允许电子设备之间进行非接触式点对点数据传输。

据它的研究成果，在美国 64% 的平板电脑拥有者和 55% 的智能手机用户用他们的设备检查银行账户余额；52% 的平板电脑拥有者和 39% 的智能手机用户用他们的设备进行支付及银行转账。

从总体上来说，在平板电脑和智能手机上的购物行为基本相同，40% 的平板电脑拥有者和 38% 的智能手机用户进行远程购物。平板电脑的拥有者活跃度很高，58% 的拥有者都会使用他们的设备辅助购物。智能手机和平板电脑拥有者购买各类产品，其中消费电子产品最多，而汽车最少，如表 3-1 所示。

表 3-1　平板电脑和智能手机购物的种类

分　类	比　例
消费电子产品	40%
衣服	33%
食品饮料	27%
健康美容产品	23%
手机	21%
家居用品	18%
草坪花园用品	15%
汽车	14%

还有人口特征上的差异。67% 的 18~34 岁的智能手机所有者使用手机购物，44% 的 35 岁以上的智能手机用户使用手机购物。平板电脑的规律基本相同，27% 的 18~34 岁的用户使用平板电脑进行购物，而在 35 岁以上的用户中这个比例缩小到 17%。年轻的移动购物用户在社交网络上相对活跃，对实体零售店忠诚度更低，并渴望商品定制化，且更忠于那些提供定制化服务的商家（见表 3-2）。

当移动购物用户购物时，他们使用智能手机和平板电脑寻求价值、获取信息、进行交易，并利用社交媒体使用定位技术，如 89% 的用户寻求更多价值、52% 的用户比价，还有 44% 的用户试图找到优惠券。当用户获取信息时，59% 的用户用移动终端寻找商店，52% 的用户用移动终端检查产品的可用性，49% 的用户用移动终端搜索信息或评论。移动活动与整个购物流程高度整合。

表 3-2　不同年龄的购物习惯

分　类	18~34 年龄段	35+ 年龄段
使用社交网络购物	58%	35%
对实体零售店忠诚度最低（在周边购物）	51%	46%
喜欢通过网站的记录换取更多定制化服务	43%	27%
更加忠于主动性更高的网站	47%	43%

根据康姆斯科（comScore）的数据，男性和女性智能手机用户占的比例在零售类用户中几乎相等，但女性有着 56% 的智能手机购物时间，因此占了更高比重。该研究还显示出，71% 的智能手机零售用户年龄小于 45 岁。访问网络零售商城的智能手机用户中，有 1/3 的人年收入超过 10 万美元。

3.6 移动购物的新需求

移动趋势重新定义了买家和卖家的概念，使买卖双方在购物过程中增加了新的职责。顾客在去购物中心或商城之前，可以在家里研究买什么东西。他们可以在网上搜索，或者仔细钻研报纸和杂志，也可能因为没什么特别的东西而终止购物，或者因为冲动买点东西。

这些行为是相对简单和可预测的。营销人员能够通过多种媒介在黄金时间及其他时段接触到这些未来的买家。这一购物过程是单向的，研究好买什么之后就是逛街和购买。现在由于消费者在任何地方、任何时间都手持智能手机和平板电脑搜索信息、研究商品、分享信息，所以逛街购买过程已经被改变了。

3.6.1 买家与卖家智能的改变

买家和卖家在整个移动购物生命周期中的职能正在改变。在购物过程中，各式各样的新角色正在出现。

（1）主动研究。消费者在他们的移动终端上搜寻信息并进行研究，不管是在飞机上还是在备受瞩目的多屏会议期间，他们在购物的路上和在商店时都在研究。移动影响力要借助拉力，而不是推力。消费者想根据商家的位置和主营业务在预定时间内从商家那里得到信息。营销人员必须随时准备好回答消费者可能提出的问题。

（2）产品内容。消费者希望了解他们想购买产品的更多信息，包括产品本身及产品周边的信息，并且他们需要来自现场的产品信息。消费者需要且渴望得到的远超过了产品本身所提供的。一些公司已经解决了这个问题，如英特尔的手机网站提供了几个能够在一分钟之内回答完毕的问题，以对消费者需要配置的计算机的规格，以及与之搭配的最佳英特尔处理器提出建议。营销人员正在使用地理围栏技术创建一个在任何位置的任何可选范围内的虚拟边界，以更好地提供更多的基于移动购物用户位置的相关信息。

（3）店内扫描。不断升级的手机相机功能使得购物者能够更方便、更快捷地扫描条形码。扫描能够为消费者提供其他商城及网络上更有竞争力的商品价格。移动消费者想通过扫描条形码了解他们当下购买的商品的背景信息，如价格公不公平，相比较而言会更高还是更低？或者是那个商场特有的吗？是那个商场的主打产品吗？

（4）价格匹配。消费者希望得到最大的价值，也就以最恰当的价格购买到产品。移动购物用户能够实时获得价格信息。零售商将不得不根据自己的标准和资产负债表权衡风险和收益。例如，在一次对某体育用品商店的拜访中，顾客扫描要购买的物品，并发现这件商品在驾车距离不远的另外一个实体商店中的价格要便宜30%。店员问值班经理他们能否降低价格，她回答说："绝对不会。"而另一家店提供了一键式购买，这就促使顾客改变主意换一家店购买。

（5）库存的透明度。移动购物者希望知道一件商品是否有库存。许多零售商多年前已经开始提供这个在线功能了，但是因为客户的位置需要被考虑进去，移动需要增加新的维度。

这些仅仅是移动零售革命和购物行为变迁的早期阶段。如今的移动购物用户十分活跃，并且更赋创新性地用移动终端来寻找适合他们的品牌和卖主。

3.6.2 购物全天候

移动影响力不仅包括给移动购物用户打广告，还包括发送高度个性化和针对性更强的相关信息。Crispin Porter+ Bogusky（简称 CP+B）公司是一家提供全面服务的综合性广告代理商，它有 800 多名员工，业务遍布世界各地。CP+B 在致力于提高品牌知名度、扩大影响力并促进更好的商业业绩道路上发展壮大，其核心是解决业务挑战，而不仅仅制作广告。CP+B 也是移动影响力的推动者之一，积极参与零售业的创新活动。"移动零售如此激动人心是因为，我们第一次能够在合适的场景、合适的地点、合适的时间进行个性化销售，"CP+B 的体验总监安吉尔·安德森（Angel Anderson）说，"当顾客经过我们的产品时，我们可以通过地理围栏接近他们，可以向他们发送推送通知，让他们了解情况或让他们知道这个物品很特别。"

很多移动影响力推动者都专注于提高各种移动技术和能力，并不断进行磨炼，以更有效地为移动购物用户服务，且始终放眼未来。移动趋势甚至改变了人们有关购物的思维方式。随着智能手机和平板电脑的普及，时间和地点成为越来越不重要的因素，这使得购物过程变成一件全天候的事情。

"人们使用地理定位和基于时间的提醒就能够形成那种环境关系，"安德森说，"它改变了我们有关购物的思维方式。我们过去常说，'我去街上逛逛'，现在，当我们谈到打算买的东西时，我们说'我在购物''我正在买一辆新车''我在购买结婚要穿的衣服'，而不再是'我去街上逛逛'。这说明我们总是处在购物状态中。"

"你不一定非要去商店逛逛，可以选择花些时间在智能手机上登录几个不同的网站寻找合适的鸡尾酒礼服。你可以在工作时上网并留意你的朋友送的东西。当看电视时，你看一件衣服就像是看计算机中的字符，并会到移动终端上查看信息。现在人们与互联网分不开了，它已经成为我们心智的一部分。你不再只是上网而已，你已经被连接在互联网上了。"

像其他一些领先的机构一样，CP+B 已经为它的客户采用过多种知名的移动组件和服务。这些方法尝试更好地利用他人的创造力、服务和平台，并将这些元素进行组合以更好地适应特定客户。给产品下标签来提醒经过的人是有点麻烦，这需要与客户的 IT 和技术部门更紧密地合作。人们正迈向挑战，因为它不是大部分客户曾经处理过的事情。可其竞争对手正在尝试，所以需要提供给客户这个功能。

移动影响力的推动者应保持前进的姿态，因为对于紧跟不断变化的消费者的移动消费行为而言，这是必要的。消费者不断体会到手机使他们生活得更轻松、更美好、更便利、更有趣。像 CP+B 这样的机构一直都在寻找在所有事项中哪些已经完成，尤其在将基于位置的精确商品匹配给合适的消费者方面。

移动购物给企业带来的机会是，引导或管理移动购物用户的能力以使他们对购物过程更有控制力。这可能意味着一切更加透明，也可能意味着找到过去没有考虑到的新产品信息。

3.6.3 移动全球化

智能手机普及程度远超电视或者台式计算机，这成为一种全球性现象。在有些国家，人们由于没有计算机，从来没有机会使用互联网，但是通过智能手机他们有了使用互联网的机会。智能手机的用户数量已经超过了 50 亿并且仍然在增长中——这给很多市场营销人员提供了巨大的机会。请看如下统计：

- 全球超过 20 亿人口使用互联网。
- 在发展中国家，只有 20% 的居民能够接入互联网。
- 有 70% 的发达国家的人口能够接入互联网；在冰岛、荷兰、挪威、瑞典，超过 90%

的人口能够接入互联网。

- 仅仅在一年内，印度增加了 1.42 亿移动互联网用户，是同年非洲用户增加数量的两倍，并超过了阿拉伯国家和欧洲国家增加数量的总和。
- 移动电话普及率提高最快的国家是巴西、哥斯达黎加和哈萨克斯坦。

移动影响力的领导者了解这些统计数字的重要性并且重视全球在移动方面的先行者。

越来越多的移动终端将获得更多的互联网人口和更快的速度，在这方面其中某些市场比其他市场增长得要快。移动运营商们发现，移动宽带是他们收入增长最快的业务。根据市场研究公司的研究结果，增长率最高的地区是亚太地区和拉丁美洲，而欧洲、非洲和中东地区呈现小幅下降趋势。

落实移动影响力的方法就是，对移动战略进行一些调整，以使它与公司的其他渠道相协调。尽管从逻辑上讲，很多公司移动战略活动总是从研发阶段开始试验，可下一阶段就需要移动战略进行实践。移动影响力的领导者并未把移动战略作为其他渠道的补充，而是将它作为公司整体战略的一部分。

移动战略正在成为一个品牌的核心，因为消费者拥有前所未有的获取信息和分享信息的能力，并且拥有工具来使用这些信息。在移动购物生命周期理论中，将移动渠道连接到整体营销计划中的企业会有优势。越来越多的消费者在不同的屏幕中切换，无论这些屏幕是电视、个人电脑、平板电脑还是智能手机，而企业需要提供一个相似的积极体验和价值。

【习　　题】

1. 下列不属于价值链上的价值活动的是（　　）。

　　A. 供应商　　　　B. 采购商　　　　C. 分销商　　　　D. 消费者

2. 移动商务的真正价值实现是（　　）。

　　A. 技术　　　　B. 服务　　　　C. 创新　　　　D. 管理

3. （多选题）移动商务发展进程中的错误观点是（　　）。

　　A. 移动商务的特征等同于电子商务的特征

　　B. 移动技术的特征就是移动商务的特征

　　C. 移动商务是移动技术+商务

　　D. 移动商务具有很多电子商务没有或不具备的特征

4. （多选题）目前应用的生物特征识别技术主要有（　　）。

　　A. 掌形识别　　　B. 指纹识别　　　C. 声音识别　　　D. 虹膜识别

5. （多选题）短信具有（　　）等特点。

　　A. 低成本　　　　B. 慢回报　　　　C. 易操作　　　　D. 快速传递信息

6. （多选题）移动商务改变了（　　）的固有方式。

　　A. 合同签订、货款交割　　　　　B. 库存的管理

　　C. 移动目标的追踪和查询方式　　D. 所有行业的经营模式

7. （多选题）下列属于移动商务一般特征的是（　　）。

　　A. 即时性　　　　B. 连通性　　　　C. 便携性　　　　D. 方便性

8. （多选题）我国移动商务发展经历了（　　）。

　　A. 以短信充值支撑业务的起步阶段

　　B. 以彩信吸引业务的初级阶段

C. 以简单软件和解决方案支撑业务的探索阶段

D. 以开发移动商务价值为特色的资源开发和价值开发阶段

【实验与思考】回顾和熟悉电子商务

1. 实验目的

本节"实验与思考"的目的是：

（1）回顾电子商务的基本概念，熟悉电子商务的基本类型。

（2）通过因特网搜索与浏览，掌握通过网络环境不断丰富电子商务最新知识的学习方法，尝试通过专业网站的辅助与支持来开展电子商务应用实践。

（3）通过对戴尔电子商务网站的分析和操作体验，了解、体会和学习戴尔的电子商务思想，了解什么是 B2C 和 B2B 电子商务模式。

（4）通过对"当当网""携程网"等著名电子商务网站的操作，了解在线购物，熟悉 B2C 电子商务的应用，掌握电子商务网站的一般应用方法。

2. 工具/准备工作

在开始本实验之前，请回顾教科书的相关内容。

需要准备一台带有浏览器，能够访问因特网的计算机。

3. 实验内容与步骤

1）概念理解

（1）查阅有关资料，根据你的理解和看法，请给"电子商务"下一个定义。

_____

_____

_____

这个定义的来源是：_____

（2）试分析：传统商务与电子商务的主要区别有哪些？请简述之。

_____

_____

（3）人们对于电子商务的认识，逐渐由电子商务扩展到"e 概念"的高度，人们认识到：电子商务实际上就是电子技术（计算机技术）与商务应用的结合。而电子技术不但可以和商务活动结合，还可以和很多其他有关的应用领域结合，从而形成相关领域的"e 概念"。请至少举三个例子说明"相关领域的 e 概念"。

例如：远程教育，这是电子技术与教育领域的结合应用。

①_____

_____

②_____

_____

③_____

_____

（4）电子商务的参与方主要有四部分，即企业、消费者、政府和中介方。尽管有些网上拍卖形式的电子商务属于个人与个人之间的交易（即 C2C），但一般情况下，企业是电子商务的核心。考察电子商务的类型，主要从企业的角度来进行分析。按业务处理过程所涉及的范围来对电子商务进行分类，主要有以下三种类型：

① _____

简单举例描述： _____

_____

② _____

简单举例描述： _____

_____

③ _____

简单举例描述： _____

_____

2）戴尔网站的浏览与分析

浏览与分析戴尔网站可按以下步骤执行：

步骤 1：打开浏览器，登录 www.dell.com.cn 网站，屏幕显示如图 3-5 所示。

请记录：戴尔将其目标用户对象分成哪四类，分别是如何定义的？

（1）_____：

_____

（2）_____：

_____

（3）_____：

_____

（4）_____：

_____

步骤 2：在图 3-5 所示的屏幕下方单击"关于戴尔"栏，屏幕显示如图 3-6 所示。

步骤 3：在图 3-5 和图 3-6 所示的界面中可以查阅戴尔（中国）公司的业务资料、产品及服务概览等内容。试分析：在戴尔网站上，戴尔公司提供的产品主要有哪些？你了解这些产品吗？

（1）_____ □ 了解 □ 不了解

（2）_____ □ 了解 □ 不了解

（3）_____ □ 了解 □ 不了解

（4）_____ □ 了解 □ 不了解

（5）_____ □ 了解 □ 不了解

（6）_____ □ 了解 □ 不了解

3）应用戴尔网站

假设你已经确定要购买某个戴尔产品，请利用戴尔网站基本完成（并不付款）这个购买过程。你的这份记录应该可供其他完成类似任务的人参考。

（1）假设中你需要购买的戴尔产品属于哪一类？

（2）列出你在戴尔网站上选择并最后确定的产品性能和特点等信息。

图 3-5 戴尔电商网站

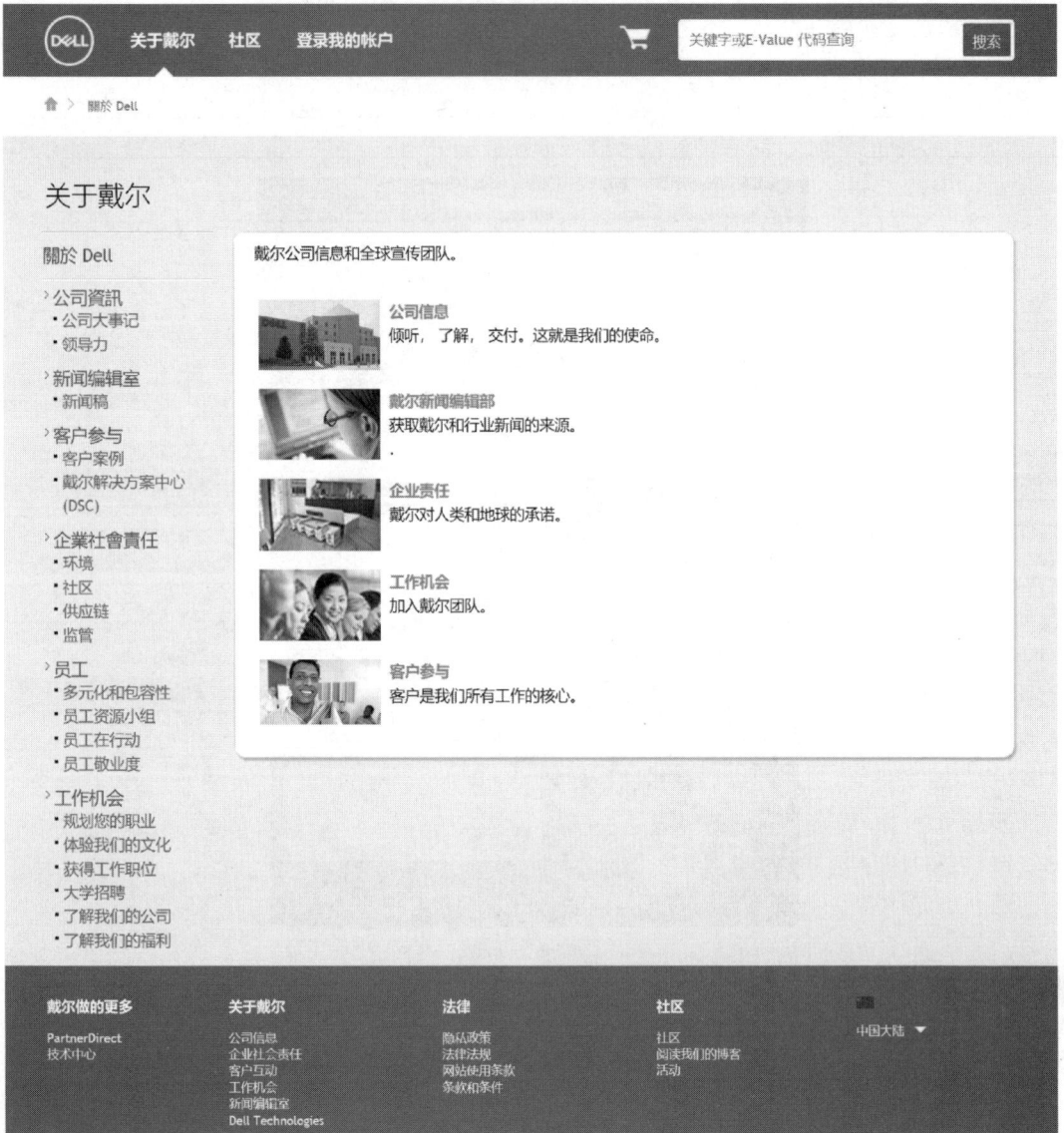

图 3-6　关于戴尔

（3）请记录你的网络采购步骤。

步骤 1: _____

步骤 2: _____

步骤 3: _____

步骤 4: _____

步骤 5: _____

步骤 6: _____

步骤 7: _____

步骤 8: _____

步骤 9: _____

步骤 10: _____
步骤 11: _____
步骤 12: _____

（4）通过实际购买操作，请简单评价戴尔公司的电子商务？作为用户，你觉得戴尔网站还应该做哪些改进？

_____

_____

_____

_____

4）应用携程旅行网 Ctrip

携程旅行网（Ctrip.com，简称携程） 创立于 1999 年初，是国内一家著名的旅游电子商务网站，其公司在美国纳斯达克上市。携程网是将有资质的酒店、机票代理机构、旅行社提供的旅游服务信息汇集于互联网平台供用户查阅的互联网信息服务提供商和综合性旅行服务企业，同时帮助用户通过互联网与平台上的酒店、机票代理机构、旅行社联系并预订相关旅游服务项目。

携程的目标是：利用高效的互联网技术和先进电子资讯手段，为商务散客与休闲客人提供快捷灵活、优质优惠、体贴周到又充满个性化的旅行服务。携程为客户提供全方位的商务及休闲旅行服务，包括酒店预订、机票预订、休闲度假、旅游信息和打折商户。

步骤 1：打开浏览器，登录携程旅行网（www.Ctrip.com），屏幕显示主页如图 3-7 所示。

步骤 2：策划旅行活动。设想一次旅行活动，如为本班级节日长假组织的一次观光休闲旅行，或者是一次和朋友安排的青春二人行等。请借助携程网完成本次活动的策划方案。

你策划的活动是：_____

你完成的旅行策划方案至少应该包括如下内容：

（1）参与此次旅行活动的人员及负责人。

（2）此次旅行活动的内容和主题。

（3）旅行的目的地及其理由。

（4）日程安排。

（5）旅行的人均预算。

（6）旅途的交通安排。如果是自驾游，则还需要大致的交通路线。

（7）旅行注意事项。

（8）本次作业的实施过程及收获和体会。

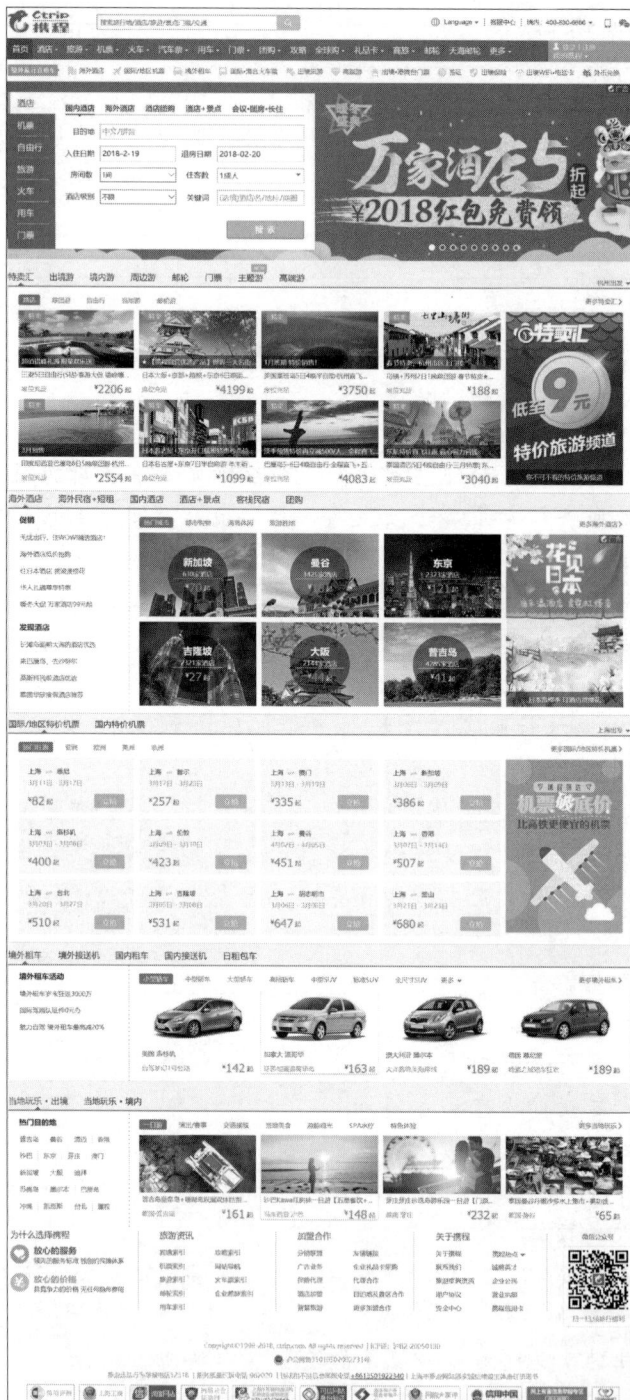

图 3-7　携程网主页

　　请将旅游策划书文档按规定的命名方式和格式保存，并在要求的日期内，以电子邮件或实验指导老师指定的其他方式提交。

　　文件名：<班级>_<学号>_<姓名>_携程旅游方案.doc

请记录：

上述实验任务能够顺利完成吗？ _____。

简单描述你在进行方案策划过程中所遇到的问题（如果有的话）:

_____

_____

4．实验总结

_____

_____

_____

5．实验评价（教师）

_____

_____

第 **4** 章

移动购物生命周期

【导读案例】探探被陌陌收购，从此，陌生人社交再无老二？

时间回到 2014 年，很多人习惯性地刷一次微博才去睡觉，习惯性地用手机淘宝来买东西，习惯性地在吃饭前给美食拍照然后发朋友圈，习惯性地出门吃饭前后查查哪家店离自己又近又好吃，也习惯性地在朋友聚会时掏出手机玩，习惯性地用微信语音来和老朋友煲电话粥……

2014 年，附近的陌生人跟你打招呼，你回还是不回？用手机拍完照后，很多人要先用美图秀秀美化一下然后再分享到网络上；以前拜年是短信群发，现在拜年都是发微信。互联网改变了人们原有的社交习惯。移动社交软件的出现，将新的社交习惯推向了高潮——从熟人社交转向陌生人社交（见图 4-1）。

图 4-1　陌生人社交

2018 年 2 月的某一天，探探投资人还原被陌陌收购始终。成立不到 3 年的陌生人社交产品探探，以 6 亿美元现金外加股票的价格被陌陌收购。这场始于 1 月 3 日的交易，在 2 月 15 日也就是大年三十那天被最终敲定。春节假期结束的第二个工作日，各方签字。当天，双方对外公布这一消息。

"很快，谈判过程也不太复杂。"接近交易的一位投资人告诉《中国企业家》。

据说，是陌陌最先表达出收购意愿，探探创始人王宇和潘滢夫妻俩给予了积极回应。因为双方此前没有发生过正面冲突，而且是 100% 股权收购，谈判过程相对顺利。居间协调的华兴，曾经服务过两家公司的融资甚至上市。

但是陌陌 CEO 唐岩在接受 36 氪采访时称，"我们刚开始接触的时候会认为难度比较大，因为探探的股东结构比较复杂，股东特别多。"

除了现有的 13 位投资人，探探自始至终没有被公开披露的一位股东是阿里。这一消息得到了探探另一位股东的确认。阿里算是两家公司的共同投资人，陌陌尝试私有化最艰难的时候，蔡崇信一度进入陌陌董事会给予支持。

陌陌一方，CFO 张晓松是此次交易谈判主力，唐岩本人也深度参与。探探一方主要是两位创始人，此外参与交易比较多的股东方为元生资本。

谈判的焦点主要集中在探探的估值问题。这次交易距离探探 2017 年 6 月 7 000 万美元的 D 轮融资不过半年时间，据知情人透露，D 轮进去的投资人普遍拿到三四倍左右的回报。探探累计拿到 1.2 亿美元的融资。

上述投资人告诉《中国企业家》，"探探创始团队主要拿的是陌陌股票。团队加入陌陌，希望能把陌生人社交这个事情进一步做大。"

传言 YY 同样有意收购探探。真实情况是，去年同期 YY 就有意拿下探探，最后算盘落空，成为 D 轮投资人。这次交易中，YY 没有做出实质性的行动。

为什么不是 YY？曾在 B 轮领投探探的创世伙伴资本创始合伙人周炜在接受《中国企业家》采访时说，协同效应最重要，毕竟大多数联姻不仅仅是金钱交易。

他进一步分析称，陌陌和探探两个产品的用户群很互补。据说，探探在产品规划之初就明确女性为重，并且把男女用户比例固定在 6:4。潘滢解释，这也是中国现阶段人口的男女比例。这对于以男性用户为主的陌陌而言，具有极大的吸引力。此外，探探用户群更加年轻。官方描述是，中国 95 后年轻单身人群拓展社交关系的一个重量级平台。

周炜用"很喜欢"表示对探探的态度。"如果他们能一直独立发展也挺好，但双方创始人都想把事情做到更大，尤其探探不想只盯着自己的一亩三分地。从我第一次跟他们沟通就能感觉到，他们想做成大事。"

然而在探探之前，王宇夫妻俩因为做一个时尚社交产品曾经历过 8 年的创业低潮期，最困难时长达 8 个月发不出工资。

至于陌陌，借着直播的热度焕发第二春的社交平台，过去几年坚持泛社交、泛娱乐的战略而摘掉"约炮神器"的帽子，却很难摆脱用户增长的瓶颈。

陌陌 2017 年前三个季度的财报显示，月活用户分别为 8 520 万、9 130 万和 9 440 万。而早在 2015 年 12 月，这个数字就已经为 6 980 万。而探探 2018 年 1 月份的日活则为 700 万左右。

唐岩对此次交易的期望还是双方用户的互补性。基于泛社交和泛娱乐的调性，他认为很难有一个产品能完全满足用户需求，未来会提供更多泛社交产品。"我们会继续投资或孵化多个子品牌来满足不同人群的社交和娱乐需求。"

陌陌投资人、紫辉创投合伙人郑刚告诉《中国企业家》，作为一家上市公司，陌陌的正常发展手段之一就是用现金储备和股票作为硬通货来收购良好的产品，通过并购拓宽业务范围。他还透露，最近唐岩一直在寻找合适的收购对象，探探是一大收获，但应该不会停下来。

因此，不排除未来陌陌会沿袭收购探探的模式，进一步巩固自己的开放式社交领地。至于陌陌和探探两个看上去业务高度重合的公司，有多少重叠用户，唐岩没有透露具体数字。

周炜曾在陌陌 B 轮融资时拉着唐岩在他办公室聊了 4 个小时，最后因为董事会没有接受外部投资而错过。他认为陌生人之间"互约"只是社交的初级阶段，类似直播这样的场景才是由浅到深的拓展。"从各方面进展来说，双方合作的时间点是对的。"

（资料来源：记者翟文婷、郭朝飞，中国企业家，2018-2-24）

阅读上文，请思考、分析并简单记录。

（1）通过网络搜索，了解"探探"和"陌陌"，并做简单描述。

答：_____

_____

_____

（2）除了"探探"和"陌陌"，当前还有哪些移动社交应用？请简单描述移动社交应用的现状。

答：_____

_____

_____

（3）阅读本文，你认为"陌陌"为什么收购"探探"？

答：_____

_____

_____

_____

（4）请简单记述你所知道的上一周内发生的国际、国内或者身边的大事。

答：_____

_____

_____

_____

4.1 预购阶段——创造购物新体验

在移动购物生命周期的预购、在途、在店、决策、购买和售后这 6 个不同阶段中，营销人员有机会促使移动购物用户注意到他们销售的产品，同时影响这些用户的购买行为。各种品牌都已经或正计划参与到移动购物生命周期的不同阶段中。

在某些情况下，由于受到营销人员的影响，一个消费者可能从购物周期的某一阶段直接跳到实际成交阶段。移动终端是一种拉动而不是推动的媒介，与将信息通过电视媒介推荐给消费者不同，营销人员必须根据特定消费者的时间点、心智模式和所处位置来决定产品信息的位置，从而使得这些信息能够为消费者所读取。在预购阶段，移动购物用户主要进行思考、研究。

4.1.1 移动营销的心理定式

互联网时代，顾客的实际消费行为在所有的时间和地点都可能发生，选中商品并结账只是移动购物生命周期的一个结果。在预购阶段，消费者会不停地在手机上搜寻，可能是在家、在办公室，也可能是在其他的什么地方。预购阶段之后他们仍有可能被其他人影响。

在前往商城之前，移动购物用户用他们的移动终端来进行购买前的研究、寻找促销商品、比价及做其他事情。当来到预定的商店，他们又不断地使用移动终端设备。在这个阶段，消费者更乐于考虑各种建议并进行思考，不管这些建议是来自品牌、营销人员还是同伴。由于这是移动购物周期的第一步，营销人员需要展现出自己最好的一面，因为不参与这个阶段就可能会被整个购物周期所忽视。

预购阶段是消费者的研究和确认阶段，在这个阶段，消费者会使用手机或平板电脑来辅助确认潜在的目标商品和位置。消费者通过公司的官方网站来查看价格和易用性，同时和朋友一起在社交网络中查看相关信息。品牌和营销人员能够发挥影响的作用点包括：手机广告、手机网站、产品和库存信息、及时回馈机制及手机优惠券。越来越多的消费者在购物决策的早期阶段就通过手机或平板电脑进行研究。在预购阶段，移动购物用户有很多机会对下一阶段进行研究。他们可能会研究贵重物品，如汽车、家电等，当然，在这阶段也有消费者会现场决定通过移动终端完成购物。

研究表明，在去商城之前，42%的消费者会通过智能手机查询促销和特价信息，还有大约41%的消费者在网络商城查询同种商品的在线价格并进行比较。相比之下，消费者很少会预订零售店的商品或者在去商城之前查看感兴趣商品的库存情况。

（1）手机广告。与传统互联网的情况一样，手机广告在预售阶段可视性很强。但是，因为计算机屏幕更大，所以互联网广告的可视化程度更高，这使得消费者在观看广告时能够更好地适应产品或网站的使用环境。移动终端的小屏幕，特别是智能手机的屏幕，对于大型广告而言是一个限性制因素。但是，屏幕尺寸并不是限制手机广告蓬勃发展的唯一因素，有些移动购物用户不希望手机上出现太多的广告，除非这些广告能够给他们带来价值。

当移动广告具有高度针对性，并与消费者正在做的事息息相关时，消费者才会认真读取。移动广告业如此庞大的原因在于使用手机的人数庞大；更重要的原因则是，手机可以随身携带并且颇具个性化，这给个性化营销传播提供了巨大的潜在发展空间。

移动终端的使用方式不仅更加贴近个人、更具个性化，而且大量广告将根据用户的实时位置发送到移动终端上，本地商家常常渴望能够触及附近的移动购物用户。

在全球范围内，移动广告的有效性随着市场和设备而变化，营销人员努力深入地接触移动购物用户，以尝试影响他们的购物行为。移动购物生命周期的预购阶段是接触移动购物用户的一个有利时机。

（2）移动互联网。如何将移动消费者拉入互联网，是营销人员应该重视的另一个移动影响力因素。在一些国家和地区，互联网人口主要被手机用户占据，并且在全球范围内手机用户明显高于计算机用户，很多人第一次进入互联网世界就是通过移动手机，甚至只通过手机登录。一项基于在欧洲、拉丁美洲和非洲中的 13 个国家开展的关于移动互联网观察的研究，得到了以下的研究结论：

- 69%的互联网用户通过移动终端上网；
- 61%的用户通过智能手机上网；
- 22%的用户通过平板电脑上网；
- 73%的男性和 66%的女性通过移动终端上网；
- 58%的用户因为私人事务上网，20%的用户因为与工作相关的事务上网；
- 45%的 50 岁以上人群使用移动互联网；
- 62%的用户登录在线社区，如 Facebook 等；
- 46%的用户通过移动终端办理银行转账；
- 71%的用户通过手机下载 App；
- 51%的用户下载或在线观看短视频；
- 70%的用户关注信息安全；
- 78%的用户对消费者云计算服务感兴趣；
- 87%的用户对优质技术服务感兴趣。

在世界的很多地方移动购物已经发展到了一定程度，一项研究显示，55%的用户已为演唱会、电影和戏剧等类似的演出活动在线购票，46%的用户通过移动终端购买火车票和飞机票，还有 39%的用户通过移动终端购买衣服或者鞋子，37%的用户用智能手机或平板电脑购买其他消费品，还有 22%的用户通过这种方式购买大宗商品或者生鲜产品。

平板电脑使用量的快速增长也给移动影响力开辟了新的市场。所有的年龄段都在使用这种设备。调查显示 14～39 岁这一年龄段使用最多，超过一半的平板电脑用户每天至少有一次会通过平板电脑登录互联网，30%的用户每天用平板电脑登录几次，69%的平板电脑用户会下载和观看不超过 5 分钟的短视频，52%的用户会观看电影、电视剧或者长视频。还有 61%的移动购物用户用平板电脑比价，而这也是预购阶段的一项主要活动。

（3）手机邮件。接收和发送电子邮件始终是最常见的互联网用途：有 70%的人使用移动终端的电子邮件程序发送邮件，还有 60%的人使用网站来发送邮件。在第一个黑莓手机带来的早期移动体验后，人们开始迷恋于用移动手机收发电子邮件。移动邮件能够将消费者从台式计算机和在特定位置阅读电子邮件的束缚中解救出来。电子邮件能够直接发送到移动终端，同时接触到懒惰或是活跃的消费者，进而发挥移动终端的影响力。微信、短信和电子邮件都被视为品牌或公司与消费者之间的桥梁。

可以通过移动广告或者各种形式的手机 App 内置广告，来针对移动购物用户开展市场营销。与传统营销媒介不同，鉴于移动终端的屏幕尺寸及使用方法，营销人员应该采取多种营销方式以确保在移动购物生命周期的各个阶段能够有效地传递信息。

毋庸置疑，电子邮件营销信息如果被目标人群打开将能发挥最大效应。此外，如果能使消费者参与其中，那成效会更大。研究表明，在手机上被打开的电子邮件超过了平板电脑，二者的比例大概是 3:1。同时，在 iPhone 上被打开的电子邮件（20%）要明显高于安卓系统（6%）。有 36%的人在手机上打开电子邮件，64%的人用台式计算机打开电子邮件。研究发现，越来越多的消费者在手机上打开电子邮件，而实际在台式计算机上打开的趋势恰好相反。在安卓和苹果设备上被打开的邮件加起来能够占到被打开移动电子邮件总和的 99%。这可以说明为什么营销工作需要锁定安装了这两种系统的设备，并通过电子邮件向具有移动思维方式的客户进行营销。

（4）消息的及时性。研究显示，移动终端上电子邮件的打开率在傍晚、深夜和清晨达到顶峰。移动终端上的电子邮件也集中于电子邮件发送后的 3 个小时内被打开，随后打开率迅速下降。通过移动终端进行的电子邮件参与在最初的 90 分钟内更明显，因此，营销人员需要根据特定的消费者数据来给电子邮件设定最佳发送时间。

另一个影响移动营销的因素是，消费者在打开电子邮件后会做什么？例如，零售业发送给消费者的信息一般只会被打开一次，人们普遍将他们的手机收件箱作为一个过滤器。98%的电子邮件只在一台专属的设备上打开。在零售行业，21%的邮件是在移动终端上被打开的。如果零售行业的营销人员没有创造一个引人注目的标题并把它传递给合适的客户，那移动消费者带来的机会窗口可能会被完全忽略。

4.1.2 人们会通过移动终端买什么

在预购阶段，当营销人员使用移动广告来接触潜在客户时，消费者也可能会就此自己完成了购买，他们通过移动终端购买的产品种类没有明确的限制。由于智能手机和平板电脑的使用方式和 PC 类似，因此很多消费者自然而然地将他们的移动终端当成计算机使用。

显然，有些事物还是更适合用特定的屏幕来显示。例如，电影在电影院的屏幕上观看体验更好，电视剧在大屏幕电视机上的观看体验更佳，电子数据表在计算机屏幕上使用起来更方便。但是在移动购物生命周期中，几乎所有类别的活动都可能随时出现，有时甚至是意想不到的时刻。

4.1.3 管理预购阶段的渠道

确保消费者在任何时间、在所有的入口处得到的信息基本相同，这对数据源比较多并且流动速度快的行业来说是一个挑战。人们已经掌握了网站运营知识，而移动终端最初只是一个扩展。随着移动化趋势的不断加深，很明显应该为消费者设计一个相应的 App。

当人们预订航班、换乘航班或者更新旅行信息时，希望能够更好地掌握自己的航程时间，这就是航空服务的发展方向。在过去，长期规划很重要，但现在移动化更能贴近航班服务需求。当乘火车回家、为周末旅行或者为几个星期的外出进行购物准备时，你也会发现这个规律。很多消费者在移动终端购物，并且这样的人群还在不断扩大。如果没有注意并密切参与预购的早期阶段，一家企业会很容易失去成为用户移动购物生命周期重要部分的机会。

4.2 在途阶段——偏好追踪

移动购物生命周期的在途阶段存在于消费者去商店购物或者外出办事时。有了新的基于位置的营销能力后，营销人员能够利用智能手机定位信息，向已选择接收有价值信息的消费者发送高度精确并且相关性强的信息。营销人员必须通过给消费者创造价值来促使他们在相关的手机 App 上分享位置信息。

4.2.1 与消费者一起变化

对预购阶段的营销人员来说，有一些明确的方式和机会来接触消费者，包括黄金时段的电视广告、广播节目，还有报纸和杂志上刊登的广告等。随着消费者的行为不断向互联网迁移，在线广告也接踵而至。但是所有的电视、印刷品和在线广告媒介只有在客户持有特定设备的情况下才能接触到客户，消费者并没有实现真正意义上的移动化。

在过去，当在外购物或是在去往商店的路上时，消费者基本上是与购物过程相隔离的。智能手机和平板电脑改变了这种状况。营销人员现在可以在购买前的研究阶段和购物阶段接触到移动购物用户。移动购物用户在购物时会使用他们的装备，也可以在在途阶段中使用。50%的智能手机用户会在去商店的路上使用手机，这就为营销人员提供了另一个接触到购物者的机会。

4.2.2 搜寻者和巡洋舰用户

移动消费者能够在任何时候去寻找和购买任何自己需要的商品。他们可以随时在自己所在的位置购买商品，不管是直接通过自己的手机还是通过他们所在的实体商店。然而，移动购物者的处境和思维定式可能有所不同。在途阶段的消费者有两个不同的特点，分别命名为"搜寻者"或"巡洋舰用户"。

"搜寻者"是头脑中有着特定购买意图并锁定了目标的消费者，他们已经完成了所有的研究过程并正在前往商店。搜寻者更专注于购物过程和所买产品或服务，有如下特征：

（1）进入了后研究阶段：他们在家做好了对预购产品的功课，可能已经看到了产品的电视广告并且通过平板电脑或是智能手机在网络上进行了相应研究。

（2）下定决心。在进行研究后，有些更专业的消费者决定购买产品。这个决定的范围包括从"一般会买"到"一定会买"，但不管是什么情况，购买可能性超过了 50%。

（3）确定目的地。确定好购买的商品后，搜寻者会决定去哪里购买。他们要考虑的因素包括价格、可用性和位置等，如到家的距离或者是到达购物地点是否方便。

（4）共享意向。在选择好商品和目的地后，搜寻者有可能给别人发短信或打电话，并让别人知道他们打算去哪里购物及他们的购买计划。

"巡洋舰用户"是指那些没有具体购买意向、随意漫游的消费者。一个普通的购物者步行时经过商城，或者某人将一天的零星时间都花在购物上，并将其作为日常活动的一部分，这都是可能的。巡洋舰用户的特征是：

（1）处在持续研究阶段。这类消费者并不一定要购买特定物品，他们可能会在商店发现吸引他们眼球的商品，然后使用自己的手机进行一次快速的网络搜索去寻找更多的产品信息。

（2）灵活的位置。这类消费者在不同的任务中忙个不停。巡洋舰用户可能在开车上下班，送孩子上学，到健身房健身，在商场闲逛或者是去银行办事。

（3）对建议持开放心态。巡洋舰用户可能收到朋友或家人发来的电子邮件或短信，里面提出了基于他们自身位置的建议，而这些建议通常是有效的。这些朋友或家人往往对特定商店或产品比较了解，因此建议具有很高的相关性。

（4）共享意向。这类消费者通常会共享位置、表明意图，他们可能会打电话或者发短信给亲朋好友，在微信上发布他们的动态，通过手机签到以方便朋友查看其所在的位置。

根据时间段和情境的不同，移动消费者有时候是搜寻者，有时候是巡洋舰用户。虽然使用的方法可能不同，但营销人员仍然能够在移动购物生命周期的在途阶段接触到搜寻者和巡洋舰用户。通过与公司的早期互动和不断的沟通交流，搜寻者能够在沟通阶段被品牌或者营销人员很好地接触到。消费者也许会在智能手机上进行比较，而这恰恰是一个激励购物者提供他们的信息——至少是联系方式，以方便进行报价的机会。

4.2.3　优惠券——终极位置驱动力

利用移动影响力影响搜寻者和巡洋舰用户的关键方法是利用好"位置驱动力"方法。有很多举措能够驱使某个人前往某个地方，而最常用的便是移动优惠券。对移动购物用户来说，优惠券能促使搜寻者和巡洋舰用户前往某个商店或某个位置，这个效应在移动终端上越来越普遍。

与传统的到处泛滥的优惠券不同，营销人员可以发送特定优惠券给在途阶段的消费者以影响他们的选择。移动购物用户可以选择使用特定的优惠券，优惠券到期前企业会发送温馨提醒短信。使用优惠券时，消费者只需要由收银员对其手机上的优惠券代码进行扫描即可。

地理围栏也是促使搜寻者和巡洋舰用户前往特定位置的方法。当消费者出现在地理围栏周边的特定距离内就会发送短信（假设客户同意接受这类信息）。在途阶段中最大的挑战是目标在不断变化，尤其是在巡洋舰用户的案例中。在没有移动化的世界里，传统的大品牌通常通过精心打造的橱窗陈列来吸引路人。现在，企业可以将先进的移动营销方法加入市场营销组合中。未来的机遇是，提供相关性强的信息来促使用户使用特定的产品或服务。移动购物用户前往商店的时间就是抓住机遇的好时机。对于受目的地限制的个人而言，营销人员可以在这些用户抵达目的地前加强甚至改变他们的购买意向。

由于手机贯穿了移动消费者一天的生活，营销人员有很多机会来影响消费者的购买决策。营销人员使用基于位置的技术，通过广告和基于消费者需求的促销来吸引消费者前往零售店。

4.2.4　移动签到与移动情境营销

不管你在什么地方，手机都可以很容易地让其他人知道你在哪里。这里主要有两种方法：一种是消费者可以使用其手机通过微信或者 Facebook、Twitter 来发布他们正在做的事情；另一种方法是签到。虽然有些用户可能会因为其他人可以通过签到知道他们的位置而感到不自然，但是大部分人乐意在很多地方使用签到功能。有了专门的签到服务后，能够使用签到功能的人会被某些服务商更好地识别。

现在智能手机的普及率很高，用户有更多机会在到达某个地点时使用签到功能。营销人员所面临的挑战是，如何利用好基于位置的签到功能。例如，当某些人在几个街区以外使用签到功能时，餐馆可以显示折扣情况，以便说服消费者到餐馆来消费。

用移动签到功能来激发市场营销或者是广告信息，其中的原因在于，移动签到与用户所处的位置和正在做的事情密切相关。一般的广告是基于被打开的特定的网站或 App 来设计的，与之不同的是，移动购物用户能够接收到基于他们的核心需求而设计的、有着高度针对性和个性化的信息。例如，如果一个人通过手机广播他们刚刚来到梅西百货正在寻求购买一个新的咖啡机，微信可能瞬间就会发送一个建议来推荐雀巢出品的一款新产品。

这就是"移动情境营销"方法，根据用户所在的位置和他们正在做的事情对其发送相关的信息，这是营销的重心。与设计好广播信息并把这些信息无差别地发送给移动购物用户不同，移动情境营销包括了针对特定人群发送根据特定时间和位置设计的个性化信息。

4.3　在店阶段——精确定位

移动购物生命周期的在店阶段发生在实体店内。在互联网的早期时代，在线零售商能够直接向消费者销售，相关费用更低。当一些零售商因为固守实体状态正在失去识别移动购物用户并与他们互动的机会时，其他竞争对手恰恰正在利用互动能力做这项工作。

4.3.1　实体店的新价值

对于互联网来说，位置没有那么重要，因为网上购物者可以享受送货上门的服务。客户经常在家使用计算机，或者上班时在线订购，所有的主要零售商最终都会进入在线领域进行竞争，并开设他们自己的电子商务网站，在线商城可供应的商品甚至经常要比他们的实体店可供应的商品更多。然而，优势仍然在纯粹的在线零售商那边，因为他们在线配备的成本负担较少。

然而，移动终端的出现再一次改变了购买到销售流程的变化趋势，物理位置成为移动购物生命周期的重要组成元素。随着移动终端影响力越来越大，位置和基于位置的服务成为巡洋舰用户和搜寻者双方在购买决策的每一个方面都要考虑的重要变量。

现在，零售商可识别出那些在实体店的移动购物用户并且直接向他们开展营销，因为定位技术已经内置于智能手机中，这使得精明的商家能够辨识出潜在购物者，给他们提供价值，并吸引这些客户做出购买决定。利用好位置和位置信息能够为企业提供机会，这个机会就是，当客户经过实体店时能够接触到移动客户。先进的移动通信技术能够通过使用与位置相关的信息，不断提高接触客户的有效性。

位置识别主要有两种形式：一种是实际的移动技术，像 GPS 这种技术可以识别抽象地点和其他相关事物的电话位置，如商店、餐馆、产品等；还有一种是客户直接识别，他们在任何时间都能够识别出自己是在少数人里还是一大群人当中。

　　在店阶段是客户很可能打算或者能够被说服购买某件商品的时刻，而这正是基于位置的营销与服务发挥作用的地方。随着基于位置营销的发展，营销人员试图根据客户所处的位置，发送相关内容的短信给客户提供折扣，以吸引客户来商店获得便利。例如，某家购物中心二楼的购物者只可能收到位于二楼的零售商提供的折扣，因为营销人员可以根据客户所持手机的高度来确定客户所在的楼层。当移动购物用户能够被识别和认知时，实体店就变成了一项资产。

　　在这个阶段，有许多移动工具被用来影响移动购物行为，包括短信发送折扣信息、移动签到、实时竞价、限时特价供应，以及各种基于位置的刺激和优惠。这个阶段就是"位置磁铁阶段"，它与商场提供的映射服务和基于位置的特价相似，被用来增加购物者待在特定位置的时间总量。

　　移动终端的客户使用基于位置的服务进行与购买决定和签到服务相关的交流，这为营销带来了更多的机会，并且会最终影响购买决定。根据研究成果，营销人员发现个性化和参与性的增加可以形成参与的新途径，最终成为品牌的有利优势，营销人员正在通过增值服务寻找优势，将增加客户沟通频率的能力视为影响客户的关键途径。

4.3.2　销售的"展厅现象"

　　智能手机技术在过去几年飞速发展，消费者也越来越熟练地在生活的方方面面使用手机，因此精明的消费者找出最省钱的方法只是时间问题。他们可以找到销售心仪产品的商店，也许能够通过销售助理看看商品并且试用一下，然后用手机在网上找到比别处更低的价格。零售行业通常将这一过程称为"展厅现象"，它是指消费者在实体店浏览商品，但是通过移动终端在网上或者从另一个商家购买商品的现象。消费者只是把零售商的设施和库存作为了解商品的场所。

　　在实体店中，消费者可以使用智能手机来扫描产品条形码、比价、给产品拍照并把照片发送给其他人、发短信征求意见、阅读产品的评价信息、查看零售商的网站上的报价和产品信息。一项移动消费者研究表明，相较于其他活动，智能手机用户更喜欢在购物时随身携带手机。超过80%的智能手机购物者在闲逛时手里拿着一台小而强大的"计算机"，这不免让一些零售商有所担忧：人们使用实体店浏览商品但最终网上购买。然而，实体零售商的优势是，购物者还是会出现在实体店，即使仅仅是经过商店来比价。每一个智能手机购物者出现在商店的那一刻，都可能是一个潜在的买家。

　　智能手机购物者在实体店内的活动分两种：比价和进行研究。其中，有 1/3 比较的是竞争对手的网站，还有 20%查看实体店网站上的产品信息。进行研究的购物者倾向于查看产品评论，并寻找更多与产品相关的信息。包含文字信息的店内招牌是零售商帮助购物者获得更多产品信息的重要方式。其他能够有效地帮助智能手机购物者的方式是，在店内提供 Wi-Fi。在店需要更多产品信息的用户很容易因为糟糕的移动信号而感到沮丧，所以即使你拥有最好的产品储备也可能因此失去客户。

　　手机可以用来提供信息以帮助消费者购物，或者至少能够让他们对自己的购买决定感到更加满意。展厅现象让人们在购物时感到信心十足，而这一点可以成为零售商在竞争中的有力武器，移动营销恰恰可以负责这项工作。

　　受展厅现象影响的购物者也表现出一些其他的移动行为方式。例如，大部分（57%）

受展厅现象影响的顾客会用礼券换商品，而相比之下有超过 1/3（39%）的智能手机用户会这么做；有近 3/4（70%）受展厅现象影响的顾客会使用近场通信技术完成购买，而只有不到一半（48%）的智能手机用户会这么做。对于受展厅现象影响的购物者来说，交易更加容易达成，有超过一半的客户会用礼券换商品，还有一半会分享交易地点信息。这类客户还会积极地与营销人员沟通。不过，受展厅现象影响的客户离开的主要原因是他们收到的信息量太大了。

一旦出现了展厅现象，品牌和零售商的机会也就来了。有一些因素会影响展厅现象购物者的行为方式。尽管消费者恨不得马上得到商品，但通过移动终端在其他地方发现的一个很小的价格差，就能成为他们改变主意到其他地方购物的充分理由。

研究显示，如果网上的价格比实体店价格低 2.5%，45% 的顾客表示他们会离开实体店转而在网上购物。如果折扣能够提高到 5%，60% 的顾客表示他们会放弃在实体店购物。在 20% 的折扣水平，只有 13% 的顾客会留在实体店里。如果一个实体店能够将价格差异保持在 5% 之内，近一半的潜在展厅现象用户会决定在实体店成交。这就意味着，精明的零售商需要不断地将他们的产品和网络上同样的商品进行比价。

典型的展厅现象用户总体是一群年轻人，他们大多为女性，经常在网上购物，并且收入不高。研究结果表明，不管其他地方能够提供怎样的折扣，大约有 10% 的购物者会完成在实体店的交易。机会就存在于另一个 10% 的能够被动摇的用户当中。

销售人员也可以影响展厅现象购物者的行为，与销售助理交流过的顾客中有 13% 的人更有可能在实体店购物。很多零售商已经对展厅现象十分熟悉，而零售商对此的应对措施是，在客户闲逛和购物时尝试与他们互动，不管是通过地理围栏技术还是通过销售助理的仔细观察。这就是所谓的反展厅现象。但是，如果零售商能够找到一种方法来刺激购物者在他们的商店扫描商品，从而使这些商品能够在那些不在店的客户处畅销呢？这将是真正的反展厅现象——利用零售商的展厅现象向不在店的客户销售商品。个人对个人的在线购物的启动就是朝着这个方向。

无论规模和所处位置有何不同，零售商都面临移动购物用户转变的行为方式，并且都在寻找影响消费者的新方式。

4.3.3　根据位置发送短信

关注移动行为的人都知道，短信和微信等业务很活跃并且能起到作用，尤其是在年轻一些的群体中。根据一项渠道偏好性调查，1/3 的消费者每天都在不间断地使用短信，而不间断使用电子邮件的消费者相对较少（20%），其中很多微信、短信内容的目的是，在消费者前往商店之前影响他们的购物行为。消费者接受信息的偏好正在持续发生变化：电子邮件的发送比例逐年跌落而微信、短信的趋势刚好相反。

微信和短信都是用相对较低的移动营销成本到达绝大部分的移动电话上。短信的发展历程虽然已经有几十年，但它仍然是相当有效和流行的，因为几乎每个人都能接受短信。许多品牌发现了在店使用短信来发挥移动影响力的方法。

与个人之间发送短信不同，微信或者短信营销行业已经发展得高度复杂。企业可以通过位置、人口特征和时间段在内的一系列方式，来锁定消费者。微信或者短信营销必须遵循一系列的规则和程序，如得到手机用户的明确同意，因为在未经许可的情况下，随机给移动电话用户发送信息会被定义为垃圾邮件。有道德的移动营销者会遵循相关的规则和指导方针。

4.3.4　情境相关性

识别客户的地理位置的价值在于提供产品或服务，这些产品或服务是根据顾客所处位置的周边情况和他们的喜好来提供的。利用对顾客定位，顾客可能的行为方式或精神状态为零售商提供了一种可称为"情境相关性"的事物。提供给在店移动购物用户的服务内容和可行性方案基于情境而不只是位置。

现在来考虑一家出售花和礼品的商店（见图 4-2），这家花店发现了移动终端拥有改变商业模式的潜力，移动行为深深地影响顾客和商家打交道的方式，这不只是移动足迹，还有从零售前台到在线电子商务的整个渠道体系。

假设某人在情人节前为女友预订鲜花。传统上，购物者总是认为在商店购物的体验是完美的，所以走进花店挑选出那些可爱的红玫瑰。在这种情况下，需求基于购物者不假思索的内心冲动和某种品牌对购物者的强大吸引力。

图 4-2　花店

但是现在突然之间，店家能够做一些被称为基于情境的事情。消费者可能会去商场为妻子挑选一套钻石耳环，而花店往往就在珠宝店附近。花店可能会给正在附近的消费者的手机发送广告，提醒说："玫瑰花能够和你的珠宝礼物形成完美的搭配。"传统的营销方式并没有将客户的位置或者情境背景考虑进去，现在的移动营销尝试更多地将位置因素纳入考虑范围，考虑将这个情境背景带入运行过程。

关于移动世界隐私问题，常被人们误解的事是，在没有得到授权的情况下，客户不希望自己分享的信息被用于其他地方。但有趣的是，人们发现如果能证明你是正确的信息管理者人选，并能够从你那里获取更多信息，那顾客更加愿意提供他们的信息。这与你如何做到最好并且最大化地利用好相关情境相关。不管是从零售商的角度来看，还是从顾客的角度来看，或是从监管的角度来看，人们在未来几年会得到非常清晰的如何更好地让其他人获取背景信息的指导方针。零售商完全相信大部分人会更加乐意分享相关的背景信息，而通过同样的方式，人们仍然可以在表格上填下他们的实际方位。

随着定位技术的发展，营销人员即使没有通过移动终端接触到顾客，至少能够更加轻松地识别潜在客户。在计算机出现前，每天都会有大量印刷形式的垃圾邮件被送来。随着互联网的普及，垃圾邮件通过电子方式继续出现在人们面前。移动营销人员需要更加小心，遵循双向选择规则，确保得到顾客的准许再来发送特定信息。

定位技术为营销人员开辟了一条新的沟通渠道，在这一背景下可能会出现非常契合需求和有用的信息来影响人们的购买决定。一些移动购物用户希望他们的位置功能能够一直保持关闭状态，从而不会觉得被跟踪了，但还有一些人不仅保持位置功能开启状态，同时还积极在不同的位置使用签到功能，不断地广播他们所在的位置，并且利用各种基于位置的机会。

通过将顾客所处位置的周边情况纳入考虑范围，根据顾客的所处位置创造出的营销信息决定了现在的活动和基于这些元素的可行思维模式，精明的营销人员可以通过相关的情境精心设计营销方案。如果这种情况能够成为现实，营销人员和客户都能够从中获益。在能充分利用这种优势的前提下，实体零售商在移动购物生命周期中具有明显的优势。无论是对抗展厅现象还是充分利用展厅现象提供的机会，将数字和实体供应链充分整合，或在实体店使用短信，当获得消费者的位置信息时，营销人员可以在移动购物用户在适当位置的时候为他们提供增值服务。这就是零售商在移动购物用户经过商店时可以利用的一个机会。

4.4　决策阶段——一键购买

当消费者实际接触他们考虑购买的商品时，移动购物生命周期的决策阶段就到了。通过移动互联产业所称的"精确营销"的手段，营销人员能够一边与消费者实时互动，一边保持实时定价的能力。例如，一些消费者在经过一件特定商品时能接收实时的优惠信息，每当一批商品被售出，根据库存记录和价格记录，在下一批顾客到来时这批商品将恢复原价。消费者可以用手机扫描商品并通过一种易于使用的技术来进行现场比价。

4.4.1　邻近营销的艺术

一旦移动购物用户来到可以购物的位置，另一个移动影响力带来的购物机会就产生了。当移动购物用户逛商场时，他们会查看和比较商品，尝试获得更多的资讯，进行比价，甚至当场决定购买。在这个阶段营销人员还有机会在实际购物阶段前发挥移动影响力。

企业面临接近移动购物用户的新机遇，这取决于他们对特定产品和服务的亲近感，他们有机会因为这种亲近感影响个人的购买行为。通过靠近产品的 Wi-Fi 或支持 NFC 技术[①]的设备接触移动购物用户的方式不断普及，移动行业称这种方式为"邻近营销"，它发挥的作用将越来越大。

基于产品位置和购物者的关联，营销人员能够通过多种方式接触到购物者。移动终端的定位功能在不断改善，因此现在顾客能够更方便地找到特定商品区和最爱的商品。在这个过程中，顾客会走近心仪的产品，甚至可能将商品取出货架前往收银台或者直接将商品放入购物篮，而这就给移动营销提供了在顾客购物时接触他们的新机会。

这些邻近购物者都对实际挑选过程十分重视。随着更多的移动购物用户使用价格检

---

① NFC 技术：是由飞利浦半导体、诺基亚和索尼共同研制开发的一种短距高频的无线电技术，由非接触式射频识别演变而来，采用主动和被动两种读取模式。

NFC 技术在单一芯片上结合感应式读卡器、感应式卡片和点对点的功能，能在短距离内与兼容设备进行识别和数据交换。通过 NFC 手机，人们可以在任何地点、任何时间，通过任何设备，与他们希望得到的娱乐服务与交易联系在一起，从而完成付款，获取海报信息等，使用这种手机支付方案的用户必须更换特制的手机。目前这项技术在日韩被广泛应用，他们的手机可以用作机场登机验证、大厦的门禁钥匙、交通一卡通、信用卡、支付卡等。

查器来扫描产品，扫描的习惯将会在大众中流行，而这将使得零售商面临进行价格战的压力。每个地方的销售助理都在奋力跟上移动购物用户的步伐。顾客查看商品并轻触他们的手机以了解有关产品的各种信息，包括产品信息、消费者评价、打分评级及同伴和朋友的推荐情况。不少零售商已经接受了这个事实，并且给他们的销售人员也配备移动终端。

4.4.2　条形码扫描

1974 年，在俄亥俄州特洛伊市的 Marsh 超市，价值 67 美分的 10 包箭牌多汁水果口香糖第一次通过手动激光扫描仪结账，标志了 UPC 条形码时代的开端。此后，这些无处不在的条形码帮助人们跟踪数十亿商品的销售情况，并且加快了购物者的结账速度。UPC 条形码承载了与特定产品相关的信息和定价。

UPC 条形码和 2D 条形码不同。传统 UPC 条形码是一种衡量维度，其读取方式是从左到右或从右到左，而 2D 条形码有两种维度，从左到右和从上到下。2D 条形码通常是方形的，并且看起来更加精致。最常见的 2D 条形码是 QR 码。

多年以来，智能手机内置的相机有了很大的改善，因此读取这些代码变得更加容易和快捷。很多营销人员最初使用 2D 条形码是为了将用户导向网站，因为消费者能够轻松地输入网站地址并且获得满意的结果。随着时间的流逝，更加完善的营销项目加快了代码的完善进程。

2D 条形码显示出巨大的创新性和客户价值，将条形码印上包装袋时需要抱着明确的意图。与此同时，UPC 条形码存在于绝大多数的包装袋上，目的是在结账时使扫描产品更加方便。两种类型的条形码都在邻近营销中发挥了巨大作用。

只有智能手机在全球范围内不断普及、激励因素从各个方面不断涌现，移动扫描才可能不断发展。条码扫描有很多种变化形式，但是它们都能够吸引顾客来亲身体验。例如：

（1）查看价格的 App。移动购物用户能够通过这些移动 App 在他们的智能手机上扫描产品的 UPC 条形码，同时还能够接收到同款产品在其他地方的销售情况。

（2）会员卡 App。你可以把商家给你的回馈和忠诚度积分保存在 App 里，这样就不用随身携带塑料卡片了。

（3）QR 码扫描 App。去超市购物的人可以使用他们的安卓或苹果手机帮助购物，并且不再需要翻开购物车或者购物袋来完成支付。他们可以注册和下载 App，然后在购物时扫描产品的条形码。移动购物用户签到和验货都可以使用 QR 码，并且通过信用卡或现金完成支付。

（4）锁定实体店的购物者。假期时，亚马逊能够锁定商店里的购物者。在线零售商给移动购物用户提供了一些激励，以促使他们扫描商店里的商品，若他们从亚马逊购买商品还会享受一个折扣。通过在特定商品上添加 QR 码锁定在实体店的购物者，这样购物者就能够通过手机来扫描代码、购买商品、将商品打包回家。

环顾一下周边购物环境，你很可能会看到有人正在使用他们的手机。虽然来电、微信和短信时有打扰，在实际的购物场景中客户还是越来越多地使用智能手机。大量的研究验证了这一点，但对于营销人员、品牌和零售商来说，弄清未来移动购物用户在购物时使用智能手机的方式才是关键。消费者可以通过移动终端扫描从移动购物生命周期的决策阶段迅速过渡到下一个阶段，也就是购买阶段，而整个过程都不需要跟收银台打交道。

零售商未来要面对的是，越来越多的购物者在购物时通过移动终端查看产品并且比较产品的细节和价格。

实体零售商面临的挑战和机遇是，改变购物中出现展厅现象的移动购物用户，这类用户在零售商的实体店查看实物，然后马上跑到其他地方购买商品。要考虑如何将这类用户转变成立即在实体店购物的客户。在选择阶段，营销人员可在顾客在实体店中进行扫描时接触他们。

顾客离开商店前的最后一个阶段通常是结账。通过使用 App 在商店进行扫描，甚至在选择产品阶段就完成了支付。传统的购物流程是呈线性发展的：顾客前往商店购置某种商品，挑选出商品，然后前往收银台结账出门。移动影响力使得购物过程变得更具互动性。当购物者经过商场或专卖店时，店主会不断地基于位置与他们实时互动。他们可以通过移动终端收到分时价格信息，接收其他在线零售商和实体零售商的促销信息，并最终通过移动终端一键下单。营销人员可以通过地理定位确定顾客位置，并根据顾客位置和情境推送相关内容来接触顾客。当移动购物用户对产品进行扫描时，他们基本上都会对自己地理定位，而这也正是条码扫描的作用。

4.4.3　为邻近营销来扫描

条码扫描可以帮助营销人员识别购物者的位置和行为，以提高他们的邻近营销成果。当顾客在商店扫描条码时，他们能够得到更多信息以帮助自己做出购买决策。如果通过某些移动平台发挥代码的作用，营销人员和零售商还可以通过扫描条码接受即时反馈。

为了解决市场提出的条码扫描需求，一些 App 软件在扫描过程中引入了语言检测技术。动态的 QR 码检测用户设备的语言设置以提供专属于这种语言的内容。这样一来，同一个产品品牌可以在多个市场使用不同的语言，开展可以被每个细分市场接受的活动，并且按顾客的语言自动发送他们需要的营销信息。

条形码被用在所有种类的包装上，这么做的目的是，希望当搜寻者和巡洋舰用户经过或者靠近产品时能够吸引他们的目光，但没有人可以准确估计条码什么时候能够抓住顾客的眼球。智能手机用户如果感觉到做出决策的过程更加舒适，就会更加倾向于在实体店购物。使用智能手机的顾客能够成为更加专业的购物者。很多客户在整个购物过程中都在使用 QR 码，因为 QR 码能够帮助他们完成购物。

通过利用邻近营销艺术，所有元素都与位置相关联。移动购物用户购买的商品不需要通过收银台就能够完成支付。结合移动签到服务，具有高度针对性的服务提供了一个强大的能够发挥移动影响力的工具。

由于优惠券、扫描和支付的路径有交叉的地方，营销人员将能够为邻近购物者提供更多的相关资源。这不仅与位置因素相关，还与过去购买特定产品引起的或隐或现的因素相关。

对于商家来说，在扫描条码之后发生了什么比扫描本身更加重要。不同于简单地链接到一个网站，某个 App 将顾客连接到各种营销平台，从而刺激顾客参与营销活动，如引导顾客对进行促销的品牌点击"喜欢"、提交电子邮件以获取优惠券、提交信息参加活动以获得免费试用品，或者是为了获得 VIP 会员资格而输入个人信息，而所有的这些行为都可以共享给朋友们。

衡量条码效果的方法可以从条码被扫描数量转变为扫描条码后能够得到什么成果，这种测量方法更加贴近于顾客在扫描条码后购物的现实。营销人员能够在新的移动购物生命周期的决策阶段加强与顾客的互动，使得可以在潜在顾客查看、比较和评估他们的备选选项时，在选择产品的过程中影响顾客行为。

4.4.4　增强现实

除了扫描代码外，还有另外一个移动技术能够在选择过程中增加不同的维度，就是通常所称的"增强现实技术"（AR）。它能够在用手机摄像头瞄准一个地方或物体时展示更加丰富的信息。例如，用手机摄像头对准建筑物时，可以在显示建筑形象的同时显示一系列数据，包括建筑物落成时间、住户数目和建筑物安置公司的清单等，以增强对所看到事物的理解。

增强现实技术可以在移动购物的全过程中针对各种对象使用，从零售商店本身到货架上的产品都包括在内。

4.4.5　谁主导规则

在实体店扫描商品价格的同时，越来越多的移动购物用户不断寻找在其他实体店是否有着更低的价格，这样一来销售人员面对的困难显然会增多。零售商和商店的业主将不得不决定他们将如何解决实际交易问题。在交易过程中销售人员是否需要屏蔽客户的手机，或要求客户在手机屏幕上展示价格在不同地方的差异？随着越来越多的顾客装备了智能手机，问题只会变得更加麻烦，因为一般来说，在掌握移动技能方面，顾客要领先于营销人员。

随着更多能够进行条码扫描的智能手机的出现，在使用手机进行支付时肯定会出现一些小问题。随着现场使用情况的增多，客户和公司必须确定谁来主导规则。从本质上来说，人们真正想要的是"一键式"购物体验，或者至少是尽可能减少点击次数。在移动购物体验变得更好的同时，公司也在不断优化客户体验，这是 PayPal 能够获得成功的一个很重要的原因。

消费者还可以使用手机进行购物前的信息收集工作。在上班路上可以使用手机来做那些平常在上班时没空去做的事情，努力尝试提高时间效率。简单地说，这个过程就是在上班路上使用 iPhone 研究去哪里旅游，但是最终可能在周末通过平板电脑或笔记本式计算机预订机票。这种行为方式并不完全是一种新鲜事物。人们早就已经开始使用移动终端来收集信息了，但是随着移动终端使用体验的不断改善及技术的不断发展，人们会更加乐意通过移动终端完成交易，客户向移动终端转换的比率在不断提高。

随着手机和平板电脑的不断发展，记住这类设备的独特优势是十分重要的。位置服务、触摸屏、转换内容的能力、语音命令只是这些优势的几个方面，不断完善产品以更好地利用这些优势才是优化客户体验的关键。

邻近营销的艺术就是，在顾客观察、感觉和触摸产品时，与顾客互动并深入参与到顾客的购买过程中。有时候，顾客可能会在通过移动终端比价后决定前往其他地方购物。

有时候，他们会获得额外的信息或在扫描条码后发挥移动影响力。扫描后，他们可能会受到特定商品甚至是商品系列推出的优惠券的激励。在移动购物生命周期中，决策阶段是营销人员影响搜寻者和巡洋舰用户的最后一个阶段。之后，他们会在实际的购物过程中达成交易。

4.5　购买阶段——移动支付

移动购物生命周期的购买阶段给营销人员提供了最后一个影响购物者的机会。由于将更多的移动功能纳入销售系统，报价和还价过程可以在实际购买和结账过程中呈现在消费者面前。

4.5.1　实时营销的新规则

来自移动终端的力量改变了最终的购买点或者销售点。手机钱包技术、现场扫描、产品信息和回馈计划的融合使得购买过程更加流畅。随着移动购物用户通过智能手机自助式地查找产品信息、购买商品，零售商的角色也将发生永久性的改变。现在，对客户购物行为的影响力扩展到了实际的成交过程中。在有些商店里，移动购物用户已经能够扫描商品、及时确定商品的库存情况、挑选商品、用奖励积分完成支付，并且从橱窗直接拿走购买的商品。这一过程不需要促销员，亦不需要现金或信用卡。

在移动购物生命周期的这个阶段中，企业可以在客户实时扫描的过程中通过刺激手段影响购物者的行为方式。通过相应的 App，顾客能够在进入时自动完成签到并且在扫描特定产品时获得积分奖励，而这类奖励积分可在企业旗下的任何商店代替现金使用。

在购买结账阶段，努力影响和改变移动购物用户的想法是一个营销机会。装备了移动终端的客户获得了接触到所有库存产品的优先权，商家和顾客关于产品的实时双向价格谈判将会增多，因此现场扫描的购物者能够获得最高的价值。

有了实体商店体现的新价值，移动影响力给零售商提供了接触那些在购物时不断接收商品实时信息的客户的机会。大品牌和小品牌都在等待着新的发展，他们现在还可以选择开展被称为"实时营销"的营销方式，通过这种方式与顾客进行短至几秒钟的互动，便更有把握根据时间和位置给顾客发送最相关和最有价值的信息给客户。这要求企业必须精准把握时间和地点，而这对于企业和零售商的价值也最大。由于购物者的注意力往往是从一件商品转移到另一件商品，所以这些时刻来得快去得也快，这也就带来了很多发挥移动影响力的机会。

4.5.2　手机支付

手机支付所强调的话题通常是手机钱包和近场通信——顾客可以通过这些技术在支付终端或支付终端附近轻触或摇晃下手机来完成支付，有时候这种支付方式被称为"非接触式支付"，即用手机而不是通过现金或信用卡来购买商品并且完成支付。

用手机来支付是一个全球性的现象，在这方面某些国家暂时走在了前面。举例说明，在中国 52% 的手机用户使用手机钱包,相较而言在西班牙、德国、阿根廷和美国只有 12%。

由于为购买产品和服务而兑换货币没有国界限制，手机支付活动在全世界所有的市场都十分活跃。大量各种类型的公司与其他公司合作，形成新的伙伴关系，并开始启动支付测试项目。

手机支付带来的机遇是，顾客逐渐不再需要携带现金或信用卡来购买商品。随之而来的挑战是，顾客是否或者何时能够信任手机支付。一项研究成果显示，33%的消费者认为手机支付不会获得成功，因为安全和隐私问题难以解决。

随着越来越多支持 NFC 技术的手机的普及，手机支付将会不断发展。但是，还存在其他手机支付方式与 NFC 技术竞争。NFC 技术并没有被所有的手机制造商接受，包括苹果，很多成熟品牌和新创建的移动创业公司都在相互竞争努力成为被选中的手机支付方式，所以占据统治性地位的手机支付方式很可能还需要等待一段时间才能出现。各种金融机构，有的甚至有数百万的客户群，都在努力学习如何在一个移动化趋势日益明显的世界发展壮大，银行也认为在购买点优化客户体验是一个非常难得的市场机会。

主流品牌通过各种手段尝试开展手机支付服务，而且他们十分看重未来自己能否在这一领域占有一席之地。在大多情况下，他们的主营业务是支付或支付处理，因此适应移动化的未来势在必行。这些公司需要平衡多方利益相关者的需求，包括消费者、商家和银行等所有与支出或者收入相关者。所有的参与者都有着某种期望，如合理的收费、高度的安全性和易用性等。

通过各种措施，银行业在移动化过程中获得了十分喜人的增长。但银行并没有对移动终端进行大规模营销，而是花费时间和大量资源去尝试加强用户间的互动，精心地为客户打造更具人性化、互动性更强的服务，关注于找到将更好的客户体验带入市场的方式。

4.5.3　移动世界的信用卡

信用卡是一种最常见的不需要现金的支付方式。1950 年第一张名为"大来卡"的信用卡出现了，紧接着其他几家公司也带着不同的商业模式进入了这个行业。有些信用卡是免费的，有些则要收利息费，还有些会向商家收取比率不同的费用，此外也有一些配置了多层服务。不管是哪种类型，全球市场都接受了信用卡这种支付方式。信用卡不会消失。手机支付的交易数量会不断增长，与此同时从没有使用过信用卡的手机用户数量也会不断增加。

就像其他向新技术和新平台的转型过程一样，公司来确定提升价值的方法，而消费者负责寻找到新价值。这不意味着以前的平台完全不起作用了，而意味着通过转型能够提升价值。举例说明，人们在移动终端上阅读电子书，但是电子书并没有桎梏纸质书的发展。纸质书并没有消失，电子书是另一种服务，他们能够提供随时可得的满足感。旧媒体不会消失。

除了手机钱包、NFC 技术和其他的现场手机支付方式，还存在另一种覆盖范围更广的手机支付方式。手机支付一般是指用智能手机来为你面前的商品付款。而用智能手机来支付那些不在你面前的商品，市场空间更大。这就是手机支付对比移动支付的话题，显然移动支付更重要。

消费者在移动状态下购买各种各样的产品和服务，如通过 iTunes 购买音乐，通过亚马逊支付购买电子产品，并通过 PayPal 移动购买衣服等。虽然很多数字商品，如音乐和电子游戏是在移动状态下售出的，但大部分移动购物用户都选择购买实体商品。

因此，在移动状态下的支付蕴含了真正的商机和商业潜力。越来越多的人会逐渐适应通过手机来购买商品，所以这种消费会更多。移动支付将影响所有的产品。人们随时随地都会购物，但大部分产品或服务供应商缺乏或没有控制力，此外购买行为也发生了根本性变化。使用移动终端来寻找合适的商品并完成购买的过程，互动性强并能够随时随地进行。移动支付是消费者的行为方式问题，而不是手机支付的技术难题。

4.5.4　重新定位购买点

在传统购物流程下，消费者会前往实体店，闲逛、选择商品、前往收银台完成支付，然后离开商店。在像沃尔玛这样的大型商店里：这个流程的时间可能会有所变化，这一变化取决于购物时现场的人流量。随着时间的推移，很多零售商将收银台应该办的一些结账工作交给了顾客完成，如让他们自行安装好物品传送带，从而在结账时能够自行运转，允许他们将购买物品放到自己带的包里并且把包放入他们的购物车内。顾客不需要指导，眼前的任务十分清晰。

多年以来为了让这个流程变得更快，商家引入了自助结账系统。购物者可以自行扫描他们购买的每件商品，且不需要与收银员打交道就能完成支付。很多地方都已推广了这类系统，如超市、大型零售商店和机场等。虽然这些机构将一些销售点的工作交给了购物者，但他们仍然要求顾客去收银台结账。对顾客而言，逛街选择商品，然后在离开商店前完成支付已经成为习惯了。纵使这个惯性流程在长久以来一直为顾客和零售商所接受，移动化趋势却彻底重新定义了这个流程。

仔细想想，你就会明白为什么逛商店和支付两件事情需要分开进行。顾客一边逛堆满商品的商店，一边将战利品放入购物车。当挑选商品并将商品放入购物车后，顾客将拉着购物车前往收银台结账。在这个时候，所有的商品将被作为单独的商品分开——通过 UPC 条码，然后再次被收银员和商店的计算机系统检查和注册。之后，顾客才可以带着被分开打包好的商品回家。当分解后，传统的购物流程看起来可就不同了：

- 顾客在整个商场寻找目标商品；
- 顾客挑选某种商品并把商品放入购物车；
- 顾客推着购物车前往收银台；
- 顾客排队等待结账：
- 顾客从购物车中一件件拿出商品并把商品交给收银员；
- 收银员再次检查每件商品；
- 商品被交给另一个工作人员，这个工作人员将把所有商品分装入不同的购物袋；
- 购物袋被再次放入购物车：
- 顾客推着购物车走出商店。

一些主流零售商都在努力促使移动终端帮助销售人员在顾客闲逛的过程中开展工作。现在有各种各样的移动技术能够充分发挥潜力，从而在最合适的时机通过与客户互动促成交易。

随着越来越多的技术创新被引入销售点终端，交易更多发生于顾客所在的位置而不用等顾客走到固定位置。顾客已经有了足够的处理能力来通过移动终端完成支付交易。

下面是一个熟练使用移动终端技术的顾客进行购物的场景：

- 在商店里查看商品；
- 查看、扫描、选择好商品后将商品放入购物车的购物袋中；
- 推着购物车离开商店。

随着时间的推移及无线射频识别（RFID）芯片、阅读器还有其他库存监测系统的发展，商品监测已经变得非常复杂。这种技术和手机跟踪技术结合起来使用的下一步就是，将商品位置、商品与移动购物用户和他们的行为方式及目前的需求联系起来。这么做的目的是，让顾客更快地找到目标商品，更加有效地完成交易并且在整个过程中免去麻烦。

毫无疑问，移动终端的力量最终会改变人们购物的方式。用户可以期待在购买时刻出现不同类型的营销活动和优惠活动，就像他们可以期待在商场购物时能够在手机上收到相关产品的丰富信息一样。即使在完成交易以后，移动购物生命周期继续进入售后阶段情况也是一样。

4.6　售后阶段——持续沟通

移动购物生命周期的售后阶段发生在实际购买商品后。消费者通过移动终端与朋友或者同事交换他们最近购买的商品的照片、视频和信息，同时不断地接收并且反馈信息。这对于营销人员的挑战是，如何在这个交流阶段挖掘价值。

4.6.1　确保移动购物用户的连接

在移动购物生命周期中，销售的过程并没有因为顾客完成购物而结束。刚买到心仪商品的顾客会在移动终端登录社交网络分享他们收获的新战利品及他们的购物体验等相关信息，无论好坏，一一道来。分享信息的方式包括在购买商品后发送一条短信，使用智能手机拍照并发布在 Facebook 上，等等。这意味着每次购物体验都有可能马上成为全球范围内的实时新闻直播。

商家，特别是那些出售大件商品的商家，需要与买家保持联系，以确保产品的使用体验能够符合他们在购物周期的早期阶段在买家心中创造的期望值。交易完成后商家与买家保持联系的方式有很多。其中一种是将完成购物视为移动购物生命周期的一个部分，以确保顾客在售后阶段感到满意，并有可能成为忠实顾客。这也是销售者介入移动购物周期多个阶段的一个原因。

售后阶段能够带来的潜在收益就是新客户的购买需求。一个满意的客户很容易会在他们的朋友圈里进行分享。他们可能会编辑并发送照片、手机视频，并且通过社交媒体分享这些内容。移动影响力的领导者大都通过多种方式给这些活动授权，包括在 App 和手机网站中设置共享功能和经常采取一些激励措施，如消费者分享给其他人那他可能在未来购物过程中得到折扣。就像在前面的章节讨论的一样，使用短信可以有效地分享内容，而彩信能够给同样的内容增加丰富的图像和视频信息。

4.6.2　信息分享

在成交阶段结束后，营销人员马上获得了另一个发挥移动影响力的好机会。你可能获得一个心满意足的顾客，并且有机会将他转变为品牌宣传员。你还可以将更多精力集中在获得下一次顾客垂青的机会上。但是，移动购物生命周期在购买完成后仍然在继续，这也就给商家提供了一个保持顾客满意度的机会，并且为他们提供了一个把顾客发展成为帮助传播产品或服务美誉度的业务宣传员的机会。在交易完成后，营销可以提高品牌的声誉或者激发客户的朋友们迅速地反应。

对于很多营销人员而言，一个重要挑战就是如何将有重要价值的东西传递出去从而让顾客转变为品牌的宣传员，并乐意与他的朋友们分享美妙的购物体验，且激发他的朋友们购物的兴趣，同时保持现有客户重复消费的冲动。

除了能够提供一个机会让满意度高的顾客的观点充分发挥作用外，移动购物生命周期的售后阶段还为企业提供了另一个机会，让他们能从顾客过去的行为中获取数据并且使用这些数据。通过获取和分析移动购物用户的大量行为活动，企业能够使用从中得到的数据来创造那些能够在未来给消费者带来更多价值的产品，并通过多种方式让移动购物周期形成完整的循环。

4.6.3　贵重物品的售后阶段

以购买小汽车为例。由于现在主流的购买方式还是前往车行去购买一辆新车，故对于身处移动购物生命周期中的汽车制造商而言，一部分挑战来自于超前性。汽车显然不是那种可以进行冲动性购买的商品,购买汽车可以被周期中多个阶段的移动因素所影响。

购买汽车是一个复杂的过程。移动购物用户习惯于在出门后的任何时候查阅信息，而在买车方面这个习惯也没有例外。人们寻找信息的地方和他们的购买方式的走向正在变化，在未来的几年内购买汽车的行为可以在任何时候发生。例如，丰田早预计到了移动因素在汽车选择和购买过程中所起到的重要作用，并且希望移动影响力能够在将客户与品牌的良好关系衍生到售后阶段的过程中发挥重要作用。丰田根据在所有能够发挥移动影响力的时刻接触到潜在客户这一目标来安排它的营销和广告策略，而移动终端是一个非常好的工具，它能够帮助人们从购物周期的一个阶段跳往下一个阶段。

贵重物品的购买者，如购买汽车或者大件设备的顾客，倾向于在移动购物生命周期的多个阶段花费更多的时间。他们可能会在预购阶段感到犹豫从而继续进行研究和比价。他们喜欢多次前往实体店，并且花费大量时间来选择。直到成交阶段，营销人员仍有很多时机去接触到潜在购物者并发挥影响作用。在成交结束之后，购买者还可以用积极的方式或者消极的方式来影响其他潜在购物者。

当在售后阶段的购买者成为那些在预购阶段的购物者的主要信息来源时，这就形成了一个移动购物生命周期的完整闭环。那些在将商品销售出去后就与顾客失去联系的营销人员，不仅要冒风险受到顾客的负面评价，还会失去在周期的其他阶段建立起的商品美誉度。

那么该如何关注与安排某个拥有汽车的人的整个移动购物生命周期？从买到汽车的那一刻开始，他们会驾驶汽车回家，希望能够弄明白自己的汽车有什么特别之处，也希望得到类似指南和有用的小窍门之类的东西,以使得他们的汽车能够发挥最大的作用。

如果希望所能够提供的服务在合适的时间出现在顾客面前。顾客可能钻研汽车仪表盘，试图弄清楚上面的图标代表了什么特征、有什么功能，为此，他们需要通过用户操作手册才能找到答案。那就是汽车买家最终想得到的东西¯¯给客户指出操作的方法，让它变得更简单。新的方法可以是，用户不需要拥有一本像过去一样的用户操作手册，而是让整个过程变得十分简单，只需要打开几个页面就可以完成所有工作，拥有一辆自己驾驭自如的车就应该变得如此简单。

销售商需要做和正在做的就是紧跟最新的技术趋势，紧跟客户的视野变化，并且最终从完全不同的领域找到一些灵感。否则你不能保持领先的状态，也不能为客户创造有突破性的数字生活体验。

不管是使用短信或者微信在售后阶段与客户保持联系，还是促使客户在互联网上分享愉快的使用体验，又或者是利用优惠券，营销人员都需要在移动购物生命周期的售后阶段与客户保持紧密联系。虽然这看起来像是移动购物生命周期的最后一步，但它实际上可以再次成为客户购物的第一步，而对于从朋友处接收到分享售后感想信息的潜在客户来说，这也是第一个阶段。在移动领域创新方面取得初步成功的零售公司即使不是参与移动购物生命周期的所有阶段，也会参与其中的大部分阶段。

【习　　题】

1. 在移动营销中，移动终端是一种（　　）媒介。

　　A. 拉动　　　　　　　　　　　B. 广义

　　C. 推动　　　　　　　　　　　D. 狭义

2. 下列（　　）情况不属于"移动脉动"效应。

　　A. 大城市建设的地铁网络对该城市"代步"私家轿车销售的影响

　　B. 支付宝的广泛应用对银行业柜台工作人员的数量和纸币印刷数量的影响

　　C. 手机购物的发展减少了人们对电子商务的依赖

　　D. 借助于移动终端销售门票，对在固定地点销售门票的票务人员的数量和纸质门票印刷的影响

3. 传统购物概念中有个销售过程的 ADA 阶段论，下列（　　）不属于 ADA 阶段论。

　　A. 注意（Attention）　　　　　B. 有趣（Interesting）

　　C. 激发欲望（Desire）　　　　　D. 采取行动（Action）

4. 所谓"移动购物生命周期"理论包括了市场营销人员有机会影响移动购物用户的消费行为和购买决策的 6 个特定时刻。下列（　　）阶段不属于"移动购物生命周期"。

　　A. 在途　　　　　　　　　　　B. 调研

　　C. 决策　　　　　　　　　　　D. 售后

5. 促使移动终端能够在全球发挥作用的有四个关键领域，下列（　　）不是这四个关键领域之一。

　　A. 发挥视频的效用　　　　　　B. 增加消费者参与度

　　C. Java 小程序开发　　　　　　D. 移动零售

6. 移动购物的"购物全天候"是指（　　　）。

    A. 春、夏、秋、冬

    B. 7×24 小时

    C. 阴、晴、雨、雪

    D. 消费者认为的合适场景、合适地点、合适时间

7. 关于移动全球化，下列错误的是（　　　）。

    A. 手机普及程度远超电视或者台式计算机，成为一种全球性的现象

    B. 基于台式计算机和局域网推动了电子商务的发展

    C. 有些国家的许多人们通过手机有了使用互联网的机会

    D. 手机的用户数量已经超过了 60 亿并且仍然在增长中

8. 移动购物生命周期中，预购阶段是消费者（　　　）阶段。

    A. 研究和确认　　　　　　　　　B. 移动签到

    C. 精确定位　　　　　　　　　　D. 决策分析

9. "搜寻者"是头脑中有着特定购买意图并锁定了目标的消费者，他们已经完成了所有的研究过程并正在前往商店。下列特征中不属于"搜寻者"的是（　　　）。

    A. 进入了后研究阶段　　　　　　B. 共享意向

    C. 确定目的地　　　　　　　　　D. 灵活的位置

10. "巡洋舰用户"是指那些没有具体购买意向、随意漫游的消费者。下列特征中不属于"巡洋舰用户"的是（　　　）。

    A. 处在持续研究阶段　　　　　　B. 下定决心

    C. 对建议持开放心态　　　　　　D. 共享意向

【实验与思考】体验移动购物生命周期的 6 个阶段

1. 实验目的

本节"实验与思考"的目的是：通过模拟（或者实际）的移动购物体验，深入了解"移动购物生命周期"理论，熟悉市场营销人员有机会影响移动购物用户消费行为和购买决策的 6 个特定时刻，从而体验移动商务的内涵。

2. 工具/准备工作

在开始本实验之前，请回顾教科书的相关内容。

需要准备一台带有浏览器，能够访问因特网的计算机。

3. 实验内容与步骤

1）概念理解

"移动购物生命周期"理论包括了市场营销人员有机会影响移动购物用户的消费行为和购买决策的 6 个特定时刻。请记录并简单描述这 6 个阶段。

（1）_____阶段：_____

（2）_____阶段：_____

_____

_____

（3）_____阶段：_____

_____

_____

（4）_____阶段：_____

_____

_____

（5）_____阶段：_____

_____

_____

（6）_____阶段：_____

_____

_____

2）背景故事：节日·人参

某年，离春节只剩 3 天。一位青年男子低头匆匆而入，对回春堂参号柜台师傅说：自己从宁波专程赶来，想买一支最好的野山参给爷爷补补身子，希望馆里的专家可以帮着一起挑选。熟悉参号每一支野山参的汪馆长亲自接待了他。这位顾客是宁波一位青年企业家，因 80 多岁的爷爷这几年身体虚弱，一直在想办法让爷爷身体好起来。听从上海一位知名老中医的建议后，他决定给爷爷买一支百年老参。

在回春堂的精品参号里，几支上等野山参犹如展览品被精心陈列着，而其中"九五至尊"透露出的那股逼人的灵气与霸气（见图 4-3），让企业家第一眼就被它深深吸引。后来的一切顺理成章，刷卡、成交。

3）课程实践活动：移动购物

请阅读本章，熟悉"移动购物生命周期"理论，在此基础上安排一次移动购物实践活动，分别从市场营销人员影响消费行为和移动购物用户提高消费体验两个方面，观察和思考各自可能开展的活动，并做好相关活动记录。

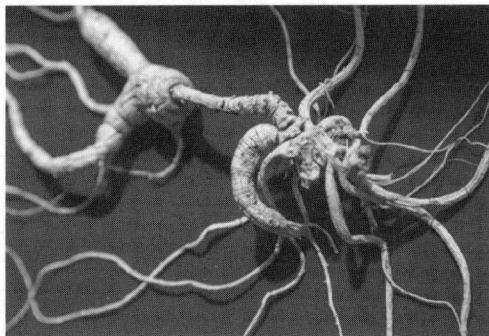

图 4-3　"九五之尊"野山参

请记录：

你计划通过移动购买方式采购的物品是： _____ 一支百年老参 _____

或者自选项目： _____

（1）预购阶段。

移动购物用户活动： _____

_____

_____

市场营销人员活动： _____

_____

_____

（2）在途阶段。

移动购物用户活动： _____

_____

_____

市场营销人员活动： _____

_____

_____

（3）在店阶段。

移动购物用户活动： _____

_____

_____

市场营销人员活动： _____

_____

_____

（4）决策阶段。

移动购物用户活动： _____

_____

_____

市场营销人员活动： _____

_____

_____

（5）购买阶段。

移动购物用户活动： _____

_____

_____

市场营销人员活动： _____

_____

_____

（6）售后阶段。

移动购物用户活动： _____

_____

_____

市场营销人员活动： _____

_____

_____

请记录：

上述实验任务能够顺利完成吗？ _____

简单描述你在进行方案策划过程中所遇到的问题：

_____

_____

4．实验总结

_____

_____

_____

_____

5．实验评价（教师）

_____

_____

第 **5** 章

移动商务的全流程营销

【导读案例】二维码设计欣赏

二维码已经不是什么新鲜事物，Tesco 在韩国首尔地铁站架设了大幅的 QR Code 展示海报，让忙碌的上班族用智能手机应用程序扫描后即可虚拟下单购物，不用到超市，也能快速购物，货品可以快速配送到家。这样创意的销售方式，让 Tesco 的网络业绩上涨了 130%。

图 5-1 介绍了 9 个非常有创意的二维码。

①Ayara 泰国美食

②HBO 新剧宣传

③拯救日本

④LV 的日系风格

⑤葡萄酒分享应用 Corkbin 设计

⑥洛杉矶旅游局

⑦Pac Man 风格

⑧Greenfield 旅馆

⑨Fillmore Silver Sprin　　乐厅

图 5-1　二维码设计欣赏

阅读上文，请思考、分析并简单记录。

（1）你认为传统条形码和二维码的主要差别是什么？

答：_____

_____

_____

_____

（2）把二维码设计得漂亮或别致一些有什么好处？

答：_____

_____

_____

_____

（3）你认为现在常见的二维码有哪些改进的可能？

答：_____

_____

_____

_____

（4）请简单记述你所知道的上一周内发生的国际、国内或者身边的大事。

答：_____

_____

_____

_____

5.1　移动商务的市场分析

所谓"市场营销理论"是企业把市场营销活动作为研究对象的一门应用科学，它研究把适当的产品，以适当的价格，在适当的时间和地点，用适当的方法销售给尽可能多的顾客，最大程度满足市场需要。营销管理的实质就是企业创造性地制定适应环境变化的市场营销战略。

每一种新产品的问世都需要一个认知和接受的过程，这个过程的长短及人们认知和接受程度的高低一般取决于营销手段。移动商务是一种新兴的应用形式，对大众而言，还有很多不易接受的方面，如移动终端屏幕小、存储空间有限、传统操作习惯等。但是，适当的营销手段对移动商务业务的推广及移动商务应用的发展能起到良好的促进作用。

营销活动的特点应该与产品本身的性质和特点密切相关，因此，移动商务的特殊性决定了其营销与其他营销也有所不同。如前所述，移动商务的主要特点包括高度的灵活性、突出的个性化服务、强烈的产品差异性、及时的信息获取能力等方面。由此，移动商务营销一般具有以下特点：

（1）精准的受众。将信息传递给不需要的人是一种资源的浪费，尽管成本可能并不高，但汇总起来浪费仍然是惊人的，而且传播也会有负面效应。在定义好受众之后，必须对受众的行为进行分析。例如，针对商务人士，周一是否不适合发送信息？因为对方可能正忙于一系列会议；再如，有车一族在上、下班高峰可能正在开车，该时段没有时间查阅短信、浏览微信等。如果能定义出某天的某个时段内受众可能比较空闲，那么传播的效果自然会更好。

（2）由受众决定移动商务营销的编码和渠道。移动商务营销的渠道是短信、微信还是流媒体，与受众的终端密切相关，而编码形式更是直接决定了受众是否可以接收到所传递的信息。移动技术的发展催生出许多新的信息编码形式，营销人员应该努力掌握以获取编码形式上的创新能力。

（3）与社会网络密切相关。将手机这种一对一的媒体与社会网络相结合才能真正发挥其威力。例如，那些流传很广的祝福短信，一定是在社会网络中经过了众多移动终端传播的。如果移动商务营销的信息可以在广播之后进入社会网络传播阶段，就会触发链式反应，其效果必定明显。

随着移动通信技术的发展，尤其是 4G、5G 技术的推出，使增值业务在技术基础和传输速率方面得到了极大的改善和提高，从而促进移动终端的升级换代和各种增值业务的出现，各种因特网增值业务也得到广泛应用。

5.2　4P、4C、4R、4I 理论与移动商务营销

4P 营销理论是 20 世纪 50 年代由美国密歇根州立大学教授杰罗姆·麦卡锡提出的，4P 即产品（Product）、价格（Price）、分销或渠道（Place）和促销（Promotion）（见图 5-2）。

4P 理论认为，如果一个营销组合中包括合适的产品、合适的价格、合适的分销策略和合适的促销策略，这将是一个成功的营销组合，企业的营销目标也可以得以实现。这一理论对以后全球范围内的营销理论和实践产生了深远的影响，被视为营销理论的经典，时至今日仍是许多营销部门选择营销战略时的重要依据。然而，随着营销环境的变化，这一静态的营销理论没能把消费者的行为和态度变化作为思考市场营销战略的重点，使

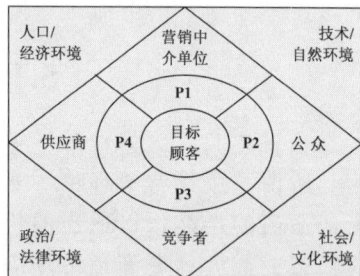

图 5-2　4P 营销理论

这一理论不能完全适应市场的变化，随着卖方市场向买方市场的转变等形势的变化，企业不得不更多地关注顾客需求和顾客利益。

20 世纪 80 年代，美国北卡罗来纳大学教授罗伯特·劳特朋针对 4P 理论中存在的问题，提出了 4C 营销理论。4C 分别表示顾客（Customer）、成本（Cost）、便利（Convenience）和沟通（Communication）。4C 理论的进步在于：要了解顾客的需求；要知道顾客满足上述需求愿支付多少费用；要考虑如何为顾客购买提供方便；还要重视与顾客的沟通．把

顾客参与企业营销整合在一起；而不是仅从企业角度考虑选择产品、价格、渠道和促销。可见，4C 是 4P 的发展，更适应顾客需求，因而成为众多企业争相采纳的新营销组合。但是，4C 理论没有体现既赢得顾客，又长期拥有客户关系的营销思想. 这就需要新的理论来解决这一问题。

20 世纪 90 年代以来，随着全球市场竞争的日趋激烈，不但要求企业能注意顾客的需求，还要关注竞争对手，增强企业自身的优势。美国西北大学教授唐·舒尔兹提出了一个全新的营销组合 4R 理论，即关系（Relationship）、反应（Reaction）、关联（Relevance）和回报（Reward）。它强调的是：要在产品和需求等方面与顾客建立关系；要提高企业的市场反应速度，针对顾客需求及时做出回应，提高营销效率；应保持与顾客建立良好而稳固的伙伴关系，以减少顾客流失的可能胜，寻求顾客忠诚；在满足顾客需要的同时，也要追求企业自身的回报，为企业及股东创造相应的价值。可见，4R 理论是以竞争为导向概括了营销组合的最新框架。它的优势表现为：企业更主动地通过关联、关系等形式的整合与顾客形成长期稳固又相互依存的合作关系，并力求在不断降低成本、迅速满足市场需要的同时又能获取企业的回报实现双赢的目的，获取竞争优势。

4P、4C、4R 三者之间并不是取代关系，有人形象地将 4P 比作供方的桥头堡，而把 4C 比作需方的桥头堡，那么 4R 就是横跨两堡的桥梁。所以，4P、4C、4R 三者之间的关系是一种互补、完善和发展的关系。4P 营销理论站在企业的角度来思考问题，4C 营销理论站在顾客的角度来思考问题，它们都是对营销过程中重点元素的静态描述，没有侧重从企业整体运作的角度将其表述为一个动态的过程。4R 则是 4P 与 4C 综合提炼的结果，是一个动态的过程，但是它的关系营销仍是"粗放"型的，远没有达到"一对一"的"精细化"程度。

从 4P 发展到 4R 的理论不断成熟和发展中，营销的理念中心已逐步由企业转向目标对象。而在此基础上 4I 模型的建立，则是在移动设备和移动网络新技术优势的基础上，以用户为中心，进行差别化的营销投入，实现企业营销推广的最终目的。4I 模型的出现使关系营销更为"精细"。

从营销理论的发展中可以了解到，移动营销在本质上仍然是在 4P、4C、4R 这三种理论所讨论的框架之中，只不过移动营销更加精细化，特别是相对于关系营销的 4R 理论，移动营销更加丰富和细腻。移动营销具有鲜明的"量化"和"互动"的特征，且具有"识别""锁定""即时"等特点，而这些是与消费者本身紧密地结合在一起的，即对客户关系营销的更深层次的发展。

在移动营销的 4I 模型中, 4I 分别代表分众识别与锁定（Individual Identification）、即时信息（Instant Message）、互动的沟通（Interactive Communication）、"我"的个性化（I Personality）（见图 5-3）。

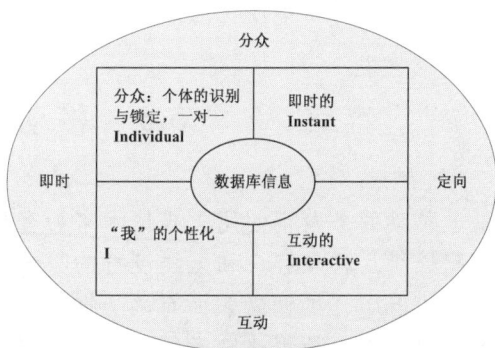

图 5-3　移动营销的 4I 模型

（1）识别（Individual）。识别沟通的分众对象并与其建立"一对一"的关系，分众的精细化就是目标个体。目标个体是指目标消费者已经不是抽象的某一个群体了，而是差别化的个体。移动商务营销就是利用移动终端与差别化的个体进行"一对一"的沟通。同时，这种目标个体是可识别的，即分众的量化。这种识别包括不同消费者之间的个性需求识别，以及同一消费者在不同地点不同时间段的特定需求。个体的可识别，就可对目标消费的个体进行量化管理。

4P、4C和4R营销理论都假设消费者是一种抽象的描述，他们的需求是一致的。但实际上每个消费者都是独一无二的。传统营销理论回避了"消费者到底是谁"的问题，消费者的关系建立是模糊的，不可识别的。消费者有需求，但是"谁"的需求，"他"到底在哪里，却不能回答。移动商务营销却可以做到分众识别，个体锁定，定向发布广告。

（2）即时（Instant）。即时性体现出了移动商务营销的随时性和定时性。移动终端的便利性使得移动商务营销可以及时地与目标消费者进行沟通。移动商务营销的即时性可提高市场反应速度。在相互影响的市场中对经营者来说最现实的问题不在于如何控制、制订和实施计划，而在于如何站在顾客的角度及时地倾听顾客的希望、渴望和需求，并及时答复和迅速做出反应，满足顾客的需求。移动商务营销的动态反馈和互动跟踪为这种营销策略提供了一种可能。要强调的是，移动商务营销的即时性对于企业来说意味着广告发布是可以定时的。这是因为当企业对消费者的消费习惯有所觉察时，可以在消费者最有可能产生购买行为的时间发布产品信息，这需要对消费者的消费行为有量化的跟踪和调查，同时在技术上要可以随时发布信息的手段，另外也要求在识别用户地理位置后即时触发营销行为，主动推送营销信息。

（3）互动（Interactive）。互动就是参与。顾客忠诚度是变化的，他们会随时转移品牌。要保持顾客的忠诚度，赢得长期而稳定的市场，"一对一"的无线互动营销，可以与消费者形成一种互动、互求、互需的关系。在移动商务营销活动中，移动商务营销中的"一对一"互动关系必须对不同顾客（从一次性顾客到终生顾客之间的每一种顾客类型）的关系营销的深度、层次加以甄别，对不同的需求识别出不同的个体，才能使企业的营销资源有的放矢，互动成为相互了解的有效方式。

（4）个性化（I）。手机、笔记本式计算机、PDA等移动终端的特性为个性化、私人化、功能复合化及时尚化的实现提供了得天独厚的优势，这些也逐渐形成评价一部移动终端能否满足用户需求的默认标准，这使得利用移动终端进行的移动商务营销活动具有强烈的个性化色彩。个性化的消费诉求要求市场的营销活动、所传递的信息也要具有个性化。人们对于个性化的需求将比以往任何时候都更加强烈。

5.3　移动商务营销的策略

移动商务营销使用无线技术来为客户提供独特的个性化服务，它改变传统营销活动策略以满足移动客户和无线设备的需求。移动商务营销策略可以分为推策略（Push）、拉策略（Pull）或两者兼而有之。推策略假设人们要求将特定的信息实时地发送到他们的无线设备上，拉策略则无须实时发送接收方请求的推销信息。不管是推还是拉，移动商务营销的关键就在于精准营销理念。

5.3.1　精准营销的概念

精准营销（Precision Marketing）就是在精准定位的基础上，依托现代信息技术手段建立起个性化的顾客沟通服务体系，实现企业可度量的低成本扩张之路。精准营销有三个层面的含义：第一，精准的营销思想，营销的终极追求就是无营销的营销，其过渡就是逐步精准；第二，实施精准的体系保证和手段，而这种手段是可度量的；第三，实现低成本、可持续发展的企业目标。

（1）精准的市场定位体系。市场的区分和定位是现代营销活动中关键的一环。只有对市场进行准确区分，才能保证有效的市场、产品和品牌定位。通过对消费者消费行为的精准衡量和分析，建立相应的数据体系；通过数据分析进行客户优选；通过市场测试、验证来区分所做定位是否准确有效。

（2）与顾客建立传播沟通体系。精准营销贵在精准，其传播方式包括邮件、网络邮件、直返式广告、电话、微信、短信、网络推广等形式，原则是让精准定位的人群对广告感兴趣，设计这部分人群感兴趣的活动，以便达到让他们参与的目的。

（3）提供个性化的产品和服务。与精准的定位和沟通相适应，只有针对不同的消费者和消费需求，设计、制造、提供个性化的产品和服务，才能精准地满足市场需求。个性化的产品和服务在某种程度上就是定制。以戴尔为例，计算机本身标准化很高，要全方位地满足客户对计算机性能、外观、功能和价格等方面的综合需求，相对比较容易。通过综合运用先进的供应链管理、流程控制、呼叫中心等多种电子商务手段，戴尔能够实现按需生产，即大规模定制。

（4）顾客增值服务体系。精准营销的最后一环就是售后客户保留和增值服务。对于任何企业来说，完美的服务和质量只有在售后阶段才能实现。同时，营销界一般认为，忠诚顾客带来的利润远远高于新顾客。只有通过精准的顾客服务体系，才能留住老顾客、吸引新顾客。

5.3.2　精准营销与移动商务

从精准营销的概念、特征和体系可以看出，精准营销的核心思想十分适合移动商务的产品、市场及受众，因此，是发展移动商务营销的首选策略。

第一，精准营销追求客户的精确性，强调选择最精确的受众进行营销活动。移动商务的活动是基于移动终端进行的，而移动终端分布在每一个客户的手中，也就是说，移动商务的受众是最精细的划分。因此，精准营销策略与移动商务营销结合起来，可以充分发挥移动商务的优势，更好地体现精准营销的含义。

第二，精准营销具有精准的市场定位体系，这与移动商务营销的特征不谋而合。移动商务由于具备灵活性、高效性等特点，因而具有特殊的市场。精准营销可以帮助移动商务找到适合其发展的市场，并成为电子商务的有力补充。

第三，精准营销可以提供个性化的产品和服务，满足移动商务的发展要求。移动商务的一个重要理念就是提供个性化的产品和服务。由于移动终端属于私人物品，因此，决定了移动商务的产品和服务是私人化的，也就是个性化的。每个人的偏好不尽相同，要向不同客户进行营销，精准营销策略是十分适合的。精准营销的特征之一就是向客户提供个性化的产品和服务，如果这种产品和服务通过移动终端这一私有性极强的设备进行营销，其精准性是可想而知的。

第四，精准营销的核心是客户关系管理（CRM），精确、良好的客户关系管理可以为企业的售后客户保留提供保障。留住一个忠诚客户的成本要比开发一个新客户的成本低得多，因此，留住忠诚客户对企业的发展是十分重要的。移动商务的移动性和灵活性大大改善了客户关系管理的方式，只要需要，企业的销售人员和售后服务人员随时随地可以记录、查阅、更新客户资料，提高客户关系管理的效率和效果。

5.3.3　移动商务营销应注意的问题

预知移动商务的巨大作用是影响用户对移动商务态度和意向的关键因素，也是影响用户是否接受移动商务的关键因素。只有使用户感到移动商务真正有用，用户才会接受和选择它。因此，移动商务应用服务商要充分利用无线网络传输信息的及时性与交互性，利用网络收集用户数据、追踪用户行为和态度的便利性，为用户提供及时、准确、个性化、有价值的信息和服务。

移动商务网站设计既要满足用户搜索、对比信息的要求，还要增加用户进行网上交互的乐趣。移动商家可以开设讨论组、聊天室等，方便用户通过无线网络进行沟通，提升用户的社会交互体验，降低用户对移动商务的预知风险，培养用户的信任。预知移动商务容易使用也是影响用户接受移动商务的态度、意向和行为的重要因素。对此，移动商务提供商应该把降低用户使用移动商务需花费的时间和精力作为首要目标。例如，使用移动商务购物时，购物便利应该包括方便进入网站、方便搜索商品信息、方便使用移动设备进行购物、方便撤销订单、方便付款等。

提高用户的信任程度、降低用户的预知风险是发展移动商务的关键。预感风险因素对用户接受移动商务有消极影响，它是阻止用户接受移动商务的重要因素。而用户对移动商务越是信任，他们预感的风险就越低，因此，培养用户对移动商务应用服务的信任感十分重要。

5.4　移动商务营销的运作模式

多年来，在移动商务丰富实践的基础上，形成了很多开展移动商务营销的运作模式，主要有以下四种。

5.4.1　"推"（PUSH）模式

推模式是指企业通过特定的号码（如400电话）直接向用户发送短信或微信的形式，有些企业是通过在移动运营商那里申请的统一号码来发送，有些企业则是用微信公众号、特定的手机号码等向自己所掌握的用户群号码直接发送，当然后者的发送范围较为有限。

推模式中应用最广的是微信/短信营销。微信/短信营销占移动商务营销很大份额的原因在于它的费用低廉、潜在广告对象群体巨大，并且可以大大提高手机广告运行的速度。短信文本和微信多媒体媒介远比无线上网文件小，无论是传输过程、打开速度还是存储容量，都是一个很大的节约。微信/短信营销中比较亮丽的一道风景线就是小区短信营销，简单说就是在特定的区域（如机场、车站、卖场、酒店、旅游景点等）、特定时间（如活动、促销、开业等）对特定人群（如本地、外地移动用户等）发送特定的微信/短信无线增值服务，它的特点是快捷、高效、准确。这种模式非常适合区域化商户的促销，尤其是各类的传统商户，运用移动定向、定位技术将大大提升营销效果。

推模式的好处在于可直接将企业的营销信息迅速发给用户，且覆盖率较广。但如果企业对信息的内容、信息发送的时机把握不好的话，容易引起用户的反感，比较普遍的情况是用户对自己不感兴趣的信息，会在仔细阅读前就把它删除。因此，无论企业采取何种方式来推送信息，最好应建立许可与退出机制，如在给消费者发送第一条信息时，应提示其可以通过某种方式避免以后接收该公司类似的信息。这样企业在接收到拒收信息后，就会把用户的个人资料加入到它们的屏蔽名单中，以后该消费者就不会再收到类似的信息了。这既保证了以后信息发送的有效性，又增强了用户对企业的友好感。

5.4.2　WAP 网站模式

简单地说，WAP 服务就是手机直接上网，通过手机浏览器浏览 WAP 站点的服务。无论在何地、何时只要用户使用具有 WAP 功能的移动终端，连接到一个与因特网相连的 WAP 网关，就可以像桌面用户一样随时随地随身访问因特网，享受无尽的网上信息或者网上资源。WAP 其实就是一个小因特网，因特网能实现的功能，在 WAP 上一样能够实现，如综合新闻、股市动态、天气预报、商业报道、在线聊天、在线游戏、下载铃声和彩图、电子商务、网上银行、移动搜索等。除了在 WAP 网站上做广告外，还可提供电子折扣，通过消费者主动上网获取电子折扣的形式可以帮助商家避免无效的打折浪费，以及打折信息传播方向单一和范围有限的问题，而且还可以通过网络技术的分析来帮助企业实现精确的促销。当消费者在浏览手机产品信息时，该网站会向消费者发送手机产品的折扣信息而且展示的形式也是多种多样，如运用流媒体等丰富生动的表现形式，这可以提高用户反馈的比例。

（1）"推+WAP"模式。这种模式是采用短信或微信推送的形式再加上无线网络的超链接形式进行的移动商务营销。一条简洁的文字短信或多媒体微信发送给手机，对该信息感兴趣的用户可以点击链接进入无线网络的相关介绍，以获得更详细、更丰富的资料。这一方面可以节约企业的营销费用，另一方面，无线网络的点击率可以通过这两种手段轻而易举地计算并统计出来，进行点击的用户才是真正的有效受众。有效受众的确定，提升了营销信息的传播效力和价值，也为广告商的付费和后期用户管理提供了方便。

（2）"二维码+WAP"模式。手机二维码可以印刷在报纸、杂志、广告、图书、包装及个人名片上，用户通过手机扫描二维码或输入二维码下面的号码即可实现快速手机上网，随时随地下载图文、音乐、视频，获取优惠券，参与抽奖，了解企业产品信息等。通过条码识别上网应用服务，支持手机二维码功能并可拍照的用户可用手机拍下二维码，从而访问到企业的 WAP 网站；不支持手机二维码功能的用户通过发送二维码的编号短信，同样可访问相关网页。

（3）"手机搜索+WAP"模式。该模式是通过一系列的关键词进行搜索，来获取企业WAP 网站信息。该模式的应用首先要求企业选择某一特定关键词，关键词的选择要综合考虑企业名称、行业名称、产品、网站内容、竞争对手网站内容、用户使用关键词频率等多种因素。其次，企业要将 WAP 网站提交给搜索引擎公司，可选择几家重要的搜索引擎公司，这可使企业的网站获得较为高效的推广。

移动搜索引擎广告一般分为竞价排名和右侧赞助商链接。竞价排名是移动搜索的主要收入来源，是一种网络搜索引擎推广方式，它已经在因特网搜索产品的经营中取得了成功，并已经成为商家营销的重要手段。目前，很多商家都会购买若干个关键词，从而使自己在被搜索时能够获得靠前的位置。事实证明，排名靠前的企业能够获得更多的商机。右侧赞助商链接是企业通过赞助搜索引擎公司，从而获得出现在搜索页面右侧的机会。

为了更有效地运用这一模式，企业需要对各家搜索引擎营运商及各类广告形式进行长期监控与研究，以选择更为合理的搜索引擎营运商、搜索引擎广告形式、付费方式，并进行效果监控及成本控制等，从而使企业以较低的成本获得较为丰厚的收益。

（4）在知名 WAP 网站上宣传。随着移动商务营销的发展驶入快车道，其对企业的吸引力也越来越大。但面对陌生的领域，不少擅长传统营销方式的企业仍旧犹豫不决。其实，对于它们而言，除了短信、微信的推送外，还有一种比较可行的方式，就是与知名 WAP 网站合作在 WAP 上做信息宣传或开展互动营销活动。

5.4.3　企业自建互动营销平台

企业互动营销平台是在数据业务的基础上发展起来的，主要是利用手机进行各种营销管理活动，包括收集信息、宣传企业、销售产品、维系客户关系等。由于手机的随身携带性、互动性、便捷性，使得手机相对于其他营销平台而言有了更为显著的信息传播优势，它使企业可以随时随地收集信息、传播信息等，以适应市场变化的需求顾客通过这个平台可轻松地获取对其有价值的信息，及时向企业反馈自己的感想和经验体会并与企业交流等。

企业自建互动营销平台主要可以采取两种方式。一种方式是到移动运营商那里申请短信端口号，企业通过因特网连上移动运营商的网关，即可实现功能强大的短信群发功能。顾客可通过编制指令发送到指定号码，即可查询与反馈各种信息。另外一种方式是向移动运营商直接申请或者建立微信公众号，由运营商来帮助企业搭建短信/微信平台。

5.4.4　短信网址模式

短信网址指的是移动因特网上用自然语言注册的网址，是利用 SMS 短信方式或 WAP 寻址方式为移动终端设备快捷访问无线因特网内容和应用而建立的寻址方式，它为企业用户提供了一个更加灵活的业务服务和营销接口。短信网址跟因特网上流行的"域名"基本上是一个概念，都是企业在网络上的身份识别特征，只不过域名是在因特网上，而短信网址是在移动网络上，它针对用户做营销，而且可以使企业营销达到反馈及时、传达迅速的效果。

企业注册短信网址后，手机用户就可以通过发送其注册名称到短信网址统一号码上，实现和企业的信息互动。企业也可以更加方便地面向手机用户进行营销和服务。企业通过短信网址可开展短信咨询、短信留言、短信投诉等一系列客户服务活动，降低企业客服成本、获得客户资料、了解客户需求、解决客户问题，实现与客户无线互动。在各个行业，短信网址都有广泛的应用。商场可以发布打折促销信息，餐饮行业可以实现短信订餐，服务行业可以组建 VIP 俱乐部等。

5.5　始终坚持为客户提供价值

移动趋势对于零售业的影响力超越了简单的购物体验范围。移动终端使顾客的购物体验能够超越实体店的限制，成功依托于能够发挥影响力的多个不同的时间点采取的积极行动。移动购物用户在新出现的移动购物方式的所有阶段不断变化，因而给客户施加影响力和让客户改变决定的机会存在于这一周期的每个阶段。

商家能够在移动购物生命周期的多个阶段和多个时间点接触到搜寻者和巡洋舰用户。无论移动购物用户是在家、出门在外还是在实体店，精确定位这些客户，商家会根据位置、一天当中的某个时间段和过去的行为记录等多个因素，设计出更多符合用户需求的信息并且发送给移动购物用户。商家将把他们的积分回馈项目与市场中表现出的移动终端使用行为更加紧密地联系起来。移动购物用户会期待商家能够根据他们正在从事的事情为他们提供最切合需求的产品，从而让他们获得价值。这意味着有用的信息能够帮助他们购买商品或者找到特别优惠。

一旦消费者在移动购物生命周期的更多阶段开始使用智能手机和平板电脑，他们就会形成这样的习惯，从而变成稳定的购物者。从另一方面来说，移动影响力可以将零售商转变为持续性的销售者，这样，买卖双方都将在购物流程的所有阶段持续性地保持活跃和互动。移动购物用户将会期待得到朋友们有关购买商品的更多回应。主流零售商会集中主要力量，以更有效地使用智能手机和平板电脑，为客户带来更多价值，而不管这些客户是否还在商店里。

很多开始适应移动购物生命周期的公司发现，他们要面对的挑战不是为什么要转型，而是从哪里着手开始转型和如何转型，还有定义价值链的哪个领域被影响的程度最大、如何将不同的渠道有效地整合起来、如何将移动渠道与线上渠道结合起来，以及应该测试哪些内容。但是也许最重要的是，明确通过移动渠道提供价值给客户是最有效率的方法，以及确定客户现在的需求和未来可能的需求。

创立于 1986 年的史泰博企业是世界上最大的办公用品生产公司和电子商务销售商之一，它拥有 88 000 名员工，并在北美洲、南美洲、欧洲、亚洲和大洋洲的 26 个国家拥有零售渠道，每年的销售额可以达到 250 亿美元。迎合移动趋势是史泰博的迫切需要。

"当第一次开始探索移动领域时，我们找到了一些非常简单的东西来帮我们非常便宜和快捷地展开营销。"史泰博的全球电子商务部门高级副总裁布莱恩·泰尔泽说，"我们设计了一个非常简单的手机网站和 App。我们进入市场非常迅速——这点可能比便宜更加重要。因此，我们能够弄清楚移动意味着什么。在那个时候，我们还不知道下载了 App 的人究竟是谁，也不知道 App 的用法和网站相比有什么不同。可那段时间为我们提供了一些基本的洞察力。我们首先洞察到的是，并非只有普通消费者才使用移动终端，企业也使用。我们发现，在我们的核心客户群中，使用情况增长很平稳。

快速将移动因素引入市场能够让企业看清什么能够发挥作用和什么不能发挥作用。由于智能手机和平板电脑的使用模式仍然在不断发展，特别是越来越多的客户能够更熟练地使用移动终端，各种规模的公司都应该采取一种边学边试的方法。移动购物用户将会在移动终端上不断地尝试新鲜事物，企业也会逐渐学习到更多与移动购物行为方式相关的知识。要知道在不了解真实市场状态的情况下，移动购物行为很难被预测到，但它可以通过尽早进入移动领域并且保持活跃，来学习到更多东西。

观察发现，消费者在某些情况下做出决定的时间是在前往商店之前，而在某些情况下则是正位于商店的时候。企业已经完成的每件事情都与前往商店和在商店内有效地发挥移动终端的作用有关，而不仅限于是在网上买东西。通过利用移动终端的多种不同特性能够为客户提供多种购物方式。

企业需要学习从销售人员的视角和顾客的角度来看什么能够有效果？顾客是否因为在商店时手握有用的信息而得到益处？同样，什么信息更加有力量？哪个产品内容从不同的角度来测量会更加有用？他们在哪些地方花费了更多的时间？他们学习的方式是什么样的？它是如何影响决定的？通过这些视角，就不仅仅是指标了，还是商店的实际体验。在这个方面，企业会依赖于可用性测试和用户测试。

企业的员工都有在商店购物的实际体会并且观察过商店业务。对话过程看起来像什么样子？我们能够起到帮助作用还是分散了顾客的注意力？在销售的过程中，如何和顾客更有效地沟通？

5.6 移动战略和公司文化

除了采纳和适应新技术，像新的移动通信技术，许多企业也不得不面对新的做事方式并且将新方式与特定的企业文化整合。一些公司非常激进进而成为移动影响力的领导者，而一些公司表现得非常谨慎以致错过了正在发生的爆炸性的移动购物市场的发展机会，不得不说企业文化是其中的部分原因。

5.6.1 史泰博企业的轻松购物移动战略

"史泰博一直都致力于为客户做正确的事情，而这在财务上也得到了很好的回报。"史泰博的全球电子商务部门高级副总裁布莱恩·泰尔泽说，"我们正在尝试尽可能地利用自己的在线资产和在线商务为客户服务。史泰博是一家实事求是并且趋于理性的公司。我们一旦发现了趋势并且察觉到其中有着巨大的力量，就会利用这种趋势获得发展。"

史泰博已经熟知互联网对于它的业务的巨大影响，并能够清楚地看到移动趋势的走向。"我们早已制作了这张图表，它可以显示出移动终端的使用比率和互联网技术之间存在的关系。"泰尔泽说，"就史泰博而言，由于60%的业务都发生在线上，所以我们明白该如何推动业务面向互联网进行转型。我想，我们必须在新技术改变我们的业务之前采纳新技术。"

"我与我们的CEO讨论了我们是否在移动方面已经做出足够的努力，还可以做些什么，如何更大胆地开展研发工作，以及关于议程安排的想法。如果你问CEO对这个中心的期望，那他会说出一长串东西，但是移动和创新排在这个名单中的首位。我向董事会说明了我们所完成的移动战略工作，最初我开玩笑地打赌说'董事会你得有一个App'，而我现在的观点是董事会必须得拥有一个 App，但是移动概念要比 App 更大，并且在实际经营中手机网站可能会更加重要。"

像史泰博这样的移动影响力的领导者明白，将移动渠道和在线及实体渠道整合起来才能发挥作用。即使不能在所有阶段发挥作用，他们也会尝试在移动购物生命周期的大部分阶段发挥作用。很多公司都在密切关注着移动购物行为方式的走向，大多数公司认为不管零售商在移动方面做了什么工作,移动购物用户在购物过程中都将感到更加满意。

5.6.2　移动购物满意度

在消费者经过了移动购物生命周期的完整阶段之后，企业的目标不应该只是满足了移动购物者的需求，因为还有很多的机遇。当消费者从线上购物向通过移动终端购物不断转移时，他们的期望值也在不断提高，这使得人们能够对两种不同的购物体验进行更加明显的比较。

一项客户体验研究发现，通过移动终端很容易让一位不满意的消费者转变态度：这种不满可能是由于在移动网站的一次负面经历，如感觉到供应商没有投入足够的资源来满足客户；也可能是源于一个设计得很丑的 App 或者手机网站的产品一点也不吸引人。研究指出，第一次使用公司的手机网站或者 App 的用户倾向于对他们的移动体验表示较低的满意度（35%），因为他们对于 App 或者网站的布局、导航及功能都不熟悉。

品牌在移动购物生命周期内与客户互动程度越高，就越可能在整个购买和销售流程中获得成功。研究还发现，参与公司移动体验的访问者由于拥有优先体验的机会，所以往往比其他人更加容易得到满足，并和品牌更加熟悉，将在移动世界里走得更远。

- 老客户经常收到公司发来的电子邮件或者移动短信提醒，他们对于自己的移动体验表示高度满意。
- 通过搜索引擎或者购物比较网站进入公司网站或者 App 的客户满意度较低。
- 口碑推荐会带来一批匹配良好的用户，他们的满意度会较高。

当访问手机网站和 App 时，消费者们会有各种各样的任务需要完成。一篇专注零售商的研究报告指出,最受消费者欢迎的活动是查找产品细节(28%)、查找价格信息(19%)和查询产品是否还有库存（17%）。那些为了购物而购物的访问者满意度是最高的，而那些查找价格、寄送方式或者配送信息的客户满意度相对较低。那些使用移动终端购物的人的移动体验满意度分数为 86 分，比优秀的标准高出不少。

在移动购物生命周期的多个阶段中，品牌和零售商需要出现在任何时候、任何地方。这意味着，很多大品牌已经拥有了它们的手机 App(有些比其他公司拥有着更多的 App)，它同样意味着要设计和维护手机网站的良好运转，因为并不是所有的智能手机购物者都会下载所有公司出品的 App。很多使用智能手机的用户都倾向于按使用计算机的方法来使用智能手机：去寻找附近的东西并且搜索网络。一项关于移动互联网用户的研究指出，68%的人通过移动终端登录零售商的网站，而 32%的人最近使用过零售商的 App。使用 App 的用户比那些使用手机网站的用户满意度略高。

精明的营销人员和广告代理机构监控了他们客户数字的来源渠道，这些渠道来自传统的网站、智能手机还有平板电脑。他们同样需要关注消费者处于什么位置，因为在移动购物生命周期中消费者可能出现在任何地方。消费者可能会成为一位搜寻者，开展研究或者甚至计划通过他们的平板电脑去购买东西；他们也可能成为巡洋舰用户，在零售商的位置附近不断徘徊。研究表明，每 5 个用户中就有 3 个（59%）最近在家里登录了被测试的零售商的手机网站和 App，16% 的用户表示他们访问手机网站后就计划前往商店购物。

5.6.3　遥远的展厅现象

很多深受展厅现象困扰的零售商，倾向于把它看成一种只在实体店出现的现象。研究发现，在使用手机对零售商进行研究的消费者中，很大一部分在去商店前就已经在家完成了购物。这就精确地对应于移动影响力的预购阶段，而同时也意味着展厅现象实际上可能不像实体店那么明显，因为通过手机进行购物并不依赖于位置，它可以在任何地方完成。

在移动购物生命周期的开始阶段，知名的品牌拥有优势。至少在这一阶段，任何拥有忠诚度的品牌都会面向移动环境进行转型。研究发现，影响人们访问手机网站或者使用 App 的最重要的因素是对品牌的熟悉程度，而最小的影响因素是搜索引擎。如果移动购物用户在没有使用移动终端前就知道了你，那你就拥有优势继续发展。这对营销人员的挑战和机遇是，在顾客转向依赖移动终端时满足他们的需求，就会创造出移动影响力。

随着时间的推移，相对于通过传统设备登录互联网的用户而言，使用移动终端访问他们心仪的商品的客户呈指数级增长。移动影响力的领导者们很清楚对于它们各自不同的客户群来说什么最能发挥作用。不管是在超市、办公用品商店还是通过网购方式购物，移动购物用户都在移动购物生命周期的各个阶段中。

5.7　移动商务产业链的发展战略

移动商务的参与者有移动运营商、金融服务提供商、特约商户和内容服务商、内容整合和门户站点、移动终端提供商和 IT 行业等，这些参与者的共同驱动力在于相信移动商务能提高企业吸引客户的能力及长期的盈利前景（见图 5-4）。

移动商务市场的参与者呈现出既竞争又合作的态势。移动商务的成果，取决于传统与非传统参与者的一系列的合作与联盟。在移动商务活动中，各方的合作是一个基本前提。在合作中，根据不同参与者的动机、所面临的障碍和在价值链中的定位不同，形成不同的市场战略。

5.7.1　移动运营商

随着移动商务的迅速发展，移动运营商们面临着新的战略选择。在国内，中国移动、中国联通和中国电信这三大移动运营商正面临着来自其他方面的竞争压力。新的竞争对手往往在增值服务方面有独到的见解，又不受传统业务的束缚，所以会对市场有较大的冲击。而中国的移动运营商们由于长期以来处于垄断和半官方的地位，在网络覆盖、服务质量、资费和效率等方面都与国外竞争对手有相当大的差距。面对竞争压力，移动运营商必须在原有的语音服务基础上，拓展增值服务市场。

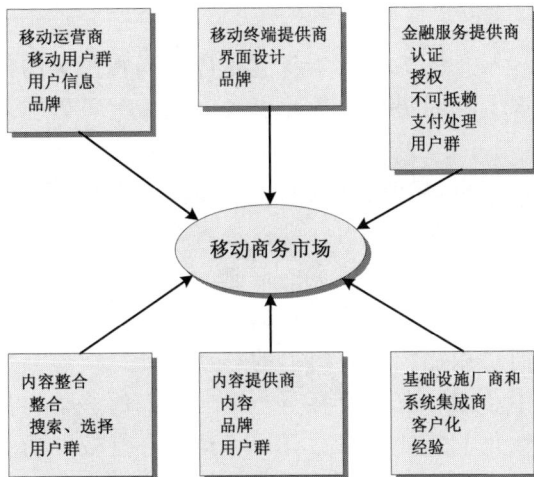

图 5-4　移动商务市场的结构

移动商务作为业务增长点对移动运营商有重大的意义。相对于其他的市场参与者来说，在市场的早期，移动运营商最有可能在市场上占据控制和主导的地位。移动运营商由于掌握着网络资源和客户群，能在很大程度上影响市场发展的方向。移动运营商在移动商务方面扮演着举足轻重的角色。移动运营商的品牌优势、用户信息、地理定位的信息、网络安全的机制、用户管理的机制等都对移动商务的市场有很大贡献。如何充分利用自己的优势，在商业模式、合作伙伴和特色服务等方面做文章，必须成为移动运营商长期的战略重点。

5.7.2　金融服务提供商

对金融服务提供商来说，移动商务既是机遇，又是挑战。金融服务提供商的服务是移动商务必不可少的环节，所以有很多参与者都需要同金融服务提供商结盟。但长此以往，金融服务的边界会模糊，因为这些其他参与者也会逐渐实现某种金融服务的功能，如运营商可能有预付费服务等，这实际上也是一种储蓄服务。

金融服务提供商在移动商务市场上扮演着三方面的角色，即提供内容、为其他核心服务提供支付服务和为交易提供安全认证等。

5.7.3　内容提供商

内容提供商必须认识到：移动终端的显示有相当大的限制，特别是当用户可以定制他们的界面和菜单选项时，推广内容的难度将会增大。哪些内容是用户希望在手机上显示并愿意花钱购买的？支付会不会比较麻烦？特别是在很多场合，移动运营商会逐渐介入内容和门户站点市场，而且拥有较大的用户群和品牌优势。

用户往往会被那些既有价值和时效，又极富个性化和面向地理定位的服务吸引，提供这些特色服务，不但可以使内容服务商在初期获得市场成功，还可以为长期的成功打下良好的基础。

5.7.4 内容整合商

许多内容整合和管理服务的参与者本身就是固定因特网上的门户站点。内容整合商由于拥有广泛的信息来源，并对提供个性化服务有经验，可以在移动商务市场中扮演重要的角色。

根据不同的划分标准，可以看到移动的门户站点有四种不同的类型组合：水平的和垂直的、面向个人的和面向商务的，而移动商务将贯穿所有这些不同的类型。所谓水平的移动门户，就是以提供多方位和多门类的信息为特色，有广泛的市场接触面，目前大部分的移动门户都可归为这一类。垂直的移动门户只针对某一特定细分市场，提供深入的专业化服务。与水平门户相比，垂直门户的移动商务特征更强，可以更好地实施差别化战略，而且也有利于中小型专业企业参与。面向个人的移动门户，以提供个人通信和事务管理服务为主，个性化的特征较强，开展移动商务有较好的基础。面向商务的移动门户是目前正在积极发展的一种类型。

5.7.5 系统集成商

系统集成商在移动商务市场的早期就是实际的获利者，因为它们在改造网络中创造了价值。在这一时期，系统集成商有机会参与行业标准的制定而获得长期竞争优势。然而，同时也暴露出一些问题，如项目实施缺乏长远规划、重战术而轻战略、标准化和模块化较差等。移动商务项目的实施需要从组织整体的战略目标出发，而不能仅仅关注短期的业务目标。

5.7.6 设备和智能卡厂商

移动商务使不同的设备厂商融合在一起，来自不同领域的厂商对该市场都有独特的贡献，但没有哪家厂商可以统揽所有方面，所以合作就成为市场战略的主题。在移动商务环境中，需要用到 SIM 卡，而且 WIM（WIM 是 Windows 基于文件的映像格式）等更高级的技术都是以智能卡的技术为前提的。所以，智能卡市场呈现欣欣向荣的景象，竞争激烈，各个方向的标准化工作也正在如火如荼地开展。

5.7.7 软件厂商

软件厂商在很多方面都得益于移动商务。软件厂商有三类：应用管理系统提供商、支付系统提供商和安全组件提供商，它们都有各自的机遇和挑战。

应用管理系统源自于智能卡的功能管理。很多在智能卡上的元素、变量和配置，在移动商务中可以演变为应用管理系统。这方面的软件开发者通常有智能卡的背景，对问题的理解较为透彻，有现成的解决方案，所以可以很快在移动商务中占领市场，获得丰厚的报酬。但它们需要与运营商建立合作关系，因为运营商控制了网络上的具体应用，而且有权选择第三方应用管理商。

支付系统提供商有多种解决方案可以提供给运营商和银行。其一是直接把账单加在话单里；其二是信用卡。这样，用户就不用花时间去管理和控制手机或智能卡上的钱。但前提条件是移动服务的各方参与者有支付协议在先，供应商可以同运营商和信用卡公司结算。在使用信用卡的场合，费用、风险及结算支付关系都有现成规则可循。但在直接话单支付中，运营商对坏账风险的态度可能有不同于信用卡公司的地方。在某些场合，还有运营商介入银行业务的情况。但无论哪种方式，都需要明确运营商和银行的相对身份，如银行可以为运营商进行支付处理、交易结算、承担信用风险，运营商也可以成立金融分支机构。支付系统提供商要适应多种业务场景，与运营商建立良好关系，且确保与原有支付系统无缝衔接。

5.8　移动商务的价值链分析

移动商务的真正价值在于为企业、客户提供快速、便捷的信息服务，应用于内部办公、外部服务、信息发布及定向宣传等领域。在可以预见的未来，移动商务应用将会普及到人类工作、生活中的各个领域，实现电信、信息、媒体和娱乐服务的互联互通，形成电子支付与网上交易密切合作的 IT 产业联盟价值链。

5.8.1　价值链的概念

"价值链"是哈佛大学商学院教授迈克尔·波特于 1985 年提出的概念，波特认为，"每一个企业都是在设计、生产、销售、发送和辅助其产品的过程中进行种种活动的集合体。所有这些活动可以用一个价值链来表明。"企业的价值创造是通过一系列活动构成的，这些活动可分为基本活动和辅助活动两类，基本活动包括内部后勤、生产作业、外部后勤、市场和销售、服务等；而辅助活动则包括采购、技术开发、人力资源管理和企业基础设施等。这些互不相同但又相互关联的生产经营活动，构成了一个创造价值的动态过程，即价值链。

价值链在经济活动中无处不在，上下游关联的企业与企业之间存在行业价值链，企业内部各业务单元的联系构成了企业的价值链，企业内部各业务单元之间也存在着价值链联结。价值链上的每一项价值活动都会对企业最终能够实现多大的价值造成影响。

波特的"价值链"理论揭示，企业与企业的竞争，不只是某个环节的竞争，而是整个价值链的竞争，而整个价值链的综合竞争力决定企业的竞争力。用波特的话来说："消费者心目中的价值由一连串企业内部物质与技术上的具体活动与利润所构成，当你和其他企业竞争时，其实是内部多项活动在进行竞争，而不是某一项活动的竞争。"

与传统的移动通信价值链相比，更多的参与者加入到了移动商务的价值链中。应用平台供应商、内容提供商和移动门户供应商都是新的参与者。以往以语音通信作为主要收入来源，也将转换到按移动商务所提供的内容上来，最终用户按照所享受到的服务来支付费用。

自从 20 世纪 80 年代中期移动技术出现以来，移动技术主要经历了三次重要的变革，即模拟技术、数字技术和无线网络高速数据传输技术。相应地，移动商务的价值链也就经历了三代，伴随着 4G、5G 技术的出现，移动商务有了更大的发展舞台。

5.8.2　移动商务价值链

价值链理论认为，现代企业可以看作是为了满足客户需求而建立起来的一系列有序作业的集合体。各种作业之间实际上形成了一个始于供应商，经过企业内部，最后为客户提供产品的作业链。而这些作业又伴随着价值的产生和成本的消耗，形成了一个价值链。公司内部的价值链通过采购又与供货商的价值链发生联系，直到最初的原材料供应商；同时通过销售及售后服务作业与客户价值链发生联系，直到最终客户，由此形成了产业价值链。

与有线因特网用有限、通用的内容和服务关系把客户锁定在价值链的末端相比，今天的无线因特网的供应驱动价值链将提供更开放、更个性化的模式，以及确立类似内容提供和集成商、移动门户供应商、移动网络运营商之间更扩散的关系。而这些参与者都将在移动商务产生的收入上获得收益。相对于以前以提供传统语音业务为主的移动业务价值链，移动商务中的市场价值将由以前的传输转移到内容，由以前的运营商转移到内容供应商。

还要强调的一点是，负责支付的机构将在此价值链中作为一个重要角色而发挥推动移动商务发展的作用，银行被认为是自然的支付机构。当然，由于运营上已经确立了向移动用户收费的体制，银行将会与运营商一起承担起移动商务的收费职责（见图 5-5）。

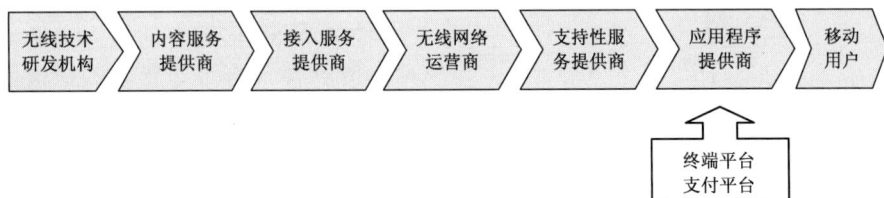

图 5-5　第三代移动商务价值链

5.8.3　价值链分析

从商业和技术两个层面来看，移动商务的价值链主要包括以下六个环节：

一是通信承载环节。提供基础设施的维护和运营，在应用服务和终端用户之间搭建基本的信息、数据沟通桥梁。在这个环节上，移动运营商扮演着重要角色。

二是基础服务环节。主要包括服务器托管、系统集成等基础服务。这一环节是移动商务的重要增值环节，它可以在很大程度上通过规模经济效应实现巨大的成本节约。

三是交易支持环节。主要指计费、安全认证、支付等支持交易发生的各种支持机制。其中包括直接支付及相应的客户奖励机制等。

四是服务实现环节。主要指从有线因特网内容转换为无线因特网内容的转换技术，属技术解决方案环节。因为基于有线因特网的传统电子商务是基于无线因特网的移动商务的基础，所以有线因特网电子商务信息和数据向无线因特网的转换将成为移动商务发展不可或缺的环节。

五是个性支持环节。这是移动商务发展的重要特色。由于移动终端对信息的处理在某种程度上存在一定的缺陷，因此移动商务所必需的个人信息，如用户身份信息、地理位置信息、账单信息，甚至用户所使用的移动终端本身的信息，其处理方式必须通过更加便捷的方式来实现。这个环节不仅需要商业上的创新和设计技巧，而且还需要技术上的巧妙支持。

六是应用服务环节。这是移动商务中的一个实质性环节，相应的应用服务不仅包括目前有线因特网所能够提供的各种服务，如电子银行、电子邮件、旅行服务，而且包括各种全新的、专为移动用户所设计的各种应用服务，如提供离用户当前位置最近的咖啡店的信息、提供离用户当前位置最近的朋友信息、随时随地向用户提供所选股票的成交提示和预警提示等。

　　移动商务的上述六个环节都已经有了一定程度的发展。同时，各个环节之间相互依存、相互支持，每一个环节都对移动商务的发展具有重大的推动作用或形成制约因素。对商业运作的具体方式而言，这些环节往往相互之间紧密结合，在相互利用资源的基础上，发挥着协同作用。

【习　　题】

　　1. 移动商务的特殊性决定了其营销与其他营销有所不同。以下（　　）不是移动商务营销的特点。

　　A. 精准的受众

　　B. 由受众决定移动商务营销的编码和渠道

　　C. 及时的信息获取能力

　　D. 与社会网络密切相关

　　2. 4P 营销理论是 20 世纪 50 年代由美国密歇根州立大学教授杰罗姆·麦卡锡提出的。以下（　　）不属于这 4P 之一。

　　A. 安全　　　　　B. 产品　　　　　C. 价格　　　　　D. 分销或渠道

　　3. 20 世纪 80 年代，美国北卡罗来纳大学教授罗伯特·劳特朋针对 4P 理论中存在的问题，提出了 4C 营销理论。以下（　　）不属于 4C 营销理论。

　　A. 顾客　　　　　B. 成本　　　　　C. 折扣　　　　　D. 沟通

　　4. 20 世纪 90 年代以来，美国西北大学教授唐·舒尔兹提出了一个全新的营销组合 4R 理论。以下（　　）不属于 4R 理论。

　　A. 关系　　　　　B. 组合　　　　　C. 关联　　　　　D. 回报

　　5. 在移动营销的 4I 模型中，以下（　　）不在其中。

　　A. 分众识别与锁定　　　　　　　　B. 即时信息

　　C. 互动的沟通　　　　　　　　　　D. 与社会网络密切相关

　　6. 移动商务营销使用无线技术来满足移动客户和无线设备的需求，以下（　　）不属于移动营销的营销策略。

　　A. 推策略　　　B. 拉策略　　　C. 推、拉策略　　　D. 广播策略

　　7. 精准营销就是在精准定位的基础上，依托现代信息技术手段建立起个性化的顾客沟通服务体系，实现企业可度量的低成本扩张之路。以下（　　）不属于精准营销。

　　A. 精准的市场定位体系　　　　　　B. 客户关系管理

　　C. 提供个性化的产品和服务　　　　D. 顾客增值服务体系

　　8. 一项专注零售商的研究指出，比较受消费者欢迎的活动是（　　）。

　　A. 查找产品细节　　　　　　　　　B. 查找价格信息

　　B. 查询产品库存　　　　　　　　　D. 上述全部

9. 移动商务产业链的参与者呈现出既竞争又合作的态势。下列（　　）是移动商务的参与者。

    A. 移动运营商 　　　　　　　　B. 金融服务提供商

    C. 特约商户和内容服务商 　　　 D. A、B、C 都是

10. 在移动商务活动中，各方的合作是一个基本前提。以下（　　）不是移动商务产业链的参与者。

    A. 内容整合和门户站点 　　　　 B. 移动终端提供商

    C. 电子商务专业教育 　　　　　 D. IT 行业

【实验与思考】关于使用移动终端的社会调查与分析

1. 实验目的

本节"实验与思考"的目的是：通过一组问卷调查，对移动终端的使用现状有一个感性的认识；通过对调查问卷数据的分析，掌握社会调查分析方法。

2. 工具/准备工作

在开始本实验之前，请回顾教科书的相关内容。

需要准备一台带有浏览器，能够访问因特网的计算机。

3. 实验内容与步骤

请就以下 10 个问题制作问卷，自己选择调查对象，组织一次小型的有关移动终端使用状况的问卷调查。注意调查的对象不应少于 10 人。

问卷题目：

（1）移动终端购物对终端使用者来说，如下（　　）意义更大。

    A. 实体店铺内获取产品信息

    B. 去实体店铺的路上需要一些店铺的信息

    C. 在路上临时想到要购买一样产品，然后搜索

    D. 在自己的终端上随意闲逛

（2）运用移动终端对消费者进行有效的影响，（　　）形式更有效。

    A. 主动推入信息 　　　　　　　 B. 被动提供所需信息

    C. 基于地点的互动信息 　　　　 D. 基于个性化的针对性信息

（3）移动终端对营销的作用，你倾向于采用（　　）数据作为测量指标。

    A. 使用特定 App 的时间 　　　　 B. 使用移动终端的时间

    C. 使用移动终端导致的数据流量 　D. 通过移动终端收发信息的总量

（4）移动终端对使用者来说，其信息敏感性较强的是（　　）。

    A. 基于其个体的人口统计资料数据　B. 基于其个体的文化教育水平

    C. 基于其个体所处的地点位置 　　D. 基于其个体的经济收入水平

（5）与移动终端用户互动的最好的形式是（　　）。

A. 短信　　　　B. 二维码　　　　C. 社交界面　　　　D. 专属 App

（6）有关你自己的产品，你认为消费者最有可能因为（　　）原因通过移动终端寻找你。

A. 投诉　　　　B. 需求服务　　　　C. 了解价格　　　　D. 了解类似产品

（7）目前中国市场中，多数使用移动终端的人群是（　　）。

A. 50% 以上月收入超过 8 000 元　　B. 50% 以上月收入在 3 000 元左右

C. 50% 以上月收入不到 2 000 元　　D. 50% 以上月收入超过 10 000 元

（8）了解了移动终端的一些信息后，你更倾向于把移动终端这个通路当作（　　）。

A. 发布全新产品的一个通路　　　　B. 与老客户建立联系的一个通路

C. 与竞争对手展开竞争的新阵地　　D. 整体营销策略中的一个组成部分

（9）有关移动终端的领域，你更加在意的是（　　）。

A. 发展的趋势　　　　　　　　　　B. 移动终端的重要性

C. 对市场营销的操作方法　　　　　D. 终端用户的使用习惯

（10）中美两国之间在移动终端的使用方面有许多不同，你认为这些表面上不同的本质其实是（　　）。

A. 经济发展阶段的不同　　　　　　B. 文化习惯的不同

C. 本质上没有太大的不同　　　　　D. 技术水平发展阶段的不同

调查统计：

本次问卷调查回收答卷的数量是：_____

题目	（1）				（2）				（3）				（4）			
数量	A	B	C	D	A	B	C	D	A	B	C	D	A	B	C	D
占比																
	（5）				（6）				（7）				（8）			
	A	B	C	D	A	B	C	D	A	B	C	D	A	B	C	D
	（9）				（10）				备注							
	A	B	C	D	A	C	C	D								

调查分析：

请根据调查数据做出你的分析，撰写短文记录。

_____

_____

_____

_____

_____

请记录：

调查能够顺利完成吗？如果不能，请分析原因。

4．实验总结

5．实验评价（教师）

第**6**章

O2O商业模式与新零售

【导读案例】顺丰机场正式获批，航运巨头地位得以巩固

2018 年 2 月 23 日，国务院、中央军委正式发函，同意新建湖北鄂州民用机场，即"顺丰机场"。顺丰控股（002352.SZ）将成为国内第一个也是唯一一个拥有自己机场的快递公司。

在这份国函 [2018]26 号文件中，"顺丰机场"被定义为客运支线、货运枢纽机场，场址位于湖北省鄂州市鄂城区燕矶镇杜湾村附近，距离武汉不到一小时车程。

本期工程飞行区跑道滑行道系统按满足 2030 年旅客吞吐量 150 万人次、货邮吞吐量 330 万吨的目标设计，航站楼、转运中心等设施按满足 2025 年旅客吞吐量 100 万人次、货邮吞吐量 245 万吨的目标设计。

批复文件显示，"顺丰机场"总投资 372.6 亿元，其中机场工程 183.6 亿元，由湖北省、深圳顺丰泰森控股（集团）有限公司（下称"顺丰泰森"）等企业共同筹措解决，国家发展改革委、民航局对机场的客运支线功能安排中央预算内投资和民航发展基金予以支持；转运中心工程 135 亿元、顺丰航空公司基地工程 46.2 亿元，由深圳顺丰泰森控股（集团）有限公司筹措解决；供油工程 7.8 亿元，由中国航空油料有限责任公司筹措解决。

2017 年 12 月 13 日，顺丰控股公告披露，"顺丰机场"的投资主体系湖北国际物流机场有限公司，注册资本为 50 亿元，其中湖北交投出资 24.5 亿元，持股比例 49%；农银投资出资 2.5 亿元，持股比例 5%，顺丰泰森作为顺丰控股的全资子公司持有剩余的 46% 的股权。

该公告还显示，在枢纽机场完成验收或机场管理机构取得民航局颁发的《民用机场使用许可证》后，顺丰泰森有权单独或联合其控股股东通过一次或者多次受让农银投资转让的公司股权、单方对合资公司增资或者其他合法方式直接或间接持有超过合资公司 50% 以上的股权，成为合资公司控股股东。

顺丰控股是国内第一家自建航空公司的快递公司，拥有 39 架自有全货机(见图 6-1)，租赁 16 架全货机，航线 52 条，覆盖 37 个大陆主要城市及香港、台北，其打造的由货机、大型无人机与小型无人机构建的"三段式空运网"已现雏形。按照顺丰控股的预计，"顺丰机场"建成后将成为亚太区第一个、全球第四个专业货运枢纽。

顺丰控股虽然已经成为国内运营全货机数量最多的快递公司，但与国际快递巨头联邦快递、UPS 等相比，依旧有不小差距。例如，联邦快递机队飞机数量高达 643 架，是顺丰的 12 倍多；UPS 的机队也达到了 236 架的规模，相当于顺丰的近 5 倍。

图 6-1　顺丰货运飞机

　　航运飞机只是一个方面，机场这类专业货运枢纽同样是快递公司提升自己行业地位的重要因素。例如，联邦快递在将公司整体迁入孟菲斯，并将孟菲斯当作其货运集散系统的枢纽中心后，从一个接近破产的货运公司成长成为全球快递龙头企业，而孟菲斯也从一个美国中部小城成为世界上最大的货运枢纽城市之一。

　　顺丰控股同样在公告中表示，"顺丰机场"系顺丰航空快递运输体系布局建设的核心，顺丰控股将以该枢纽为核心，全面打造覆盖全国、辐射全球的航路航线网络。核心枢纽项目是实现顺丰控股航空网络结构优化、降低航空网络运行成本的重要途径，符合公司长远发展和全体股东的利益。

（资料来源：张庆宁，腾讯《一线》，腾讯财经 2018-2-24）

阅读上文，请思考、分析并简单记录。

（1）阅读本文，你认为顺丰控股建设"顺丰（货运）机场"的意义何在？

答：_____

_____

_____

（2）试简述快递公司提升自己行业地位的重要因素。

答：_____

_____

_____

（3）请通过网络搜索，了解并简单介绍全球快递龙头企业联邦快递和 UPS。

答：_____

_____

————————————————————————————————————

————————————————————————————————————

————————————————————————————————————

（4）请简单记述你所知道的上一周内发生的国际、国内或者身边的大事。

答：————————————————————————————

————————————————————————————————————

————————————————————————————————————

————————————————————————————————————

————————————————————————————————————

6.1　移动商务的商业模式

移动通信技术的发展带动了移动商务的发展，传统的 B2B、B2C 等电子商务模式也开始由固定 IP 网络拓展到无线网络。企业为了充分利用无线网络达到最佳的商业效果，必然会根据自身的经营特点，采用不同的移动商务运作模式，制定适合自身发展的移动商务战略，实现移动商务交易。

6.1.1　移动商务的商业模式

移动商务是一个涉及社会方方面面的系统工程，它涉及客户、企业商家、认证中心、配送中心、金融机构、监管机构等通过网络而组织在一起的要素。企业可以按照参与交易的主体类型的不同，将移动商务的商业模式分成几类，从而明确其市场定位和盈利目标，以及为了满足目标顾客主体需要采取的一系列整体的战略规划。

1．企业与消费者交易模式

传统的电子商务模式在很大程度上影响着移动商务模式的发展，但移动商务又有其自身特色。

（1）B2B 模式。B2B 是电子商务发展的主流模式，即企业间通过专用网络或因特网进行数据信息的交换、传输，开展贸易活动。它包括企业与其供应商之间的采购事务，物料计划人员与仓储、运输公司之间的物流业务，销售机构与其产品批发商和零售商之间的销售协调，为合作伙伴及大宗客户提供的服务等。

人们普遍认为 B2B 是移动商务的主要模式之一。B2B 模式使供求与协作企业之间利用网络交换信息，传递各种票据，支付货款等，它被视为是移动商务时代企业的生存平台之一。企业由此可以降低经营成本，提高经营管理水平和效率，进而获取更多的利润。

（2）B2C 模式。该模式与其他模式不同之处在于它直接面对最终消费者。移动娱乐、移动银行、移动缴费等移动应用服务给人们的生活提供了方便和快捷。作为以数目巨大的消费者为核心的移动商务平台，B2C 面临着来自安全认证、移动支付、配送与售后服务等方面的瓶颈限制。

根据网上销售产品的不同，B2C 移动商务模式又可分为两种类型：一种是无形产品与服务模式。无形产品和服务，如信息、计算机软件、视听娱乐产品等，往往可以通过网络直接向消费者提供，主要有移动订阅、付费浏览和广告支持等模式；另一种是实物商品模式。实物商品指的是传统有形商品，这种商品的交付仍然需要通过传统的方式来实现。与传统的电子商务营销相比，移动营销模式下的网上实物商品销售的特点主要是时空的限制消失了，可以随时随地将业务伸展到世界各个角落。

（3）C2C 模式。移动商务的 C2C 模式的特点体现在消费者之间的协调，像讨价还价。移动手机拍卖、全球性竞价交易网站等，每天可以通过 SMS 形式提供多种商品供移动用户和网上用户竞价。C2C 模式的成功源自它准确的市场定位。但 C2C 模式目前仍然存在着物流不畅、信用不高的情况，有一些拍卖网站通过创造新模式来克服这些缺点，如本地网站鼓励人们在同一个城市进行网上交易或移动交易，交易者先竞价后通过网上支付或移动支付进行现金交易等。

2．移动政务交易模式

作为以网络技术和移动通信技术为核心的信息技术在政府管理与服务中的基本应用，移动政务正在世界范围内蓬勃兴起。移动政务所包含的内容极为广泛，几乎可以包括电子政务活动的各个方面，其主要模式也有 G2G、G2B 和 G2C 三种。

（1）G2G。该模式是移动政务的基本模式之一，政府工作管理内容庞杂，仅靠手工或固定网络已经不能适应经济发展的要求。因此，近年来，网络化的政府部门办公系统结合移动终端的普及使用，努力满足政府工作的需要。

（2）G2B。政府在移动政务方面具有双重角色，既是移动商务的用户又是其宏观管理者，对移动商务的发展起着扶持和规范的作用。在发达国家，发展移动商务主要依靠私营企业的参与和投资，政府只起引导作用。在发展中国家，则更需要政府的直接参与和帮助。政府的参与有助于引进和推广先进技术，提供部分信息基础设施建设基金。

（3）G2C。该类型的移动政务活动应用前景广阔。居民的身份登记、统计和户籍管理，以及征收个人所得税和其他契税、发放养老金、失业救济和其他社会福利是政府部门与社会公众个人日常关系的主要内容，随着社会保障体制的逐步完善和税制改革，政府和个人之间的直接经济往来会增加，这方面业务的电子化、网络化和移动化有助于提高政府部门的办事效率。

6.1.2 移动商务盈利模式

随着移动网络从 3G 向 4G/5G 演进，网络所支持的移动数据速率快速提升，面向移动商务领域的发展趋势日益明显，越来越多的消费者喜欢上了网上购物，增值的微信、SMS 业务大受欢迎，许多预付费充值购买可以通过移动终端来完成。

尽管移动通信市场已经形成一定规模，但移动商务是否能够真正为企业和客户带来价值，最终还要取决于是否能提供更为方便、快捷、有效、安全的服务，从而改变人们传统商务模式下的消费和经营习惯。如果在此基础上推出满足客户需求的应用服务，那么移动商务就会找到适合自己的盈利模式。在移动商务世界里，随着市场的成熟，网络标准和技术将会进一步降低盈利壁垒，竞争机会也就会越来越激烈。银行、商家和内容提供商如果能够判断顾客需要什么服务和产品，盈利机会就会越来越多，对运营商来说，一些应用可以提高网络的使用率，由此获得利润，在这种情况下，运营商有时会与该应用提供商分享收益。

6.1.3　i-mode 盈利模式

在日语中，"DoCoMo"带有"无所不在"的意思。NTT DoCoMo 公司（www.nttdocomo.com）是 1991 年 8 月由日本电信电话公司（NTT）独立出来的日本最大的移动运营商之一。

i-mode（即 information-mode）是由 NTT DoCoMo 公司于 1999 年推出的移动因特网商业模式。i-mode 提供的无线数据传输服务是一项基于 PDCP（Packet Data Convergence Protocol，分组数据汇聚协议，指 TD-SCDMA 系统终端协议栈 PDCP 子层）的手机增值服务。i-mode 的最大特点是改变了以往的计费模式，将原本以时间为主的计费方式，改变成以封包（下载量）为单位，由此可以大幅降低用户的上网费用，加速普及的速度。i-mode 的业务开展方式是由社会各界多方合作共同向用户提供服务，其中运营商向用户按使用量收取网络使用费，内容提供商、应用开发商等则根据不同的服务内容向用户收取信息服务费（通常由运营商代收，内容提供商、应用开发商等向运营商支付一定比例的佣金）。

与一般 PC 机上网和 WAP 服务不同，i-mode 更像专线上网，i-mode 用户无须拨号便可畅游因特网，只要用户处于开机状态，他就处于联网状态，一直保持在线。i-mode 用户可以随时进行因特网浏览。这种随时随地传送信息的方式深受用户喜爱，专门设计的 DoCoMo 手机一经推出，迅速风靡日本。

手机及无线应用设备与网络的连接已经成为通信业的新商机。i-mode 采取的基本商业模式是"移动门户"（见图 6-2），也就是经由 DoCoMo 的 i-mode 平台进行各式各样的商务活动与信息交流，与内容提供商进行广泛而深入的合作为用户提供方便的接入服务。

由于使用 i-mode 的用户很多是为了浏览娱乐类信息，DoCoMo 加强了这方面的服务，如网络音乐、游戏下载、线上游戏、电影预告短片等。例如，在与迪士尼的合作项目中，用户可以通过 i-mode 手机观赏迪士尼的卡通形象，听迪士尼的音乐，DoCoMo 就此项服务向用户收取费用并从中获取利润。

同时，i-mode 还允许网络工程师用 CHTML 制作网页，这就意味着传统的因特网内容供应商可以轻而易举地提供 i-mode 内容服务。而 WAP 使用的语言却是 WML，传统的因特网内容供应商要想提供 WAP 内容服务，需要重新建设一个 WAP 网站。在 i-mode 模式的推广中，DoCoMo 的合作策略是与大多数内容提供商"保持安全距离"，立场中立。

DoCoMo 把最受欢迎的内容放在第一位。那些对 i-mode 服务推广最得力的内容提供商，DoCoMo 则采取注资的方式以维持紧密合作，特别是游戏提供商。

6.1.4　SP 的典型盈利模式

无线网络重复着有线网络的游戏规则，但它不是把有线网络上的内容向无线网络用户进行简单的移植。移动商务最大的特色就是面向移动用户提供产品或服务；同时，移动商务中的商务所涵盖的除了有形产品，还包括各种各样的无线服务，如证券交易、彩票购买、全方位的个人信息管理、个性化与位置化信息服务、休闲娱乐服务等。

目前 SP（指移动互联网服务内容应用服务的直接提供者，负责根据用户的要求开发和提供适合手机用户使用的服务）所表现出来的，以及未来将会形成的无线增值业务发展模式可以分为：

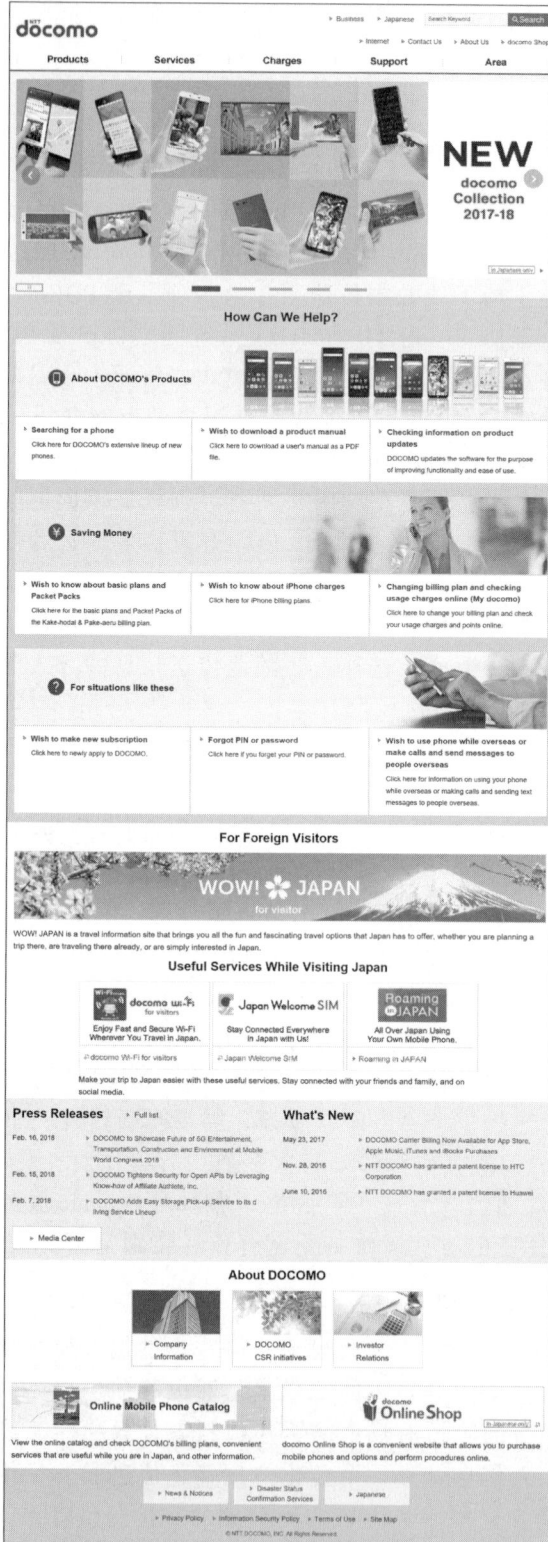

图 6-2　DoCoMo 服务平台

（1）依托门户网站。虽然无线增值服务的门槛很低，但是，如果要在无线增值服务领域获得优势，相应的基础仍然是非常关键的。以新浪、搜狐、网易为代表的门户网站，显然是依据其门户网站的优势而获得如今在无线增值服务领域的领导地位。

（2）以腾讯为代表的虚拟运营商模式。一般的 SP 提供个性化的增值服务，在用户进行体验之后获得好感，然后 SP 获得相应的收益，从而确定相应的用户群体。而 QQ 拥有数量庞大的用户群体，QQ 本身在给用户提供服务，腾讯做 SP 只需要对已有的用户增加服务即可实现 SP 的功能。马化腾认为，QQ 更适合作为一个吸引用户、留住用户的平台，在这个平台上发展更多增值服务、门户资讯、互动娱乐、电子商务等业务，发展成为一个综合的因特网企业。

（3）微信。这是腾讯公司于 2011 年 1 月 21 日推出的一款通信产品，可以通过网络快速发送免费语音短信、视频、图片和文字，支持单人、多人参与。同时，也支持使用社交插件"摇一摇""朋友圈""公众平台"等服务。调查显示，微信在中国大陆的市场渗透率达 93%，截至 2017 年 5 月，微信于全球拥有超过约 9.38 亿活跃用户。

以 TOM 为代表的跨媒体集团的优势：

TOM 因特网事业为香港 TOM 集团旗下之全资子公司（www.tom.com），是中国领先的因特网媒体、电信增值服务运营商。TOM 集团 2000 年 3 月在香港联合交易所的创业板上市，2000 年 7 月发布覆盖大中华地区的超级门户网站。

自成立以来，TOM 因特网事业增加 4 个内容频道，并对收购或控股至旗下的 163.net 电子邮局、鲨威体坛等因特网业务进行整合，最大限度地发挥了原有的品牌效应及核心竞争力，增强和提升了 TOM 因特网事业的整体实力和品牌知名度。目前，TOM.COM 横跨电视、因特网、报纸、杂志等多种媒体形式，可以提供内容、信息、服务。由于拥有跨媒体的服务，在无线增值服务领域，TOM 的产品研发能力相当强。无论在页面浏览量、日访问流量还是在注册登记用户量等方面均持续攀升，已经成为因特网重要门户网站之一，为千万网民提供全面的网络服务。

TOM 因特网事业结合自身优势，不断创新，逐步确立了代表中国因特网经济发展的媒体电信增值服务平台的商业模式。在无线数据领域，TOM 因特网事业是中国移动梦网最重要的战略合作伙伴之一，短信业务凭借独特的个性服务和营销理念，迅速成为无线市场一支引人注目的新军。2002 年 10 月 22 日 TOM 因特网事业率先发布并试运行彩信站，并于 2002 年 12 月首家推出彩信新闻定制服务，由此奠定了 TOM 因特网事业在无线数据业务领域的绝对优势。

6.2　基于 O2O 的移动商务

O2O 是由 Alex Rampell 于 2010 年 8 月在美国著名科技博客网站 TechCrunch 上的一篇访谈文章中首次提出的概念。Alex Rampell 在分析美国的几个互联网科技创新公司的业务时，发现他们有一个共同的特点：他们都成功地将线下商务机会与线上互联网结合在一起，使互联网成为用户线下交易的前台，促进了"线上-线下"商务的发展。为了将它与其他电子商务术语（如 B2C、B2B 和 C2C 等）保持一致，Alex Rampell 将该模式定义为"线上-线下"商务（Online to Offline），简称为 OntoOff（O2O）。

Alex Rampell 认为，O2O 商务的核心是：在网上寻找消费者，然后将他们带到线下的现实商店中，他指出，O2O 商务是一种在线支付模式和线下门店客流量的结合。对消费者而言，它也是一种"发现"线下营销的机制，可实现对线下的商品或服务的购买。O2O 商务本质上是可计量的，因为每一笔交易（或预约）都发生在网上，而这些交易都记录在系统数据库中。这与以往那些以目录模式为主的各种商户点评和本地搜索服务网站有明显不同，因为通过在线支付可以帮助量化公司业绩并完成相关交易。

6.2.1　O2O 商务的分类

自从 Alex Rampell 提出 O2O 商务这一个概念以来，国内外掀起了一股实践和讨论的热潮，结合 O2O 商务在业界的最新发展，众多学者根据自己对 O2O 这一新型商务模式的理解，给出了对 O2O 这一概念不同的定义，如 O2O（Online to Offline）是指把线上消费者带到现实的商店中去——在线购买线下的商品和服务，再到线下去享受服务；或者将 O2O 定义为：在移动互联网时代，生活消费领域通过线上（虚拟世界）和线下（现实世界）互动的一种新型商业模式。

O2O 本质是通过互联网信息优势分享富余资源和改善非理性溢价，实现消费者剩余价值和生产者剩余价值的最大化。传统商业由于信息不对称和资源分布不均，造成可替代性的伪需求。O2O 是基于互联网信息上的"虫洞"效应，对接终端消费者，延伸服务链，通过改善非理性溢价和对富余资源的再配置，形成强需求的商业模式。

如今，各种围绕线上和线下商务机会结合的商业模式创新不断涌现，O2O 的概念早已脱离了 Alex Rampell 最原始的仅仅是"线上-线下"（Online to Offline）的定义，增加了"线下-线上"（Offline to Online）、"线下-线上-线下"（Offline to Online to Offline）、"线上-线下-线上"（Online to Offline to Online）等多个新的方向。

（1）根据线上和线下作为服务前端的先后顺序不同，O2O 可以分为以下两类：

① Online to Offline（线上交易线下消费体验）：用户在线上购买或预订服务或商品，然后到线下商家那里享受服务或取货。这是 O2O 最常见的一种类型，目前各类本地生活服务类团购网站的营销模式都属于这一类，如美团网、携程网等。

② Offline to Online（线下营销线上销售）：利用各种线下推广活动及线下的信息展示渠道（包括线下体验店、街边二维码等）等，将用户引导到线上，随后可能还有线上到线下的反向转移，促进线下销售。例如，苏宁电器的线下体验店模式，1 号店在地铁站张贴的二维码商品海报模式，都属于这一类。

（2）根据应用领域的不同，O2O 可分为：

① 实物商品 O2O：以销售实物商品为主的 O2O 商务，如沃尔玛公司提出的 SitetoStore 商务模式，即通过 B2C 完成订单的汇总及在线支付，顾客到其 4 000 多家连锁店取货，以及苏宁电器、天虹商场等推出的线下体验线上购买的线下体验店模式。

② 本地生活服务 O2O：这是 O2O 应用最广泛也是最主要的一种模式，如各种在线销售餐饮、优惠券、汽车服务、家政、教育培训、婚庆摄影和票务演出等的销售模式。

6.2.2　O2O 商务与其他电商模式的比较

根据经营品类的不同，B2C（企业与消费者）电子商务模式可分为垂直型 B2C 和综合型 B2C。垂直型 B2C 是指专门经营某一类别商品的 B2C 模式，典型代表如麦包包、韩都衣舍、China-pub 网上书店等。综合型 B2C 是指经销多个种类、各种类商品较齐全的 B2C 模式，典型代表如淘宝天猫商城、当当网、京东商城、卓越网等。

B2B（企业与企业）电子商务模式是企业之间通过互联网进行产品、服务及信息交换。B2B 平台通过发布信息来撮合买卖，构建一个企业之间的买卖者群体，为企业之间的战略合作提供基础。根据其经营范围，B2B 电子商务模式也可分为面向制造业或面向商业的垂直型 B2B，根据产业链的上下游关系，生产商企业和零售商企业可分别与其上游的供应商企业之间通过 B2B 平台开展商品或零部件采购业务，如 Dell 公司与其上游芯片或主板生产企业之间通过企业自建的 B2B 电商网站进行网上采购；另一种是面向中间交易市场的水平型 B2B，将各行业中相似或相近的交易过程集中到一个线上平台，为采购方企业和供应方企业提供一个交易场所，同样也可细分为综合型 B2B 平台（如 Alibaba、慧聪网、环球资源网等）和面向特定行业的 B2B 平台（如中国服装网、中国化工网等）。

C2C（个人与个人）电子商务模式是为买卖双方（个体用户）之间的交易行为提供的一个线上交易平台，类似于现实世界中的跳蚤市场，而 C2C 在线交易平台就如现实世界中跳蚤市场场地的提供方和管理员，典型的代表如淘宝网、易趣等。

从以上对 B2C、B2B 和 C2C 的分析可以看出，它们主要是根据交易双方类型（是企业还是个人）的不同来进行区分的，从买方的类型来说，除 B2B 外，B2C、C2C 和 O2O 是一致的，其买方都是个体消费者。它们之间的主要区别是：

（1）B2C 和 C2C 模式中，用户在线购买并支付后，所购买的商品会装入到包装箱里，通过物流公司送达消费者手中，是一种"电子市场+物流配送"的模式。而 O2O 商务模式是用户通过线上交易平台对线下的商品或服务进行预定或购买，然后再到线下的实体店中享受或体验商品或服务。O2O 商务特别适合于需要"产品+服务"或者通过非标准化服务才能完成的生活类消费或体验式消费，相对传统的电子商务，O2O 大多采用"电子市场+到店消费"模式。

（2）B2B、B2C 一般更侧重实物商品消费，如服饰、图书、电器、家居、汽车用品等；O2O 更侧重于生活服务性消费，如餐饮住宿、旅游、票务演出、健身美容、租车租房等。

（3）不同于传统电子商务线上商店与线下商家的竞争关系，O2O 商务强调线上与线下的结合，线上为线下服务，其本质是将线上用户引导到线下消费。

此外，在电子商务领域还有一个模式与这几个概念相关联，这就是网络团购，在国际上也被称为 B2T（Business To Team），是继 B2B、B2C 和 C2C 后的又一电子商务模式，O2O 商务的兴起也是从网络团购被大众接受开始的。网络团购是指一定数量的消费者通过互联网渠道组织成团，以较低的折扣价共同购买同一种商品，商品价格随团购者数量的增加而不断降低。网络团购的根本特征在于借助互联网的凝聚力来汇聚大量资金，加大与商家的谈判能力，进而取得价格上的优惠。

相对网络团购，O2O 和网络团购的区别是：网络团购是一种采用较低折扣进行商品或服务的临时性在线促销模式，对于线下商家而言，这种营销策略没有可持续性，无法作为线下商家长期的经营方式，所以商品和服务提供商只能成为某一团购平台上的被动参与者，无法成为团购模式的主导者。而 O2O 通常采用网上商城的形式，能为商家和服务业企业带来真实的客流，可较好地实现线上虚拟经济同线下实体经济的结合，线下商品和服务提供商可成为 O2O 平台的主导者。

　　作为一种电子商务模式，O2O 是支付模式和为商家创造客流量的一种结合，对消费者而言，是一种新的商品或服务"发现"机制。O2O 商务在推动消费者购买线下生活服务类消费的过程中，逐渐表现出相对传统电子商务模式更多的优势。

　　（1）对消费者而言：通过 O2O 商务应用平台可以较全面地了解线下商家的信息，获得更丰富的服务内容信息，还能通过方便快捷的方式与线下商家进行实时的在线交流，通过在线预订可获得相比线下基于商圈模式的客流更优惠的销售价格。

　　（2）对线下商家而言：利用互联网传播速度快、用户多的特性，通过 O2O 商务应用平台网上营销，可以帮助线下商家扩大宣传和展示机会，吸引更多潜在客户到店消费，有效降低其营销成本。通过客户的在线支付，可跟踪每笔交易，实现推广效果可查。通过 O2O 商务应用平台，可获取大量用户消费数据，在与用户的沟通过程中可了解用户消费数量，有效提升对已有老客户的维护和营销效果。通过 O2O 商务应用平台的在线支付获得有效的预订，可帮助其合理安排库存或经营，有效节约库存成本。此外，通过 O2O 商务应用平台实现网上吸引客源，可降低线下商家对店铺地段区位的依赖，降低租金等经营成本。

　　（3）对 O2O 应用平台运营商本身而言：由于 O2O 应用平台上运行的业务通常都是与人们日常生活息息相关的，通过为用户带来更大优惠和便利，可吸引大量高粘性用户。通过线下商家提供有效的推广，根据消费者的预定情况实现可衡量的推广效果，从而吸引大量线下商家加入，获得巨大的广告收入。在获得一定的用户规模和线下商家的规模后，还可为 O2O 平台运营商开拓更多的盈利模式。

6.2.3　移动 O2O 商务及其典型应用

　　与传统互联网电子商务相比，移动互联网拥有更庞大的用户基础，具有更贴近市场和消费者的显著优势。在移动商务时代，生产企业和线下商家能以更低成本接触和赢得更多客户，把生意做到消费者的手掌上。O2O 侧重的生活服务领域天然的位置相关性决定了移动终端更有利于 O2O 商务的发展，手机的随身性与用户的实时性生活需求吻合，利用手机的随身性、用户身份的唯一性、位置的可追踪性等特征，可帮助线下商家抓住大量潜在的即兴消费用户，开拓更大的市场空间，因此，移动终端更适合 O2O 商务应用。随着移动通信技术的发展，手机超越台式机成为第一大上网终端，"工作在 PC，生活在手机"已成为很多人的生活习惯，移动端也已成为 O2O 商务最重要的发展方向。

　　基于对 O2O 商务的分析，结合移动商务的定义，将移动 O2O 商务定义为：通过移动通信网络进行数据传输，利用智能手机等移动终端，开展线上线下互动，将移动互联网用户带到线下商家处进行消费的一种新型电子商务模式。与传统互联网电子商务相比，移动互联网拥有更加庞大的用户基础，具有更加贴近市场和消费者的优势，生产企业和线下商家能以更低成本接触和赢得更多客户，利用手机的便携性和用户身份的唯一性可帮助线下商家抓住大量潜在即兴消费用户，开拓更大市场空间。

随着移动互联网的飞速发展，各种基于智能终端的购物类和生活服务类 App 开始迅速占据用户的手机屏幕，移动电子商务在线上线下的互动中落地生花，众多移动 O2O 商务应用开始在智能手机等终端设备上大行其道。移动 O2O 商务模式的最大机会多来自于线下有实体店的生活服务类领域，如美食、住宿、旅游、租车、票务等。

移动互联网时代，移动 O2O 商务具有以下 5 个特点：

（1）随时随地随身。移动 O2O 商务使得商品、门店、消费者任何时候都能通过移动互联网连接在一起，线下商家的商务营销不再受到物理空间的限制，用户离开门店后可随时随地与他们进行沟通。

（2）数字化客户关系管理。通过打通用户信息、支付、积分和会员卡体系，使线下商家可以方便地开展 CRM（客户关系管理）数字化管理。

（3）基于地理位置服务。移动互联网时代，O2O 商务平台可以根据用户地理位置信息，自动推送附近门店的信息，结合线下优惠券，引导用户到店进行消费。

（4）大数据。大数据时代，商家获得用户数据、运营数据、商品数据之后，可以进行需求调研和品牌分析、指导商品研发、生产，并以此来开展按需定产的 C2B 模式。

（5）延伸线下服务场景。通过手机的用户唯一性，商家不再像过去那样客人离开后就再也不知道他是谁了，在移动 O2O 商务环境下，当用户通过手机购买商品或服务后，商家将有机会将线上的许多运营模式，真正地搬到线下去，有效地延伸线下服务的场景。

6.3　移动商务环境下的物流与供应链管理

随着移动商务的蓬勃发展，物流对移动商务活动的重要性日益显现。物流与供应链管理对企业发展十分重要，尤其是在移动商务环境下，对供应链的要求也提高到一个新的层次。第三方物流的发展将促进电子商务时代物流向移动商务时代物流的转变，同时也将推进移动商务向前发展。因此，加强物流与供应链管理的现代化建设，使其适应移动商务的要求，将直接推动和保证移动商务活动的健康发展。

6.3.1　移动商务中的物流

移动商务中的任何一笔交易都包括几种基本的"流"，即信息流、资金流和实物流，物流是移动商务的重要组成部分。

1. 生产制造企业的移动商务与物流

作为商品生产企业，它首先要千方百计地了解市场的需求，商务活动也由此开始：调查市场的商品情况，预测生产前景，生产什么，为谁生产等。移动工具在这个方面具有无可比拟的优越性。利用计算机网络、E-mail、微信、短信、移动电话等工具对市场进行调查、对用户进行访问等，收集方方面面有关企业生产需求的信息，实现按合同进行生产。

在决定了生产什么商品后，要制订原材料、设备的采购计划。为了使成本尽可能降低，企业希望采购到质量好、价格优的原材料，它们要借助移动工具来进行价格和质量的调查、比较、分析，并通过筛选实现订货。

生产制造出产品后，企业要按销售合同将产品送交收货人或顾客。如果还有未按合同和订单生产的产品，则可通过移动手段，如发短信息、做移动广告等向社会销售。当商品需求方按合同要求配送或自行提货时，必须进行资金支付、移动支付手段投入使用。

2. 商贸企业的移动商务与物流

在市场经济条件下，商贸企业要非常审慎地根据市场的要求组织进货，即根据市场的需要决定商品采购。根据生产企业或顾客的订货和供货要求，商贸企业要接受订货，并最终将实物送交收货人。移动商务活动主要由下列活动构成：市场需求调查、市场需求统计、制订商品采购计划、实现商品采购、商品库存、商品配送到商店（零售商）、商品销售、售后服务。

由于商贸企业没有生产环节，所以商贸企业的移动商务活动几乎覆盖了整个企业的经营管理活动，是利用移动商务最多的企业。通过移动商务，商贸企业可以及时获得消费者信息，准确订货；通过无线网络促进销售，从而提高效率，降低成本；通过库存、配送等物流活动，达到用户最终消费的目的。

3. 直销企业的移动商务与物流

直销被公认为是移动商务的发展趋势之一。直销企业在其直销网站上，提供了一个跟踪和查询消费者订货状况的窗口，供消费者查询从发出订单到货物送到消费者手中整个过程的订货情况。对待任何消费者都采用定制的方式销售产品，其物流服务也配合这一政策而实施。

直销系统要获得成功，必须建立一个覆盖面广、反应快速、成本有效的物流网络和系统。这种依赖准确的需求预测，随时随地了解用户的订货通知，然后组织生产和配送的形式，蕴藏着较大的市场、生产及物流风险，为此，直销企业要完成整个直销过程，具有较大的难度。

从上述移动商务的实际流程中可以看到，移动商务集信息流、实物流、资金流为一体，是整个贸易交易的过程。物流是移动商务的组成部分，缺少了现代化的物流系统，移动商务过程就不完整，移动商务的发展就会受到巨大的制约。

6.3.2 移动商务与第三方物流

移动商务的优势之一就是能大大简化业务流程，降低企业运作成本。而移动商务下企业成本优势的建立和保持必须以可靠和高效的物流运作为保证，这也是现代企业在竞争中取胜的关键。专业化的第三方物流的发展，已成为目前企业所关注、探讨和实践的热点。

1. 第三方物流的概念和内涵

第三方物流通常又称为契约物流或物流联盟，是指从生产到销售的整个流通过程中进行服务的第三方，它本身不拥有商品，而是通过签订合同或结成合作联盟，在特定的时间段内按照特定的价格向客户提供个性化的物流代理服务。具体内容包括商品运输、储存、配送及其他附加增值服务等。它以现代信息技术为基础，实现信息和实物的迅速、准确协调和传递，提高仓库管理、装卸、运输、采购订货及配送发运的自动化水平。

与社会经济领域的许多经济概念一样，第三方物流有广义和狭义之分，因而在不同的领域涵盖的范围也就不同。

（1）广义的第三方物流：这是相对于自营物流而言的，凡是由社会化的专业物流企业按照货主的要求，所从事的物流活动都可以包含在第三方物流范围内。至于第三方物流是从事哪一个阶段的物流，物流服务的深度和服务的水平，这与货主的要求有着密切的关系。

（2）狭义的第三方物流：主要是指能够提供现代的、系统的物流服务的第三方物流活动。其具体标志是：有提供现代化的、系统物流服务的企业素质；可以向货主提供包括供应链物流在内的全程物流服务和特定的、定制化服务的物流活动；不是货主向物流服务商偶然的、一次性的物流服务购销活动，而是采取委托—承包形式的业务外包的长期物流活动；不是向货主提供的一般性物流服务，而是提供增值物流服务的现代化物流活动。

研究和发展第三方物流时，应当从狭义的角度来理解，把它看成是一种高水平、专业化、现代化的物流服务方式，看成是网络经济时代社会物流服务的发展方向。

2．移动商务中第三方物流的特点

移动商务的发展给物流业带来新的变化，使现代第三方物流具备了一系列新的特点。

（1）信息化。移动商务时代的第三方物流是建立在现代移动通信技术基础上的，信息技术实现了数据的快速、准确传递，提高了仓储管理、装卸、运输、采购、订货、配送发运、订单处理的自动化水平，使订货、包装、保管、运输、流通加工实现一体化，企业可以更方便地适应信息协调，合作有可能在短时间内迅速完成。同时，计算机软件的飞速发展，使混杂在其他业务中的物流活动的成本能被精确计算出来，有效管理物流渠道中的信息流，企业就有可能把原来在内部完成的作业交给物流公司来做。用于支撑第三方物流的信息技术通常有实现资金快速支付的 EFT 技术、实现信息快速输入的条形码技术、实现网上交易的电子商务技术和实现移动交易的移动商务技术等。

（2）联盟化。第三方物流更加强调供应链上诸点之间"优势互补、利益共享"的共生关系，也就是说，在移动商务环境中一个企业的迅速发展只靠自身的资源和力量是远远不够的。因此，企业必须迅速寻找战略合作伙伴，通过联盟的方式形成竞争优势。第三方物流企业与第三方物流企业之间、第三方物流企业与客户之间、第三方物流企业与相关企业之间，必将形成重要的战略伙伴关系。

（3）个性化。个性化是为实现"以顾客为中心"，在生产领域最初提出来的，但要真正做到根据消费者需求的变化来灵活调节生产工艺，没有配套的个性化的物流系统是不可能达到目的的。运输的货物价值从几万美元到几百万美元；运输条件有的要求防震，有的要求恒温，有的要求无菌，有的要求特殊包装；还有的客户订货后要求物流企业介入监督，包括所定的设备不同部分在不同工厂甚至不同国家制造，都要求物流企业代客户监督，使之按进度完工并运到总装厂，拆开包装检查，如没有因运输受损，则进行总装后再包装运到最终目的地。如此复杂多样的工作，如此严格的要求，如果缺乏个性化的物流服务，是不可能顺利完成的。

6.3.3　移动供应链管理

移动供应链管理（Mobile Supply Chain Management，MSCM）是属于移动商务的一种新的供应链管理方式，它基于供应链管理平台，利用移动通信技术、各种移动设备、计算机技术和因特网技术，对提供某种共同产品或服务的相关企业的特定关键信息资源进行随时随地的管理，从而帮助实现整个渠道商业流程的优化。

移动供应链管理的构成特征包括：

（1）移动供应链管理必须满足"移动"的本质，即 3A 化（Anyone，Anywhere，Anytime）——能够对商务信息资源进行随时随地的管理，从而随时随地地进行必要的供应链管理活动。3A 化的实现意味着供应链管理活动将超越许多既有的限制而向超空间（Hyperspace）、实时（Realtime）的方向发展。

（2）移动供应链管理并非取代供应链管理平台，供应链管理平台是移动供应链管理存在的基础，移动供应链管理实际上是供应链管理平台上某些具体功能在移动商务领域的延伸。

（3）移动供应链管理要有针对性。移动供应链管理不需要复制供应链管理平台的全部管理功能，但必须突出某些针对性的功能；在信息处理上，移动供应链管理要能够实现随时随地收发、存储、处理供应链上某环节的关键信息；在信息共享上，移动供应链管理的发展方向是能够实现跨企业的信息交互。

（4）移动供应链管理的最终目的和价值体现在帮助实现整个渠道商业流程的优化。渠道是供应链的核心，渠道能力决定供应链的成败。移动供应链管理的作用是要帮助实现渠道能力的优化，提升整个供应链的效率。按照应用分类，移动供应链管理可以分为移动物流管理、移动供销管理、移动生产制造管理和移动库存管理等。

通过移动供应链管理，供应商或经销商能够与核心企业进行实时的信息互动，加强核心企业对渠道的控制能力，缩短数量繁多而又极为分散的二级供销企业与核心企业、一级供销商的距离，使它们之间的联系更为紧密。另外，移动供应链管理还能够实现移动的订单管理。在库存管理中，通过利用移动设备或无线设备，对原材料和库存的管理能力大大提高。企业能够更好地追踪、分析、整合整个供应链上的库存，或更好地管理货物在供应链上从一个节点到另一个节点的转移。

移动供应链管理发展到目前的"平台化"阶段，有不同于前阶段的两个要素，即公用移动通信网络和移动供应链管理平台。两个要素都用于实现企业间信息的共享和交互，并由第三方提供，这大大降低了企业自建成本和维护费用，加强了企业移动供应链管理系统的稳定性和安全性。这个阶段的移动供应链管理才是真正意义上的移动供应链管理。

在移动供应链管理未来的发展中，将主要在两方面取得更大的突破。一方面是人们手中使用的移动终端，其信息处理能力和便携性都将大大提高；另一方面是移动供应链管理的平台功能不断强大，能够渗透到供应链管理的各个层面。

6.4　探索新零售

2017 年被认为是"新零售"的元年，业界各大巨头不断地接受这个概念并逐渐推向实践，如今，以电商为代表，新零售落地效果显著。举例来说，人们逛商场，看到心仪的衣服，但不会立刻下单购买，而是先上网查看是否有相应的折扣。新零售要做的就是打破线上线下界限、追求产品与服务的极致体验。

6.4.1　什么是新零售

2016 年 10 月的阿里云栖大会上，阿里巴巴创始人马云在演讲中第一次提出了新零售，"未来的十年、二十年，没有电子商务这一说，只有新零售"。

所谓新零售（New Retailing），即企业以互联网为依托，运用大数据、人工智能等先进技术手段，对商品的生产、流通与销售过程进行升级改造，进而重塑业态结构与生态圈，并对线上服务、线下体验及现代物流进行深度融合的零售新模式。阿里研究院的报告表述为：新零售就是以消费者体验为中心的数据驱动的泛零售形态。有人将新零售归结为"线上+线下+物流"，其核心是以消费者为中心的会员、支付、库存、服务等方面数据的全面打通，也有学者提出新零售就是"将零售数据化"。

用通俗语言来说，新零售就是以互联网为基本，通过大数据、AI 技术等，对商品的生产、配送、销售等过程进行升级改造。在这里，零售的三要素发生了重构，从原先的"货-场-人"，转变为"人-货-场"，它是与传统零售既相似又不同的新的零售形式。

易观分析群组研究中心高级分析师左少逸对新零售的解读是，新零售产生和创新的背后逻辑是应用新技术、云计算、大数据、物联网、人工智能所带来的数字化和智能化的能力，人们应该利用数字化的技术手段孵化全新和更好的一个体验的商业业态，应对消费升级的过程。

6.4.2　新零售的发展动因

一方面，经过近年来的全速前行，传统电商由于互联网和移动互联网终端大范围普及所带来的用户增长，以及流量红利正逐渐萎缩，传统电商所面临的增长"瓶颈"开始显现。国家统计局的数据显示：全国网上零售额的增速已经连续三年下滑，2014 年 1～9 月份的全国网上零售额为 18 238 亿元，同比增长达到 49.9%；2015 年 1～9 月份的全国网上零售额为 25 914 亿元，同比增长降到 36.2%，而在 2016 年的 1～9 月份，全国网上零售额是 34 651 亿元，增速仅为 26.1%。此外，从 2016 年"天猫""淘宝"的"双 11"总成交额 1 207 亿元来看，GMV（网站成交金额，GMV=销售额+取消订单金额+拒收订单金额+退货订单金额，GMV 主要用来研究顾客的购买意向）增速也从 2013 年 60%以上下降到了 2016 年的 24%。根据艾瑞咨询的预测：国内网购增速的放缓仍将以每年下降 8～10 个百分点的趋势延续。传统电商发展的"天花板"已经依稀可见，对于电商企业而言，唯有变革才有出路。

另一方面，传统的线上电商从诞生之日起就存在着难以补平的明显短板，线上购物的体验始终不及线下购物是不争的事实。相对于线下实体店给顾客提供商品或服务时所具备的可视性、可听性、可触性、可感性、可用性等直观属性，线上电商始终没有找到能够提供真实场景和良好购物体验的现实路径。因此，在用户的消费过程体验方面要远逊于实体店面。不能满足人们日益增长的对高品质、异质化、体验式消费的需求将成为阻碍传统线上电商企业实现可持续发展的"硬伤"。特别是在我国居民人均可支配收入不断提高的情况下，人们对购物的关注点已经不再仅仅局限于价格低廉等线上电商曾经引以为傲的优势方面，而是愈发注重对消费过程的体验和感受。因此，探索运用"新零售"模式来启动消费购物体验的升级，推进消费购物方式的变革，构建零售业的全渠道生态格局，必将成为传统电子商务企业实现自我创新发展的又一次有益尝试。

6.4.3　新零售的现状

马云曾预言，线上与线下将深度结合，再加上现代物流，服务商利用大数据、云计算等创新技术，构成了新零售的概念。纯电商的时代将很快结束，纯零售的形式也会被打破，新零售必将引领未来全新的商业模式。

这一理念被提出来之后，各大巨头纷纷开始对新零售领域进行探索。其中，最为出名的就是阿里巴巴的"盒马鲜生"、京东的"7FRESH"、小米公司的"小米之家"等。这些新零售门店具有一些共同点，它们都是以大数据、AI 等技术，建造全新的消费场景，提升消费者的购买需求。对于店铺布局上面，则是线上线下互通，数据同步。自建物流或者合作物流，追求极高的物流效率，使消费者体验达到极致。

例如，在京东之家（见图 6-3），顾客进店刷脸注册成为会员，大数据就会根据用户以往的购物记录进行大数据分析，随后推荐用户喜欢的产品。在 Take 系统的支持下，当顾客拿起某款商品，位于一侧的 Pad 屏幕会自动播放此款商品介绍视频，利用这种智能AI 交互方式，让产品信息的展示变得更加具象与清晰。

图 6-3　京东之家

女生爱美，但每次买化妆品需要试色的时候却苦恼了，对此，京东之家在门店内设置了试妆魔镜，点击屏幕上的产品就可以直观地看到自己涂抹上的样子。除了这些面向顾客的众多人性化黑科技，店内还覆盖了更多服务于店铺经营的智能黑科技，包括智能监控系统、流量漏斗监测系统、眼动仪判断用户商品喜好系统等，多维度实现了从用户体验购买到店内经营的智能化消费升级。

再如，作为新零售重要标志的阿里巴巴的"盒马鲜生"（见图 6-4），它是以大数据支撑的线上线下一体化超市。

图 6-4　盒马鲜生

（1）"盒马鲜生"定位于 80、90 后的年轻消费群，这个群体对商品的新鲜度和品质是第一要求，对服务也非常看重，反而对价格的敏感度并不高。从阿里大数据平台"阿里指数"可以看出，这部分人群占据了当前移动支付购买行为的绝大部分。

（2）线下体验带动线上，从门店组织架构来讲，盒马鲜生以线上销售为主，线下销售为辅，可以说绝对不只是一家 O2O 的企业。线上平台盒马 APP 的仓储、分拣及配送中心，通过将线上、线下业务完全一体化，生鲜店内还具有美食制作，满足了当下年轻人的需求。

（3）门店 3 公里范围内 30 分钟送达，这是与传统零售最为不同的地方，当用户下单后，拣货员根据 PDA 显示订单，前往零售区或仓储区拣货，用 PDA 扫码之后放入专用捡货袋，再将打包好的捡货袋挂上传送带，通过自动传输系统把商品传送到合流区，由配送人员送货上门。所以，在门店购物时可以看到，消费者头顶经常有飞来飞去的快递包裹。

6.4.4　零售新观点

"新零售"的核心要义在于推动线上与线下的一体化进程，其关键在于使线上的互联网力量和线下的实体店终端形成真正意义上的合力，从而完成电商平台和实体零售店面在商业维度上的优化升级。同时，促成价格消费时代向价值消费时代的全面转型。

马云认为五大变革将深刻影响各行各业，分别是新零售、新制造、新金融、新技术和新能源。除了"新零售"，其余四大变革是指：

（1）新制造。过去，制造讲究规模化、标准化，但是，未来 30 年制造讲究的是智慧化、个性化、定制化；

（2）新金融。未来，新金融必须支持新的八二理论，也就是支持 80%的中小企业、个性化企业；

（3）新技术。这个说的是：原来的机器吃的是电，以后吃的会是数据；

（4）新能源。马云认为，数据是人类第一次自己创造了能源，而且数据越用越值钱。

新观点中的"五通一平"是指：

（1）五通：是否通新零售、新制造、新金融、新技术、新能源；

（2）一平：是否能够提供一个公平竞争的创业环境。

6.4.5　新零售的发展

21 世纪初期，当传统零售企业还未能觉察到电子商务对整个商业生态圈所可能产生的颠覆性作用之时，以淘宝、京东等为代表的电子商务平台却开始破土而出，电子商务发展到今天，已经占据中国零售市场主导地位，这也印证了比尔·盖茨曾经的所言："人们常常将未来两年可能出现的改变看得过高，但同时又把未来十年可能出现的改变看得过低。"随着"新零售"模式的逐步落地，线上和线下将从原来的相对独立、相互冲突逐渐转化为互为促进、彼此融合，电子商务的表现形式和商业路径必定会发生根本性的转变。当所有实体零售都具有明显的"电商"基因特征之时，传统意义上的"电商"将不复存在，而人们现在经常抱怨的电子商务给实体经济带来的严重冲击也将成为历史。

2016 年 11 月 11 日，国务院办公厅印发《关于推动实体零售创新转型的意见》（国办发〔2016〕78 号），明确了推动我国实体零售创新转型的指导思想和基本原则。同时，在调整商业结构、创新发展方式、促进跨界融合、优化发展环境、强化政策支持等方面做出具体部署。《意见》在促进线上线下融合的问题上强调："建立适应融合发展的标准规范、竞争规则，引导实体零售企业逐步提高信息化水平，将线下物流、服务、体验等优势与线上商流、资金流、信息流融合，拓展智能化、网络化的全渠道布局。"

（1）消费者为重点。如今市场的大环境竞争激烈，商品种类繁多，零售的发展，已逐步走出以商品为中心的模式，转向以消费者为中心，以流量为中心的方向加快发展。新零售需要从内容、形式和体验上如何更好地满足消费者的需求，是当前零售经营的核心。当前，零售首先是经营顾客，围绕经营顾客打造有特色的商品与服务。

目前，零售经营什么品类、什么品牌已不是最重要的。如何用有特色的商品、场景、服务、体验打动消费者，触动消费者的内心才是最为关键的因素。

（2）线下品牌积极转型。各大电商走进新零售之路，传统电商也不能掉队。在店内增加各种黑科技来适应潮流，如银泰去年推出首家家居概念店"HomeTimes家时代"，店内的产品采用场景化的陈列模式，如果消费者想探索其他风格，还可以通过虚拟样板间的电子大屏来切换。该系统能够通过天猫大数据推断消费者喜好，进行个性化选择和推荐，供消费者自由组合和下单，极具沉浸式体验感（见图6-5）。

图6-5　虚拟样板间

店内未能摆放的商品通过虚拟样板间得以无限延展，从而大大降低门店陈列面积的需求，又通过科技感十足的方式将商品详情呈现在顾客面前，减少供应商铺货成本也能有效实现销售增量。

（3）社群成为新主体。现在的零售模式已经开始转变，社群称为新的零售营销力。通过搭建不同爱好的兴趣社群，通过社交渠道让用户主动分享传播，让人和物的匹配效率更高，实现了原来关键词搜索时代不能实现的精准定位。

（4）无人零售逐渐成熟。从市场的实际情况来看无人零售的硬件成本投入更低，超市和便利店相比节省大笔门店租金费和运营成本，通过小程序或者其他热门APP合作导流也更加贴近消费者生活。

初期的无人零售虽然曾经火爆，但也传出各种负面消息，运营技术不成熟、在识别货物和识别人脸环节存在一定问题，相关政策不够完整等，但这些并不妨碍无人零售的风口在2018年继续蔓延，据估计无人零售的千亿级的市场规模在未来数年将会持续上扬。

总体来说，目前还是新零售的发展基础阶段，接下来的供货、物流、赋能升级等还需要不断进步，以消费者的角度来看，这些东西似乎感受不到，消费者最想得到的就是，了解他们的需求，不断升级消费场景，如智能试衣屏、试妆镜、行走支付等，使消费者充分体验到新科技带来的便捷与乐趣，这才是用户所需。

2016年10月13日，马云在一封致股东的公开信中首次提出：过去我们一直专注在速度、专注在创新，但是未来我们希望能够专注在高度，在创新的高度上，电子商务本身也正在迅速成为一个旧的概念。未来30年，我们将会面临线上、线下、物流数据供应链相结合的新零售行业。

　　互联网为零售业带来的第一波红利正在消失，线上线下融合趋势更加明显。考虑到目前传统零售与电子商务的融合发展方向，考虑建设基于针对连锁零售企业，以线下销售数据为支撑的精益数据分析系统，大数据将在未来的零售行业经营中起到关键的指导作用。新零售促使从价格导向转为品质导向，"新零售"成为互联网与传统零售深度融合的代名词，新零售时代已经到来。

　　有学者预测，生鲜超市必将是新零售之争的正面战场，其次就是打响局部战争。预计在经过 1～2 年以后，无人超市将展开全面的竞争。

【习　　题】

　　1. 移动商务涉及客户、企业商家、认证中心、配送中心、金融机构、监管机构等诸多通过网络而组织在一起的要素。下列（　　　）不是其商业模式之一。

　　　　A. B2C　　　　　　B. P2P　　　　　　　C. O2O　　　　　　　　D. G2C

　　2. 移动互联网时代，移动 O2O 商务具有的特点是（　　　）。

　　　　A. 随时随地随身　　　　　　　　B. 数字化客户关系管理

　　　　C. 基于地理位置服务　　　　　　D. 上述都是

　　3. 移动商务的价值链可以从商业和技术两个层面分析。下面（　　　）不是其中的环节。

　　　　A. 通信承载环节　　　　　　　　B. 网络信贷环节

　　　　C. 交易支持环节　　　　　　　　D. 服务实现环节

　　4. 移动商务的价值链可以从商业和技术两个层面分析。下面（　　　）不是其中的环节。

　　　　A. 个性支持环节　　　　　　　　B. 基础服务环节

　　　　C. 卫星支持环节　　　　　　　　D. 应用服务环节

　　5. 移动商务中的任何一笔交易都包括几种基本的"流"。下面的（　　　）不属于其基本流。

　　　　A. 信息流　　　　B. 视频流　　　　　C. 资金流　　　　　　D. 实物流

　　6. 移动供应链管理（MSCM）是移动商务的一种新的供应链管理方式。移动供应链管理的构成特征是（　　　）。

　　　　A. 移动供应链管理必须满足"移动"的本质，即 3A 化

　　　　B. 移动供应链管理并非取代供应链管理平台，而是移动供应链管理存在的基础，移动供应链管理实际上是供应链管理平台上某些具体功能在移动商务领域的延伸

　　　　C. 移动供应链管理要有针对性

　　　　D. 上述都是

　　7. （　　　）年被认为是"新零售"的元年，新零售要做的就是打破线上线下界限、追求产品与服务的极致体验。

　　　　A. 2015　　　　　　B. 2016　　　　　　　C. 2017　　　　　　　D. 2018

8. 所谓新零售，是指企业（　　　）零售新模式。

    A. 以互联网为依托，运用大数据、人工智能等先进技术手段

    B. 对商品的生产、流通与销售过程进行升级改造，进而重塑业态结构与生态圈

    C. 对线上服务、线下体验及现代物流进行深度融合

    D. 上述所有

9. 经过近年来的全速前行，传统电商由于互联网和移动互联网终端大范围普及所带来的用户增长及流量红利正在（　　　）。

    A. 蓬勃发展　　　B. 逐渐萎缩　　　　C. 稳步推进　　　　D. 触底反弹

10. 马云认为五大变革将深刻影响各行各业，这五大变革包括：新零售、（　　　）和新制造。

    A. 新技术　　　B. 新能源　　　　C. 新金融　　　　D. 上述都是

11. 零售新观点"五通一平"，其中"一平"是指（　　　）。

    A. 道路是否平整　　　　　　B. 是否提供一个公平竞争的创业环境

    C. 社会环境是否和平　　　　D. 经济发展是否平顺

【实验与思考】移动商务商业模式的典型案例

1. 实验目的

本节"实验与思考"的目的是：

（1）回顾和熟悉移动商务中关于商业模式、价值链等主要概念。

（2）浏览移动商务典型案例网站，加深理解移动商务商业模式、盈利模式及其产业链、价值链。

2. 工具/准备工作

在开始本实验之前，请回顾教科书的相关内容。

需要准备一台带有浏览器，能够访问因特网的计算机。

3. 实验内容与步骤

1）概念理解

（1）查阅相关资料，根据你的理解和看法，试简单阐述"移动商务"的主要优点，并举例说明。

_____

_____

_____

（2）查阅相关资料，根据你的理解和看法，请简单阐述何为"第三方物流"？

_____

_____

_____

_____

（3）查阅相关资料，根据你的理解和看法，你认为移动商务最主要的三种商业模式是什么？请简单阐述之。

_____

_____

_____

_____

（4）试简单描述移动商务产业链的主要成员：

a. 移动运营商：_____

_____

b. 金融服务提供商：_____

_____

c. 内容提供商：_____

_____

d. 内容整合商：_____

_____

e. 系统集成商：_____

_____

f. 设备和智能卡厂商：_____

_____

g. 软件厂商：_____

_____

2）DoCoMo 网站的浏览与分析

i-mode 是一种由 DoCoMo 开发的移动因特网服务，它引发了日本商界和个人生活方式的巨大变革。请通过网站浏览（见图 6-2）和因特网搜索分析，简单阐述：

（1）i-mode 模式的主要内涵：_____

_____

_____

（2）i-mode 模式在全球的推广现状：_____

_____

_____

（3）你认为 i-mode 模式在中国内地有什么可借鉴的价值和发展前景：

_____

_____

_____

请记录：操作能够顺利完成吗？如果不能，请分析原因。

4．实验总结

5．实验评价（教师）

第⑦章

网络银行与移动支付

【导读案例】5G 网络速度加快，3G/4G 手机加速淘汰

大家都知道，2018 年底到 2019 年初，5G 网络就要正式商用，接下来各个厂商都会推出自己的首部 5G 手机，而这些 5G 手机要完美地契合 5G 网，就必须内置支持 5G 网络的基带。目前中国电信已经在雄安、深圳、上海、苏州、成都等六大城市开通了 5G 试点。并且在此之前联通也曾宣布要在北京、上海、深圳、杭州、天津等七大城市进行 5G 试点。现在，移动放话将提前一年全面推出 5G 网络（见图 7-1）。

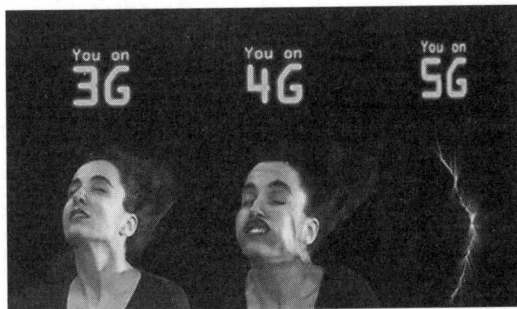

图 7-1　从 3G 到 5G

高通宣布推出首个 5G 智能手机参考设计标准，而高通的老搭档苹果则宣布联手英特尔研发 5G 手机，预计在 2019 年上市；华为宣布 2018 年会推出 5G 全套网络设备，2019 年推出 5G 手机。从投资角度看，若以 2020 年 5G 正式商用作为对应手机大面积上市的契机，则目前就可以逐渐开始慢慢布局。国外厂商的情况是爱立信在 5G 技术上实现了重大突破：5G-LTE 双连接和 5G 多点连接。

这时候有不少网友纷纷表示：4G 网络流量都用得那么快，根本不敢看视频，5G 的流量简直要喝人血，恐怕是费不起，希望 5G 不要来，4G 的网速够快了何必要 5G 呢？怕是 5G 来了根本用不起流量费了。其实，2G 时代 1G 流量一万多元，3G 时代 1G 流量五百多元，4G 时代 1G 流量不到五十元就能买到，5G 时代 1G 流量估计在一元左右，那时候套餐基本上都会是无限流量使用。到那时候，人们就再也不用为流量而发愁了。随着 5G 技术的普及，资费会进一步下降，服务将会进一步提升，而且也将会出现更多的应用场景，可能会超乎人们的想象。未来在 5G 整体环境下，不仅手机需要流量，其他设备也需要，流量计算相对会变得比较复杂，最终计费也会变得复杂，可能会采用综合计费法。流量全免费时代很快要来了（见图 7-2）。

别看 4G 到 5G 只是差了一个阿拉伯数字，如果说 4G 是在跑，那么 5G 就是以坐火箭的形式在运行（见图 7-3）。5G 时代，用户们下载一部电影只需 1min 的时间。小伙伴们也不用担心，5G 时代来了，咱们的手机不会变卡。展望 5G 时代，对于市场上的 3G 手机厂商是个大危机，3G 网络一出局，很多只支持 3G 网络的手机就得淘汰，更别说很多还在生产 3G 手机的小手机厂商，真的是弱肉强食，适者生存的局面啊！

图 7-2　5G，流量全免费时代

图 7-3　5G，火箭的速度

3G 网络相对于 2G 来说有了很大的提升，刷个网页速度也是蛮快的。高中的时候上课用诺基亚偷偷看文字直播，满满的青春记忆。4G 开始面世，逐渐普及，如今大家人手一部 4G 智能机。4G 最大的变化是网速大幅提升，人们都可以亲身体验到。4G 也是个大风口，推动电子政务、电子商务、互联网等快速发展，深刻改变人们未来的生活。

（资料来源：火科技，2018-2-20）

阅读上文，请思考、分析并简单记录。

（1）回忆一下你的 3G 手机，你觉得 4G 的速度够用了吗？

答：＿＿＿＿＿＿＿＿＿＿＿＿＿＿＿＿＿＿＿＿＿＿＿＿＿＿＿＿＿＿＿＿＿＿＿＿＿

＿＿＿

＿＿＿

（2）别看 4G 到 5G 只是差了一个阿拉伯数字，你对 5G 时代有什么憧憬？

答：＿＿＿＿＿＿＿＿＿＿＿＿＿＿＿＿＿＿＿＿＿＿＿＿＿＿＿＿＿＿＿＿＿＿＿＿＿

＿＿＿

＿＿＿

（3）说到网速，许多人总说下载电影多快，玩游戏过关多爽。请说说 5G 对移动商务将有什么影响？

答：_____

_____

_____

_____

（4）请简单记述你所知道的上一周内发生的国际、国内或者身边的大事。

答：_____

_____

_____

_____

_____

7.1　电子商务带动的金融活动

　　网上金融服务是电子商务的一部分，其服务内容包括网上消费、家庭银行、个人理财、网上投资交易和网上保险等。这些金融服务的共同特点是通过网上支付工具及时进行电子支付与结算，即买卖双方在网上发生的资金交换，其目标是发展有限数量的支付方式，如信用卡、电子支票、数字现金、智能卡等，并保证支付工具的安全。

7.1.1　网上金融的业务特点

　　电子商务的发展，为金融业务提供了新的服务领域和方式，而金融服务也为满足电子商务的要求而提供相应的信息支持。金融业对其服务的内容和方式进行调整，以满足在家庭银行、企业银行应用下，人们不受时间、地点限制，交互式地进行金融活动的需求。

　　网上金融的业务特点包括：

　　（1）因特网具有低投资、高回报的特点，它以便捷的信息传递、高效的工作效率、低廉的费用成为银行机构之间，以及与企业、顾客之间普遍的连接方式，传递金融信息的良好渠道。

　　（2）网上银行可以减少固定网点数量，降低经营成本，增加收入来源，而用户则可不受空间、时间的限制。显然网上银行是未来银行电子化的一个发展目标。

　　（3）电子金融的实现使企业拥有了一个前所未有的广阔市场。借助因特网的全球化特征，电子商务使世界经济融为一体，也赋予银行一种全新的营销手段，易于实现金融业的国际化，许多银行有机会在网络上重建自己的地位。

　　（4）电子商务将为客户提供全方位全功能的服务。电子商务使银行间的竞争扩大到了银行以外的行业，网络化社会使许多别的行业也可以提供金融服务。为客户提供满足其特定需求和更加完善的服务已经成为银行生存的根本之道，也是今后金融服务业可能面临的最大问题。

（5）电子商务使因特网银行的品牌形象变得尤为重要。随着金融产品的逐渐趋同，对服务质量的要求越来越高。银行需要通过提供高附加值产品和服务来实现不同品牌的差异化。

7.1.2 支付网关

支付网关（Payment Gateway）是银行金融系统和因特网之间的接口、安全屏障和关口，是面向收单行的电子支付服务工具，是由银行操作的将因特网上的传输数据转换为金融机构内部数据的设备，或由第三方处理商家的支付信息和顾客的支付指令。支付网关可以确保交易在因特网用户与交易处理商之间安全、无缝隙地传递，并且无须对原有主机系统进行修改。它可以处理所有因特网支付协议、因特网特定的安全协议、交易交换、消息及协议的转换，以及本地授权和结算处理。另外，它还可以通过配置设定来满足指定交易系统处理的要求。

网上银行使用支付网关可以实现以下电子支付功能：

（1）配置和安装因特网网络支付能力。

（2）保护现有主机系统，无须修改。

（3）采用直观的用户图形接口进行系统管理。

（4）可以利用各种电子支付手段，如电子支票、电子现金等。

（5）通过采用 RSA 公开密钥加密和 SET 协议等，确保网络交易的安全性。

（6）提供完整的商家电子支付处理功能，包括授权、数据捕获、结算、对账和分账等。

（7）通过对因特网网上交易的报告和跟踪，对网上活动进行监视。

（8）使因特网网络的支付处理过程与当前支付处理商的业务模式相符，确保商家信息管理上的一致性，并为支付处理商进入因特网交易处理这一不断增长的新市场提供机会。

随着网络市场的不断增长，因特网网络交易的处理将成为每一个支付系统的必备功能。传统商家在数据传输方面常常是低效的，经常使用传真，或将数据输入因特网以外的系统中。有了支付网关，这个问题便可得到有效解决，它使银行或交易处理商在面对网络市场高速增长和网络交易量不断膨胀的情况下，仍可保持其应有的效率。

7.1.3 网络银行

1995 年 10 月 18 日，在美国诞生了世界上第一家网络银行（Internet Bank，又称网上银行、在线银行），此后，网络银行在世界范围内迅猛发展，这种新的银行模式对传统金融业产生了前所未有的冲击。网络银行是随着因特网的发展而出现的重要的电子商务活动，上网用户可以通过网络银行管理个人的资金，进行购物或投资。

从发展来看，银行作为金融产品的网关，是向客户提供连接全球任何地方服务者的途径。网络银行能更好地起到客户和其他金融产品中介的作用，它通过因特网把其供应商、贸易伙伴的客户联系在一起，以此获得部分收入（见图 7-4）。

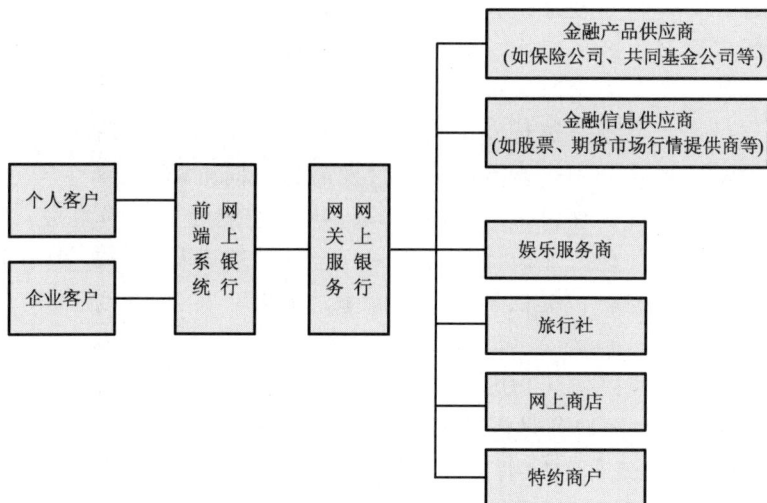

图 7-4　网络银行供应链

　　网络银行利用因特网和内部网技术，为客户提供综合、统一、安全、实时（包括提供对私、对公）的全方位银行业务，还可以为客户提供跨国的支付与清算等其他贸易、非贸易的银行业务服务。网络银行的内容包括银行业务项目、商务服务（如投资理财、资本市场、政府服务等）、信息发布（如国际市场外汇行情、对公利率、汇率、国际金融信息、证券行情、银行信息等）。

　　网络银行的实现所使用的主要技术方法是在因特网上建立网络银行的服务器，因特网与银行核心业务处理和客户信息数据库连接在一起，给网上用户提供与银行通信的机制。网络银行可以大幅度地降低银行的经营成本，降低交易成本，全天候的营业时间，完善客户服务内容，提高商家服务质量，以及更好地宣传企业形象。网络银行凭借着自己的实时、方便、快捷、成本低及功能丰富的 24 小时服务而获得越来越多优质客户的喜爱，成为未来银行业非常重要的一个组成部分。

　　但是，一家拥有因特网网址和网页的银行并不能算作是网络银行。美国著名的网络银行评价网站 Gomez 对网络银行的评价要求是：至少提供以下 5 种业务中的一种才可以称为网络银行，即网上支票账户、网上支票异地结算、网上货币数据传输、网上互动服务和网上个人信贷。

7.2　电子支付

　　电子支付是以金融电子化网络为基础，以商用电子化设备和各类交易卡为媒介，以计算机技术和通信技术为手段，以电子数据形式存储在银行的计算机系统中，并通过计算机网络系统以电子信息传递形式实现流通和支付。

　　电子支付的主要特点是：

　　（1）以计算机和通信技术为支撑，进行存储、支付和流通。

（2）集储蓄、信贷和非现金结算等多种功能为一体。

（3）可广泛应用于生产、交换、分配和消费领域。

（4）使用简便、安全、迅速、可靠。

（5）电子支付通常要经过银行专用网络。

电子支付的不同形式分别代表着电子支付发展的不同阶段：

（1）银行利用计算机处理银行之间的业务，办理结算。

（2）银行计算机与其他行业的计算机之间资金的结算，如代发工资等业务。

（3）利用网络终端向客户提供各项银行服务，如客户在自动柜员机（ATM）上进行存、取款操作等。

（4）利用银行销售点终端（POS）向客户提供自动扣款服务。

（5）电子支付可随时随地通过因特网进行直接转账结算，形成电子商务环境，即"网上支付"。网上支付的形式称为网上支付工具，主要有信用卡、数字现金、电子钱包、电子支票、智能卡等。

7.2.1　信用卡与智能卡

信用卡支付包括以下四种方式：

（1）无安全措施的信用卡支付。买方通过网络从卖方订货，而信用卡信息通过电话、传真等非网上传送，或在因特网上传送，但无任何安全措施，卖方与银行之间使用各自现有的银行商家专用网络授权来检查信用卡的真伪。由于卖方未得到买方的签字，如果买方拒付或否认购买行为，卖方将承担一定的风险。信用卡信息可以在线传输，由于没有安全措施，持卡人将承担信用卡信息在传输过程中被盗取及卖方获得信用卡信息等风险。

（2）通过第三方代理人的支付。改善信用卡事务处理安全性的一个途径就是在买方与卖方之间启用第三方代理，目的是使卖方看不到买方信用卡信息，避免信用卡信息在网上多次公开传输而导致被窃取。

（3）简单加密信用卡支付。使用简单加密信用卡模式付费，当信用卡信息被买方输入浏览器窗口或其他电子商务设备时，信用卡信息就被简单加密，安全地作为加密信息通过网络从买方向卖方传递。采用的加密协议有 SHTTP、SSL 等。

（4）安全电子交易（Secure Electronic Transaction，SET）信用卡支付。安全电子交易协议和安全套接层（Secure Sockets Layer，SSL）协议分别由 VISA、Master Card 两大国际卡组织等机构推出或共同制定，并逐渐形成事实上的在线交易安全标准。

SET 使用的安全技术有对称密钥系统、公开密钥系统、消息摘要、数字签名、数字信封、双重签名和认证等技术。SET 支付过程如图 7-5 所示。

智能卡（Smart Card）类似于信用卡，但卡上装的不是磁条，而是计算机芯片和小的存储器。在智能芯片上将用户信息和电子货币存储起来，该卡可以用来购买产品或服务，存储信息等。

智能卡一般用于电子支付、电子识别和数字存储等场合，其保存的信息包括：

（1）用户的身份信息。

（2）用户的绝对位置。

（3）用户的相对位置，以及相对于其他装置和物体的方位。

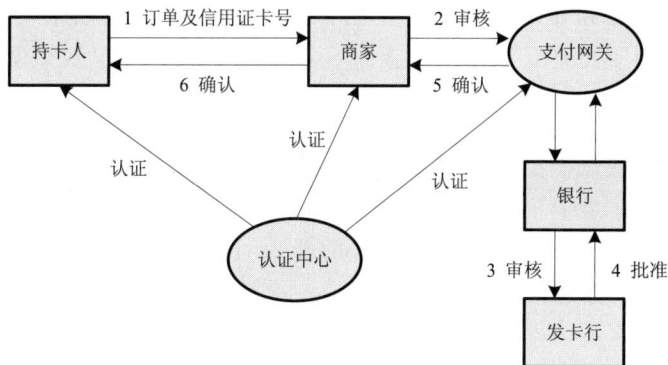

图 7-5　SET 支付过程

（4）特定的环境参数，如光、噪声、热量和温度等。

（5）用户的生理状况和其他生物统计信息。

（6）特定的计时参数，如某一事件发生的频率或用户采取某种行动需要多长时间才能完成。

（7）特定的运动参数，如速度、加速度、物理状态和跟踪信息等。

（8）用户持有的货币信息。

智能卡的应用技术一直在不断地发展中，如预付费电话卡、多用途银行卡和 GSM 卡，以及基于非接触技术的智能卡等。

7.2.2　数字现金

数字现金，又称电子现金（e-Cash），它是一种表示现金的加密序列数，可以用来表示现实中各种金额的币值。现金仍作为一种主要支付形式的原因是：现金是可以转让的，是一种法定货币，具有所有权属性，可以被任何人持有或使用而不需要银行账户，对接受方来说不存在风险。由于数字现金既有手持纸币现金的基本特点，又和网络计算机系统结合使用，以基于数字签名的密码系统为基础，因而具有高易用性、高安全性和高私密性等优越之处。

数字现金具有以下属性：

（1）货币价值。数字现金必须有一定的现金、银行授权的信用或银行证明的现金支票进行支持。当数字现金被一家银行产生并被另一家银行所接受时不能存在任何不兼容问题。如果失去了银行的支持，数字现金会有一定风险，可能存在支持资金不足的问题。

（2）可交换性。数字现金可以与纸币、网上信用卡、账户存储金额、支票或负债等进行互换。一般倾向于数字现金在一家银行使用，但实际上数字现金会面临多家甚至多国银行的广泛使用问题。

（3）可存储性。允许用户在家庭、办公室或途中对存储在一个计算机的外存、IC 卡或其他更易于传输的标准或特殊用途的设备中的数字现金进行存储和检索。数字现金的存储是指从银行账户中提取一定数量的数字现金，存入上述设备中。由于在计算机上产生或存储现金，伪造现金非常容易，最好将现金存入一个不可修改的专用设备。这种设备应该有一个友好的用户界面以有助于通过通行字或其他方式的身份验证，以及对于卡内信息的浏览显示。

（4）重复性。因为买方可能用同一个数字现金在不同国家、地区的网上商店同时购物，这就造成数字现金的重复使用。数字现金系统会建立事后检测和惩罚制度。

7.2.3　电子支票

与信用卡和数字现金等支付方式相比，电子支票的出现和开发是较晚的。电子支票使得买方不必使用写在纸上的支票，而是用写在屏幕上的支票进行支付活动。电子支票几乎和纸质支票有着同样的功能。一个账户的开户人可以在网上生成一个电子支票，其中包含支付人的姓名、金融机构名称、账户名，以及被支付人姓名、支票金额等。最后，电子支票需要经过数字签名，被支付人数字签名背书，使用数字凭证确认支付者和被支付者身份、支付银行及账户，金融机构就可以使用签过名和认证过的电子支票进行账户存储。电子支票的应用过程如图 7-6 所示。

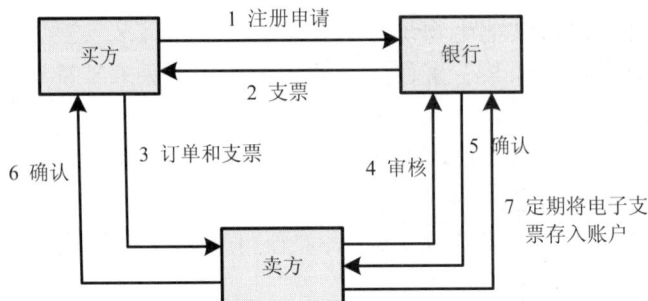

图 7-6　电子支票的应用过程

7.2.4　电子钱包

电子钱包（Electronic Purse）是电子商务活动中购物顾客常用的一种软件支付工具，也是电子货币的类型之一，通常用于小额购物或购买小商品，存储电子商务购买完成时顾客提交的账单和运送信息。

电子钱包的发展经历了两个阶段。从形式上看，最初的电子钱包与智能卡十分相似，如 Mondex 电子钱包（Mondex 卡，类似于信用卡），而今天，电子商务中的电子钱包已经完全摆脱了实物形态，成为真正的虚拟钱包（软件）。电子钱包内只能装电子货币，即装入电子现金、电子零钱、安全零钱、电子信用卡、在线货币和数字货币等。在网上购物使用电子钱包时，要在电子钱包服务系统中进行。

电子钱包软件在电子商务活动中通常是免费提供的，用户可以直接使用与自己银行账号相连的电子商务系统服务器上的软件，也可以通过各种保密方式利用因特网上的电子钱包软件。使用电子钱包的客户要在有关银行开立账户。使用时，将电子钱包通过有关的电子钱包应用软件安装到电子商务服务器上，利用电子钱包服务系统就可以把自己的各种电子货币或电子金融卡的数据输入进去。收付款发生时，如顾客要用电子信用卡付款，顾客只要单击相应的项目（或图标）即可完成，这称为单击式支付方式。

电子商务服务系统中有电子货币和电子钱包的功能管理模块，称为电子钱包管理器，顾客可以用它来改变保密口令或保密方式，也可以用它查看用户自己的银行账号上的收付往来账目、清单和数据等。

7.2.5　手机银行与手机钱包

　　手机银行又称"移动银行"，即通过移动通信网络将客户的手机连接至银行，实现通过手机界面直接完成各种金融理财业务的服务系统。手机银行是货币电子化与移动通信业务的结合，以无线通信技术为手段，在人们应用无线通信手段进行信息交流的基础上，将银行业务应用到手机功能中，特别是通过短消息、WAP 等方式，使移动通信真正成为人们身边的银行，随时随地办理银行业务。无论什么样的银行业务，都要有移动支付系统作为重要的技术支撑。手机银行所提供的功能使人们可以随时随地通过手机终端完成日常的支付业务。

　　所谓"手机钱包"顾名思义就是手机可以发挥钱包的功用，可以用来支付购物账单、获得免费食品和购物优惠券。在手机运营商和信用卡公司共同开发下，产生让两方双赢的"手机钱包"，发展至将来有可能最终取代现金、信用卡、身份证和电子飞机票或火车票。

　　手机钱包是中国移动推出的一种服务，此项业务综合了支付类业务的各种功能，它以银行卡账户为资金支持，手机为交易工具，即把用户的银行账户和其手机号码绑定，通过手机短信息、WAP 等多种方式，用户可以对绑定账户进行操作，实现购物消费、代缴费、转账、账户余额查询等，并可以通过短信等方式得到交易结果通知和账户变化通知。"手机钱包"将手机与信用卡融合起来，演变成一种最新的支付工具，为用户提供安全、便捷、时尚的支付手段。

　　手机钱包通常支持的业务包括：移动话费自缴、充值、话费代充、话费代缴、手机彩票、手机捐款、话费余额查询、银行卡余额查询等。

　　手机钱包和手机银行的主要区别有：

　　（1）手机钱包由移动运营商与银行合资推出，以规避金融政策风险；手机银行由银行联合移动运营商推出，移动运营商为银行提供信息通道，他们之间一般不存在合资关系。

　　（2）申请手机银行需要更换具有特定银行接口信息的 STK 卡，这就容易受到银行的限制，难以进行异地划拨；而手机钱包则不需要更换 STK 卡，受银行的限制也较小。

　　（3）手机钱包需要建立一个额外的移动支付账户，而手机银行只需要原有的银行卡账号。

　　（4）手机钱包主要用于支付，特别是小额支付；而手机银行可以看作是银行服务方式的升级，利用手机银行，用户除了可以支付，还可查询账户余额和股票、外汇信息，完成转账、股票交易、外汇交易和其他银行业务。

7.2.6　支付宝

　　2004 年 12 月建立的支付宝（Alipay，浙江支付宝网络技术有限公司）是国内领先的独立第三方支付平台，旗下有"支付宝"与"支付宝钱包"两个独立品牌，创始人马云，是全球最大电子商务公司阿里巴巴集团的关联公司。

　　支付宝赢得了银行等合作伙伴的认同，与国内外 180 多家银行及 VISA、Master Card 国际组织等机构建立战略合作关系，成为金融机构在电子支付领域最为信任的合作伙伴。国内的工商银行、农业银行、建设银行、招商银行、中国银行、交通银行等各大商业银行，以及中国邮政、VISA 国际组织等各大机构均与支付宝建立了深入的战略合作，不断根据客户需求推出创新产品，成为金融机构在电子支付领域最为信任的合作伙伴。

支付宝主要提供支付及理财服务，包括网购担保交易、网络支付、转账、信用卡还款、手机充值、水电煤缴费、个人理财等多个领域。 在进入移动支付领域后，为零售百货、电影院线、连锁商超和出租车等多个行业提供服务。还推出了余额宝等理财服务。

支付宝的支付方式包括：透支消费、支付宝余额、支付宝卡通、网上银行、国际卡支付、网点支付、货到付款、邮政付款、转账服务、生活助手、微博支付、线下支付、退税服务、扫码秒付、单日转账上限、AR 实景红包等。

使用支付宝时，应该使用支付宝的安全产品，如支付宝卡通、数字证书、支付盾等，或安装一些免费的上网安全工具，定期为计算机进行漏洞修复、木马查杀，保持上网环境安全。

7.2.7　微信支付与财付通

微信由深圳腾讯控股有限公司于 2010 年 10 月筹划启动，由腾讯张小龙率领的产品团队打造，张小龙团队曾成功开发过 Foxmail、QQ 邮箱等互联网项目。

作为时下最热门的社交信息平台，微信是移动端的一大入口，正在演变为一大商业交易平台，其对营销行业带来的颠覆性变化开始显现。微信商城的开发也随之兴起，微信商城是基于微信而研发的一款社会化电子商务系统，消费者只要通过微信平台，就可以实现商品查询、选购、体验、互动、订购与支付的线上线下一体化服务模式。

微信公众号是开发者或商家在微信公众平台上申请的应用账号，该账号与 QQ 账号互通。通过公众号，商家可在微信平台上实现和特定群体的文字、图片、语音、视频的全方位沟通、互动。进而形成了一种主流的线上—线下微信互动营销方式。2016 年 1 月 18 日，腾讯在北京发布消息称，中国政务微信公众号已逾 10 万个。

财付通是腾讯集团旗下第三方支付平台，财付通成立于 2005 年，2011 年 5 月获得第三方支付牌照。财付通以"安全便捷"作为产品和服务的核心，不仅为个人用户创造 200 多种便民服务和应用场景，还为 40 多万大中型企业提供专业的资金结算解决方案。

微信支付是由腾讯公司与腾讯旗下第三方支付平台财付通联合推出的互联网创新支付产品。2013 年 8 月联合发布微信支付，其支持支付场景为微信公众平台支付、APP（第三方应用商城）支付、二维码扫描支付。微信目前未单独申请第三方牌照。

从本质上来说，微信是个前端渠道，后端业务走的是财付通，完成支付转移的是财付通。换言之，微信端完成的是业务场景，支付转移系统等后台处理应该是财付通。

7.3　移动支付的内涵

移动支付（Mobile Payment）又称手机支付，是指交易双方为了某种货物或者服务，使用移动终端设备（包括手机、PDA、移动 PC 等）为载体，通过移动通信网络实现的商业交易。

随着因特网的普及和电子商务的兴起，金融支付手段已成为制约商务和经济发展的瓶颈，移动支付正是在这样的背景下出现的。移动支付业务涉及面广泛，是一个融合多个相关行业的新产业，商机无限的同时需要行业间的合作才能成功。移动支付产业链成员的合作关系替代了竞争关系，决定了移动支付产业链的复杂性与多变性，并且随着基于 SMS 的移动内容与应用收费的普及，移动支付已经逐渐走进人们的生活。

从本质上说，移动支付就是将移动网络与金融系统结合，把移动通信网络和近场通信技术作为实现移动支付的工具和手段，为用户提供商品交易、缴费和银行账号管理等金融服务的业务。移动支付是一个新兴的产业，参与移动支付的主体之间，就协作模式而言，主要包括三种类型，即以移动运营商为运营主体、以银行卡公司作为运营主体和多元化发展。

移动支付可以在移动设备、自动售货机、票务机和 POS 机等多种移动与固定终端上实现。

7.3.1　移动支付的分类

移动支付可以根据多个维度进行分类，如移动支付可以依据传输方式及支付金额的不同组合细分。

（1）按传输方式分类。根据支付者和受付者在支付过程中是否处于同一地理位置，可以分为远程支付和现场支付（或称近距离支付）两种。地理位置的不同将会影响到各自的业务模式和处理流程。远程支付是指支付需要通过短信、无线接入、语音等远程控制完成支付。远程支付的典型场景是用户上网购物，如通过手机购买彩铃。现场支付使用 NFC〔近距离无线通信技术，是脱胎于无线设备间的一种"非接触式射频识别 RFID（Rado Frequerlcy IDentification）"及互联技术，为消费性电子产品提供了一种极为便利的通信方式〕或者蓝牙技术实现移动终端在近距离交换信息。现场支付的典型场景是用户使用手机在自动售货机上买可乐。

（2）按交易金额分类。根据交易金额的不同，可以将移动支付分为小额支付和大额支付两类。根据移动支付论坛的定义，小额和大额支付之间以 100 元为界限。目前世界大多数流行的移动支付行为都集中在小额支付上。

小额支付和大额支付的区别主要在于：

第一，两类支付的实现方式不同。小额支付一般仅需要消费者、商家、银行这三方当事人即可，不需要通过认证中心；而大额交易一般至少需要四方，比小额支付多一个认证当事方。

第二，两者对安全级别的要求不同。对于大额支付而言，通过可靠的金融机构进行鉴定是确保交易安全的一个必备条件；而对于小额支付来说，只要使用移动通信网络的 SIM 卡鉴定机制就可以。

（3）按接入方式分类。根据手机是否与银行卡绑定，可以将移动支付分为移动运营商代收费和银行卡绑定收费。

第一种途径：移动运营商代收费。是指移动运营商为用户提供服务，用户通过手机账户进行商品的购买，金额由移动运营商从其手机账户中扣除，再同金融机构进行结算。移动运营商为用户提供了信用。目前仅限于小额支付。

第二种途径：将用户的银行卡账号与手机号连接起来，费用从用户的银行账户（借记账户或信用卡账户）中扣除。这种方式需要移动运营商和金融机构的协调合作，是移动支付未来最有前景的一种方式。

7.3.2　移动支付的业务模式

根据支付结算账户和实现业务的方式和流程的不同，移动支付的业务模式分为以下五种：

（1）手机话费模式。移动运营商使用手机话费账户进行小额支付的业务模式。这类模式主要适用于图铃下载、游戏等移动增值业务费用的缴纳。

（2）虚拟卡模式。移动用户通过手机号码和银行卡业务密码进行缴费和消费的业务模式。这种模式要求移动用户将银行卡与手机号码事先绑定，在移动支付交易过程中，手机号码代替了定制关系对应的银行卡，即手机号码成为虚拟银行卡。在目前国内的移动支付市场上，银行和大多数的第三方移动支付服务提供商采用的都是这类业务模式。

（3）手机银行模式。移动用户通过手机菜单完成关联账户的查询、转账、基金买卖等交易的业务模式。这种模式要求用户在银行网点开通手机银行业务或换 STK 卡，申请手机银行关联账户的支付密码。这种模式目前还不能进行用户消费类交易。

（4）虚拟账户模式。移动用户使用网上虚拟账户进行支付的业务模式。这种模式要求用户预先将资金转账或充值到后台服务器的虚拟账户内，或者将该虚拟账户与银行卡账户关联，在支付时使用该账户进行消费。支付宝、Paypal 等虚拟账户运营商正在从因特网支付向移动支付领域扩展。

（5）物理卡的关联支付模式。移动用户通过关联银行卡账户或电子钱包账户进行现场支付和远程支付，或者远程二次发卡与账户充值的业务模式。这种模式是将银行卡账户、储值卡和电子钱包，经过特殊工艺加工或异型，贴在手机后盖上，或者改造手机后形成双卡手机或双模手机，以及带接触功能的双界面 SIM 卡等模式。

移动支付业务模式的分类及对比如表 7-1 所示。

表 7-1　移动支付业务模式的分类及对比

业务模式	模式特点	业务应用
手机话费模式	手机话费账户作为结算账户，业务流程简单，无须经过金融机构环节	图铃、游戏下载等
虚拟卡模式	通过手机号码和银行卡业务密码完成支付的业务模式	公共事业缴费、数字产品购买、移动票务等
手机银行模式	通过手机菜单完成关联账户的查询、转账、基金买卖等交易的业务模式	账户查询、转账、基金买卖等
虚拟账户模式	使用网上虚拟账户进行支付的业务模式	C2C 平台上的商品购买
物理卡的关联支付模式	通过关联银行卡账户或电子钱包账户进行现场支付和远程支付，或者远程二次发卡与账户充值的业务模式	应用范围最广，包括各种缴费和消费

7.3.3　移动支付流程

移动支付的交易过程与一般银行卡支付相似，所不同的是，移动支付的整个过程是基于移动网络进行的，因此，网络提供商作为主要当事方，其作用贯穿于整个移动支付交易过程。归纳成一般流程，大体涉及用户、商户、支付平台、移动网络运营商、第三方信用机构和设备制造商等，其流程如图 7-7 所示。

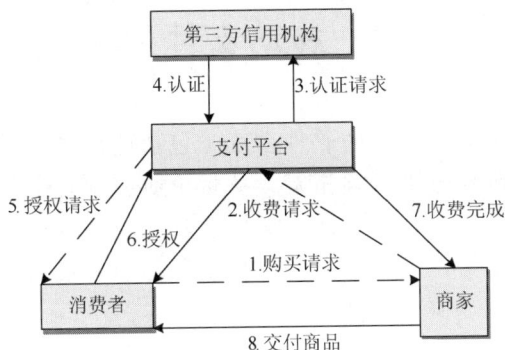

图 7-7　移动支付流程

图 7-7 描述了一个完整的移动支付过程，即：

（1）购买请求。消费者查询准备购买的商品，确定后通过移动终端向商家发送购买请求。

（2）收费请求。商家在接收到消费者的购买请求之后，发送收费请求给支付平台。支付平台利用消费者账号和这次交易的序列号生成一个具有唯一性的码，代表这次交易过程。

（3）认证请求。支付平台必须对消费者和商家账号的合法性和正确性进行确认。支付平台把消费者账号和商家账号信息发送给第三方信用机构，第三方信用机构再对账号信息进行认证。

（4）认证。第三方信用机构把认证结果发送给支付平台。

（5）授权请求。支付平台在收到第三方信用机构的认证信息后，如果通过认证，支付平台把交易的详细信息包括商品或服务的种类、价格等发送给消费者，请求消费者对支付行为进行授权。如果账号未能通过认证，支付平台把认证结果发送给消费者和商家，并取消本次交易。

（6）授权。消费者在核对交易的细节之后，发送授权信息给支付平台。

（7）收费完成。支付平台得到了消费者的支付授权之后，开始对消费者账户和商家进行转账，并把转账细节记录下来。转账完成之后，传送收费完成信息给商家，通知其向消费者交付商品。

（8）支付完成。支付平台传送支付完成信息给消费者，作为支付凭证。

（9）交付商品。商家在得到了收费成功的信息之后，把商品交给消费者。

从上面的基本流程和具体步骤中可知，支付平台运营商在移动支付整个环节作用非常重要，负责支付结算的全过程，具有整合移动运营商和银行等各方面资源并协调它们进行运转的能力，传递交易双方的各种请求，甚至可以记录交易双方的交易记录等信息。支付平台运营商目前主要是由移动运营商、银行或者信用卡组织等金融机构担当，同时也有一些独立的支付平台运营商存在一些移动多媒体下载的业务中，移动通信运营商就担任支付平台的角色。

7.4 移动支付系统

移动支付的广泛应用需要良好的软件系统（包括应用系统和操作系统）支撑。随着对移动支付软件系统的研究范围日益拓宽，从理论研究到各个领域甚至是各个具体环境下的应用，都受到广泛重视。特别是随着应用要求适应瞬变的环境，使得系统要满足可移植性、可扩展性和可裁剪性等要求。模块化编程思想，使得系统可以分解成一系列的模块，为系统的可扩展性提供了基础。

7.4.1 移动电子支付系统框架

根据适用场合的差异，移动电子支付的系统架构可分为远程支付和现场支付两种模式，手机支付也同时具备这两种功能。现场支付通过 RFID 芯片/卡、POS 机等设施配合，也就是一般所说的"刷手机"的方式；远程支付通过短信、WAP 等手段接入互联网上的商城和银行来实现，涉及消费者、金融机构、业务提供方和商家等实体，类似于计算机电子支付在信息传输环节的无线化。这些实体在由基础网络、接入平台、安全体系、管理平台、业务平台、营销体系和目标客户等组成的移动支付体系上进行信息流动。

从移动通信体系结构来看，支撑移动支付的技术分为平台层、支撑层、交互层和传输层 4 层（见图 7-8）。

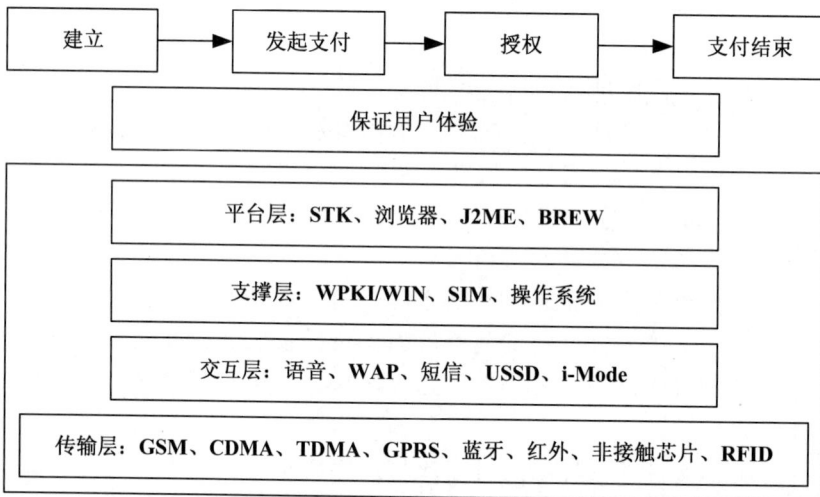

图 7-8 移动支付系统技术支持

（1）STK（SIM Tool Kit）。这不是通常使用的 SIM 卡，而是基于 Java 语言平台的 Simera 32K 卡片。STK 是一种小型编程语言的软件，可以固化在 SIM 卡中。它能够接收和发送 GSM 的短消息数据，起到 SIM 卡与短消息之间的接口的作用，同时它还允许 SIM 卡运行自己的应用软件。

（2）J2ME。随着 Java 的移动版本 J2ME 在移动领域越来越广泛的采用，使得移动支付平台也可以引入 Java 作为支付平台。

（3）BREW（Binary Runtime Environment for Wireless）。BREW 是由高通公司提供的

专门为无线设备设计的一个瘦薄而高效的应用程序执行环境。BREW 可为无线应用开发、设备配置、应用软件分发、计费和付款提供一个完整、开放的解决方案。

（4）短信。短消息服务是在移动支付中经常用到的，可用于触发交易支付、进行身份认证和支付确认。在移动支付中按照信息流的流向可以分为上行和下行两种方式。用户使用短信的上行通道，发送特定信息（此信息格式由移动支付运营商提供，一般包括购买商品的编号和数量等）到指定的特服号进行支付；另外，也可以通过下行通道向客户推送一些商品或服务，如提醒充值用户进行充值，如果用户确认充值，则完成了此次的移动支付。同时下行通道也是进行用户消费确认的渠道，可用于保证支付的安全，避免支付中的欺诈行为。

（5）自动语音服务（IVR）。自动语音服务技术与短信类似，用户可以通过拨打某个特服号码进行移动支付。在用户支付确认和购买商品确认流程中也会使用到 IVR 技术。例如，在用户支付前，用户收到一个由移动支付平台外拨的自动语音电话，用户根据电话提示进行支付；支付成功后，商户也收到一个由支付平台外拨的语音电话，通知商户支付成功可以提供商品或服务。

（6）WAP。面向连接的浏览器方式，可实现交互性较强的业务，也可实现网上银行的全部功能。

（7）i-Mode。是日本电报电话公司（NTT）移动通信公司 DoCoMo 公司推出的专有协议，采用该协议，用户可以使用移动电话访问因特网，i-Mode 完全基于目前 HTML W3C 建议，即 cHTML 具有标准 HTML 的灵活性。

（8）USSD（Unstructured Supplementary Service Data）。非结构化补充数据业务，是实时互动的全新移动增值业务平台，为最终用户提供交互式对话菜单服务，是在 GSM 的短消息系统技术基础上的新业务，支持现有 GSM 系统网络及普通手机，提供接近 GPRS 的互动数据服务功能。

（9）GPRS/UMTS。GPRS/UMTS 均支持 IP 协议的数据通信，在此网络上可以开发类似于因特网的支付。

（10）RFID/蓝牙。RFID（射频识别技术）和蓝牙技术都是基于射频技术（RF）的两种通信标准，可以将 RF 技术引入非接触式移动支付服务。一般情况下在手机中内置一个非接触式芯片和射频电路，用户账户支付信息通过某种特殊格式的编码，存放在此芯片中，以适应银行或信用卡商的认证规则。用户在支付时，只需将手机在 POS 读卡器前一晃，用户的账户信息就会通过 RF 传输到此终端，几秒钟后就可以完成支付认证和此次交易。

（11）红外线技术。2002 年由红外线数据协会制定了一个用于移动支付的全球无线非接触支付标准：IrFM（Infrared Financial Messaging，红外线金融通信）。通过红外线通信把信用卡信息下载并存储在手机里，在支付时通过红外线通信将用户的信用卡信息传输到指定设备，以完成支付认证。

（12）非接触式芯片技术。非接触式芯片技术是使用 IC 智能芯片技术与近距离无线通信技术（蓝牙、红外线等）相结合的一种新型技术，将用户信息存储在智能芯片中，通过近距离无线通信技术与其他接受处理设备进行通信，将信息按照某种格式进行加密传输。

基于这些通信技术实现的现场支付解决方案，采用 RFID 和红外线技术与非接触芯片的结合，将是未来手机作为移动支付设备的主流。

7.4.2　基于 SMS 的移动支付系统

无线短信服务（SMS）提供一个机制，用于将短信传送到无线设备，及从无线设备发送短信。这个服务利用了短信服务中心（SMSC, Short Message Service Center），并作为短信的保存、转发系统。这个无线网络提供了必要的机制用于寻找目的地并且在 SMSC 及无线网站之间进行短信传输。与其他现有的文本信息传输服务（包括数字和文字的页面调度）相比较之后，这个服务特意增加了对文本信息到目的地传输的保证。无线短信服务器（SMS）还支持多输入机制，允许与不同的信息源及目的地进行相互联络，图 7-9 显示了短消息传递基本网络。

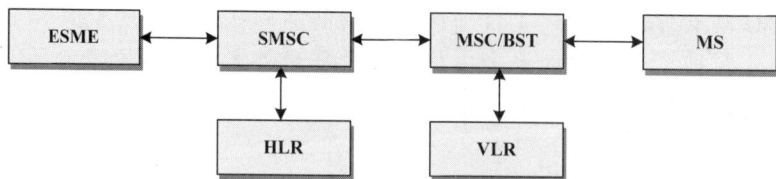

图 7-9　短消息传递基本网络

如图 7-9 所示，外部短消息实体（ESME, External Short Message Entity）是一个广义的概念，是指能够接收或发送短消息的设备。短消息由 ESME 发送到 SMSC，等待处理完毕后，由 SMSC 从 HLR（Home Location Register，归属位置寄存器）中寻找相应的路由信息。SMSC 将短信发送到 MSC，并从 VLR（Visitor Location Register，访问位置寄存器）中查询用户支持信息，包括漫游客户、位置信息等。

HLR 是一个负责移动用户管理的数据库。存储所管辖用户的签约数据及移动用户的位置信息，可为至某 MS 的呼叫提供路由信息。VLR 是一个数据库，存储所管辖区域中 MS（统称拜访客户）的来话、去话呼叫所需检索的信息，以及用户签约业务和附加业务的信息，如客户的号码，所处位置区域的识别，向客户提供的服务等参数。简单说，HLR 中保存的是用户的基本信息（如 SIM 卡号、手机号码、签约信息等）和动态信息（如当前位置、是否已经关机等）；VLR 中保存的是用户的动态信息和状态信息，以及从 HLR 下载的用户签约信息。

信息由 MSC 发送到主服务器（MS, Main Server）后，MSC 向短信服务中心反馈确认信息，进而向外部短信实体报告结果。短消息能够在任何时候接收或提交，移动短信服务也确保短信在网络中的传输。暂时的故障导致难以获得接收的地点，这时故障被确认，并且短信被保存在 SMSC 直到目的地设备恢复。

正因为无线短信有扩展带宽信息包的传输及低带宽的信息传输的特点，这样就产生了一个高效的方法用于传输简短而紧急的数据。起初，无线短信服务应用软件集中在消除包括文字和数字的页面（主要是为声音邮件），它们通过允许双向的常规信息、通知来实现随着技术和网络的发展，提出了多样的服务，包括电子邮件、传真和页面综合应用、交互式的银行业、股票报价等的信息服务，以及基于因特网的应用软件的综合。

无线数据应用软件包括用户身份模式卡（用于激活、计入借方、界面编辑）的下载，无线销售点和其他服务领域的应用软件（如自动仪表读取，远程判断及基于本地的服务）。因特网的综合性还刺激了基于网页的信息及其他交互应用软件（如即时信息、聊天）的发展。

移动终端利用短消息服务作为承载接入因特网，必须通过网关来实现。因特网网关与短信服务中心通过短信点对点协议（SMPP，Short Message Peer to Peer）进行通信（见图 7-10）。

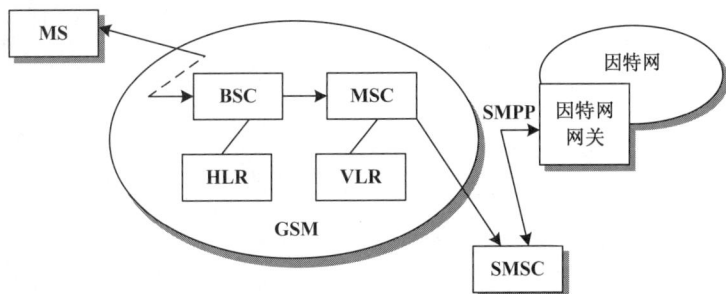

图 7-10　在 SMS 承载方式下接入因特网

7.4.3　基于 WAP 的移动支付系统

WAP（Wireless Application Protocol）是在数字移动电话、因特网或其他个人数字助理机（PDA）、计算机应用之间进行通信的开放性全球网络通信协议标准。WAP 标准和终端设备也相对独立，适用于各种移动终端。

WAP 系统模型是 WWW 模型的一个扩展和加强，包括一个熟悉的通信模型、一个被证明的结构和利用现有工具的能力（Web 服务器，XML 语言及工具）。优化性和可扩展性适应了无线环境的发展。在可能的情况下，现存的技术都可以作为 WAP 技术的起点。在 WAP 中扩展了的 WWW 结构，其最具意义的加强功能是实现了"推"（PUSH）模型和电话支持（WTA），其基本模型如图 7-11 所示。

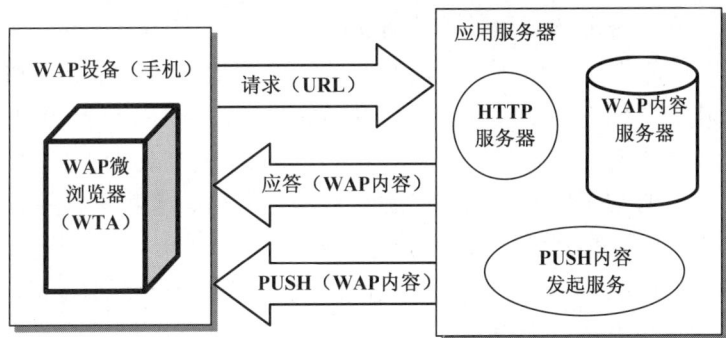

图 7-11　WAP 基本模型

WAP 内容和应用以 WWW 内容格式为基础。内容的传输依靠以 WWW 通信协议为基础的标准通信协议。无线终端上的 WAP 微浏览器与用户接口合作类似于标准的 Web 浏览器（见图 7-12）。

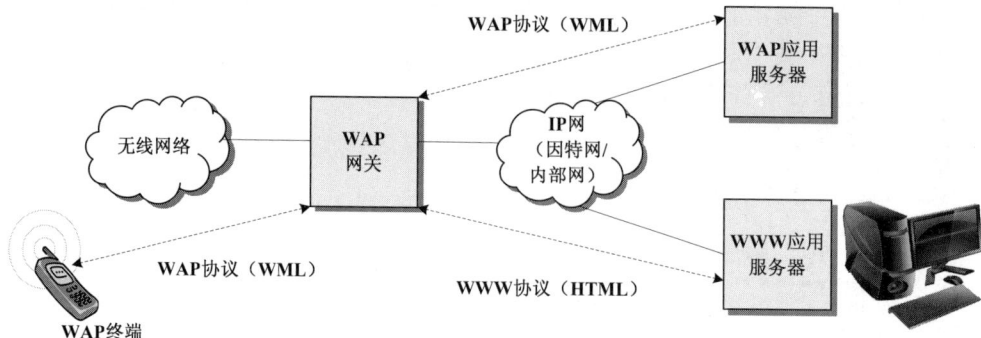

图 7-12   WAP 浏览原理图

WAP 的目标是将因特网的丰富信息及先进的业务引入到移动电话等无线终端之中。WAP 定义可通用的平台，把目前因特网上 HTML 的信息转换成用 WML（Wireless Markup Language）描述的信息，显示在移动电话的显示屏上。WAP 只要求移动电话和 WAP 代理服务器的支持，而不要求现有的移动通信网络协议做任何的改动，因而可以广泛地应用于 GSM、CDMA、TDMA 和 3G/4G 等多种网络。

WAP 由一系列协议组成，从上至下依次为：WAE（Wireless Application Environment）、WSL（Wireless Session Layer）、WTP（Wireless Transaction Protocol）、WTLS（Wireless Transport Layer Security）、WDP（Wireless Datagram Protocol）。其中，WAE 含有微型浏览器、WML 和 WMLSCRIPT 的解释器等功能。WTLS 可为无线电子商务及无线加密传输数据提供安全方面的基本功能。

7.4.4　基于 USSD 的移动支付系统

USSD 是一种基于 GSM 网络的、实时在线的新型交互会话数据业务，它基于用户识别模块 SIM 卡，利用 GSM 网络的信令通道传送数据，是在 GSM 的短消息系统技术基础上推出的新业务，在业务开拓方面的能力远远强于 SMS 系统。

USSD 是在用户终端（GSM 手机）与应用服务之间建立一种基于会话的消息机制，用户终端与应用服务之间在会话过程中一直保持透明无线连接，进行消息传送，且 USSD 每次消息发送不需要重新建立信道，因此，USSD 的响应时间比较快。USSD 在使用上也非常方便，只需拨打附加了特殊前缀（*或#）的服务号码，像拨电话一样进行呼叫，即可获得 USSD 服务。目前绝大多数 GSM 手机终端都支持 USSD。

USSD 技术单独使用或与短消息技术、通用分组无线业务 GPRS 技术相结合，可为客户提供种类繁多的增值业务，如移动银行、金融股票交易、手机话费查询、气象信息预报和查询、收发电子邮件、航班查询、网上订票及民意测验等。

7.4.5　基于 Java EE 的移动支付系统

Java ME 是一种高度优化的 Java 运行环境，主要针对消费类电子设备，如蜂窝电话和可视电话、数字机顶盒、汽车导航系统等。Java ME 技术将 Java 语言与平台无关的特性移植到小型电子设备上，允许移动无线设备之间共享应用程序。基于 Java EE 的移动支付系统模型如图 7-13 所示。该系统由用户（手持设备客户端）、商家、移动支付平台、银行端处理设备组成。在这里，移动营运商起到了传媒的作用，为简化系统表示不作为移动支付的组成部分。

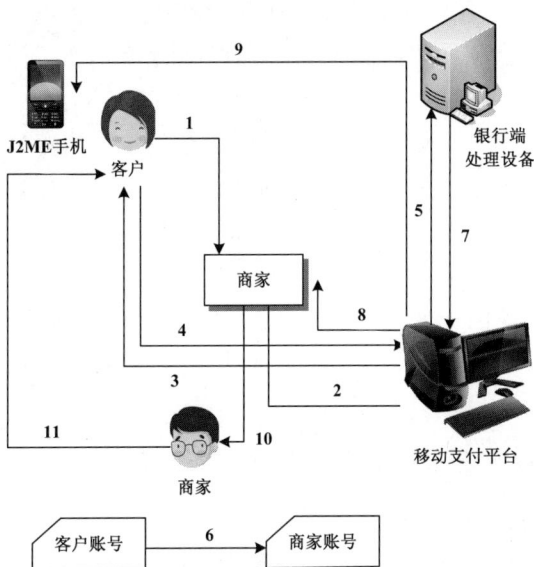

1—找产品，给商家电话；2—寄账单；3—确认消息；4—确认消费额；

5—向银行发出转账请求；6—银行处理支付；7—转账成功；8—确认支付；

9—顾客收到电子发票或收据；10—同意出货；11—接受商品。

图 7-13　基于 Java EE 的移动支付系统

交易过程分为以下十个步骤：

（1）客户挑选商品后，由商家的服务人员录入所买商品的详细信息，按照固定格式形成订单，选择完毕后告诉商家手持设备 ID（如手机号）。

（2）商家对该订单和手持设备（如手机号）加密、签名后通过安全因特网通道，如 SSL 发送给 MPP。

（3）MPP 接到消息后确认消息的来源，如果消息确实来自指定商家，则对消息处理（如加密签名）后发送给移动用户即客户。

（4）客户收到 welcome 消息后输入 PIN 码，同意使用移动支付系统，然后确认所买的商品、消费额、商家标示及消息来源，如果消息正确，则同意支付。消息处理后传送给 MPP。

（5）MPP 在确认消息后向银行发出转账请求。

（6）银行处理支付。

（7）MPP 收到转账成功的消息。

（8）商家收到支付成功的通知。

（9）客户收到电子发票或收据。

（10）商家为客户提供服务。

其中，（3）（4）两步是手持设备客户和支付平台间的无线环境下的通信，并且必须保证客户对此次交易支付所确认的信息的安全性。移动支付平台对商家的认证也很重要，它可防止假冒商家，因为这是在基于因特网的有线环境下，所以很容易做到。

Java EE 为移动互联引入了一种新的模型，即允许手持设备可以从互联网上下载各种应用程序，还在手持设备上创造可执行环境的离线运行等程序，同时定义了可执行程序下载的标准，并在手持设备上创立了可执行环境和程序开发语言。它与 SMS、WAP、i-mode 相比，具有明显的优势。SMS、WAP、i-mode 等都是基于微浏览器的，微浏览器架构过分依赖在服务器和手持设备端之间传递数据的网络，如果网络出现故障或暂时瘫痪，会不可避免地对移动互联方式造成毁灭性打击，而且浏览器架构所不具备的高交互性和安全性也成为其走向企业领域的软肋。因此，Java EE 非常适合于对安全性要求比较高的宏支付系统的开发。由于技术的保密性，基于 Java EE 的移动支付系统现在还在研究阶段，也没有什么标准可循，但是由于 Java EE 的安全性，基于 Java EE 的移动交付系统必将是移动支付的发展方向。

7.4.6　基于 NFC 的移动支付系统

NFC（Near Field Communication，近场通信）又称近距离无线通信，是脱胎于无线设备间的一种短距离的高频无线通信技术，允许电子设备之间进行非接触式点对点数据传输（在 10 cm 内）交换数据。这个技术由非接触式射频识别技术（RFID）演变而来，并向下兼容 RFID，主要可用于手机等手持设备中。由于近场通信具有天然的安全性，因此，NFC 技术是对非接触技术与近距无线射频识别（RFID）技术的发展与创新，它的发展为所有消费性电子产品提供了一个极为便利的通信方式，使手机成为一种安全、便捷、快速与时尚的非接触式支付和票务工具，被认为在手机支付等领域具有很大的应用前景。

NFC 的技术优势主要有：

（1）NFC 实现了遥控识别和网络技术的合并，并且通过手机等移动终端，实现本地网和移动网络的双连接。

（2）相对于 RFID 来说，NFC 具有距离近、带宽高、能耗低等特点。

（3）NFC 与现有非接触智能片技术兼容，已经成为越来越多主要厂商支持的正式标准。

（4）它具有快速自动地建立无线网络的特点，能为蜂窝设备、蓝牙设备、Wi-Fi 设备提供一个"虚拟连接"，使电子设备可以在短距离范围（在 15cm 内）进行通信，而且不需要进行烦琐的配置。

（5）安全性较高。由于 NFC 技术将手机和信用卡进行合并，发生支付行为时，信用卡密码等安全系数要求较高的数据不需要通过无线网络传输，避免了开放式网络的安全隐患。

NFC 将非接触读卡器、非接触卡和点对点（Peer-to-Peer）功能整合到一块单芯片，为消费者带来了全新体验。这是一个开放接口平台，可以对无线网络进行快速、主动设置，也是虚拟连接器，服务于现有蜂窝状网络、蓝牙和无线 802.11 设备。

7.4.7 基于 RFID 的移动支付系统

射频识别（RFID）是一种通信技术，可通过无线电信号识别特定目标并读/写相关数据，而无须识别系统与特定目标之间建立机械或光学接触。RFID 技术可识别高速运动物体并可同时识别多个标签，操作快捷方便，识别工作无须人工干预，可工作于各种恶劣环境。基于 RFID 支付由移动通信终端、RFID 读/写模块与 IC 卡构成。根据应用模式的不同，其核心的应用流程也不一样，该技术的典型应用包括小额电子钱包应用及银行卡绑定的移动支付应用。小额电子钱包的应用不记名、不挂失，典型的应用是公交卡。

7.5 移动支付的产业链

在移动支付产业链的构成中所涉及的多个支付参与方，按照是否直接参与实时的支付过程分为规则制定者（含法律框架层和技术支撑层）和支付参与者两大阵营。

移动支付的直接参与方由金融机构（含银行、信用卡组织）、移动运营商、第三方机构（移动支付服务提供商或移动支付平台提供商）、商业机构、用户等多个环节组成。其中，用户和商家是移动支付的需求来源，而移动运营商、第三方机构和金融机构是移动支付的供给者。移动支付的产业链结构如图 7-14 所示，从上游到下游呈现一个金字塔的格局。在这个产业链中，各个参与者各司其职，并且在其中分享着产业链运营过程中各个环节所带来价值增值。

7.5.1 管制机构

与移动支付相关的国际组织及地方政府是推动并维护移动支付产业健康发展的"家长"，它们既是所有涉足移动支付领域的企业所进行的游戏规则的制定者，同时又是保障游戏能够按照秩序顺利进行的执法裁判，可以说，起到了制定相关法律法规及进行有效监管的双重作用。

移动支付可以说是一个金融增值业务与电信增值业务中间业务的交叉地带，在不同的国家，有不同的政策，就有不同的运营模式应运而生。如果在移动支付的产业链上缺少了管制机构这一环，缺少了有关部门的明文规定，将打开为产业链条中某些企业为谋取利润而打政策的"擦边球"的方便之门。长此以往，必将损害终端消费者的利益，并且在产业链中造成恶性的价值增值阻碍，反而不利于企业及整个产业的健康发展。

管制部门在移动支付的产业链上的价值增值体现在，通过制定产业的标准化、相关法律条文、规范市场秩序、调节链条中的利益相关企业、对下游用户进行正面宣传等方式，来有效地营造更好的移动支付产业的使用氛围和市场人气，这样可以在消费者面前树立并提高管制部门的良好的公正公平的政府职能部门的形象。通过前期的积极经营，一定会有助于后期移动支付步入正轨之后实施高效率的监管，节省监管成本。

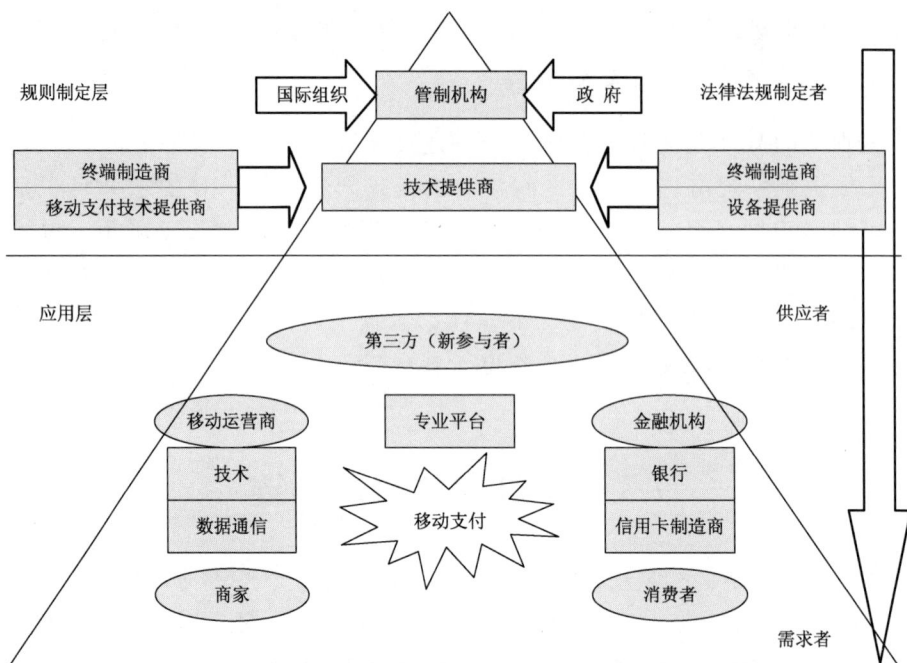

图 7-14　移动支付产业链结构

7.5.2　技术提供商

技术提供商包含移动支付技术提供商和终端设备提供商两个部门。随着移动通信由 3G 向 4G/5G 的演进和移动数据业务的不断兴起,移动支付技术提供商及设备厂商在向运营商提供移动通信系统设备的同时,还推出了包括移动支付业务在内的数据业务平台和业务解决方案,这为运营商提供移动支付业务奠定了基础。从终端的角度来看,如今具有 STK 功能的 SIM 卡日益普及,而支持各种移动数据业务的手机被终端厂商不断推向市场,这为移动支付业务的不断发展创造了条件。

技术提供商的价值增值显然是与移动运营商直接挂钩的,移动支付成为 4G/5G 时代的主流业务,技术提供商应该把握主流,与移动运营商成为共赢同盟,为移动运营商提供更安全、便捷、一揽子的移动支付技术解决方案和捆绑的终端设备。

7.5.3　金融机构

移动支付处于发展阶段,银行、信用卡组织及银行合作组织(银联)在移动支付产业中都承载着买卖双方的清算与结算、商家或消费者个体账户管理及承担金融风险等方面的职能。

面对移动运营商、服务提供商不断推出手机银行、移动 POS 等各项业务,金融机构应积极应对,在降低经营成本的同时,增加收益、提高核心竞争力。它面临三项任务:一是金融机构是用户手机号码关联的银行账户管理者,它需要保证用户的消费过程安全通畅。金融机构与移动运营商共同搭建平台,前者需要侧重于移动支付业务的安全性,而后者更加关注通信方式和通信服务。金融机构凭着经营电子货币的丰富经验,可以为支付平台建立起一套完整、灵活的安全体系。二是金融机构作为清算中心,管理着数据处理支持平台的资源和用户及商家资源。三是金融机构间需要加强合作与沟通，实现"无缝"通信。

金融机构从移动支付中获得的收益来自以下几个方面：用户账户的储蓄、每笔支付业务中的利润分成、现有银行卡的激活（目前我国的银行卡睡眠卡及无效卡较多）、减少营业网点建设和人力资源成本投入，还可以和 EMV 迁移进程结合，降低 EMV 迁移的成本投入，减少金融风险。EMV 迁移是指银行卡由磁条卡向集成电路（IC）卡转移，利用安全性更高的智能 IC 卡来代替磁卡，以有效防范制作和使用假信用卡、信用卡欺诈、跨国金融诈骗等各种高科技手段的金融犯罪。

7.5.4　移动运营商

移动运营商的主要任务是搭建移动支付服务平台，为用户消费提供安全的通信渠道，并尽快开发出能增加消费者使用量及建立忠诚度的业务。可以说，移动运营商是连接用户、金融机构和服务提供商的重要桥梁，在推动移动支付业务的发展中起着关键性的作用。目前，移动运营商能提供语音、短信、无线上网等多种通信方式，并能为不同级别的支付业务提供不同等级的安全服务。

在移动支付业务中移动运营商主要从以下四个方面获得收益：

（1）来自于服务提供商的佣金。

（2）基于语音、SMS 和 WAP 的移动支付业务可以给运营商带来数据流量收益。

（3）移动支付业务可以刺激用户产生更多的数据业务需求，从而促进其他移动互联网业务的发展。

（4）有利于移动运营商稳定现有客户并吸纳新的客户，提高企业竞争力。

7.5.5　第三方支付平台

作为银行和运营商之间的衔接环节，第三方移动支付平台运营商在移动支付业务的发展进程中发挥着十分重要的作用。独立的第三方移动支付平台具有整合移动运营商和银行等各方面资源并协调各方面关系的能力，能为手机用户提供丰富的移动支付业务，吸引用户为应用支付各种费用。在国内已经出现了一批第三方移动支付系统集成和服务提供商，它们积极致力于整合移动运营商和银行部门的资源，为用户提供移动支付服务。

第三方机构在移动支付产业链中可能的收益来源有两方面：一是从移动运营商、金融机构和商家获取设备和技术使用许可费；二是从移动运营商、金融机构或商家提取签约用户使用移动支付业务的佣金。由于第三方机构缺乏商家和用户基础，也缺乏部署移动支付的条件，必须与移动运营商和金融机构密切合作才有生存空间。

7.5.6　商家

商家期望通过部署移动支付系统，使支付过程对消费者透明；期望支付方案便利和迅速，能即时得到支付；期望能减少支付的中间环节，降低经营、服务和管理成本，拓宽支付渠道（可以和更多的银行进行支付清算），获得更高的用户满意度，以此来获得在移动支付产业链中的价值增值。但由此带来的软硬件设备增加或升级及通信成本等，对商家的参与可能造成抑制因素。因此，在其发展移动支付的初期，必须有相应的优惠（如减免软、硬件设备价格），以及提供比传统支付优惠的支付费率，以激发其参与的热情。

7.5.7 消费者

消费者是移动支付业务的最终使用者，它们关心该业务是否能提供安全的保护机制、简便的操作界面和丰富多彩的应用。消费者的多少将是衡量移动支付业务的重要指标，同时也是该业务成败的关键所在。移动支付的安全性，交易流程操作是否简单方便等问题，对消费者移动支付习惯的养成都具有重要的影响。

移动支付业务可以为产业链上的各参与者带来许多共同的收益，实现产业链的共赢。

7.6 移动支付的运营模式

移动支付的运营模式分以移动运营商、金融机构、移动运营商与银行合作，以及以第三方支付平台提供商为主体等多种形式。

7.6.1 以移动运营商为主体

移动运营商作为移动支付平台的运营主体，把移动用户的手机话费账户或建立专门的小额账户（专有账户）作为移动支付账户，用户通过移动支付发生的交易费用直接从手机话费账户或专门的小额账户扣减。金融机构则是最终结算单位账户管理者，并且要承担一部分平台维护工作。

运营商主导的移动支付模式要求运营商调动和协调整个移动支付产业链。从运营商拥有的无线通信网络资源和手机客户资源来看，运营商具有产业链主导者的天然优势。日本移动支付模式的成功也充分论证了这一模式的可行性。以日本的 NTT DoCoMo 为代表，在这种模式下，实际上已经转型为半开放半封闭的银行卡公司，它既发行自己品牌的支付卡，又允许其他发卡机构发行其品牌的支付卡。同时，移动运营商自己建设受理市场成为收单机构。

7.6.2 以金融机构为主体

当银行作为移动支付平台的运营主体时，银行将用户的银行账户与手机账户绑定，用户通过银行账户进行手机支付。移动运营商不参与支付过程，只向用户和银行提供信息通道。

以金融机构为主体的运营模式，其最大优点简化了监管问题。但是，由于各银行只为本行用户提供相关服务，技术规范、业务规范的统一，以及由此带来的银行间的互联互通成为问题。因此，银行之间必然渴求联网通用，而不论是依托已有的银行卡公司还是各银行共同建立新的平台，其最终表现都是以银行卡公司为运营主体。

尽管银行之间可以通过两两互联的方式解决联网通用问题，但国内外的发展经验已经表明这种方式的成本较高且效率较低。而且，银行卡公司在发展移动支付业务时，将面临资本实力有限、对最终用户影响较弱等一系列问题。另外，这种模式只解决了移动支付转接平台运营的问题，而没有考虑移动支付应用平台的运营问题。

7.6.3 运营商与银行合作

该模式通常是移动运营商与金融组织联合创办一家专业化的移动支付运营商，二者进行优势互补，共同运营移动支付服务，实现共赢。韩国移动支付的发展就采取了此种模式。

韩国的三大移动运营商 SK 电信、KTF 和 LG 电信，均提供手机信用卡服务，以及同 FeliCa 类似的预付储值智能卡。无线运营商是驱动新系统发展的主要力量，但银行与信用卡公司也扮演着重要角色，负责信用卡业务的信贷和运营。

7.6.4 以第三方支付平台提供商为主体

在第三方移动支付运营商主导的模式中，第三方支付机构是移动运营商与商业银行联合成立的合资公司，或者是移动运营商与银行卡公司的合资公司，也可以是除移动运营商、银行卡公司和银行之外的其他中介机构。

第三方移动支付运营商和银联合作，用户不用考虑银行彼此互不相连的因素，在任何一家银行接受移动支付的 POS 机上都可以进行操作；金融机构和商家通过接入移动商务平台，也可以共享不同运营商的用户。如果协调得当，这种模式的信息交流最广，资源共享范围最大。就第三方移动支付运营商本身而言，需要具有灵活的机制和敏锐的市场反应能力，还需要整合移动运营商和金融机构等各方面资源并协调各方面关系的能力。

【习 题】

1. 一家拥有因特网网址和网页的银行并不能算作是网络银行。以下（ ）业务是网络银行的基本要求。

    A. 以下全部都是   B. 网上支票账户

    C. 网上货币数据传输   D. 网上个人信贷

2. 从移动通信体系结构来看，支撑移动支付的技术分为平台层、支撑层、交互层和传输层 4 层。以下（ ）不是非接触式移动支付技术。

    A. RAID   B. G2C

    C. 蓝牙   D. NFC

3. 根据适用场合的差异，移动电子支付的系统架构可分为远程支付和现场支付两种模式。以下（ ）是目前主流的移动支付系统。

    A. 基于 SMS 的移动支付系统   B. 基于 WAP 的移动支付系统

    C. 基于 USSD 的移动支付系统   D. 上述全部都是

4. 移动支付的广泛应用需要良好的软件系统（包括应用系统和操作系统）支撑。下列（ ）不是当前主流的移动支付系统。

    A. 基于 RFID 的移动支付系统   B. 基于 Java EE 的移动支付系统

    C. 基于 C++的移动支付系统   D. 基于 NFC 的移动支付系统

5. 移动支付的直接参与方由（　　　）等多个环节组成。

  A. 技术提供商   B. 金融机构

  C. 第三方支付平台   D. 上述全部都是

6. 下列（　　　）不是移动支付的运营模式。

  A. 以移动运营商为主体   B. 以金融机构为主体

  C. 以电商企业为主体   D. 以第三方支付平台提供商为主体

7. 在移动支付产业链的构成中所涉及的多个支付参与方，按照是否直接参与实时的支付过程分为规则制定者（含法律框架层和技术支撑层）和支付参与者两大阵营。下列（　　　）不是移动支付产业链的参与者。

  A. 杀毒软件供应商   B. 商家

  C. 消费者   D. 移动运营商

8. 近场通信又称近距离无线通信，是脱胎于无线设备间的一种短距离的高频无线通信技术，允许电子设备之间进行非接触式点对点数据传输（在 10cm 内）交换数据。以下代表近场通信的缩写是（　　　）。

  A. RAID   B. NFC   C. SMS   D. USSD

9. 以下（　　　）理解更为准确。

  A. 互联网金融的核心在于互联网

  B. 互联网金融是传统金融的线上化

  C. 互联网金融的核心是用互联网思维开展金融服务

  D. 互联网金融的核心是用金融思维开展互联网服务

10. 互联网金融在（　　　）年被写入国务院政府工作报告。

  A. 2011   B. 2012   C. 2013   D. 2014

11. 目前，在移动第三方支付市场中，支付宝钱包市场份额排第一，（　　　）紧随其后。

  A. 汇付天下   B. 财付通   C. 拉卡拉   D. 中金支付

12. 以下（　　　）不是互联网金融在我国爆发的原因。

  A. 全球的互联网金融发展远落后于中国

  B. 国家政策的大力支持

  C. 互联网企业积累的海量数据和技术创新可以用于金融活动

  D. 我国金融体系中的扭曲因素为互联网金融发展创造了空间

13. 以下（　　　）不是余额宝成功的因素。

  A. 以支付宝的海量用户为基础

  B. 合作的基金公司在金融界中强大的品牌效应

  C. 便捷的开户流程和与购物支付相关联

  D. 良好的安全性并且收益要远高于活期利率

【实验与思考】体验网络银行和移动支付

1．实验目的

本节"实验与思考"的目的是：

（1）了解电子支付的原理和内容，熟悉和掌握电子支付的具体实现方法。

（2）熟悉和了解网络银行、手机银行的发展现状，掌握网络银行的基本业务及其操作。

2．工具/准备工作

在开始本实验之前，请回顾教科书的相关内容。

需要准备一台带有浏览器，能够访问因特网的计算机。

3．实验内容与步骤

1）概念理解

（1）查阅有关资料，根据你的理解和看法，请简述什么是"网络银行"？

_____

_____

_____

（2）查阅有关资料，根据你的理解和看法，请简述什么是"手机银行"？

_____

_____

_____

（3）请简述电子支付与电子商务之间的关系及特点。

_____

_____

_____

（4）请简述电子支付与移动支付之间有什么异同。

_____

_____

_____

（5）什么是支付网关？其主要作用是什么？

_____

_____

_____

2）了解招商银行网络银行

1997 年招商银行推出网络银行"一网通"（www.cmbchina.com），1999 年 9 月，招商银行全面启动网络银行业务。如今"一网通"已成为国内最成功的个人理财网上银行服务之一。

招商银行在网上开发一些网络服务系统，如网上企业银行、个人银行、支付系统，以及通用的网上购物广场、实时证券行业系统等。其中，网上企业银行能够提供同城转账，异地电汇、信汇及公司内部账务稽核等业务；个人银行系统为用户提供了网上查询账务、简单财务分析、转账等服务；通用网上购物广场为没有能力开发网上购物系统的中小型商家提供了网上交易的机会，用户以低廉的价格就可以得到一个适合自己的交易系统。

招商银行"一网通"的网上支付系统采取了一系列保密措施：用户支付资料信息直接送银行主机，不经过商户，从而确保持卡人账户信息的安全保密；采用 SSL 技术对交易数据加密传输；将用户的网上支付号与主账号分离；多重密码保护；商户结账需输入商户代码和密码，结账资金转入商户指定结算账户等。

步骤 1：登录招商银行"一网通"网站（www.cmbchina.com），其主页界面如图 7-15 所示。

步骤 2：浏览招商银行"一网通"网站，单击主页上方的"个人业务"按钮，在屏幕右侧显示四个主要栏目，请浏览并记录其主要服务项目。

（1）　　网上银行

_____

_____

（2）　　手机银行

_____

_____

（3）　　Pad 银行

_____

_____

（4）　　在线服务

_____

_____

步骤 3：请分析，为什么网站要区分"手机银行"与"Pad 银行"？

_____

_____

_____

_____

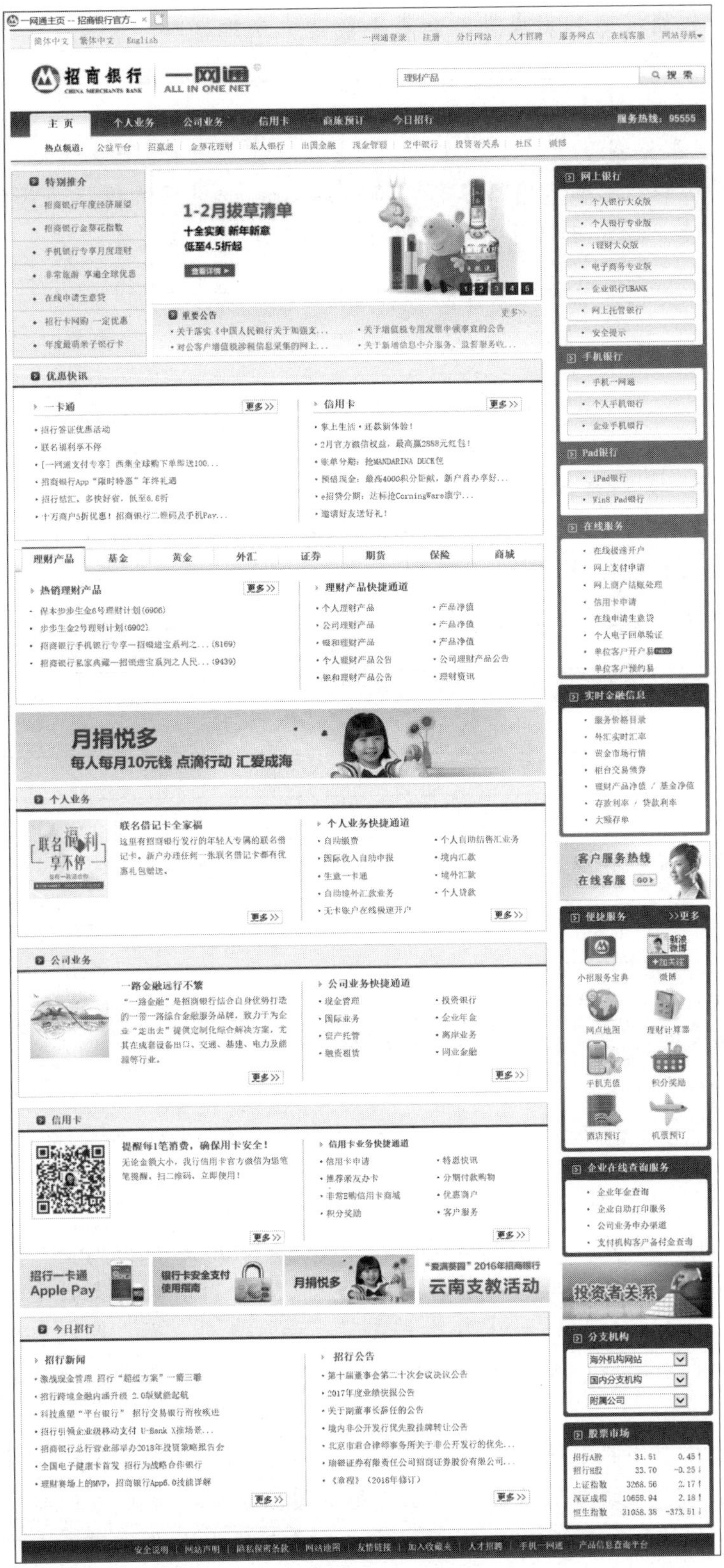

图 7-15　招商银行"一网通"网站（www.cmbchina.com）

请记录：操作能够顺利完成吗？如果不能，请分析原因。

_____

_____

3）银行网站业务调查

如何评价网络银行。著名网络银行评价网站 Gomez 对网络银行的评价要求是：至少提供 5 种业务中的一种才可以称为网络银行，这 5 种银行业务是：

① _____

② _____

③ _____

④ _____

⑤ _____

4）典型电子商务网站采用的电子支付方式

请回顾：在本书第 1 章的实验中，介绍了两个著名的电子商务网站，请分别简单描述这两个网站所采用的支付方式：

（1）戴尔网站：_____

_____

（2）当当网：_____

_____

请就支付方式这一方面，对这两个网站做出你的评价。

_____

_____

你认为就电子支付而言，最重要的是什么？

_____

_____

5）了解银联电子支付

银联电子支付服务有限公司（ChinaPay，www.chinapay.com/cpportal/，见图 7-16）是中国银联控股的银行卡专业化服务公司，拥有面向全国的统一支付平台，主要从事以因特网为基础的网上支付、企业 B2B 账户支付、电话支付、网上跨行转账、网上基金交易、企业公对私资金代付、自助终端支付等银行卡网上支付及增值业务，是中国银联旗下的网络方面军。

ChinaPay 依托中国银联全国统一的跨行信息交换网络，在人民银行及中国银联的业务指导和政策支持下，致力于银行卡受理环境的建设和银行卡业务的推广，将先进的支付科技与专业的金融服务紧密结合起来，通过业务创新形成多元化的支付服务体系，为广大持卡人和各类商户提供安全、方便、快捷的银行卡支付及资金结算服务。公司充分利用中国银联全国性的品牌、网络、市场等优势资源，整合银联体系的系统资源、银行资源、商户资源和品牌影响力，实现强强联合、资源共享和优势互补。

图 7-16　ChinaPay 网站

请记录：

（1）请登录 ChinaPay 网站，浏览和了解该网站的电子支付业务及其相关信息。

（2）上述操作能够顺利完成吗？如果不能，请分析原因。

_____

_____

4. 实验总结

_____

_____

_____

_____

5. 实验评价（教师）

_____

_____

第8章

移动设备及其操作系统

【导读案例】中国人工智能崛起

2017 年，作为人工智能国际顶级会议，由美国人工智能协会（American Association for Artificial Intelligence）组织的第 31 届 AAAI 大会在美国旧金山召开，大会上中国面孔成为不可忽视的力量。在 2 571 篇投稿论文中，中国和美国的投稿数量分别占 31% 和 30%，虽然在被接收论文数量上，中国还是低于美国，但数量已经大幅提升（见图 8-1）。

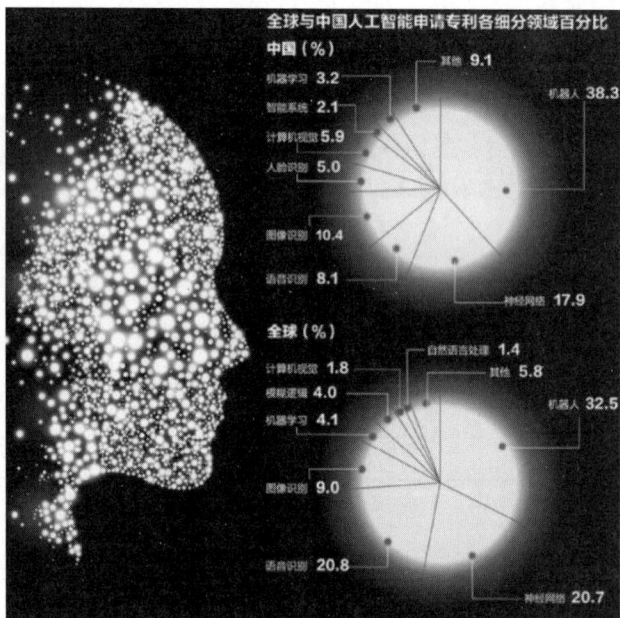

图 8-1　人工智能申请专利分析

有一个小插曲则是 2017 年的 AAAI 大会原计划在新奥尔良召开，由于和中国春节冲突，AAAI Fellow、AAAI 现任执委杨强教授和几位教授紧急向组委会发送邮件，使得最终破格更改了时间和地点。可见，中国正在 AI 领域蓄势，逐步成长为中坚力量。据《乌镇指数：全球人工智能发展报告》称，在全球人工智能专利数量方面，中国以 15 745 个紧跟在美国 26 891 个之后，位列第二，日本以 14 604 个排名第三。值得一提的是，三国的专利数之和占总体专利数的 73.85%。

华人势力

"不仅仅是学者,来参会的中国公司也变多了。"杨强表示。从 2017 年的活动赞助商而言,百度、腾讯和亚马逊、IBM 一并成为金牌赞助商,小 i 机器人、今日头条也跻身银牌赞助商之列。在 2017 年收录的论文中,百度、腾讯、华为、360、今日头条、携程等中国公司的人工智能团队也有出现。

百度研究院院长林元庆对第一财经记者说,过去几年里,他在参加国际人工智能领域的顶级会议中,确实可以看到参加会议的华人非常多,而且在过去几年里增长很快。他认为这同时也和国内几家公司在人工智能领域的投入有关系。

"中国人适合做人工智能,世界上 43% 的人工智能论文都是中国人写的。"创新工场创始人李开复曾向第一财经表示。根据美国白宫此前发布的《国家人工智能研究与发展策略规划》来看,从 2013 年到 2015 年,SCI 收录的论文中,"深度学习"或"深度神经网络"的文章增长了约 6 倍,按照文章数量计算,美国已经不再是世界第一。在增加"文章必须至少被引用过一次"附加条件后,中国在 2014 年和 2015 年都超过美国,位居前列。

"这一轮人工智能并不是一个新的革命,而是 18 世纪工业革命自动化的一个延续,技术一旦掌握到手里,可以迅速扩展到做全世界的生意,所以这对于中国起到了一个弯道超车的作用。"杨强表示。中国人数学好、刻苦努力无疑为中国发展人工智能提供了良好的基础,但更大的驱动力在于产业需求。一方面对于传统企业而言,需要新技术来推动产业变革,"中国的经济结构还有很多不合理、低效率的地方,通过人工智能浪潮,就形成了一种新的竞争。"杨强强调。

对于互联网巨头或新兴独角兽公司而言,同样需要借助人工智能技术,激发已经存储的海量数据,提升服务精准度,创造潜在盈利机会,"互联网大市场孕育的应用到 C 轮需要人工智能。"李开复表示。例如,今日头条在借助人工智能技术,将新闻内容和视频进行重新排序,实现资讯分发的千人千面;美图也利用人像数据库,对数据进行标记、结构化,优化图像算法。

"全世界只有中美两国有如此大量的数据、大规模的计算和应用场景,在应用层面中美基本处于同一起跑线。"地平线机器人技术创始人兼首席执行官余凯向第一财经表示。余凯曾担任百度研究院副院长、深度学习实验室(IDL)主任,带领的团队将深度学习技术成功应用于广告、搜索、图像、语音等方面,在此之前他也曾在美国 NEC 研究院、西门子数据研究部、微软亚洲研究院工作。

在余凯看来,中国有世界上最大的互联网公司,且拥有搜索、社交、电商、互联网金融等很好的应用场景,"大规模的计算平台都需要大规模的应用场景,在小实验室是做不了的,年轻人在这样的工作环境中会得到持续的锻炼,包括工程实验能力、对算法的理解等。"

"最大的优势是人多,这种优势体现在三个层面,人多意味着市场大,有更强的驱动力去把这件事情做好。其次针对社会服务层面,需要很多数据。第三,人才基数比较大,冒出顶尖人才相对多一些。"第四范式创始人、首席执行官戴文渊告诉记者,"从数据量、投入的人力财力来看,中美之间没有多少差距,且中国更有优势。"

中美差异

但将论文数量视为中国人工智能发展水平有失公允，虽然在靠近商业价值应用层面中美并驾齐驱，但是在基础性、原创性研究、创新土壤、人才储备层面等方面，中国相较美国还存在不小的差距。"国内更多是技术的落地、产业化和应用，国外仍然有很多人在公司和研究院做前沿研究，包括寻求方法论上的突破，我们擅长把事情做得更细致，相对而言突破性和奠基性的工作还不够多。"地平线机器人技术联合创始人、算法副总裁黄畅告诉第一财经。

黄畅毕业于清华大学计算机科学与技术系，曾在美国南加州大学和美国 NEC 研究院担任研究员，2012 年加入百度美国研发中心，2013 年和余凯参与组建百度深度学习研究院，任高级科学家、主任研发架构师。在黄畅看来，做研究无外乎寻找新的问题和研究新的方法，而在这两方面国内和国外相比还存在不小的差距。

杨强认为，深度学习是不断发展的，研究领域的领导者应该是开拓新的领域，而不是在原有的基础上深挖。"把一个 10 层的深度模型拓展到 100 层甚至 1 000 层，我觉得这个确实是一个进步，中国人目前是这个层次，但这些在我看来并不是一个原创。"杨强举例说道。

"现在很多高校是看教授和学生的论文达标情况，顶级会议论文的发表对学生申请院校、教授评级、申请科研经费等都有帮助，真正做出突破性理论研究，不迎合考核体系的非常少。"戴文渊直言。在他看来，虽然有相当数量的人参与到人工智能研究，但优秀的研究成果并不与参与人数的激增成正比。

余凯认为，有一些中国学生很擅长"刷分""刷榜"。"别人做到 99.5%，我做了 99.7%，并不一定有实质性突破，世界也没有因为这个刷分而变得不一样。原创性的创新需要不一样的思考，现在讲深度学习比较多，所有的人都进行深度学习，而不是思考 What is wrong？How to be different？" 余凯强调。

在人工智能领域浸染十年有余的戴文渊也有同样的感受，"很多人用力的方向有问题，准确率达到 99.1%、99.15%或者 99.2%，其实没有什么差别，并不应该把精力用在这些地方，而应该关注不到 60 分的领域，去把它做及格。"

回归至深度学习的历史发展脉络来看，正是一个边缘化课题走向主流技术的路径。早在 20 世纪 80 年代初期，深度学习学派的开山人物 Hinton 一直坚持神经网络的探索，但受限于当时的计算机速度、数据量等问题，深度学习理论是一项边缘化的研究，当时 AI 的主流研究方向与之截然相反，推崇小样本学习，主推 SVM 学习。

正是以 Hinton 为代表的一群人对深度学习的坚持，才一步步将边缘课题变成人工智能核心技术。"十年前进入这个领域，中国学生都在学优化理论，现在一窝蜂地学习深度学习，很少有人在怀疑深度学习是不是最优解，就像之前很少有人去思考优化是不是最优解。"戴文渊说道。

人员成本居高不下

在余凯看来，中美之间的差距表现在两方面，一方面是人才储备的匮乏，很多高校在很长时间内并没有人工智能专业，而在美国基本上大的院校都有人工智能教授。以美国卡梅隆大学为例，设有专门的机器人研究所，其中光教授就有 100 多位，纵向而言，中国布局的时间也比较晚。

早在 2012 年余凯回国在百度成立了人工智能团队，担任百度人工智能研究院执行院长，在他的记忆里，当时在高校招人非常困难，很多是在招进百度之后再自己培养。

其次从产业链而言，谷歌或者 Facebook 的人工智能团队不仅可以从斯坦福等院校招人，还可以从微软、IBM、HP 等大公司挖走人工智能领域的人才，"当时别的企业还想着从百度挖人，无论从科研教育还是整个产业界，起步都是晚的，规模还是小的。"

至今余凯仍会频繁去美国参加一些学术会议，让自己保持更多的思考，"国外技术创业比较多，大家探讨的是数学公式及算法，而在中国大部分在讲趋势、概念，如果 PPT 上放上公式就变得很无聊，心态比较浮躁。"

资本驱动之下，人工智能成为创业最火热的领域，也在加速人才的流动。根据华创资本发布的《2016 早期企业薪酬调研报告》，人工智能和大数据领域类的早期企业在过去一年的员工离职率高达 44%，人员流动活跃。

"付不起工资、抢不到人"成为人工智能企业在人才招聘方面面临的最大博弈。"人才比较少，需要的公司又多，人工智能的人员成本因此居高不下。"戴文渊表示，"我们想要寻找突破常规的人才，需要找到能够将 30 分的东西做到 60 分甚至 80 分的人才，例如目前做深度学习的人有很多，但迁移学习的人才就非常少。"

"德才兼备"是余凯选人的标准，所谓德即对人工智能本身的热情，愿意为之做长期奋斗，而不是短期的。"大部分人是在赶时髦，如果冰天雪地的时候心还是热的，那才叫热情"，才则是数学功底、统计功底、编程能力等。

"优秀的人才、优质的研究成果永远匮乏，好比人工智能领域论文从每年 800 篇涨到 3 000 篇，但真正出色的论文在数量上基本不会有太大变化，许多人是在随大流、挖坑灌水、解决细枝末节的问题，产生的真实价值并不大。"黄畅补充道。

与 O2O、电商等产业不同，人工智能的技术创新仍旧需要长期且基础性的理论研究工作，如何从顶层设计出发，加强人工智能基础理论研究和核心技术突破，加强人工智能科研人才、技术人才的培养与引进，才是人工智能发展的持续动力。

人工智能挑战

一派繁荣之下，正视人工智能的作用变得更为重要。"相较于告诉人们人工智能能做什么，目前更重要的反倒是告诉人们，人工智能不能做什么。"余凯笑着说道。结合当下的发展情况人工智能仍然面临诸多挑战。

首要挑战就是数据不足的问题。众所周知，人工智能建立在海量数据基础之上，通过大数据训练，来优化算法模型，以人脸识别技术为例，训练这一算法模型需要至少百万级别的图片数据。

目前人工智能主要是监督式学习，有监督的训练就需要带标签的数据，因此数据的质量和精准度及输出结果密切相关。"如何剔除数据中的噪声、垃圾信息，获取优质且带有标签的数据成为新挑战，也正是因为这个原因，半监督式甚至无监督式学习方法必然成为未来的研究热点。"黄畅说道。

另一大挑战在于深度学习的推广和场景迁移能力不足，每个领域的数据都需要重新收集、标准和再训练，很难进行跨领域推广。这些挑战也是人工智能工业界和学术界急需突破的问题。"在招聘的过程中，学习深度学习的人很多，而懂得迁移学习，具备思辨能力的人很少。"戴文渊表示。反映到人才培养和教育而言，如何引导并鼓励学生进行跨领域、原创性的探索研究尤为重要。

例如，今年 AAAI 最佳论文来自斯坦福大学计算机科学系的 Russell Stewart、Stefano Drmon，他们所撰写的论文《用物理和特定领域知识让神经网络进行不带标签的监督学习》，就是将物理知识与深度学习相结合，通过跨领域研究给 AI 带来新的启发。

（资料来源：第一财经日报，2017-4-13）

阅读上文，请思考、分析并简单记录。

（1）本文作者是依据什么阐述了"中国人工智能正在崛起"？

答：_____

_____

_____

_____

（2）在发展人工智能方面，中国（华人）的优势体现在那些方面？

答：_____

_____

_____

_____

（3）人工智能大发展所面临的挑战是什么？

答：_____

_____

_____

_____

（4）请简单记述你所知道的上一周内发生的国际、国内或者身边的大事。

答：_____

_____

_____

_____

_____

8.1 移 动 设 备

移动设备（Mobile device）又称手持设备（handheld device）、口袋电脑（Pocket PC）等，是一种口袋大小的计算设备，通常有一个小的显示屏幕，触控输入或是小型键盘。由于通过它可以随时随地访问获得各种信息，这一类设备很快变得流行起来。

8.1.1　移动设备的分类

典型的移动设备包括为人们所熟悉的 iPhone、iPad、iPod、黑莓（Blackberry）设备、电子书和 GPS 导航仪之类的装置，以及 PDA 和掌上游戏机、掌上电脑等。这些设备含有许多计算机的特性，它们可以接收输入、产生输出、处理数据，并具有一定的存储能力。但不同的手持设备其可编程性与多功能性是有差别的。从技术角度来说，多数这些设备可以归类为计算机，但通常会根据其功能归类为 PDA、掌上电脑、智能手机和便携式媒体播放器等。

1. PDA 与掌上电脑

PDA 是指包含小型标准键盘或触摸屏的袖珍数字记事簿类设备，它使用电池供电并能手持使用。PDA 通过专门的有线或无线连接来交换数据，从而同步更新 PDA 与桌面计算机上的数据，但 PDA 不具备语音通信功能。

随着高端平板电脑的日益发展，PDA 设备逐渐走向行业应用（见图 8-2）。行业 PDA 系列是针对行业用户的需求开发的信息终端设备，可集成 802.11b/g、zigbee 等无线局域网协议、IrDA（红外线技术）、蓝牙、条码识别模块、电子标签识别、非接触式 IC 卡读取模块、GPRS/CDMA、GPS、摄像头、打印等多种功能为一体，具备丰富的对外接口，如串口、USB、USB HOST、SD（Secure Digital Memory Card，安全数码卡，一种基于半导体快闪记忆器的新一代记忆设备）等，并且支持通过这些接口的功能扩展。PDA 用户也可以根据自己的应用要求，在定制的信息终端 PDA 上进行二次开发。

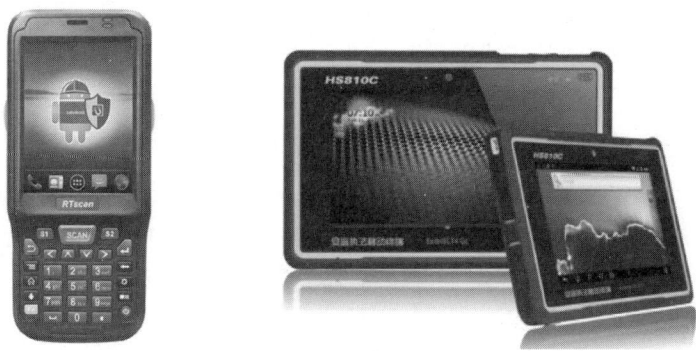

图 8-2　多种形式的行业应用 PDA

掌上电脑实际上是指功能加强的 PDA，添加了一些移动存储、电子邮件、Web 接入、语音通信、内置摄像头和 GPS 的功能。掌上电脑也为用户提供了一系列的应用软件，但通常它们只能运行专门的、功能缩减版本的应用软件，包括文字处理、电子表格等。

2. 智能手机

智能手机是由只用于语音通信的基本移动电话发展而来的。简单的智能电话只包含数字袖珍键盘、小型屏幕，以及用来存储一些人名和电话号码的存储器。袖珍键盘的数据输入方式是现在为人们所熟知的手指操作。由移动电话发展而成的智能手机这种数字设备，除了语音通信功能外，还包含标准袖珍键盘、文本信息、电子邮件、Web 接入、移动存储、摄像头、调频无线电广播、数字音乐播放器，以及游戏、财务管理、个人记事本、GPS 和电子地图等软件功能。

3．平板电脑

平板电脑（Tablet Personal Computer，见图 8-3）是一种小型、方便携带的个人电脑，其外观和笔记本式计算机相似，介于笔记本式计算机和掌上电脑之间。它除了拥有笔记本式计算机的所有功能外，还支持数字墨水、手写识别、笔输入识别、语音识别、手势识别等功能，移动性和便携性都较笔记本式计算机更胜一筹。

图 8-3　平板电脑

平板电脑被看成是移动商务 PC 的代表。从微软提出的平板电脑概念产品上看，平板电脑就是一款无须翻盖、没有键盘、指尖即可触控的，小到足以放入女士手袋，但却功能完整的 PC。

还有一种工业用平板电脑（触摸屏），整机性能完善，具备常见商用计算机的性能。区别在于内部的硬件，多数针对工业方面的产品都是选择工业主板，工业主板通常非量产，产品型号比较稳定，也因此工业主板的价格较商用主板价格高。工业方面需求比较简单、单一，性能要求也不高。工业平板电脑造价昂贵，防护等级也非常高。防护等级规定为 IP**，前一位是防尘等级，后一位是防水等级。防尘等级最高为 6，防水等级最高为 8。工业平板电脑的另一个特点就是多数都配合组态软件一起使用，实现工业自动控制监控。

4．GPS 定位设备

全球定位系统（Global Positioning System，GPS）是在全球范围内实时进行定位、导航的系统。GPS 功能必须具备 GPS 终端、传输网络和监控平台三个要素，缺一不可。GPS 定位设备功能包括：全球卫星定位、电子导航、语音提示、偏航纠正等，GPS 导航系统现在已经被广泛使用。

8.1.2　移动设备的技术特征

移动设备不同于传统办公设备，它有许多特殊的技术特征。典型的移动设备一般包括：输入工具、一个以上的显示屏幕、一定的计算和存储能力及独立电源，其主要特性如下：

（1）移动设备的显示屏幕小，而大多数设备使用多义键盘，通过按键来确定具体语义，操作起来比较麻烦，可操作性差。

（2）移动设备都是依靠电池来维持的，而电池的使用期限很短。电池技术尽管一直在不断地发展，但是容量还是个限制因素。

（3）移动设备在内存、磁盘的容量方面比传统的固定设备要小很多。

（4）移动设备的安全性较差。

移动通信终端正逐渐向智能化方向发展，它不仅是通信工具，更是技术发展、市场策略和用户需求的体现，因此，受到移动互联网和物联网等大的战略发展方向的影响，移动通信终端向通信终端融合化和各类物品通信化发展。

8.1.3　移动应用平台

目前移动应用平台主要有三种，分别是移动消息平台、移动网络接入平台及交互式语音应答平台。

1．移动消息平台

移动消息平台包括短信息服务和多媒体信息服务，它们都可用于建立点对点的短信业务平台，在此基础上也可以开发各种增值服务。

短信息服务 SMS 和多媒体短信服务 MMS（Multimedia Messaging Service）是两种主要的信息服务。不过，随着微信的出现，人们越来越多地将信息服务往微信等新平台转移。

2．移动网络接入平台

WAP 平台是开展移动商务的核心平台之一。通过 WAP 平台，手机可以方便快捷地接入互联网，真正实现不受时间和地域约束的移动商务。WAP 是一种通信协议，它是基于在移动中接入因特网的需要提出和发展的。WAP 提供了一套开放、统一的技术平台和一种应用开发、应用环境，用户使用移动设备很容易访问和获取因特网或企业内部网信息和各种服务。

WAP 应用模型由 WAP 客户端、WAP 网关和 WAP 内容服务器三部分组成，这三者缺一不可。客户端主要指支持 WAP 协议的移动用户设备终端，如 WAP 手机。WAP 网关是 WAP 应用实现的核心，由协议网关和内容编码解码器两部分组成。WAP 内容服务器存储着大量的信息，WAP 手机用户可以用来访问、查询和浏览等。

要想在移动终端上获得丰富的信息内容，除了需要无线通信协议外，还需要一种标记语言，以描述信息的展现格式。无线标记语言（WML，Wireless Markup Language）类似于 HTML，HTML 编写的内容可以在计算机上用浏览器进行阅读，而 WML 编写的内容可以在移动终端的 WAP 浏览器上提供文本浏览、数据输入、图像和表格呈现及按钮和超链接等功能。

3．交互式语音应答平台

交互式语音应答（IVR，Interactive Voice Response）系统是呼叫中心的重要组成部分，在呼叫过程中起着不可替代的作用。IVR 是自动与用户进行交互式操作的业务。当客户联系呼叫中心时，首先接入 IVR 平台，在确认用户信息后，根据 IVR 给出的提示信息，用户根据提示进行互动操作，从而达到所需要的服务菜单。若用户的问题在 IVR 内得不到解决，则转向人工热线服务。移动 IVR 还可以利用手机终端独有的收发短信功能，实现语音和短信的互动。

随着呼叫中心信息服务的发展，IVR 系统提供的功能急剧增长，用户要对 IVR 系统有很深的了解，很多用户都会觉得 IVR 操作烦琐而选择人工服务，这会降低 IVR 的利用率。尽管如此，相信随着技术的发展，IVR 将成为继移动消息平台和 WAP 平台之后，又一个能提供综合业务服务的移动应用平台。

8.1.4 传统条形码与二维码

如今，人们生活中随处可见条形码，如在超市里营业员通过扫描物品的条形码，就能在结算的机器里看到该物品的价格等。为了提高计算机识别的效率，增强其准确性，先后出现了传统条形码（见图8-4）、二维码（2D，见图8-5）和无线射频识别技术。

图 8-4　传统条形码

图 8-5　二维码

传统条形码由一组按一定编码规则排列的条、空符号组成，表示一定的字符、数字及符号信息。条形码系统是由条形码符号设计、条形码制作，以及扫描阅读组成的自动识别系统，是迄今为止使用最为广泛的一种自动识别技术。

超市里商品的条码和包装袋上的一维条码，是利用条码的粗细及黑白线条来代表信息，当拿扫描器来扫描一维条码，即使将条码上下遮住一部分，所扫描出来的信息都是一样。

到目前为止，常见的条形码码制大概有二十多种：其中广泛使用的码制包括 Code39 码、交叉 25 码、EAN 码、UPC 码、Code128 码及 Codabar 码等。不同的码制具有不同的特点，适用于一种或若干种应用领域。

二维码技术是 20 世纪 70 年代出现的，它将条形码的信息空间从一维扩展到二维，具有信息容量大、可靠性高、准确性高、防伪性高、保密性强等优点。二维码通常分为两类：行排式和矩阵式。在目前几十种二维码中，常用的码制有：PDF417、Code49、Data Matrix、Code16K、Maxi Code、QR Code 和 Code One 等。

8.1.5　RFID

RFID 是 Radio Frequency Identification 的缩写，即射频识别，俗称电子标签。RFID 射频识别是一种非接触式的自动识别技术，它通过射频信号自动识别目标对象并获取相关数据，实现对静止或移动中的物品的识别。作为条形码的无线版本，RFID 技术具有防水、体积小、使用寿命长及存储数据容量大等优点。最基本的 RFID 系统由三部分组成：电子标签（Tag）、阅读器（Reader）和天线（Antenna）。

电子标签是射频识别系统的数据载体，电子标签由标签天线和标签专用芯片组成。

每个标签具有唯一的电子编码，实现被识别物体信息的存储。RFID 阅读器（读写器）通过天线读取、写入 RFID 电子标签上的信息。天线负责在标签与阅读器之间传输数据和信号。

为了能够被广泛接受，任何技术都需要某种标准和规范，以提供设计、制造和使用这项技术的方针。目前，RFID 技术存在两个标准体系：ISO 标准体系和 EPC Global 标准体系。

（1）ISO 标准体系。国际标准化组织（ISO）制定的 RFID 标准是用于读写器和标签通信的频率与协议标准。RFID 领域的 ISO 标准可以分为四大类：技术标准（如符号、射频识别技术、IC 卡标准等）、数据内容标准（如编码格式、语法标准等）、一致性标准（如测试规范、印刷质量等标准）和应用标准（如船运标签、产品包装标准等）。

（2）EPC Global 标准体系。EPC Global 是由美国统一代码协会（UCC）和国际物品编码协会（EAN）共同成立的标准组织，是目前全球实力最强的 RFID 标准组织。EPC Global 体系框架是 RFID 典型应用系统的一种抽象模型，它包含三种主要活动：EPC 数据交换（提供了用户访问 EPC Global 业务的方法）、EPC 基础设施（用来收集和记录 EPC 数据）和 EPC 物理对象交换（用户能与 EPC 编码的物理对象进行交互，并能方便地获得相应的物品信息）。

除了有条形码和射频识别技术外，常用的自动识别技术还包括语音识别、生物识别、磁卡和接触 IC 卡。自 20 世纪 90 年代以来，射频识别技术在全世界范围内得到了快速发展。经过十几年的普及，射频识别技术在各行各业得到了广泛的应用。

8.2 移动操作系统

判断一款手机是否为智能手机，并不是看其是否支持 MP3、HTML 页面浏览、外插存储卡等功能，而是看其是否是一款自带操作系统的手机。也就是说，要看操作系统的程序扩展性，看它是否可以支持第三方软件安装、应用。

操作系统是对计算机系统内各种硬件和软件资源进行控制和管理、有效组织多道程序运行的系统软件，是用户与计算机之间的接口。智能手机上采用的操作系统有Symbian、Android、iOS 和 Windows Mobile 等，其中 Android 和 iOS 操作系统为现在的主流。

移动设备的操作系统和桌面设备的操作系统提供了许多相似的功能，如调度处理器资源、管理内存、加载程序、管理输入输出和建立用户界面。由于移动设备的操作系统很小，它可以存储在只读存储器（ROM）上。又因为不需要将操作系统从硬盘加载到 RAM中，移动设备的操作系统几乎可以在设备开启时立刻可用，可以提供内嵌的触摸屏、手写输入、无线网络连接和蜂窝通信等功能。

8.2.1 iOS

2007 年 1 月 9 日苹果公司在 Macworld 展览会上公布，随后于同年的 6 月发布第一版 iOS 移动操作系统，最初的名称为"iPhone Runs OS X"。

2010 年 6 月，苹果公司将"iPhone OS"改名为"iOS"，到 2010 年第四季度，苹果公司的 iOS 占据了全球智能手机操作系统 26% 的市场份额。

2017 年 6 月 6 日全新的 iOS 11 在 WWDC2017 上正式登台亮相。

iOS 支持的设备包括 iPhone、iPod touch、iPad、Apple TV。与 Android 及 Windows Phone 不同，iOS 不支持非苹果的硬件设备。

iOS 内置应用包括 Siri 语音、Facetime 视频通话、Safari 移动网络浏览器、Game Center 社交游戏、控制中心、通知中心、多任务处理、照相机、Airdrop 共享等，它具有安全性高、多语言切换、方便学习和商务使用等特点。

2007 年 10 月 17 日，史蒂夫·乔布斯在一封张贴于苹果公司网页上的公开信中宣布软件开发工具包（SDK），并于 2008 年 3 月 6 日发布，允许开发人员开发 iPhone 和 iPod touch 的应用程序，并对其进行测试。由于 iOS 是从 Mac OS X 核心演变而来，因此开发工具也是基于 Xcode。

苹果 SDK 本身是免费下载的，但为了发布软件，开发人员必须加入 iPhone 开发者计划，其中有一步需要付款以获得苹果的批准。

车载 iOS 将用户的 iOS 设备及 iOS 使用体验与其仪表盘系统无缝衔接。如果用户的汽车配备车载 iOS，就能连接 iPhone 5 及以上机型，并使用汽车的内置显示屏和控制键，或 Siri 免视功能与之互动，可以轻松、安全地拨打电话、听音乐、收发信息、使用导航及更多。

8.2.2　Android（安卓）

android 一词的本意是指"机器人"，Android OS 是 Google（谷歌）公司 2007 年推出的一种为移动设备（如智能手机和上网本）设计的基于 Linux 内核开源的软件平台和操作系统，用户可以选择众多现成的应用程序，或是自行创建应用程序。如今，Android 已经成为 iOS 最强劲的竞争对手之一，号称是首个为移动终端打造的真正开放和完整的移动软件。

Android 的特点是开源，其 SDK（软件开发工具包）是开放的，所有开发商都可以随意更改界面。作为企业战略的重要组成部分，Google 与开放手机联盟合作开发 Android，这个联盟由包括中国移动、摩托罗拉、高通、宏达和 T-Mobile 在内的 30 多家技术和无线应用的领军企业组成。通过与运营商、设备制造商、开发商和其他有关各方结成深层次的合作伙伴关系，希望借助建立标准化、开放式的移动电话软件平台，在移动产业内形成一个开放式的生态系统，以推进更好、更快的创新，为移动用户提供不可预知的应用和服务。30 多家企业的加盟，也大大降低了新手机设备的研发成本，完全整合的"全移动功能性产品"成为开放手机联盟的最终目标。

Android 平台由操作系统、中间件、用户界面和应用软件组成，其系统架构由五部分组成，分别是：Linux Kernel、Android Runtime、Libraries、Application Frameworks 和 Applications。

（1）Linux Kernel（Linux 内核）。Android 的核心系统服务依赖于 Linux 2.6 内核，如安全性、内存管理、进程管理和驱动模型。Linux 内核也同时作为硬件和软件之间的抽象层。除了标准的 Linux 内核外，Android 还增加了内核的驱动程序：Binder（IPC）驱动、显示驱动、输入设备驱动、音频系统驱动、摄像头驱动、Wi-Fi 驱动、蓝牙驱动和电源管理。

（2）Android Runtime（Android 运行库）。Android 的核心类库提供 Java 编程语言核心库的大部分功能。每个 Android 应用都运行在自己的进程上，享有 Dalvik 虚拟机为它分配的专有实例。Dalvik 虚拟机依赖于 Linux 内核的一些功能。

（3）Libraries（程序库）。Android 包含一套 C/C++库，Android 系统的各式组件都在使用这些库。这些功能通过 Android 应用框架为开发人员提供服务。

（4）Application Frameworks（应用框架）。在 Android 系统中，开发人员也可以完全访问核心应用程序所使用的 API 框架。其中包括：视图（Views）、内容提供器（Content Providers）、资源管理器（Resource Manager）、通知管理器（Notification Manager）和活动管理器（Activity Manager）等。

（5）Applications（应用程序）。Android 会和一系列核心应用程序包一起发布，该应用程序包包括 E-mail 客户端、SMS 短消息程序、日历、地图、浏览器及联系人管理程序等。所有的应用程序都是用 Java 语言编写的。

8.3　屏幕触控与接口新技术

电子信息技术发展日新月异，在界面与接口方面的发展也由传统的并列传输方式，演进至高速串行传输。新的规格与新的技术，也带来新的设计挑战。雷电、USB 3.0 等新接口纷纷出现在新的移动设备上，成为驱动移动商务发展的辅助动力。

8.3.1　屏幕触控

触控技术人们并不陌生，银行的取款机大多有触摸屏功能，很多医院、图书馆等场所的大厅都有这种触控技术的计算机，支持触摸屏的手机、数码相机也很多。但是这些触控屏幕大都是单点触控，只能识别和支持每次一个手指的触控、点击，若同时有两个以上的点被触碰，就不能做出正确反应，而多点触控技术能把任务分解为两个方面的工作：一是同时采集多点信号；二是对每路信号的意义进行判断，也就是所谓的手势识别，从而实现屏幕识别人的五个手指同时做的点击、触控动作。

多点触控是在同一显示界面上的多点或多用户的交互操作模式，可通过双手进行单点触摸，也可以以单击、双击、平移、按压、滚动及旋转等不同手势触摸屏幕，实现随心所欲地操控。

8.3.2　雷电接口

雷电接口（见图 8-6）是 Intel 发布的一项 Light Peak 技术并将其命名为"Thunderbolt"。Thunderbolt 连接技术融合两种通信协议。其中，PCI Express 用于数据传输，可以非常方便地进行任何类型设备扩展，DisplayPort 用于显示，能同步传输 1080 p 乃至超高清视频和最多八声道音频，并且两条通道在传输时都有自己单独的通道，不会产生任何干扰。每个雷电接口都有两个通道，每个通道的带宽都可以达到双向 10 Gbit/s，同时对数据和视频信号进行传输。

Thunderbolt接口物理外观和原有 Mini DisplayPort 接口相同，Mini DP 接口的显示器及 Mini DP 与 HDMI/DVI/VGA 等接口的转接头都可在 Thunderbolt 接口上使用。一般来说应用现有的物理接口能够在兼容性方面具有更多的优势。Thunderbolt 接口由 Intel 控制芯片驱动，通过 PCI-E x4、DisplayPort 总线与系统芯片组相连，也可直连 Intel 处理器核心显卡进行 DisplayPort 输出。基于 PCI-E 协议的传输机制让数据的传输更加方便，免去了转换步骤，同时也能够适应更多的场合。

图 8-6　Thunderbolt 雷电接口

雷电接口能够为计算机提供更快的传输速度和多种类型的数据同时传输的特性，不仅如此，它还可以通过菊花链的连接方式最多连接 6 个设备和一个带有原生 DP 接口的显示设备。

雷电接口的连接线材质主要有两种：一种是电缆型雷电连接线，它除了可以提供双通道双向 10 Gb/s 的传输带宽，还可以提供 12W 的电流，可以直接驱动无源的移动设备；另一种连接线材质为光纤，理论上光纤的传输速度可以达到 100 Gb/s，是电缆的 10 倍，USB 3.0 接口的 20 倍，将会是对传输速度有极高要求的设备的最佳选择。

2017 年 5 月，英特尔宣布，将完全免除兼容 USB-C 的雷电接口（Thunderbolt）的技术授权费。

8.3.3　USB 3.0 接口

第一版 USB 1.0 是在 1996 年出现的，速度只有 12Mbit/s；2000 年 4 月 USB 2.0 推出，速度达到了 480Mbit/s，是 USB 1.x 的四十倍；如今，USB 2.0 的速度已经无法满足应用需要，USB 3.0（见图 8-7）也应运而生，最大传输带宽高达 5.0Gbit/s，同时在使用 A 型接口时向下兼容。

USB 3.0 是英特尔等公司发起的一种 USB 规范，为那些与 PC 或音频/高频设备相连接的各种设备提供了一个标准接口。计算机内只有安装 USB 3.0 相关硬件设备后才可以使用 USB 3.0 的功能。从键盘到高吞吐量磁盘驱动器，各种器件都能够采用这种低成本接口进行平稳运行的即插即用连接。USB 3.0 在保持与 USB 2.0 兼容的同时，还提供了下面几项增强功能：

图 8-7　USB 3.0 接口

- 极大提高了带宽——高达 5Gbit/s 全双工（USB 2.0 则为 480Mbit/s 半双工）。
- 实现了更好的电源管理。
- 能够使主机为器件提供更多的功率，从而实现 USB 充电电池、LED 照明和迷你风扇等应用。
- 能够使主机更快地识别器件。
- 新的协议使得数据处理的效率更高。

受到消费类电子器件不断增加的分辨率和存储性能需求的推动，希望通过宽带互联网连接能够实现更宽的媒体应用，因此，用户需要更快速的传输性能，以简化下载、存储，以及对于多媒体的大量内容的共享。USB 3.0 可以在存储器所限定的存储速率下传输大容量文件（如 HD 电影等）。例如，一个采用 USB 3.0 的闪存驱动器可以在 15s 内将 1 GB 的数据转移到一个主机，而 USB 2.0 需要 43s。USB 3.0 在为消费者提供简易连接性方面起到了至关重要的作用。

USB 2.0 基于半双工二线制总线，只能提供单向数据流传输，而 USB 3.0 采用了对偶单纯形四线制差分信号线，故而支持双向并发数据流传输，这也是新规范速度猛增的关键原因。

除此之外，USB 3.0 还引入了新的电源管理机制，支持待机、休眠和暂停等状态。

测量仪器大厂泰克（Tektronix）第一家宣布了用于 USB 3.0 的测试工具，可以帮助开发人员验证新规范与硬件设计之间的兼容性。

USB 3.0 在实际设备应用中将被称为 "USB SuperSpeed"，顺应此前的 USB 1.1 FullSpeed 和 USB 2.0 HighSpeed。支持新规范的商用控制器在 2009 年下半年面世，消费级产品则在 2010 年上市。

Windows 10、Window 8.x、Windows Vista、Windows 7 和 Linux（包括基于 Linux 的安卓）及苹果 Mac book air 和 Mac book pro 都支持 USB 3.0。Windows XP 系统可以使用 USB 3.0，但只有 USB 2.0 的速度。

8.4　固　态　硬　盘

固态硬盘（Solid State Drives，见图 8-8）又称固盘，是用固态电子存储芯片阵列而制成的硬盘，由控制单元和存储单元组成。在接口的规范和定义、功能及使用方法上与普通硬盘相同，在产品外形和尺寸上也与普通硬盘一致。被广泛应用于军事、车载、工控、视频监控、网络监控、网络终端、电力、医疗、航空、导航设备等领域。

图 8-8　固态硬盘

固态硬盘的存储介质分为闪存（Flash 芯片）、DRAM 两种。由于固态硬盘技术与传统硬盘技术不同，所以产生了不少新兴的存储器厂商。新一代的固态硬盘普遍采用 SATA-2 接口、SATA-3 接口、SAS 接口、MSATA 接口、PCI-E 接口等。

基于闪存的固态硬盘也是通常所说的 SSD，它的外观可以被制作成多种模样，如笔记本硬盘、微硬盘、存储卡、U 盘等样式。这种 SSD 固态硬盘最大的优点就是可以移动，而且数据保护不受电源控制，能适应于各种环境，适合个人用户使用。它像普通硬盘 HDD

一样，理论上可以无限读/写。

基于 DRAM（动态随机存取存储器）的固态硬盘应用范围较窄。它仿效传统硬盘的设计，可被绝大部分操作系统的文件系统工具进行卷设置和管理，并提供工业标准的 PCI 和 FC 接口用于连接主机或者服务器。它是一种高性能的存储器，但需要独立电源来保护数据安全。

基于闪存的固态硬盘是固态硬盘的主要类别，其内部构造十分简单，固态硬盘内主体其实就是一块 PCB 板，板上最基本的配件就是控制芯片（又称主控芯片）、缓存芯片（部分低端硬盘无缓存芯片）和用于存储数据的闪存芯片。

主控芯片是固态硬盘的大脑，其作用有：一是合理调配数据在各个闪存芯片上的负荷；二则是承担了整个数据中转，连接闪存芯片和外部 SATA 接口。不同的主控之间能力相差非常大，在数据处理能力、算法，对闪存芯片的读取/写入控制上会有非常大的不同，会直接导致固态硬盘产品在性能上差距高达数十倍。

主控芯片旁边是缓存芯片，固态硬盘和传统硬盘一样需要高速的缓存芯片辅助主控芯片进行数据处理。这里需要注意的是，有一些廉价固态硬盘方案为了节省成本，省去了这块缓存芯片，这样对于使用时的性能会有一定的影响。

除了主控芯片和缓存芯片以外，PCB 板上其余的大部分位置都是 NAND Flash 闪存芯片。

影响固态硬盘性能的几个主要因素是：主控芯片、NAND 闪存介质和固件。在上述条件相同的情况下，采用何种接口也可能会影响 SSD 的性能。

对于固态硬盘的使用和保养，最重要的一条就是：在机械硬盘时代养成的"良好习惯"未必适合固态硬盘。例如，不要使用碎片整理，分区时不要把 SSD 的容量都分满，以利于固态硬盘内部的优化操作，分区越多意味着浪费的空间越多。

8.5　可穿戴设备

可穿戴设备（见图 8-9）是指利用传感、连接、云服务等交互与存储技术，制作更加便携并且可以与人体直接接触的产品。可穿戴设备从 20 世纪 60 年代就开始研究，史蒂夫·曼基于 Apple II 6502 型计算机研制出可穿戴计算机原型。随着计算机技术、通信技术、传感技术的迅猛发展，可穿戴设备在工业、医疗、教育和娱乐方面发挥了重要作用。

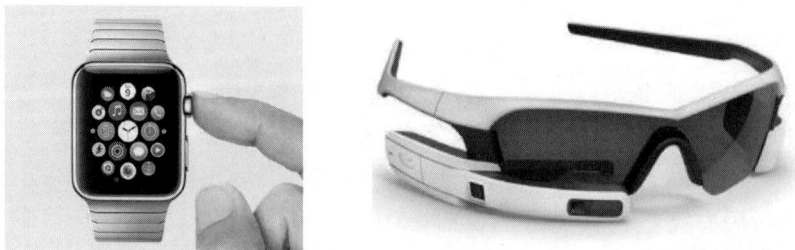

图 8-9　可穿戴设备

可穿戴设备即直接穿在身上，或是整合到用户的衣服或配件的一种便携式设备。可穿戴设备不仅仅是一种硬件设备，更是通过软件支持及数据交互、云端交互来实现强大的功能，可穿戴设备将会对人们的生活、感知带来很大的转变，它已经为未来的科学技术发展，引领了一股新浪潮，并势必将推动消费电子行业产生更多的创新。也许在未来的日子里，人们会看到更多的智能手表、眼镜、健身小工具、腕带。

在发展的早期阶段，人们仍然以对待传统消费电子产品的心态来看待新兴的可穿戴设备——想到的仅仅还是一些功能强大的小工具，只是将它们佩戴在身体上，却没有考虑新的穿戴方法。对可穿戴设备来说，真正提升人们体验的机会，是将这项技术无缝整合到生活中。

可穿戴式传感器本身的数据没有多大用处，应用程序是实现可穿戴智能设备多样化的关键，使可穿戴智能设备的用途多元化。可穿戴智能设备需要更多更深入的分析能力和更多的实用程序，成为一个输入平台，可运行来自第三方开发商的应用程序。

8.5.1　让可穿戴设备成为外设

在可穿戴技术的新纪元，人们将渐渐减少主动与技术互动的次数；相反，科技将主动与人们交互。这是一种重要的模式转变——身体成为一个互动的平台：充当了鼠标和屏幕。

到现在为止，为了和智能手机或是 Fuel Band 互动，人们还是需要看着它们，并且开启屏幕显示。不过使用可穿戴技术，可以让这些操作更流畅——通过使用周围空间来创造新的交互模型，甚至可以超越脸、手臂，就像多米尼克·威尔科克斯（Dominic Wilcox）的 GPS 鞋一样，用光指引前行方向。虽然它仍然依赖于视觉追踪，并且使用触觉反馈，让用户知道什么时候需要左转或者右转，但是它们是朝着正确的方向迈进了一步。

除了接收信息，也可以使用外围设备发送信号。Zip 是一款添加了电子技术的服装，它能够将设备控制与用户常用的脱衣穿衣等手势联系起来。例如，拉动外衣的拉锁，就可以调整音乐的音量。在设计这些新的交互模型时，重要的一点是，人们并没有简单地转换那些计算机时代的老概念，而是考虑到交互发生的背景、社会场合等。

8.5.2　让可穿戴设备变得有意义

穿着那些一直跟踪着人们活动的设备，将会创造出大量的数据。但是任何一个大数据专家都会告诉你，思索如何去利用所有的数据才是头等大事。仅仅显示信息，无论完成得有多漂亮，都会错过影响积极行为的机会。

除了仅仅是显示你的生物数据，如心率数据，人们还能够选择推动积极行为。这一方面 Jawbone Up 就做得很好：在你有段时间没有移动的时候，它就会发送轻微的震动，来提醒你起床。

在能够追踪心率的戒指 Pulse 中，也应用了相同的概念。心率本身只是一串数字，并没有什么实在的意义；所以，你需要知道能够通过它来做些什么？Pulse 使用颜色来代表心率快慢，告诉人们什么时候需要休息一会儿，什么时候应当加速。这样在锻炼的时候，你就可以停留在一个最佳的心脏速率范围。使用颜色而不是数字的好处，是改变了阅读的方式。看颜色的时候，你可以在不到一秒的时间里，快速获得这些有用信息，并且不会影响锻炼。

有意义的产品，能够让人们做得更好。它们帮助人们完成更好的姿势，或者让人们保持在最好的运动强度之中；它们将人们和那些喜爱的东西连接起来，让人们变得更负责任，更健康，更聪明。为了实现这一目标，人们必须要超越现在的潮流——仅仅是量化自己的身体数据。人们要做的，是使用这些数据来提升自己，用一种能够让自己变得更健康、更强壮、更好的方式生活——这也是 21 世纪的设计原则。

可穿戴科技产品用于健身领域只是冰山的一角，可穿戴技术还将渗透到其他的领域，包括医疗、娱乐、安全、财务等。随着其产品的日渐普及，它所倡导的美观、便携、有效的产品理念会更加重要。只有这样，可穿戴科技，才能够充分发挥它的潜力，提高生活质量。

8.5.3　可穿戴设备典型产品

（1）百度筷搜（见图 8-10）。"百度筷搜"看起来和一日三餐的普通筷子没什么差别，却拥有智能检测地沟油、饮用水酸碱度与水果甜度、品种和产地等特色功能，可连接智能手机，随身携带使用。

目前，百度筷搜最突出的三大功能包括：第一，检验食品油的品质，分为优、良、差三个等级，其中，回锅油和地沟油都属于差等级；第二，可以检验饮料和水的 pH 值，如果用户是弱酸性体质，推荐引用弱碱性的饮品会更健康；第三，可以分析水果的甜度、品种和产地，同样的红富士能分析出是产自山东的还是陕西的。

据悉，百度筷搜有两大亮点：一是目前全世界最小、最细、也是最全的传感器集成，可以收集水、汤、油等各种食物的数据；二是真正建立了食品健康的大数据分析库，基于云计算，将采集到的数据进行实时分析，转换为各项食品安全指标。

（2）iDesk 触控屏办公桌（见图 8-11）。随着科技的不断进步，无纸化办公越来越受人们的欢迎。可是即便办公桌上没有了纸，还是会有其他办公用品，有没有可能把整张办公桌变成一个类似于 iPad 的触控屏，然后让这张桌子上实现所有基本的办公功能呢？这样的话办公桌面就彻底干净了。

图 8-10　百度筷搜

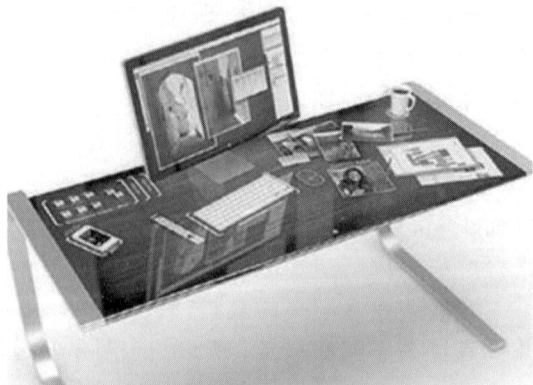

图 8-11　iDesk 触控屏办公桌

Mac Life 网站报道了一个来自 Adam Benton 设计师设计的 iDesk 概念高科技办公桌设计。iDesk 基于苹果的 Mac 操作系统，把整个桌面变成了一个触控屏，桌面上摆放着日历、待办事项、清单、通知、记事本、计算器等常用的应用。你只需把 iOS 设备放到桌面上便可以和 iDesk 同步。你可以把桌面上的任何一个地方锁定成一个触控板，并且支持多点触摸，它可以当 iMac 的键盘、鼠标，可以打电话，处理文件，看天气、日历、照片。传统办公桌上摆放的杂乱物品、文件将彻底"装"在办公桌里面，不但桌面整洁而且提高了工作效率。

【习　　题】

1. 移动设备含有许多计算机的特性，它们可以接收输入、产生输出、处理数据，并具有一定的存储能力。下列中的（　　）不是典型的移动设备。

    A. GPS   B. 超级工作站

    C. 智能手机   D. PDA

2. 二维条码在（　　）存储信息的条码。

    A. 圆形图形中   B. 方形图形中

    C. 长方形图形中   D. 水平和垂直方向的二维空间中

3. 到目前为止，常见的条形码码制大概有二十多种，常见的二维条码也有几十种。不同的码制具有不同的特点，适用于一种或若干种应用领域。下列（　　）不是常用的一维或二维条形码。

    A. EAN 码   B. QR 码   C. BCD 码   D. UPC 码

4. 移动设备的操作系统和桌面设备的操作系统提供了许多相似的功能。下列（　　）不是当前主流的移动设备操作系统。

    A. UNIX   B. iOS   C. Android   D. Linux

5. Android 操作系统已经成为 iOS 操作系统最强劲的竞争对手之一，号称是首个为移动终端打造的真正开放和完整的移动软件。Android 操作系统的最大特点是（　　）。

    A. 支持 iPhone   B. 功能强大

    C. 开源   D. 封闭

6. 移动设备在界面与接口方面的发展正由传统的并列传输方式，演进至高速串行传输。下列中的（　　）不是主流的移动设备接口。

    A. USB 2.0   B. USB 3.0   C. RS232   D. 雷电

7. 固态硬盘是用固态电子存储芯片阵列制成的硬盘，由控制单元和存储单元组成。下列（　　）不是固态硬盘需要的操作。

    A. 文件存储留有必要的存储空间   B. 清理垃圾文件

    C. 合理分区   D. 文件碎片整理

8. 穿着那些一直跟踪着人们活动的移动设备，将会创造出大量的数据。但是，下列（　　）才是可穿戴设备的头等大事。

    A. 如何利用所有的数据   B. 显示信息

    C. 获取更多的数据   D. 设计得更漂亮大方

9. 可穿戴设备不仅仅是一种硬件设备，更是通过（　　）及数据交互、云端交互来实现强大的功能，将会对人们的生活、感知带来很大的转变。

A. 数据计算　　　B. 服饰设计　　　　C. 形象设计　　　　D. 软件支持

【实验与思考】建立微信公众号

1. 实验目的

本节"实验与思考"的目的是：

（1）了解与熟悉微信及微信公众号。

（2）掌握微信公众号的申请、开发与管理。

2. 工具/准备工作

在开始本实验之前，请回顾教科书的相关内容。

需要准备一台带有浏览器，能够访问因特网的计算机。

3. 实验内容与步骤

微信是腾讯公司在 2011 年初推出的一款专门为智能手机提供即时通信服务的应用程序，微信通过独有的跨运营商、跨操作平台的快速交互成为亚洲用户最多的移动即时通信软件。借助这股微信浪潮，腾讯公司于 2012 年 8 月推出了微信公众号。

微信公众号是定位于开发者或者商家在微信公众平台上使用的账号。该账号可以与微信号互通，使用者可以通过公众号向特定的群体发送文字、图片、语音、视频信息，与公众号的关注者进行各个方面的沟通与交互。公众号在发展过程中也不断拓展其功能，从简单的自动回复和群发消息到语音识别、拓展 API 等，使得公众号可以更深入进行用户交互，为用户提供更贴心的服务。如今，就连传统新闻媒体也都建立起自己的微信公众号，利用公众号的时效性与交互性，增强传统媒体的信息回馈及用户的良性互动。

步骤 1：在浏览器中输入微信公众平台的网址（https://mp.weixin.qq.com/）。屏幕显示"微信公众平台"界面如图 8-12 所示。

需要了解的是，现在注册的微信公众号不是人们平常使用的微信号，它是与普通微信号独立的账号，可以通过设置管理员微信号或者绑定运营者微信号进行公众号的开发与管理。

目前，微信公众号可以选择的类型有三种，分别是：

（1）服务号：适用于媒体、企业、政府或其他组织。为企业和组织提供更强大的业务服务与用户管理能力，主要偏向服务类交互（功能类似 12315、114、银行，提供绑定信息，服务交互等）；服务号 1 个月（按自然月）内可发送 4 条群发消息。

（2）订阅号：适用于个人、媒体、企业、政府或其他组织，为媒体和个人提供一种新的信息传播方式，主要功能是在微信中向用户传达资讯；（功能类似报纸杂志，提供新闻信息或娱乐趣事）。订阅号（认证用户、非认证用户）1 天内可群发 1 条消息。

图 8-12 微信公众平台

（3）小程序：微信小程序是一种新的开放功能，开发者可以快速地开发一个小程序。小程序可以在微信内被便捷地获取和传播，同时具有出色的使用体验。

对于本实验来说，定位于营销宣传作用，因此选择门槛较低的订阅号。普通的订阅号有支付功能限制，不能像认证之后的服务号一样提供支付功能。但是，选择服务号用户需要审核的材料较多，申请的过程较为复杂。

步骤 2：在屏幕右上角单击"立即注册"按钮进入注册界面，并选择"订阅号"选项，屏幕显示如图 8-13 所示。

依照屏幕提示，依次正确填写基本信息、选择类型、信息登记、公众号信息等注册信息。需要注意的是，目前微信公众号在用户选择了公众号类型之后，就不允许更改类型了，所以在选择的时候需要慎重考虑。

在设置好微信公众号的各种资料之后，系统会提示"信息提交成功"，用户可以前往微信公众平台使用相关功能。

（1）系统只允许了一次的设置机会，一旦设置好了名称就不能改变了，因此在设置的时候需要慎重考虑。

图 8-13　注册"订阅号"微信公众号

（2）在设置账号名称等内容时，后台有较为严格的关键字审核。例如，设置"订阅号"微信公众号账户，像"xxx 的公众号"这样的名称是不容易通过的，这样的名称有可能会被系统认定为团体组织的公众号，需要填写相关的组织材料。

步骤 3：在"微信公众平台"设置公众号的一些资料，如头像、地址等信息，如图 8-14 所示。注意系统不允许频繁更换头像，通常一个月内只能修改 5 次。修改其他的相关资料也有相应的次数限制。

图 8-14　在微信公众平台补充设置信息资料

微信公众号的资料填写完毕，下一步就是进行公众号的开发了。在此之前还需要先启用开发者模式，这样才能使用微信提供的所有接口，否则只能在编辑模式中使用微信提供的插件库里的简单功能。

步骤 4：屏幕左侧下移，找到"开发"命令组，单击"基本配置"按钮，屏幕显示如图 8-15 所示。选择"我同意"复选框，单击"成为开发者"按钮。

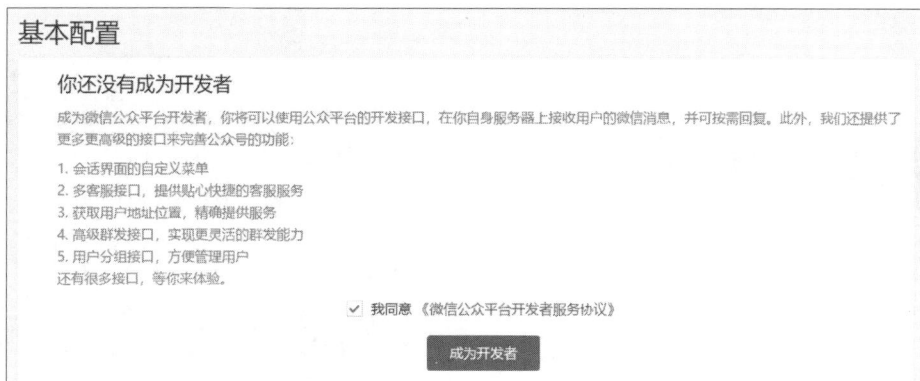

图 8-15 基本配置：成为开发者

至此，对公众号设置的操作基本完成，接下来就是对公众号进行相应的开发了。

进行微信公众号二次开发主要有两种方式：第一种是自己编写代码进行开发；第二种是利用第三方平台搭建好的环境进行开发。

第一种开发模式的优点是自由度高，可以随心所欲地制作自己需要的功能，但是需要有较好的编程功底。而基于第三方平台的开发则非常简单，只需要在平台中选择需要的功能插件，把它添加到公众号中即可，一般人都能轻易上手。但是，由于功能模块都是第三方平台提供的，可以选择的功能有限，很多接口都无法调用。

请记录： 上述实验能够顺利完成吗？如果不能，请分析原因。

---

4. 实验总结

---

5. 实验评价（教师）

第 **9** 章

局域网和无线局域网

【导读案例】 5G 网络

5G（5th-Generation）是第五代移动通信技术（移动电话系统）的简称，但与 4G、3G、2G 不同的是，5G 并不是独立的、全新的无线接入技术，而是对现有无线接入技术（包括 2G、3G、4G 和 Wi-Fi）的技术演进及一些新增的补充性无线接入技术集成后解决方案的总称。从某种程度上说，5G 将是一个真正意义上的融合网络。以融合和统一的标准，提供人与人、人与物及物与物之间高速、安全和自由的联通。

预计 2020 年的数据流量将比 2010 年增长 1 000 倍。5G 系统的研发将面向 2020 年移动通信的需求，包含体系架构、无线组网、无线传输、新型天线与射频及新频谱开发与利用等关键技术。

2016 年 11 月，在美国举行的国际无线标准化机构第 87 次会议上，中国主推的极化码方案入选 5G 标准，新标准将在 2019 年公布。中国此次入选，打破了国外高通、英特尔等对国际通信标准的垄断。

2017 年 2 月 9 日，GPP 国际通信标准组织正式宣布"5G"成为下一代移动网络连接技术的正式名称，而 5G 网络也将成为目前 LTE 或 LTE-Advanced 4G 网络之后的下一代移动通信技术。

5G 网络的主要特点

英国 Surrey 大学 5G 创新中心主任 Rahim Tafazolli 表示，到 2010 年，全球已经有 140 亿终端连接起来，但当今世界还有 90% 的东西未被连接，物联网是未来真正的杀手级应用，而不是现在大家讨论的音乐、视频等。

主要特点是：

未来基站将更加小型化，可以安装在各种场景；

具备更强大的功能，去除了传统的汇聚节点；

网络架构进一步扁平化，未来网络架构是功能强大的基站叠加一个大服务器集群。

对于普通用户来说，5G 带来的最直观感受将是网速的极大提升。目前，4G LTE 的峰值传输速率达到每秒 100M，而 5G 的峰值速率将达到每秒 10G。打个比方，用 LTE 网络下载一部电影可能会用 1min，而用 5G 下载一部高画质（HD）电影只需 1s，也就是一眨眼的时间。

从专业角度看，除了要满足超高速的传输需求外，5G 还需满足超大带宽、超高容量、超密站点、超可靠性、随时随地可接入性等要求。因此，通信界普遍认为，5G 是一个广带化、泛在化、智能化、融合化、绿色节能的网络。

5G 网络的研究进展

2015 年 6 月 24 日，国际电信联盟（ITU）在工作会议上公布 5G 技术标准化的时间表，5G 技术的正式名称是 IMT-2020。ITU 计划 2019 年 5G 网络国际频谱分配开始；2020 年 5G 标准制定完成。国际电联已同意 5G 通信网络的定义，并预计未来 5G 网络将至少有 20Gbit/s 的速度，比之前预测的 10Gbit/s 整整快了一倍。

作为全球知名的电信服务及设备提供商，2014 年 11 月 5 日，华为承诺在英国萨里大学投资 500 万英镑（约合人民币 4 892 万元）进行 5G 研究，以帮助该组织研究和测试下一代数据传输标准。按照华为的设想，5G 基站网络能力要达到现在 4G 的 1 000 倍，移动数据传输率达到 10Gbit/s 的级别，并且传输延迟不超过 1ms。华为给出了商用 5G 网络的应用时间：2020 年。

美国运营商 AT&T 宣布在 2016 年测试 5G 网络的早期版本。这一网络的速度将达到 4G LTE 网络的 10～100 倍，可能被用于家用宽带服务。该公司计划于 2018 年底在美国十几个城市内率先提供 5G 网络服务。

2016 年 1 月 7 日，工信部召开"5G 技术研发试验"启动会。中国 5G 技术研发试验将在 2016～2018 年进行，分为关键技术试验、技术方案验证和系统验证三个阶段实施。中国 5G 技术研发试验在政府的领导下，依托国家科技重大专项，由 IMT-2020（5G）推进组负责实施。其主要目标是支撑 5G 国际标准制定，推动 5G 研发及产业发展，促进全球 5G 技术标准形成。

2016 年 2 月 25 日，工信部透露中国已搭建开放的研发试验平台，为中国 2020 年启动 5G 商用奠定基础。2017 年 2 月 17 日，工信部透露中国 5G 技术研发实验进入第二阶段，与国内外共同推动 5G 产业链成熟。2017 年 6 月，中国首个 5G 基站已经在广州大学城开通。2017 年 7 月 6 日，中国移动 5G 北京试验网启动会召开，会议标志着由大唐电信集团建设的 5G 北京试验网正式启动。2017 年 12 月 2 日，中国电信在兰州的 5G 基站开通，中国电信已经在雄安、深圳、上海、苏州、成都、兰州等六个城市全部开通 5G 试点。

2017 年 12 月 21 日，在 3GPP RAN 第 78 次全体会议上，第五代移动通信技术"5G NR"首发版正式冻结并发布。这标志着 5G 首个关键标准诞生，2018 年三季度全球第一版本将确定。

5G 网络的未来目标

以 5G 为基础的移动宽带网络的未来发展方向是，打造"移动智能终端+宽带+云"这样一个平台，与其他的能源和公共事业一样，成为整个社会和各个行业赖以运转的基础。届时，利用 5G 技术构建的超高速、超高容量、超可靠性、超短时延、绝佳用户体验的移动宽带网络，将得以让各个产业的信息和数据在不同的平台上自由流动。

整个社会就像科幻片一样。无所不在的感知、高清视频、医疗、教育、消防、家庭智能系统……都可通过各种移动终端轻松实现；房子、车子、各种消费品……都开始"联网"。人类社会将万物互联，实现数字化生存。

围绕下一代超高速无线通信"5G"，美国、欧洲、中国、韩国和日本将统一通信标准。计划到 2020 年左右在频率等标准方面达成一致，在全球市场上普及通用的设备和服务。

阅读上文，请思考、分析并简单记录。

（1）5G 网络与 4G、3G 等相比有什么不同？

答：_____

_____

_____

（2）5G 系统的研发面向的目标是哪一个年度，应用上有什么主要特点？

答：_____

_____

_____

（3）什么项目是 5G 网络的杀手级应用？作为网络新生代，你对 5G 网络有什么憧憬？

答：_____

_____

_____

_____

（4）请简单记述你所知道的上一周内发生的国际、国内或者身边的大事。

答：_____

_____

_____

_____

9.1 网络构建基础

如今网络已无处不在，网络技术也在迅速发展。尽管网络技术日新月异，持续发展，但仍然是基于一系列相当可靠的原理。

在早期的计算机应用领域，大多数的个人计算机都是作为独立单元运行的，在一人一机进行交互的时代，计算在本质上是一种孤独的活动。但一些计算机工程师深谋远虑，他们预见到了个人计算机可以组成网络，能够提供独立计算机所不具备的好处。鲍勃·梅特卡夫在 1976 年提出的最重要的网络构想之一（在计算机之间传送数据），已成为绝大部分计算机网络中的关键部分。

9.1.1　网络的分类

计算机网络可以按其大小和地理范围来进行分类。

个人区域网（PAN，Personal Area Network）有时用来指距离约 10m 以内的个人数字设备或消费电子产品之间的连接，这种连接不需要使用电线或电缆。例如，个人区域网可以用来从计算机向 PDA 或打印机无线传输数据；还可以用来从计算机向家庭影院投影设备传输数据。

局域网（LAN，Local Area Network）是指连接有限地理区域（通常是单一建筑）内个人计算机的数据通信网络。局域网可以使用多种有线和无线技术。例如，学校的计算机实验室或家庭网络都是局域网。在家里或宿舍里安装或升级网络，主要是和局域网技术打交道。

城域网（MAN，Metropolitan Area Network）是指能在约 80km 的距离内进行声音和数据传输的高速公共网络。例如，本地因特网服务提供商、有线电视公司和本地电话公司使用的都是城域网。

广域网（WAN，Wide Area Network）能覆盖大面积的地理区域，通常由多个可能使用不同计算机平台和网络技术的较小型网络构成。因特网是世界上最大的广域网，全国性的银行网络、大型有线电视公司网络或各地的连锁超市网络也属于广域网。

本地化网络通常包括少量可由基本设备进行连接的计算机。随着网络覆盖区域的扩大和工作站数量的增加，有时需要专门的设备来增强信号，而多样化的设备也需要复杂的管理工具和策略。

9.1.2　局域网标准

在网络发展初期，人们积极开发了多种让数据传送更快、更有效并且更安全的技术思想，所以存在着多种局域网技术。今天，局域网更为标准化，但为了适应从简单家庭网络到大型商用网络的不同网络环境，多种局域网标准依然是必要的。

电气和电子工程师协会（IEEE，Institute of Electrical and Electronics Engineers）的 802 计划（本地网络标准）已将局域网技术标准化。IEEE 标准适用于多种商业网络，并指定某些数字（如 IEEE 802.3 等）用来标识网络标准。在采购将计算机连接到网络的各种设备时，这些指定的数字可以用来识别与网络技术相兼容的设备。现在大多数局域网都是用以太网技术来配置的，并且在需要无线访问的应用程序中使用兼容的 Wi-Fi 标准。

9.1.3　网络设备

可以将网络想象成有很多连接点的蜘蛛网。网络中的每个连接点被视为一个结点，网络结点通常包括计算机、网络化外围设备或网络设备，连接到网络上的个人计算机有时称为工作站。其他种类的计算机（如大型机、超级计算机、服务器和掌上电脑等）也能连接到局域网。

要将计算机连接到局域网，就需要有网络电路，即网卡（NIC，Network Interface Card，又称网络接口卡、网络适配器）。网卡通常集成在个人计算机中。

网络化外设（或可联网的外设）是指可以直接联网的设备，如某些网络打印机、扫描仪和存储设备等，都可以配备成直接连接到网络而不用通过工作站。可联网的打印机和扫描仪有时会被描述为拥有"固定网络连接"，某些设备可将其网络功能作为可选附件。可以直接连接到网络的存储设备称为网络附加存储（NAS，Network Attached Storage）。

网络设备（或网络装置）是指可传播网络数据、放大信号或发送数据到目的地的某一电子设备，通常包括集线器、交换机、路由器、网关、网桥和中继器等。

图 9-1 表示了连接着各种计算机、外设及网络设备的局域网示例。

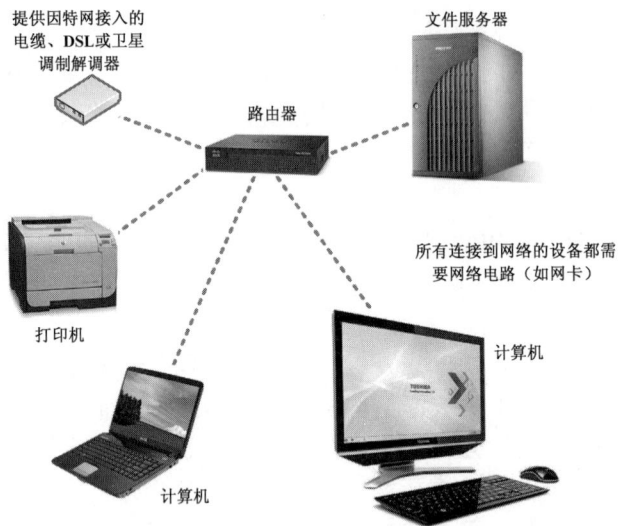

图 9-1　小型局域网使用网络设备连接计算机和外设

9.1.4　客户端、服务器和对等网络

在网络环境中，服务器是向作为客户端的计算机提供服务的计算机。例如，应用程序服务器是为网络工作站运行应用软件（如浏览器或电子邮件包）的，而文件服务器用来存储文件并向发出请求的工作站提供文件，打印服务器则负责处理发送到网络打印机的作业。

虽然计算机也可以配置成同时扮演服务器和客户端两个角色，但服务器通常专门用来完成特定的任务，一般不再作为工作站指派给用户，以保证获得其最佳的工作表现。

在网络的客户端/服务器（C/S）模式中，服务器是最重要的资源，网络中可以包含一台或多台服务器（见图 9-2）。可以将客户端/服务器模式想象成层次结构，服务器处于最上层。但少数情况下服务器对于网络来说也并不是必需的，文件和应用程序可以在使用对等网络模式的工作站间共享，在这种模式下，工作站可以共享处理、存储、打印和联系任务的职责（见图 9-3）。

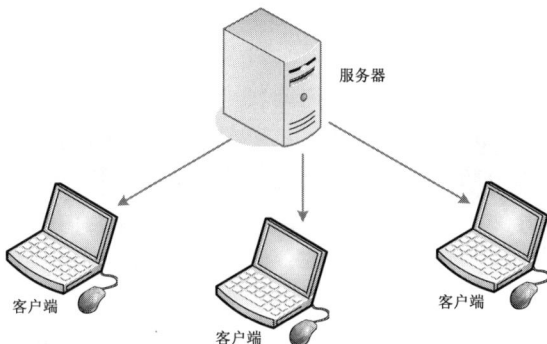

图 9-2　在客户端/服务器模式中，服务器是最重要的资源

图 9-3　在对等网络模式中，工作站同时扮演着客户端和服务器的角色

9.1.5　物理拓扑结构

网络中设备的排列称为物理拓扑结构（又称网络拓扑结构）。图 9-4 画出了星状、环状、总线、网状及树状拓扑结构，结点间的路径可由物理电缆或无线信号连接。

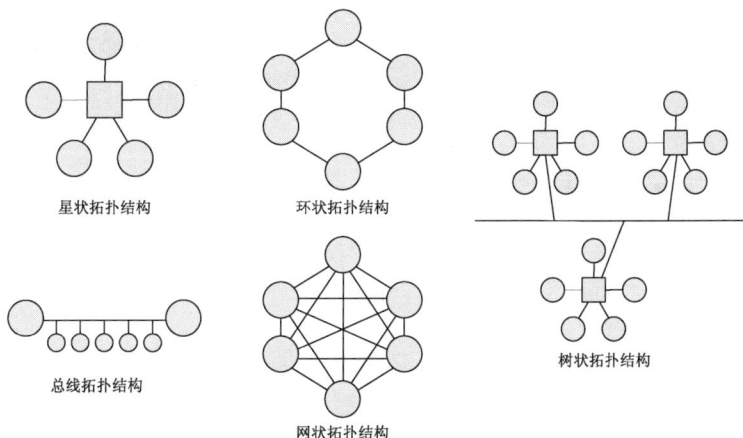

图 9-4　网络拓扑结构

星状拓扑结构网络排列的特征是由一个中心连接点通过电缆或无线广播连接所有的工作站和外围设备。家庭网络通常以星状拓扑结构排列。该拓扑结构的优点在于任何连接失败都不会影响到网络的其他部分，但连接失败的设备会从网络断开，并且不能接收数据。其主要的缺点是需要较多的电缆来连接所有设备（此缺点在无线网络中

不复存在）。

环状拓扑结构中所有设备都连成一个环，每个设备只有两个相邻设备。数据能沿环路从一个设备传输到另一个设备。该拓扑结构能将电缆数量最小化，但是任一设备的失效都会影响到整个网络。IBM 公司曾支持过环状拓扑结构，但现在很少有网络使用它了。

总线拓扑结构使用公用的主干链路连接所有的网络设备。主干链路是传送网络数据的共享通信链路，它可以终止于每一个带有"终端连接器"的网络端点。总线网络只能针对有限的设备很好地工作。连接了数十台计算机的总线网络的性能似乎很差，而且如果主干链路电缆坏掉，则整个网络就无法使用。

网状拓扑结构能够将每个网络设备都和其他多个网络设备相连接。网状网络上传输的数据可以选择从出发地到目的地的多条可能路径中的任意一条。这些冗余的数据路径可使网状网络非常健全。即使有其中的几条链路失效，数据仍然能够沿着可用的链路到达其目的地。这是它与星状网络拓扑结构相比的优势所在。因特网的最初计划就是基于网状拓扑结构的。现在网状拓扑结构也用于一些无线网络，在无线网中，数据可以传输到远离中心接入点的结点中，而这只需从一个结点跳到另一个结点。

树状拓扑结构本质上是星状与总线网络的混合体，由一个主干链路将多个星状网络连接成一个总线结构。树状拓扑结构能提供极好的扩展适应性——主干链路上的单个链接就可以添加整组配置为星状的设备，该链接可使用同类型的集线器来实现。这些集线器可用于星状网络的中心连接点。如今许多校园网络和企业网络都是基于树状拓扑结构的。

各种网络可以互相连接。例如，可以将家庭网络连接到因特网，学院（分院）的局域网可以连接到所在大学的校园网，零售店可以将其收银机网络连接到其财务网络等。

两种相似的网络可以通过网桥这种设备相连接，这样就能忽略数据格式进行数据传输。使用不同拓扑结构和技术的网络可以通过网关互连。网关是指将两个网络连接起来的设备或软件代码，即使这些网络使用的是不同的协议或地址范围。网关可以是纯软件的，可以是纯硬件的，也可以是软硬结合的。例如，用来将家庭局域网连到因特网的设备就是一种网关。

9.1.6　网络链路

数据可以通过电缆（有线网络）或者空气（无线网络）在网络设备间传送。通信信道（或链路）是物理通路或者信号传输的频段。例如，电视调谐器的 12 频道是电视台播送视听数据的特定频率，该数据也可作为有线电视系统的一部分，在另外一个频道（如同轴电缆）上传输。

网络链路必须快速传输数据，这时，带宽是指通信信道的传输能力。高带宽的通信信道较之低带宽的通信信道能传输更多的数据。例如，可以承载 100 甚至更多个有线电视频道的同轴电缆，比家庭电话线的带宽就宽得多。数字数据信道的带宽通常用比特/秒（b/s）来度量，模拟数据信道的带宽通常用赫兹（Hz）来度量。

高带宽通信系统（如有线电视和 DSL）有时称为宽带，而能力较低的系统（如拨号上网）则称为窄带。宽带连接能力对那些支持很多用户，以及需要承载很多音频和视频数据（如音乐和电影下载）的网络来说是最基础的要求。

9.1.7　通信协议

所谓"协议"是指一系列用来交互和协商的规则。在网络中，通信协议是指从一个网络结点向另一个网络结点有效地传输数据的一套规则。网络中的两台计算机能通过一种称为"握手"的处理来协商它们的通信协议。传输设备先发送意思是"我想通信"的信号，然后就等待接收设备的确认信号。两台设备协商出一种它们都能处理的协议，两台调制解调器或传真机连接时的声音就可以看作是"握手"的例子。最著名的通信协议也许要算 TCP/IP 协议，它是管理因特网数据传输的协议，并且也已成为局域网的标准。

通信协议为数据的编码和解码、引导数据到达其目的地及减少干扰的影响设定了标准。尤其是，协议能完成下列网络通信功能：

- 将消息分成包。
- 在包上粘贴地址。
- 初始化传输。
- 控制数据流。
- 校验传输错误。
- 对已传输数据进行收到确认。

1948 年，著名的贝尔实验室的工程师克劳德·香农（Claude Shannon）发表了一篇文章，描述了一种适用于各种网络（包括现在的计算机网络）的通信系统模型。在香农模型（Shannon's Model）中，来自诸如网络工作站的数据在经过编码后，作为信号通过通信信道传输到目的地（如网络打印机、存储设备、服务器或工作站）。当数据到达其目的地后会被解码。传输信号有可能被一种称为"噪声"的干扰打断，使数据有被破坏的隐患，并使数据变得不正确或难以解读（见图 9-5）。

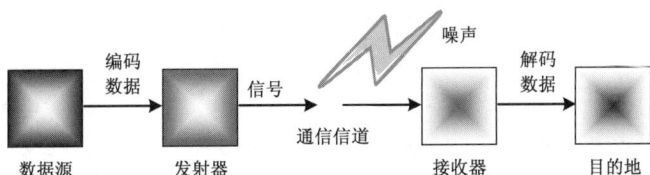

图 9-5　通信系统基本上都是从数据源向目的地发送信息的。

虽然在图中数据源和目的地间的通路看起来是直的，但数据能够在几个设备之间传输，这些设备可以将数据转化成电、声、光或无线电信号，向卫星发射数据，将数据路由到拥堵程度最小的链路上，或清理被噪声失真的部分信号

数据通常是以电磁信号的形式在网络链路中传送的，可以将这些信号想象成在电缆或空气中的波动。数字信号仅用有限的一系列频率按位传送，数字信道上承载的信号被描绘成阶梯状波形，而模拟信号则可以是特定频率范围内的任意值。

传输数字信号的数字网络可以很容易地被监控，以确定网络干扰是否破坏了信号。纠正错误是协议的职责之一。简单地说，数字设备只对两个频率敏感，一个是 0 的序列，一个是 1 的序列。假定 0 用 -5V 来传送，1 用 +5V 来传送，如果传送过程中某些干扰把"完美"的 1 的电压变成 + 3V，会怎样呢？当信号被接收时，接收设备可以识别出 + 3V 不是两个有效电压中的一个，并能够"推测"实际传来的是一个 1 位（ +5V），并将电压

恢复到+5V以"清理"信号。

在发送文件或电子邮件时，用户可能认为它是作为一个整体被传输到其目的地的，但实际上文件是被分割成很多称为"包"的小块。包是通过计算机网络发送的打包数据。每个包都包括发送者地址、目的地地址、序列号和一些数据。当这些包到达目的地时，再根据序列号重新组合成原始的消息。

某些通信网络，如电话系统，使用了线路交换技术，这种技术实际上能在两部电话通话期间建立一个专用的链接。这类交换能给打电话的人提供一条声音数据流可以直接流经的管线，但线路交换技术的效率很低。例如，当一个人持话筒等待时，不能进行其他的通信——线路已被占用。

比线路交换更高效的选择是包交换技术，它可以将消息分成可独立路由至其目的地的若干个包。而将消息分成大小均等的包，比将消息分类成小、中、大或巨大的文件更容易处理。不同消息的包可以共用一个通信信道或线路。包在线路上的传送基于"先来先服务"的原则。如果无法获得某个消息的一些包，系统不需等待。相反，系统可以继续发送其他消息的包，其结果是有一个稳定的数据流。图9-6给出了一个包交换网的例子。

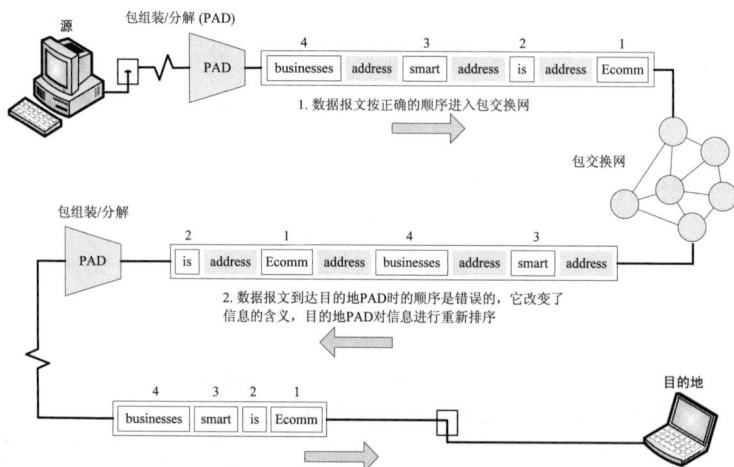

图 9-6　包交换网和信息包的传送

网络上传送的每个包都包括其目的地设备的地址，就像一封写有收信人家庭地址或者邮箱的信一样。通信协议指定了在网络中所适用的地址格式。当包到达一个网络结点时，路由设备会检查其地址，并把它发往其目的地。

网络地址是潜在的混乱源头。网络设备出于不同的使用目的会有多个地址，其中最常用的两种地址是 MAC 地址和 IP 地址。在计算机网络领域中，MAC（Media Access Control，介质存取控制）地址是指生产网络接口卡时指定给该接口卡的一串唯一的数字。MAC 地址被用来实现一些低层的网络功能，并且能用来确保网络安全。IP 地址是指用来识别网络设备的一串数字。IP 地址最早是在因特网上使用的，不过现在各种计算机网络都在使用这个标准来给设备指定地址。IP 地址可以被指定给网络计算机、服务器、外围设备等。IP 地址（如 204.127.129.1）在书写时会用小数点分成四段，以便于使用者识别。

一段就是一个八位组，因为其在二进制状态下是由 8 位表示的。

　　IP 地址是由 ISP（Internet Service Provider，因特网服务提供商）或系统管理员指定的。指定的 IP 地址一般是半永久的，在每次启动计算机时都保持一致。为使用指定的 IP 地址，就需要在配置网络接入时输入这个地址。

　　IP 地址也可以通过动态主机配置协议（DHCP，Dynamic Host Configuration Protocol）来获得，这个协议用来自动分配 IP 地址。多数计算机会预配置成这种模式：通过向作为 DHCP 服务器的网络设备发送询问来获得 IP 地址。由 DHCP 来分配 IP 地址，则在下一次启动该计算机时，被分配到的可能是不同的地址。事实上，每次启动计算机时 IP 地址会改变并不是坏事，网络会一直在幕后记录 IP 地址，而 IP 地址不像电子邮箱地址，它不能作为一个用来发送文件和消息的固定地址而被公开。

　　即使是在小型家庭网络中，包也可能不是由数据源直接传送到其目的地的。像旅行者从一个航空枢纽途经另一个航空枢纽一样，网络交通也经常通过中间路由设备传输。一些网络还会含有记录每个结点间包的来回传输的协议。

　　在数据到达其目的地时，会进行一次最终的错误检查，然后包被重组成原来的结构。用来追踪的数据会被附加或剥离，这取决于不同的应用程序，然后最近所传送的文件就会存储或出现在目的设备上。

9.2　有 线 网 络

　　与无线网络相比，有线网络能为需要安全快速的网络接入应用提供更多好处。例如，经常要将比较大的视频文件从一台计算机传输到另一台计算机，如果担心无线网络的安全性，或者要把一个大的图形打印任务发送到网络打印机，那么有线网络连接将是首选。

9.2.1　有线网络基础

　　有线网络通过电缆连接网络设备，如有线电话和有线电视，因特网的很多基础结构也是有线的。在无线技术出现之前，局域网都是有线的。虽然如今无线网络已经得到广泛应用，但对于需要快速安全连接的局域网而言，有线网络还是一种值得选用的网络技术。因为计算机只能通过电缆连接到有线网络，用户不必担心盗用或非法访问网络。

　　有线网络快速、安全并且容易配置。有线网络能通过电缆传输数据，电缆通常会有更高的带宽和更好的抗干扰性。在读取本地服务器上的大文件时，有线网络的文件传输速度明显快于无线网络。有线网络也能为局域网的多人计算机游戏提供更快的基础结构。但对于基于因特网的多人游戏来说，通常因特网（而不是局域网）的连接速度才是其受限制的因素。

　　有线局域网很容易建立和配置。现在多数计算机预先配置了连接有线网络所需要的软、硬件。不管是连接桌面计算机还是笔记本计算机，都只需要插入电缆就能连接网络。为有线网络带来速度和安全的电缆也是它的主要弱点，电缆安装不美观，连着电缆的设备其移动性受限。

9.2.2 以太网

以太网（Ethernet）是指由 Xerox 公司创建并由 Xerox、Intel 和 DEC 公司联合开发的基带局域网规范，是现有局域网采用的最通用的通信协议标准，是一种技术规范。如今，家庭、学校和企业中的多数有线网络使用的都是以太网技术。IEEE 802.3 定义的以太网能同时将数据包向所有的网络设备进行广播。只有被寻址的设备才能接收包。

以太网技术的重要部分是 CSMA/CD（Carrier Sense Multiple Access with Collision Detection，带冲突检测的载波侦听多路访问）协议。CSMA/CD 可负责处理两个网络设备试图同时发送包的情况。当两个信号同时传输时，"冲突"就会发生，并且信号不能到达其目的地，CSMA/CD 协议能够检测这种冲突、删除有冲突的信号、重置网络并准备重传数据。两个设备在重新传输前，可以等待一个随机的时间来避免冲突的再次发生。

最初的以太网标准能够通过同轴电缆的总线拓扑结构以 10Mbit/s 的速度传输数据。现在，以太网包括一系列的局域网技术，可以提供多种数据的传输速度（见表 9-1）。现在多数个人计算机和局域网设备都具备使用千兆以太网的能力。

表 9-1 以太网标准

以太网标准	IEEE 编号	速 度
10BaseT 以太网	IEEE 02.3	10Mbit/s
快速以太网	IEEE 802.3u	100Mbit/s
千兆以太网	IEEE 802.3z	1 000Mbit/s
万兆以太网	IEEE 802.3ae	10Gbit/s
40/100Gb 以太网	IEEE 802.3ba	40 或 100Gbit/s

尽管面临其他技术的挑战，以太网还是成为最主要的局域网技术，广泛使用于现今世界范围内大多数局域网中。以太网的成功可以归结为以下几个因素：

- 以太网网络很容易理解、实现、管理和维护。
- 作为非专有技术，以太网设备可以从各种供应商处获得，而且市场竞争使设备价格变得很低。
- 以太网标准允许网络拓扑结构有很大的灵活性，以满足小型设备和大型设备的需求。
- 以太网能兼容流行的 Wi-Fi 无线网络，可以很容易地在一个网络中混合使用有线和无线设备。

以太网是典型的有线网络技术，对一个需要访问因特网的典型网络来说，需要如下的设备：

- 两台或两台以上能够使用以太网的计算机；
- 一个以太网路由器；
- 在电源不稳定地区，需要防电涌电源转换器或者 UPS；
- 每台计算机所需的电缆；
- 因特网访问设备，如电缆调制解调器或 DSL 调制解调器和通信电缆。

很多计算机在主机箱背面都有内置的以太网端口（RJ45），这个端口看起来很像大一点的电话接口。

网络集线器是指连接有线网络中两个或多个网络结点的设备。在典型的网络中，集线器能从一台计算机接收数据，并将其广播至所有其他的网络结点。一些设备会收到本不属于它们的数据，而它们的 NIC（网卡）会过滤掉那些本不属于那个目的地的数据。

网络交换机是指一种更完善的连接设备，它只将数据发送到指定为目的地的设备。用交换机代替集线器可以提高网络的性能和安全性，因为数据不会不加选择地流向网络中的各个设备。

网络路由器则是指可以将数据从一个网络传输到另一个网络的网络设备。大多数路由器同时也是包含多个可以连接工作站端口的交换机。路由器/交换机特别适合用来将家庭网络连接到因特网，所以如果打算将网络连接到因特网，就应该考虑用路由器作为局域网的中心点（见图 9-7）。

图 9-7　以太网路由器有一系列用来连接服务器、工作站和外围设备的端口

集线器、交换机或路由器需要为每一个用线连接到网络的设备提供一个端口。例如，一个价格便宜的路由器会有四到五个端口，用来连接网络设备，并且它会有一个广域网端口，专门用来将路由器连接到因特网。

以太网路由器可以提供 10/100Mb/s 甚至千兆级别的速度。如果有千兆路由器并且所有网络计算机都有千兆以太网适配器，那么网络连接间的数据就能以千兆级别的速度传输。如果一些计算机拥有千兆适配器，而另一些只有 10/100Mb/s 的适配器，那么千兆路由器会以适合于各个适配器的速度传输数据。浪费带宽的情况只有一种，那就是在使用 10/100Mb/s 的路由器时，许多网络计算机使用的却是千兆以太网适配器。

在局域网中配置高带宽设备，如千兆以太网路由器和适配器等，对网络对抗游戏、视频会议和流视频播放等都有好处。

以太网中的设备都是用网络电缆连接的，所有电缆的末端都以塑料制成的 RJ45 接头结尾。网络电缆包括四对铜线，每一对相互独立绝缘的电线缠绕在一起，这就是网络电缆有时被称为双绞线的原因。每台工作站都需要一根电缆。

安装一个如图 9-8 所示的有线网络是很简单的，其安装步骤如下：

（1）在路由器和所有工作站或服务器之间布设电缆；

（2）在路由器和连接因特网的设备之间布设电缆；

（3）配置所有工作站；

（4）配置路由器。

在布设网线之前，要确保路由器、计算机和其他设备的电源都是关闭的，以保证网络设备的安全。打开一个工作站并等待其启动时，计算机操作系统会自动识别网络连接，不需要附加配置操作。

路由器的配置数据存储在它的 EEPROM 芯片里。为访问配置数据，需要打开浏览器，并在"地址"栏中输入路由器的地址，多数路由器使用 http://192.168.1.1 或

http://192.168.1.100 作为配置地址。可以通过检查路由器的文档来验证。最基本的配置操作是更改路由器的密码，这是为了防止他人擅自修改网络地址参数。如果要将网络连接到因特网，则可能还需要进行一些附加配置。

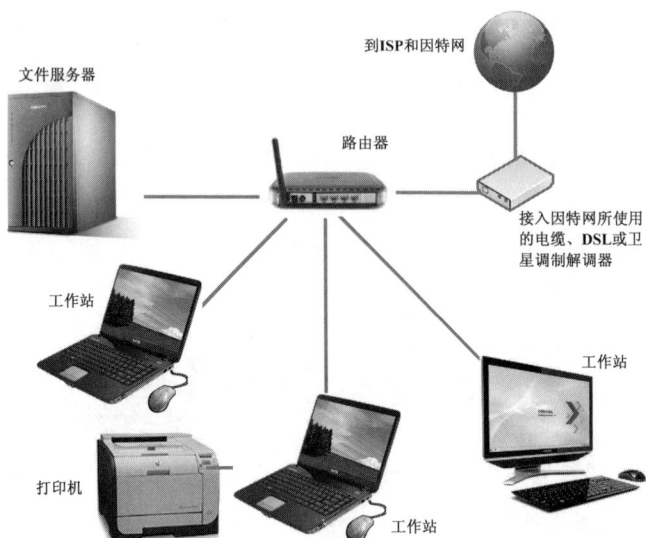

图 9-8　典型的有线网络用路由器作为连接工作站、文件服务器和因特网接入设备的中心设备

　　操作系统通常会在系统连接到网络时显示消息或图标来提示用户。Windows 会在任务栏中显示"本地连接"图标，用来显示有线网络的状态。如果该图标指明网络是已连接状态的，就说明网络可用。

9.3　无　线　网　络

　　无线局域网（又称 WLAN）技术已经成为现在的趋势。无线局域网便于安装，但保护无线局域网不被入侵是很重要的。

9.3.1　无线网络基础

　　无线网络无须电缆或电线就可以将数据从一个设备传输到另一个设备。无线网络的规模各异，从个人区域网到局域网和广域网，都能使用无线技术，如无线电信号、微波或红外线等。

　　多数无线网络可以通过射频信号（RF Signal，Radio Frequency Signal，通常称为无线电波）传输数据。射频信号是由带有天线的无线电收发器（发射机和接收器的结合体）发送和接收的。工作站、外设和网络设备等都能装上无线电收发器，从而发送和接收无线网络中的数据。

　　微波是通过无线网络进行数据传输的另一种选择。像无线电波那样，微波也是电磁信号，但它们的表现不同。微波可以精确地指向一个方向，并且与无线电波相比有更大的传输容量。但是，微波不能穿透金属物体，在发射机和接收器之间没有障碍时，微波传输效果最好。微波装置通常用于大公司内部网络的数据传输。

现在人们已经习惯在看电视时用发射红外线光束的遥控器来换频道。红外线其实也能传输数据信号，但只能在较短距离内进行，并且从发射机到接收器的路线上不能有障碍。红外线最实际的应用就是在个人区域网的设备之间传输数据。

无线网络最显著的优点是可移动性。无线设备不受网络电缆的束缚，因此，由电池提供电源的工作站可以很方便地从一个房间移动到另一个房间，甚至是室外。使用无线网络后，由电缆的电流尖峰损坏工作站的现象也会大大减少。与有线网络相比，无线网络的主要缺点表现在速度、覆盖范围、授权及安全等方面。

人们常常会感觉无线网络比有线网络慢，这是因为无线信号容易受微波炉、无绳电话等设备的干扰影响。当干扰影响到无线信号时，数据就必须重新传输，这就要花费额外的时间。但是，尽管会受到干扰，无线网络对于大多数应用来说已经足够快了。即使是最慢的无线局域网技术，也要比大多数因特网服务快，所以无线局域网对因特网的访问速度不比有线局域网的慢。但无线局域网对于局域网内的操作（如交换文件和共享打印机）来说就比较慢。

无线信号的覆盖范围受到很多因素限制，如信号类型、发射机功率强度及物理环境等。就像广播电台的信号会随着听众远离广播信号发射塔而逐渐减弱一样，数据信号也会随着网络设备之间距离的增加而减弱。信号覆盖范围还会受到较厚的墙壁、地板或者天花板等的限制。

无线信号可在空气中传播并能穿透墙壁。因此，从房屋外也可以访问携带无线数据的信号，这样就有可能造成非法存取文件、盗用因特网连接等。要使入侵者无法使用无线网络数据，就要对无线网络数据加密。

另外还有一个问题，就是授权。通过空气传送的信号是受政府机构管制的。在多数频率（如无线电广播和电视使用的频率）上进行的广播都需要获得授权。只有特定的频率可以不经授权而用于公共事业（公用频率）。公用频率，如无绳电话所使用的是 2.4GHz，无线网络也使用公用频率。建立无线网络不需要申请许可。但有限的公用频率会很拥挤，相邻的家庭网络间不得不使用相同的频率，因此造成了安全风险。

目前，最流行的无线局域网技术是 Wi-Fi。诸如蓝牙、无线 USB（WUSB）和无线HD（WiHD）之类的无线技术对个人区域网（包含无线游戏控制器、MP3 播放器、电视机、打印机、数码相机和扫描仪）来说是很有用的。其他城域网或广域网无线技术（如WiMAX 和 Zigbee）通常用于固定因特网接入。

9.3.2　蓝牙技术

"蓝牙"（Bluetooth）技术的倡导者是几家世界著名的计算机和通信公司，如爱立信、IBM、Intel、诺基亚（Nokia）、东芝（Toshiba）、微软（Microsoft）、3COM、朗讯、摩托罗拉（Motorola）等，他们采取了向产业界无偿转让该项专利技术的策略，以实现其全球统一标准的目标。

蓝牙是一种低功率、短距离无线连接方面的一个事实上的全球性技术标准，它可以不通过电线、电缆或用户的直接行为而在电子设备、数字设备之间建立连接，摆脱了曾经用来连接设备的各种电缆。蓝牙使用基于无线电波建立通信，其可靠性和保密性由独特的安全密钥和健全的加密机制来保证。

蓝牙网络有时又称微型网（plconet）。要组成网络，蓝牙设备会搜索覆盖范围内的其他蓝牙设备。当蓝牙设备彼此相距 10m 以内时，蓝牙网络会在两个或多个蓝牙设备间自动形成，使得在其范围之内的各种移动便携设备都能无缝地实现资源共享。在侦测到其他蓝牙设备时，它通常会广播设备类型，如打印机、PC 机或移动电话。在交换数据前，两个蓝牙设备的所有者需要交换密钥或个人身份识别号（PIN）。一旦交换了密钥，两个蓝牙设备就会形成可信赖配对，以后在这两个设备之间进行通信就不再需要重新输入密钥了。

蓝牙通常用来取替将鼠标、键盘或打印机上的短连接线。蓝牙也能用来连接个人区域网内的设备，连接家庭娱乐系统组件，让汽车驾驶员不用手就可以操作移动电话，连接移动电话和无线耳机，以及在 PDA 和桌面基站之间进行同步等。一些外设里也内置了蓝牙。如果想实现计算机与这些设备的通信，可以使用各种扩展卡。蓝牙 2.1 传输速度的峰值只有 3Mb/s，覆盖范围大约是 1~91m，而蓝牙 3.0 能使用 6~9GHz 的频率范围，峰值传输速度能达到 480Mb/s。

9.3.3　Wi-Fi 技术

Wi-Fi 是指一组在 IEEE 802.11 标准中定义的无线网络技术，这些标准与以太网兼容。Wi-Fi 设备可以像无线电波（频率是 2.4GHz 或 5.8GHz）一样传输数据。目前人们提到的无线网络通常就是指 Wi-Fi。Wi-Fi 包括很多标准，以 b、a、g、n 和 y 标识。其中一些标准是交叉兼容的，这就是说，在同一个无线网络中可以使用不同的标准。表 9-2 列出了每种 Wi-Fi 标准的规范。

表 9-2　Wi-Fi 标准

IEEE 标识号	频率（GHz）	通常能达到的速度（Mb/s）	覆盖范围（m）	优 缺 点
IEEE 802.11b	2.4	5	30~90	原始标准
IEEE 802.11a	5	27	8~24	与 b、g 或 n 不兼容
IEEE 802.11g	2.4	27	30~45	比 b 快，并与之兼容
IEEE 802.11n	2.4/5	144	30~45	比 b 和 g 快，并与之兼容
IEEE 802.11y	3.6~3.7	27	4.8km	用于大区域商用基站

在有线网络中评定的速度和覆盖范围一般与实际应用很接近，但无线网络的速度和覆盖范围通常只是理论上的最大值，因为无线信号很容易衰减。虽然理论上 Wi-Fi 802.11n 可以达到 600Mb/s 的速度，但在实际应用中，它的速度通常只能达到 144Mb/s，远慢于千兆以太网。

在普通的办公室环境中，Wi-Fi 的覆盖范围是 8～45m。厚水泥墙、钢梁和其他的环境障碍物都能显著地减少这个理论上的覆盖范围，因为信号不能可靠地传输。Wi-Fi 信号还会因为同频率电子设备（如 2.4GHz 的无绳电话）产生的干扰而中断。

Wi-Fi 的速度和覆盖范围可以借助多种技术来提升。例如，多入多出（MIMO，Multiple-Input Multiple-Output）技术基本上使用两根或多根天线在网络设备之间发送多组信号。

大多数笔记本计算机的天线和无线电收发器是内置的。通常可以通过查看计算机的说明文档或屏幕上的实用程序来了解计算机是否具有使用无线网络的功能,如图 9-9 所示。

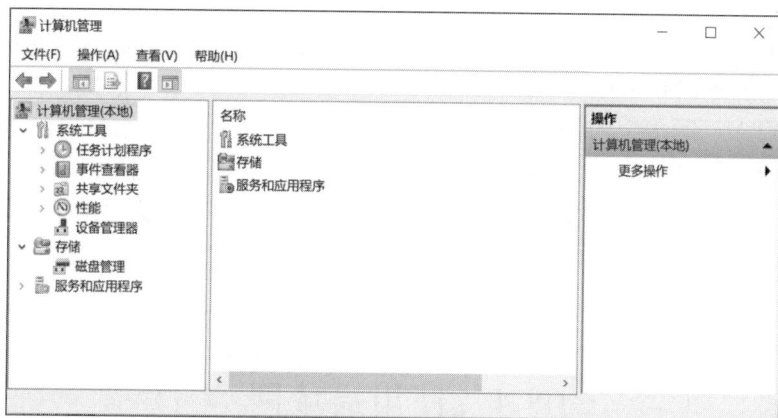

图 9-9 查看硬件列表来确定计算机是否具有无线网络功能

现在多数计算机都配备了 Wi-Fi 电路。如果计算机没有 Wi-Fi 或者只带较慢 Wi-Fi 协议的电路,那么可以使用 Wi-Fi 适配器(又称 Wi-Fi 卡或无线网络控制器)升级。那些带 USB 接口的 Wi-Fi 卡可用于升级台式计算机(见图 9-10)。

图 9-10 台式机无线网卡(左)和 USB 无线网卡(右)

有两种建立无线网络的方法,如图 9-11 所示。一种选择是建立无线点对点网络,这种网络中的设备直接向其他设备广播信号,其好处是开销小,如果设备预装了无线网络电路,那么用户就不需要额外的设备了。点对点网络的缺点在因特网接入。虽然可以通过点对点网络接入因特网,但是必须指定网络中的一台计算机作为网关设备。这台用作网关的计算机需要一根电缆来连接因特网的调制解调器,并且网络中的计算机需要访问因特网时要保证作为网关的计算机处于开机状态。

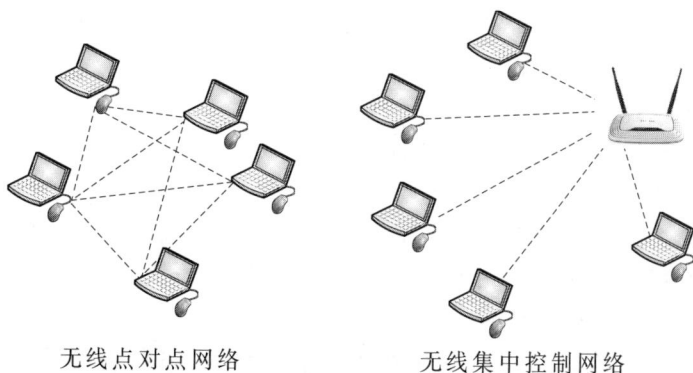

无线点对点网络   无线集中控制网络

图 9-11 无线点对点网络与无线集中控制网络

另一种选择是无线集中控制网络,它使用集中广播设备,如无线接入点或无线路由器。无线接入点是指发射和接收无线信号的设备，而无线路由器则是指带有路由电路的无线访问点，它可以将 Wi-Fi 网络连接到因特网。无线路由器为因特网接入提供了最大的灵活性和最佳的安全选择。

9.3.4　4G 技术

4G 指的是第四代移动电话行动通信标准，是第四代移动通信技术，也是 3G 的延伸。4G 集 3G 与 WLAN 于一体，能够传输高质量视频图像，它的图像传输质量与高清晰度电视不相上下。4G 系统能够以 10Mb/s 的速度下载，比拨号上网快 200 倍，上传的速度也能达到 5Mb/s，并能够满足绝大多数用户对于无线服务的要求。此外，4G 可以在 DSL 和有线电视调制解调器没有覆盖的地方部署，然后再扩展到整个地区，4G 有着不可比拟的优越性。

9.4　使用局域网

局域网和其他类型的网络已非常普及，通过提供共享资源（如授权网络用户可以访问的硬件、软件和数据）已经显著地改变了计算环境。局域网具有以下优点：

- 局域网能让人们协同工作。在使用群件和其他专用的网络应用软件后，很多人可以一起同时处理同一个文档、通过电子邮件或即时消息进行联系、加入多人计算机游戏，或参与在线会议和网络广播（Webcast）等。
- 共享网络化软件可以减少开支。虽然为整个局域网购买和安装同一份软件副本在技术上也许是可行的，但通常这种行为在单一用户许可协议的条款中是不允许的。但购买供网络使用的软件场所许可证通常还是比为每个网络用户购买单人版的软件要便宜。
- 在局域网上共享数据可以提高生产率。要在独立的计算机间交换数据，通常需要将文件复制到某种可移动的存储介质中，然后将它带到或邮寄到目标计算机，再将文件复制到目标计算机。而局域网可以让授权用户存取所有存储在网络服务器或工作站上的数据。
- 共享网络化硬件可以节省开支。例如，在办公室环境中，可以只购买一台价格较贵的彩色打印机，并将其连接到局域网，而不需要为每一个需要进行彩色打印的雇员购买彩色打印机。
- 共享网络化硬件可以使用更广泛的服务和特定的外设。局域网允许多个用户通过一个因特网连接使用因特网服务（如 IP 电话）。网络化外设（如扫描仪、照片打印机、绘图机和大容量存储设备等）可以为所有局域网授权用户访问。在家庭环境下，局域网可以接入室内或室外的监控设备，还可以控制娱乐设备，并向娱乐设备提供下载的音乐和视频。

局域网的缺点之一在于，当网络发生故障时，所有资源都将不可使用，直到网络修复为止。局域网的另一个缺点是容易受到未经授权接入的攻击。与独立计算机易受内部盗窃或访问的攻击不同的是，网络计算机会受到来自很多来源和地区的未经授权接入的攻击。通过未经授权使用局域网工作站，入侵者可以访问存储在网络服务器和其他工作站上的数据。连接到因特网的局域网容易受到来自远方的计算机的入侵。无线局域网则很容易被黑客驾驶的汽车中带有特殊设备的"嗅探"计算机所侵入。

局域网还比独立计算机更容易受到恶意代码的攻击。对独立计算机来说，最普遍的威胁是磁盘病毒，而网络容易受不断增加的蠕虫、特洛伊木马及多重威胁的攻击。如果某种蠕虫冲破了局域网的安全保护机制，那么局域网中的所有计算机都将会受到威胁。

网络问题可能由各种原因导致。网络故障的前兆通常有响应变慢、网络时断时续、不能从工作站访问文件，以及所有工作站都无法使用网络服务等。要处理故障，首先需要分析故障的来源，例如，工作站的硬件或设置、含有电缆的网络连接和无线信号的强度，或者网络设备（如路由器、服务器或网卡等）。网络故障可能存在以下几种情况：

- 电缆。确保所有网络电缆连接牢固。如果只有一台工作站不能访问网络，那么可以尝试与另一个工作站交换电缆。
- 信号强度。在无线网络中需要检查信号强度。如果信号强度较弱，那么只要可能的话就将工作站移动到离接入点更近的地方。
- 安全。如果网络需要密码，确保密码是正确的且没有过期。
- 干扰。如果网络出现间歇性的断网现象，那就需要找出干扰源，如无绳电话或施工设备等。
- 网络设备。检查工作指示灯，确保网络集线器、交换机、路由器或无线接入点是连接好的并能正常工作。
- 设置。确保网络是正常工作的，然后使用"控制面板"为网络设备查找驱动程序。

9.5 Ad hoc 网络

Ad hoc 一词源于拉丁语，意思是"for this"，引申为"for this purpose only"，即"为某种目的设置的，特别的"。Ad hoc 网络是一种具有特殊用途的网络，IEEE802.11标准委员会采用"Ad hoc 网络"一词来描述这种特殊的自组织对等式多跳移动通信网络。

9.5.1 Ad hoc 的概念

Ad hoc 网络（见图 9-12）是一种没有有线基础设施支持的移动网络，网络中的结点均由移动主机构成。Ad hoc 网络最初应用于军事领域，它的研究起源于战场环境下分组无线网数据通信项目，该项目由 DARPA（美国国防部高级研究计划局）资助，其后，又在 1983 年和 1994 年进行了抗毁可适应网络（SURAN）和全球移动信息系统（GloMo）项目的研究。由于无线通信和终端技术的不断发展，Ad hoc 网络在民用环境下也得到了发展，如需要在没有有线基础设施的地区进行临时通信时，可以很方便地通过搭建 Ad hoc 网络实现。

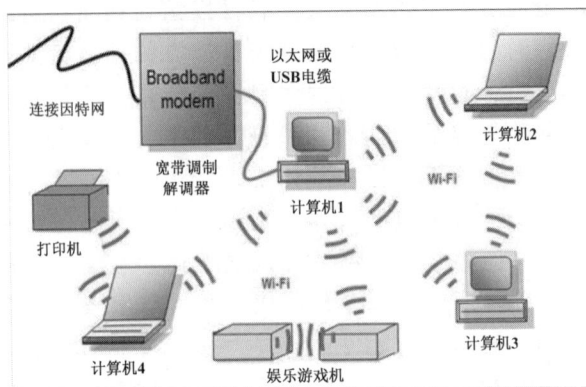

图 9-12　Ad hoc 网络

在 Ad hoc 网络中，当两个移动主机在彼此的通信覆盖范围内时，它们可以直接通信。但由于移动主机的通信覆盖范围有限，如果要进行通信的两个主机相距较远，则需要通过它们之间的其他移动主机的转发才能实现。因此，在 Ad hoc 网络中，主机同时还是路由器，担负着寻找路由和转发报文的工作。在 Ad hoc 网络中，每个主机的通信范围有限，路由一般都由多跳组成，数据通过多个主机的转发才能到达目的地。因此，Ad hoc 网络又被称为多跳无线网络。

Ad hoc 网络可以看作是移动通信和计算机网络的交叉。在 Ad hoc 网络中使用计算机网络的分组交换机制，而不是电路交换机制。通信的主机一般是笔记本计算机、PDA 等移动终端设备。

Ad hoc 网络不同于因特网环境中的移动 IP 网络。在移动 IP 网络中，移动主机可以通过固定有线网络、无线链路和拨号线路等方式接入网络，而在 Ad hoc 网络中只存在无线链路一种连接方式。在移动 IP 网络中，移动主机通过相邻的基站等有线设施的支持才能通信，在基站和基站（代理和代理）之间均为有线网络，仍然使用因特网的传统路由协议。而 Ad hoc 网络没有这些设施的支持。此外，在移动 IP 网络中移动主机不具备路由功能，只是一个普通的通信终端。当移动主机从一个区移动到另一个区时并不改变网络拓扑结构，而 Ad hoc 网络中移动主机的移动将会导致拓扑结构的改变。

9.5.2　Ad hoc 网络的特点

作为一种新的组网方式，Ad hoc 具有以下特点：

（1）网络的独立性。Ad hoc 网络相对于常规通信网络而言，最大的区别就是可以在任何时刻、任何地点不需要硬件基础网络设施的支持，快速构建起一个移动通信网络。它的建立不依赖于现有的网络通信设施，具有一定的独立性。Ad hoc 网络的这种特点很适合灾难救助、偏远地区通信等应用。

（2）动态变化的网络拓扑结构。在 Ad hoc 网络中，移动主机可以在网中随意移动。主机的移动会导致主机之间的链路增加或消失，主机之间的关系不断发生变化。在自组网中，主机可能同时还是路由器，因此，移动会使网络拓扑结构不断发生变化，而且变化的方式和速度都是不可预测的。对于常规网络而言，网络拓扑结构则相对较为稳定。

（3）有限的无线通信带宽。在 Ad hoc 网络中没有有线基础设施的支持，因此，主机之间的通信均通过无线传输来完成。由于无线信道本身的物理特性，它提供的网络带宽相对有线信道要低得多。此外，考虑到竞争共享无线信道产生的碰撞、信号衰减、噪声干扰等多种因素，移动终端可得到的实际带宽远远小于理论中的最大带宽值。

（4）有限的主机能源。在 Ad hoc 网络中，主机都是一些移动设备，如 PDA、便携计算机等。由于主机可能处在不停移动的状态下，主机的能源主要由电池提供，因此 Ad hoc 网络有能源有限的特点。

（5）网络的分布式特性。在 Ad hoc 网络中没有中心控制结点，主机通过分布式协议互连。一旦网络的某个或某些结点发生故障，其余的结点仍然能够正常工作。

（6）生存周期短。Ad hoc 网络主要用于临时的通信需求，相对于有线网络，它的生存时间一般比较短。

（7）有限的物理安全。移动网络通常比固定网络更容易受到物理安全攻击，易于遭受窃听、欺骗和拒绝服务等攻击。现有的链路安全技术有些已应用于无线网络中来减小安全攻击。不过 Ad hoc 网络的分布式特性相对于集中式的网络具有一定的抗毁性。

9.5.3 Ad hoc 网络的应用需求

Ad hoc 网络技术的研究最初是为了满足军事应用的需要，军队通信系统需要具有抗毁性、自组性和机动性。在战争中，通信系统很容易受到敌方的攻击，因此，需要通信系统能够抵御一定程度的攻击。若采用集中式的通信系统，一旦通信中心受到破坏，将导致整个系统的瘫痪。分布式的系统可以保证部分通信结点或链路断开时，其余部分还能继续工作。在战争中，战场很难保证有可靠的有线通信设施，因此，通过通信结点自己组合，组成一个通信系统是非常有必要的。此外，机动性是部队战斗力的重要部分，这要求通信系统能够根据战事需求快速组建和拆除。Ad hoc 网络满足了军事通信系统的这些需求。

Ad hoc 网络采用分布式技术，没有中心控制结点的管理。当网络中某些结点或链路发生故障，其他结点还可以通过相关技术继续通信。Ad hoc 网络由移动结点自己自由组合，不依赖于有线设备，因此，具有较强的自组性，很适合战场的恶劣通信环境。Ad hoc 网络建立简单、具有很高的机动性。目前，一些发达国家为作战人员配备了尖端的个人通信系统，在恶劣的战场环境中，很难通过有线通信机制或移动 IP 机制来完成通信任务，但可以通过 Ad hoc 网络来实现。因此，研究 Ad hoc 网络对军队通信系统的发展具有重要的应用价值和长远意义。

Ad hoc 网络的应用范围很广，总体上来说，它可以用于以下场合：

（1）没有有线通信设施的地方，如没有建立硬件通信设施或有线通信设施遭受破坏。

（2）需要分布式特性的网络通信环境。

（3）现有有线通信设施不足，需要临时快速建立一个通信网络的环境。

（4）作为生存性较强的后备网络。

近年来，Ad hoc 网络的研究在民用和商业领域也受到了重视。在民用领域，Ad hoc 网络可以用于灾难救助。在发生洪水、地震后，有线通信设施很可能因遭受破坏而无法正常通信，通过 Ad hoc 网络可以快速地建立应急通信网络，保证救援工作的顺利进行，完成紧急通信需求任务。Ad hoc 网络可以用于偏远或不发达地区通信。在这些地区，由于造价、地理环境等原因往往没有有线通信设施，Ad hoc 网络可以解决这些环境中的通信问题。Ad hoc 网络还可以用于临时的通信需求，如商务会议中需要参会人员之间互相通信交流，在现有的有线通信系统不能满足通信需求的情况下，可以通过 Ad hoc 网络来完成通信任务。

9.5.4 Ad hoc 网络面临的问题

Ad hoc 网络可随时生成且具有易构性，不需要事先存在的网络来支持，因此，应用很广泛也很简单。但是这种网络有很强的独立性，它可以单独存在，它的特性和它所使用的主动的、按需驱动的路由协议都令它难以与因特网通信，达到交互信息的目的。为了达到 Ad hoc 网络中的移动主机可以在不同的 Ad hoc 网络间移动和随时接入因特网，利用移动 IP 协议可在不同网络中漫游的特性,结合移动 IP 和 Ad hoc 网络,即 MIPMANET,提供一种将 Ad hoc 网络使用按需驱动的路由机制，移动 IP 提供代理地址和反向隧道的 Ad hoc 网络接入因特网的解决方案。

Ad hoc 网络的特性决定了管理上比有线网络复杂许多，因为网络拓扑的动态变化，要求网络管理也是动态自动配置。而且要考虑到移动结点本身的限制，如能源有限、链路状态变化和有限的存储能力等，因此，要将管理协议给整个网络带来的负荷考虑在内。最后还要考虑到网络管理对不同环境的适用性等。

Ad hoc 网络管理具体需要解决的问题有以下五方面：

（1）网络管理协议的一个重要任务是使网管知道网络的拓扑结构。在有线网络中，由于网络变化不频繁，所以这点容易做到。但在移动网络中，结点的移动导致拓扑结构变化太频繁，网络管理需定期收集结点的连接信息，这无疑会加大网络的负荷。

（2）大多数结点使用电池供电，所以要保证网络管理的负荷限制在最小值以节省能源。要尽量减少收发和处理的结点数，但这是与拓扑结构需要定期更新相矛盾的。

（3）能源的有限性和结点的移动性导致结点随时可能与网络分离，这要求网络管理协议能够及时察觉结点的离开和加入，而更新拓扑结构。

（4）无线环境下信号质量变化大。信号的衰退和拥塞都会使网络管理误认为结点已离开，因此，网络管理必须能够区分是由于结点移动还是由于链路质量的原因导致连接中断。网络管理必须询问物理层，但这样会违反 OSI 的层次管理结构。

（5）Ad hoc 网络通常应用于军事，因此，要防止窃听、破坏和侵入，所以网络管理需要结合加密和认证过程。

Ad hoc 网络是一种新颖的移动计算机网络的类型，它既可以作为一种独立的网络运行，也可以作为具有固定设施网络的一种补充形式。其自身的独特性，赋予其巨大的发展前景。Ad hoc 网络的网络管理是与传统网络不同的，要解决的问题包括如何有效地收集网络的拓扑信息，如何处理动态的网络配置和安全保密问题。在 Ad hoc 网络的研究中还存在许多亟待解决的问题：设计具有节能策略、安全保障、组播功能和 QoS 支持等扩展特性的路由协议等。

9.6 无线传送与移动通信

无线和移动并不是同义词。无线指的是一种可以提供移动计算传送信息的方法，这包括了不必使用线路的所有通信方式，如广域的移动电话系统就可以和现有网络整合。无线的目标是提供分布式的移动计算，以摆脱传统受地理位置限制的缺点。无线通信技术的发展日新月异，对移动商务的发展起到了至关重要的作用。移动商务是在移动通信的基础上进行的各类商务活动，所以有必要了解移动通信的基本技术。

9.6.1　无线传送技术

无线通信的发展几乎是从模拟系统到功能更高和更具变化的数字系统。不管是无线电、移动电话、人造卫星或者是传呼系统，无线通信服务都必须使用无线射频（RF）信号。这些频率范围在 100 kHz ~ 20GHz 之间。一般的无线数据服务都使用 800~900 MHz 范围的 RF 传输方式。RF 信号分两种：本地 RF 信号和广域 RF 信号。本地 RF 信号的频率范围在 902MHz ~ 908MHz 和 2400MHz ~ 2483MHz 之间；广域 RF 信号的频率范围则在 940MHz 左右，而个人通信服务可以控制的也是 940MHz 左右的范围。

射频通信有三种类型：单向、双向和本地。单向射频信号可以传送的信号大约 10 英里，数字呼叫器就是使用这项技术；双向射频收发器用来发送和收取资料，大约 6 英里范围；本地射频信号的距离上限只有 1/4 英里。本地射频设备一般只在公司、科学和医学的频率中使用，这是不必领取执照就能使用的无线频率。

以无线为主的服务又可分为两大类：以陆地为主，包括移动电话通信、分组数据网络和特殊移动无线（SMR，Specialized Mobile Radio），以及以人造卫星为主的传呼系统和极小口径的人造卫星。

9.6.2　WAP 技术

移动通信和因特网是当前通信领域发展最快的两个方向，用移动通信设备接入因特网已成为人们迫切的需要。但是，TCP/IP 协议是针对有线因特网而引入的，在有线网中不用过多考虑带宽问题和时延问题，计算机也有强大的处理能力和内存。而由于频谱资源的限制及移动通信制式、终端数据格式、显示模式的多样性，特别是受限于信道速率，移动终端处理能力，内存和显示屏等因素，使得在移动因特网应用中，不能沿用固定因特网中的一些标准。

WAP（无线应用通信协议，Wireless Application Protocol）是一项全球性的网络通信协议。WAP 使移动因特网有了一个通行的标准，其目标是将因特网的丰富信息及先进的业务引入移动电话等无线终端之中。WAP 定义可通用的平台，把目前因特网上的 HTML 描述的信息转换成用 WML（Wireless Markup Language）描述的信息，显示在移动电话的显示屏上。WAP 只要求移动电话和 WAP 代理服务器的支持，而不要求现有的移动通信网络协议做任何的改动，因而可以广泛地应用于 GSM、CDMA、TDMA、3G 等多种网络。

WAP 的诞生是 WAP 论坛成员多年努力的结果，它针对不同协议层定义了一系列协议，这些协议使得为移动设备开发服务和应用的企业可以协同工作，开发无线通信网络的应用。随着无线网的带宽等因素和 WAP 技术的不断发展，WAP 规范和 WAP 手机的应用在无线因特网综合服务领域中迅速发展。

作为移动通信设备实现接入因特网的一组通信协议，WAP 实现了移动通信系统和数据通信系统的完美结合，WAP 符合世界通信领域，特别是第三代移动通信发展的需求，它使移动用户可以不受网络种类、网络结构、运营商的承载业务及终端设备的限制，充分利用自己的手机，随时随地接入因特网和企业内部网，提供了一种与网络类型、运营商和终端设备都独立的移动增值业务，为高速发展的移动通信领域和因特网领域带来巨大的活力和广阔的发展空间。

WAP 的一系列协议可以使得无线通信设备标准化，可用于因特网访问，包括收发电子邮件，访问 WAP 网站上的页面等。

9.6.3　移动通信

移动通信是指通信双方至少有一方在移动中（或者临时停留在某一非预定的位置上）进行信息交换的通信方式。例如，移动体（车辆、船舶、飞机）与固定点之间的通信，活动的人与固定点、人与人或人与移动体之间的通信等。移动通信使移动商务成为可能。与 GPS 结合或仅仅依靠移动通信技术本身，都可以为用户提供定位服务，这为移动商务中独具特色的基于位置的商务服务提供了支持。

在企业内部，短距离红外线、蓝牙和 WLAN 技术提供非常高速的无线接入，实现企业内部的移动商务应用，访问数据库和内部网。

WAP 应用技术是移动通信后台技术的主流。WAP 与 HTTP 相对应，其作用正如 WWW 对于电子商务的贡献。WML 作为 XML 的一个子集与 HTML 对应，WMLScript 与 JavaScript、ASP 对应，通过手机等移动终端内置的浏览器实现用户与网站的交互。WAP 网关担负着与 WAP 服务 Web 服务器通信的重任，对于企业和运营商、ISP 都是实现移动商务的关键因素。

采用推送技术的 WAP 更重视个性化的服务。图像、动画在 WAP 中的应用将进一步推动移动商务的发展。语音输入、语音识别及相应的 VoiceXML 技术，实现了通过语音访问因特网，对于不方便文字输入和一些未装备浏览器的移动电话来说，也可以享受移动商务的乐趣。另外，统一消息中心依旧可以在移动商务中发挥作用。移动商务也需要网络安全、身份认证等技术的保证。

移动通信有多种方式，可以双向工作，如集群移动通信、无绳电话和蜂窝移动电话通信，但部分移动通信系统的工作是单向的，如无线寻呼系统。移动通信的类型很多，可按不同方法进行如下分类：

- 按使用环境可分为陆地通信、海上通信和空中通信；
- 按使用对象可分为民用设备和军用设备；
- 按多址方式可分为频分多址（FDMA）、时分多址（TDMA）和码分多址（CDMA）；
- 按接入方式可分为频分双工（FDD）和时分双工（TDD）；
- 按工作方式可分为同频单工、异频单工、异频双工和半双工；
- 按业务类型可分为电话网、数据网和综合业务网；
- 按覆盖范围可分为广域网和局域网；
- 按服务范围可分为专用网和公用网；
- 按信号形式可分为模拟网和数字网。

移动通信具有以下特点：

（1）移动通信必须利用无线电波进行信息传输。移动通信中基站至用户之间必须靠无线电波来传送消息。在固定通信中，传输信道可以是导线，也可以是无线电波，但是在移动通信中，由于至少有一方是运动着的，所以必须使用无线电波传输。

（2）移动通信工作在复杂的干扰环境下。在移动通信系统中，使用无线电波传输信息，在传播过程中必不可少地会受到一些噪声和干扰的影响。除了一些外部干扰外，如来自于工业的噪声和人为噪声等，自身还会产生各种干扰。

（3）移动通信可利用的频谱资源有限。国际电信联盟（ITU）和各国都规定了用于移动通信的频段。为满足移动通信业务量的增加，只能开辟和启用新的频段或者在有限的已有频段中采取有效利用频率措施，如压缩频带、频道重复利用等方法来解决。

（4）移动通信的移动性强。由于移动用户需要在任何时间、任何地点准确地接收到可靠的信息，所以移动台在通信区域内需要随时运动。移动通信必须具备很强的管理功能，进行频率和功率控制。

（5）对移动终端（主要是移动台）的要求高。移动台长期处于不固定位置，所以要求移动台具有很强的适应能力。此外，还要求移动台体积小、重量轻、携带方便和操作方便。而且移动终端必须适应新业务、新技术的发展，以满足不同人群的使用。

9.6.4　移动计算

所谓"移动计算"的概念比较集中于应用方面，指的是不论用户身处何地，均能使用计算机计算，这也是移动计算的目标。如果用户打算在区域或广域网络中采用移动计算能力的话，用户必须先考虑传送服务的形态，其中可以选择的方案包括遥控红外线、移动电话、分组无线服务、微波和人造卫星。

移动计算的用户不仅是消费者，同时也是信息生产者。现场员工可以在现场下订单之后，随即激活整个生产流程。这种便利正符合企业界简化了的处理程序，并且更具弹性地满足企业需求。例如，出差在外想要接收或传送电子邮件；出差时需要阅读办公室的公布栏，需要实时提取公司数据库中的数据，有新资料要向公司报告等，都是从事移动计算。

不断成长的移动能力和与移动地点无关的数据管理能力的需求，移动计算迫使人们以新的思维方式来看待网络和数据管理，移动计算正向 4 个方向发展：

（1）无线传送技术和交换方法。这些应用和目前正快速发展的移动电话、人造卫星和无线局域网络通信等传送技术有关，不论用户身居何处都能提供服务。

（2）移动资料提取设置。例如，便携 PC、笔记本计算机、PDA 或类似的个人通信设备。

（3）移动数据网络标准和设备。语音导向的移动电话并不适合用作数据传输。每当用户移动位置或经过隧道、桥梁时就会碰到信号不良、杂音和短时间的中断现象。这些常见的语音干扰现象可能会使数据资料完全不能用。除此之外，可使用的频率可能也不复使用。为了解决以上问题，研究人员正努力设计数据移动通信的数字标准。

（4）以移动计算能力为基础的商业应用。移动能力和兼容能力正产生出新类型的应用和市场，如汽车的调派和路线分配、存货和包装追踪等。

移动计算是随着因特网、数据库、分布式计算、移动通信等技术的发展而兴起的多学科交叉、涵盖范围广泛的新兴技术，它将使计算机或其他信息智能终端设备在无线环境下实现数据传输及资源共享，它的作用是将有用、准确、及时的信息提供给任何时间、任何地点的任何客户，这将极大地改变人们的生活方式和工作方式。

【习　题】

1. 计算机网络可以按其大小和地理范围来进行分类。下列（　　）是网络的一种形式。

   A. 局域网　　　　B. 城域网　　　　　C. 广域网　　　　　D. 上述都是

2. 有线网络通过电缆连接网络设备，以下（　　）不是有线网络的特点。

   A. 移动方便　　B. 快速　　　　　C. 安全　　　　　D. 容易配置

3. 以太网是最主要的局域网技术，得到广泛使用。以下（　　）不是以太网成功的因素。

   A. 以太网网络很容易理解、实现、管理和维护

   B. 以太网设备属于专有技术，只能从单一供应商处获得

   C. 以太网标准允许网络拓扑结构有很大灵活性，以满足小型设备和大型设备的需求

   D. 以太网能兼容流行的 Wi-Fi 无线网络，可以在一个网中混合使用有线和无线设备

4. 通信（　　）（如 TCP/IP）为编码和解码数据、引导数据到达其目的地和减弱噪声的影响设定了标准

   A. 网络　　　　B. 网卡　　　　　C. 协议　　　　　D. 条件

5. 网络可以提供共享（　　），如打印机、应用软件和存储空间等。

   A. 能力　　　　B. 资源　　　　　C. 材料　　　　　D. 措施

6. 在向连接到其他工作站的共享打印机发送打印任务前，首先需要确保在本地计算机上安装了打印机（　　）。

   A. 驱动程序　　B. 资料　　　　　C. 说明书　　　　D. 备份电源

7. 移动通信有多种方式。当前主流的蜂窝移动通信技术是（　　）。

   A. 6G　　　　　B. 2G　　　　　　C. 4G　　　　　　D. 5G

8. 移动商务在人类历史上第一次使用现代网络技术和（　　）最大范围超出高深，为大众所掌握。

   A. 局域网技术　　　　　　　　　B. 现代通信技术

   C. 卫星通信技术　　　　　　　　D. 互联网技术

9. 移动通信是指通信的双方，至少有一方是在（　　）中进行信息的传输和交换。

   A. 静止　　　　B. 移动　　　　　C. 通话　　　　　D. 利用手机

10. 对等网络就是小型的客户端/服务器网络。对或错？（　　）

【实验与思考】熟悉微信第三方开发平台

1. 实验目的

本节"实验与思考"的目的是：

（1）网络搜索微信第三方平台，了解和选择微信第三方开发平台。

（2）熟悉"微信开放平台"，了解微信公众号的开发。

2．工具/准备工作

在开始本实验之前，请回顾教科书的相关内容。

需要准备一台带有浏览器，能够访问因特网的计算机。

3．实验内容与步骤

所谓"第三方"，就是两个相互联系的主体之外的客体，第三方可以与两个主体有联系，也可以独立于这两个主体之外。

微信第三方平台就是为企业或机构提供微信二次开发、运营、培训、推广等相关解决方案的服务商。在移动互联网商业活动中，微信与使用微信公众号的企业是两个相互联系的客体。但是，微信公众号本身拥有的基础商业化功能并不能很好地满足企业做SCRM（移动客户关系管理）、品牌展现与推广等服务需求。为此，微信公开相关接口，允许有开发能力的企业通过开放的接口进行微信二次开发，为拥有微信公众号的企业开展相关需求服务。其中，模块化设计产品以微盟（weimob）为代表，是基于行业通用性，涉及的公用型微商行业解决方案；而定制开发则是根据企业提交需求给开发团队，由团队根据需求设计制作相关产品。

微信接口涉及 SAAS 软件服务、HTML5 游戏、朋友圈应用、智能硬件等多层面产品。尽管微信拥有相当多的研发人员，但是与日益广泛的应用需求相比仍然捉襟见肘。为了尽快抢占和适应市场，微信通过开放部分下游产业链来尽快做大微信市场。

微信通过公开部分接口来吸引第三方平台，从而将微信产品生态多样化。第三方平台通过为企业提供相关微信公众号服务来盈利，企业通过使用第三方平台的产品或服务实现产品互动传播、品牌推广、粉丝沉淀、到店引流等目的。三者的相互促进形成了一个微信商业化良性运作。

步骤 1：在浏览器中输入"微信第三方平台"，浏览其中关于微信第三方平台的相关信息，并简单记录你了解过的微信第三方平台网址（至少 3 个）。

（1）平台名称：_____

平台网址：_____

平台内容简单描述：_____

_____

_____

_____

（2）平台名称：_____

平台网址：_____

平台内容简单描述：_____

_____

_____

_____

（3）平台名称：_____

平台网址：_____

平台内容简单描述：_____

_____

_____

_____

　　步骤 2：在浏览器中输入微信开放平台的网址（https://open.weixin.qq.com）。屏幕显示"微信开放平台"界面如图 9-13 所示。

　　请记录：

（1）移动应用开发：_____

_____

_____

图 9-13　微信开发平台

接入流程：

① _____

② _____

③ _____

（2）网站应用开发：_____

接入流程：

① _____

② _____

③ _____

（3）公众账号开发：_____

_____

_____

接入指南：

① _____

② _____

③ _____

（4）第三方开发平台：_____

_____

_____

开通流程：

① _____

② _____

③ _____

④ _____

请记录：操作能够顺利完成吗？如果不能，请分析原因。

_____

4．实验总结

_____

_____

5．实验评价（教师）

_____

_____

第10章

因特网与Web技术

【导读案例】拥抱移动 AI 大趋势，ARM 发布两款 AI 芯片架构

2018 年 2 月 14 日，ARM（ARM 是微处理器行业的一家知名企业，设计了大量高性能、廉价、耗能低的 RISC 处理器、相关技术及软件）发布了两款针对移动终端的 AI 芯片架构，物体检测（OD，Object Detection）处理器和机器学习（ML，Machine Learning）处理器（见图 10-1）。

图 10-1　AI 芯片 1

以往，ARM 都是架构准备好了才发公告。这次一反常态，没货却先发公告：OD 处理器计划在第一季度才能提供给合作伙伴，ML 处理器得等到年中。这也看出了 ARM 很焦急。毕竟在过去的几个月中，尤其是在移动端圈子里，机器学习在半导体行业中很热。

好几家提供芯片架构的公司都宣布了提供消费者解决方案，连华为都开始自主研发架构了。那么多玩家入场，ARM 却没啥动作。

直到现在，ARM 才把重点放在了 Armv 8.2 的 CPU ISA 扩展上，该扩展借助半精度浮点和整数点产品来简化和加速神经网络的专用指令。除了 CPU 的改进之外，还看到了 G72 中机器学习的 GPU 改进。虽然这两项改进都有所帮助，但想要最大性能和效率，这些改进还不够。在测试 Kirin 970 的 NPU 和 Qualcomm 的 DSP 时，可以看到专用架构上运行推理的效率，比在 CPU 上运行的效率高出一个数量级以上。

正如 ARM 官方解释的那样，Armv 8.2 和 GPU 的改进只是建立机器学习解决方案的第一步，还必须研究对专用解决方案的需求。ARM 也从合作的小伙伴那里感受到了行业的压力，才熬出来 ML 处理器。

下面简单介绍一下这次发布的两个新的架构：ML 处理器及 OD 处理器。

ML 处理器，是专门为加速神经网络模型推理所设计的。这种架构比传统的 CPU 和 GPU 架构有明显的优势。在执行机器学习任务时，这款 ML 处理器可为数据优化内存管理。这款处理器具有数据可高度重复使用的特点，能最大限度地减少数据的输入和输出，从而实现高性能和高效率。理论上，ML 处理器可在 1.5W 功率下，有超过 4.6TOPs（8 位整数）的吞吐量，最高可达 3TOPs / W。虽然 TOPs 值并不能完全体现处理器的性能，不过它对于行业标准化仍然有用。作为一个完全独立的独立 IP（电路功能）模块，ML 处理器具有自己的 ACE-Lite 接口，可集成到 SoC 中，也可以集成到 DynamiQ 中。此外，ARM 没有透露 ML 处理器更多的架构信息。

OD 处理器，是针对物体检测的任务进行了优化。尽管 ML 处理器也能完成相同的任务，但 OD 处理器更快。给单项任务提供专用架构，才能够获得最大效率（见图 10-2）。

图 10-2　AI 芯片 2

ARM 也考虑到了可能会出现 OD 和 ML 处理器集成在一起用的情况：OD 处理器负责把图像中的目标处理区分割出来，然后把它们传递给 ML 处理器，进行更细颗粒度的处理。

ARM 还提供大量软件，帮助开发人员将他们的神经网络模型应用到不同的 NN 框架中。从现在开始，这些软件大家可以在 ARM 开发者网站找到，同时也在 Github 上提供。

考虑到 SoC 开发的周期，基于新架构的芯片大概在 2019 年年中或年末才能发布。ARM 可以算是半导体及架构供应商中响应 AI 趋势比较慢的企业了。

ARM 最新的处理器专为移动 AI 准备（见图 10-3）。

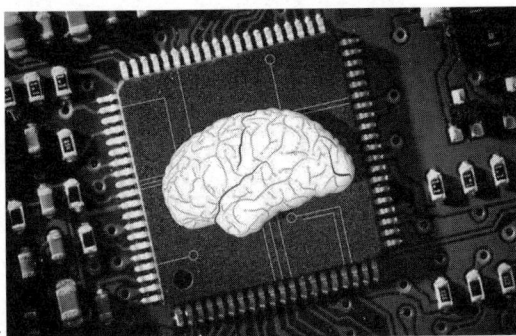

图 10-3　AI 芯片 3

　　PingWest 品玩 2 月日报道，根据 Engadget 报道，ARM 之前在 AI 领域已经有所发力，现在又推出了 Project Trillium 软、硬件配套方案，来进一步加快机器学习、神经网络等 AI 相关技术的速度。其中，ARM ML 芯片能提供远胜普通 CPU、GPU 的机器学习效率，数据吞吐量为 2 ~ 4 倍。与此同时 ARM OD 芯片的作用则主要集中在物体侦测上，它能"无限制"即时探测物体，而且对人的识别更强，除了面孔外还能准确认出饰物、动作或手势。至于软件的部分，ARM NN 起到的作用，是扮演硬件与神经网络框架（如 Google 的 TensorFlow）之间的媒介。

　　据 ARM 介绍，Project Trillium 要等到四月才能提供预览，使用其技术的成品预计要到 2018 年年中时才会推出市场。ARM 希望通过这波新品，让更多移动设备可以自行处理 AI 任务，以减少对云端的依赖。此外，如果发展顺利，他们也有将 Project Trillium 进一步扩展到家庭影院、智能喇叭等领域的计划。

资料来源：编译自 AnandTech（https://www.anandtech.com/）

阅读上文，请思考、分析并简单记录。

（1）ARM 处理器是 Acorn 计算机有限公司面向低预算市场设计的一款 RISC 微处理器。以往，ARM 都是架构准备好了才发公告。为什么"这次一反常态，没货却先发公告"？

答：＿＿＿＿＿＿＿＿＿＿＿＿＿＿＿＿＿＿＿＿＿＿＿＿＿＿＿＿＿＿＿＿＿＿

＿＿＿＿＿＿＿＿＿＿＿＿＿＿＿＿＿＿＿＿＿＿＿＿＿＿＿＿＿＿＿＿＿＿＿＿＿＿

＿＿＿＿＿＿＿＿＿＿＿＿＿＿＿＿＿＿＿＿＿＿＿＿＿＿＿＿＿＿＿＿＿＿＿＿＿＿

＿＿＿＿＿＿＿＿＿＿＿＿＿＿＿＿＿＿＿＿＿＿＿＿＿＿＿＿＿＿＿＿＿＿＿＿＿＿

（2）憧憬一下，你认为 AI 技术未来会对社会生活产生什么样的影响？其中 AI 芯片的作用重要吗？为什么？

答：＿＿＿＿＿＿＿＿＿＿＿＿＿＿＿＿＿＿＿＿＿＿＿＿＿＿＿＿＿＿＿＿＿＿

＿＿＿＿＿＿＿＿＿＿＿＿＿＿＿＿＿＿＿＿＿＿＿＿＿＿＿＿＿＿＿＿＿＿＿＿＿＿

＿＿＿＿＿＿＿＿＿＿＿＿＿＿＿＿＿＿＿＿＿＿＿＿＿＿＿＿＿＿＿＿＿＿＿＿＿＿

＿＿＿＿＿＿＿＿＿＿＿＿＿＿＿＿＿＿＿＿＿＿＿＿＿＿＿＿＿＿＿＿＿＿＿＿＿＿

（3）请搜索并简单介绍一款 AI 产品。

答：＿＿＿＿＿＿＿＿＿＿＿＿＿＿＿＿＿＿＿＿＿＿＿＿＿＿＿＿＿＿＿＿＿＿

＿＿＿＿＿＿＿＿＿＿＿＿＿＿＿＿＿＿＿＿＿＿＿＿＿＿＿＿＿＿＿＿＿＿＿＿＿＿

＿＿＿＿＿＿＿＿＿＿＿＿＿＿＿＿＿＿＿＿＿＿＿＿＿＿＿＿＿＿＿＿＿＿＿＿＿＿

＿＿＿＿＿＿＿＿＿＿＿＿＿＿＿＿＿＿＿＿＿＿＿＿＿＿＿＿＿＿＿＿＿＿＿＿＿＿

（4）请简单记述你所知道的上一周内发生的国际、国内或者身边的大事。

答：＿＿＿＿＿＿＿＿＿＿＿＿＿＿＿＿＿＿＿＿＿＿＿＿＿＿＿＿＿＿＿＿＿＿

＿＿＿＿＿＿＿＿＿＿＿＿＿＿＿＿＿＿＿＿＿＿＿＿＿＿＿＿＿＿＿＿＿＿＿＿＿＿

＿＿＿＿＿＿＿＿＿＿＿＿＿＿＿＿＿＿＿＿＿＿＿＿＿＿＿＿＿＿＿＿＿＿＿＿＿＿

10.1　因特网技术

　　20 世纪 70 年代开始发展起来的因特网是一个遍及全球并且彼此相互通信的大型计算机网络，组成因特网的计算机网络包括小规模的局域网（LAN），中等规模的城域网（MAN），以及大规模的广域网（WAN）等。这些网络通过普通电话线、高速专用线路、卫星、微波和光缆等不同传输介质，主要采用 TCP/IP（传输控制/网际网）协议，把不同国家的大学、公司、科研部门，以及军事和政府组织等连接起来，构成一个统一的整体。把网络中的信息资源组合起来，这是因特网的精华所在及其迅速发展的原因。因特网已经成为一个面向公众的社会性组织，世界各地数以亿计的人们可以通过因特网进行信息交流和资源共享。

　　有意思的是，因特网并不是由某一公司或者政府所拥有和运作的，它就是一种数据通信网络。随着时间的推移，在网络与网络及网络与因特网主干网互联时，偶然地形成了因特网现在的结构。

10.1.1　发展的背景

　　因特网的历史始于 1957 年，那年苏联发射了人类历史上的第一颗人造卫星（Sputnik）。为应对苏联展示出来的技术优势，美国政府决定致力于改善它的科技基础设施。美国国防高级研究计划署（Defense Advanced Research Projects Agency，DARPA）是因特网众多的发起者之一。

　　DARPA 积极参与了一个项目，这个项目可以用来帮助科学家们交流和共享有价值的计算机资源。1969 年架设的 ARPANET（网络）连接了加州大学洛杉矶分校（UCLA）、斯坦福研究所、犹他州立大学和加州大学圣巴巴拉分校四个地方的计算机。1985 年，美国国家科学基金会（NSF）使用 ARPANET 技术架设了一个类似的但更大的网络，它连接了多个地方的所有局域网。连接两个或多个网络就形成了"互联网"，NSF 网络就是一种"互联网"（internet，小写"i"开头）。随着这种网络在世界范围内的发展，其名字逐渐演变成为"因特网"（Internet，大写"I"开头）。

　　早期的因特网先驱们（大部分是教育工作者和科学家）使用原始的命令提示符用户界面来发送电子邮件、传输文件，以及在因特网上的超级计算机中进行科学计算。当时，要找到有用信息不是一件容易的事情。由于没有搜索引擎，因特网用户只能依靠口头或者电子邮件来获得新资料及其相关的位置。

　　20 世纪 90 年代初期，软件开发者发明了用户界面友好的新式因特网接入工具，只要愿意按月缴纳订阅费用，每个人都可以获得因特网账户。如今，因特网已经可以连接全世界的计算机，为不同年龄、不同爱好、具有不同需求的用户提供相同或者不同的信息。

10.1.2　因特网的基础结构

　　因特网主干网是指为在因特网上进行数据传输提供主路由所需的高性能通信链路的网络，一般是由高速光纤链路和与光纤连接的高性能路由器组成，这些路由器用来指挥网络交通。以前，因特网主干网和与之连接的网络间的拓扑结构类似于这样：因特网主干网就像是脊柱，其他网络则像肋骨一样随主干网延伸的方向连接其上。然而，现在的拓扑结构更类似于国家高速公路的路线图，有着许多连接点和许多冗长的路线。

因特网主干网的链路和路由器一般由网络服务提供商（NSP, Network Service Provider）进行维护，如 AT&T（美国电话电报公司）。NSP 的设备和链路通过网络接入点连接到一起。NSP 可以为大的因特网服务提供商（ISP, Internet Service Provider）提供因特网连接，以进一步向个人、企业和小型因特网服务提供商提供因特网接入服务。图 10-4 展示了一个简化的因特网主干网及其组成部分的概念图。

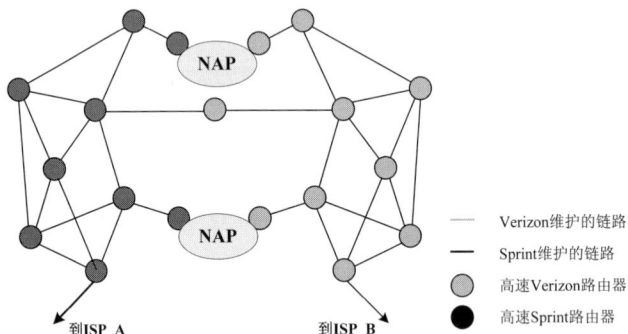

图 10-4　因特网主干网包括高速路由器和高速光纤链路。主干网的
各个部分由不同的通信公司维护，通过网络接入点（NAP）连接到一起

ISP 管理路由器、通信设备和其他的网络设备，这些网络设备能够在物理层面上处理用户和因特网之间传送与接收的数据。许多 ISP 还使用电子邮件服务器来处理用户传入和传出的邮件，有些 ISP 能使用 Web 服务器来维护用户的网站。ISP 也可能使用服务器将地址（如 www.google.com，域名）转换成有效的 IP 地址（如 208.50.141.12）。ISP 也可以维护聊天组、即时消息、音乐共享、FTP、流视频，以及其他文件传输服务所使用的服务器（见图 10-5）。

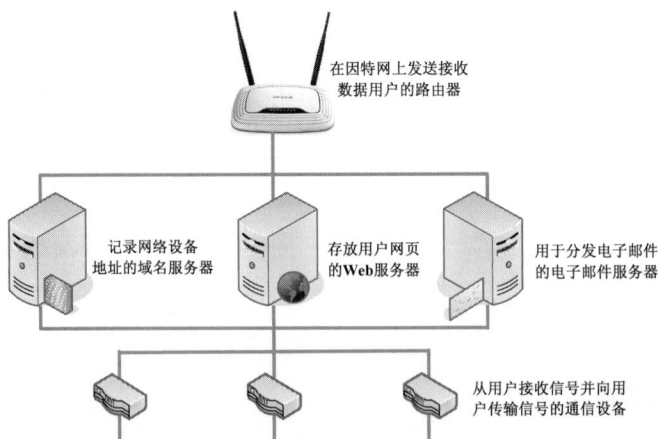

图 10-5　ISP 的设备

为连接到 ISP，计算机需要使用某种通信设备，如调制解调器。调制解调器包含一

些电路，可以将来自计算机载有数据的信号转换成可以通过各种通信信道传输的信号。所使用的调制解调器的类型取决于 ISP 所能提供的因特网服务类型（如拨号、有线电视因特网服务、卫星因特网服务或 DSL 等）。

独立计算机可以使用调制解调器或者调制解调器与路由器的组合直接连接到 ISP。如果计算机处在网络中，则路由器通常会处理因特网连接。图 10-6 显示了独立计算机因特网接入和局域网因特网接入之间的区别。

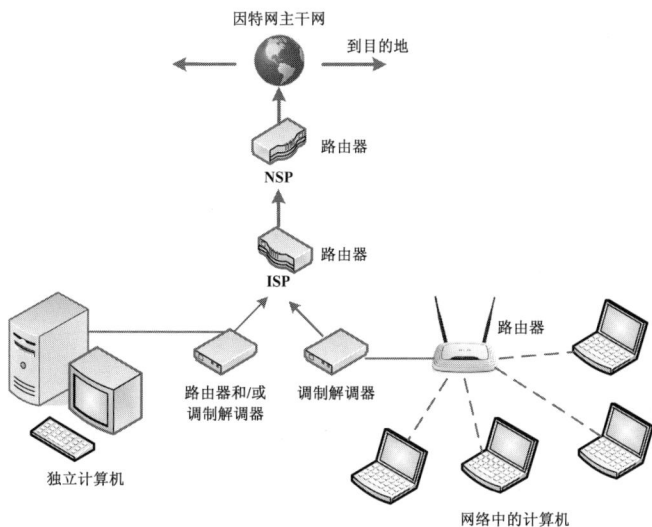

图 10-6　计算机可以作为独立设备或者局域网的一部分连接到因特网上。
数据可先传输到 ISP，然后到 NSP，再到达因特网主干网

10.1.3　因特网的网络结构

因特网具有分级的网络结构，一般可分三层，最下面一层为校园网和企业网，中间层是地区网络，最上面一层是全国骨干网。

因特网采用唯一通用的地址格式，为因特网中的每一个网络和几乎每一台主机都分配了一个地址，地址类型有 IP 地址和域名地址两种。

1．因特网协议

因特网使用多种通信协议来支持基础数据的传输和服务，如电子邮件、Web 访问和下载。表 10-1 简要地描述了一些因特网使用的主要协议。

表 10-1　因特网使用的协议

协　议	名　　称	功　　能
TCP	Transmission Control Protocol，传输控制协议	创建连接并交换数据包
IP	Internet Protocol，因特网协议	为设备提供唯一地址
UDP	User Datagram Protocol，用户数据报协议	域名系统、IP 电话及文件共享所使用的另一种不同于 TCP 的数据传输协议
HTTP	HyperText Transfer Protocol，超文本传输协议	在 Web 上交换信息
FTP	File Transfer Protocol，文件传输协议	在本地计算机和远程主机之间传输文件

协　议	名　　称	功　　能
POP	Post Office Protocol，邮局协议	将电子邮件从电子邮件服务器传送到客户端收件箱
SMTP	Simple Mail Transfer Protocol，简单邮件传输协议	将电子邮件从客户端计算机传送到电子邮件服务器
VoIP	Voice over Internet Protocol，因特网语音传输协议	在因特网上传送语音会话
IRC	Internet Relay Chat，因特网中继聊天	在线用户之间实时传送文本消息
BitTorrent	BitTorrent，比特洪流	由分散的客户端而不是服务器来传输文件

TCP/IP 是负责因特网上消息传输的主协议组，协议组则是指协同工作的相关协议的组合。TCP 能够将消息或者文件分成包，IP 负责给各个包加上地址以便使它们能够路由到其目的地。从实用角度看，TCP/IP 提供了一个易于实现、通用、免费并且扩展性好的因特网的协议标准。

2．IP 地址

IPv4 的地址采用二进制表示，每个地址长 32 bit。在读/写 IP 地址时，32 位分为 4 个字节，每个字节转成十进制，字节之间用"."分隔。IP 地址由 Internet NIC（因特网网络信息中心）统一负责全球地址的规划、管理。通常每个国家成立一个组织，统一向国际组织申请 IP 地址，然后再分配给客户。由于网络的规模有较大差别，有的主机多，有的主机少，所以根据网络规模的大小将 IP 地址分为 A，B，C 三大类，此外还有 D，E 两类特殊 IP 地址。

A 类地址：该地址主要用于世界上少数的具有大量主机的网络，其网络数量有限，故仅有很少的国家和网络才可获得此类地址。

B 类地址：此类地址用于适量的，规模适中的网络，但随着因特网的迅速发展，也很难分配到此类地址。

C 类地址：主要用于网络数多、主机数相对较少的网络，每个网络最多不超过 256 台主机。

D 类地址：特殊的 IP 地址，用于与网络上多台主机同时进行通信的地址。

E 类地址：特殊 IP 地址，暂保留，以备将来使用。

3．域名地址

IP 地址是数字型的，一般难以记忆和理解，因此，因特网还采用另一套字符型的地址方案，即域名地址。它以具有一定意思的字符串来标识主机地址，IP 与域名地址两者相互对应，而且保持全网统一。一台主机的 IP 地址是唯一的，但它的域名数却可以有多个。

DNS（Domain Name System）即域名系统，它是一个分层的名字管理查询系统，主要提供因特网上主机 IP 地址和主机名相互对应关系的服务，其通用的格式是：

第一级域名（地址右侧）往往表示主机所属的国家、地区或网络性质的代码，如中国（cn）、英国（uk）、商业组织（com）等。第二、三级是子域，第四级是主机。常见的二级域名包括：教育（edu）、网络（net）、科研（ac）、团体（org）、政府（gov）、商业（com）、组织（org）、军队（mil）等，各省则采用其拼音缩写，如 bj 代表北京、sh

代表上海等。

　　由于因特网主要是在美国发展起来的，所以美国的主机其第一级域名一般直接说明其主机性质，如 com、edu、gov 等，而不是国家代码。其他国家第一级域名一般是其国家代码。

　　在我国，中国科学院计算机网络信息中心组建了中国因特网络信息中心（CNNIC），行使国家因特网信息中心的职责。CNNIC 最初的一项主要业务就是域名注册服务，对域名的管理严格遵守《中国因特网络域名注册暂行管理办法》和《中国因特网络域名注册实施细则》的规定。

10.1.4　WWW 的系统结构

　　WWW 的系统结构基于客户端/服务器模式。在服务器上存放着各种 HTML 编写的超文本/超媒体文件。在客户端，则有各种处理 HTML 文件的浏览器，客户端与服务器之间的通信按照 HTP（HyperText Transfer Protocol）协议进行。当运行一个浏览器时，用户通过输入一个名称为 URL 的 WWW 地址来指定其想要看的 Web 页，然后由浏览器向服务器指定数据类型，服务器取出该页并把数据动态地转换成客户指定的格式。如果转换不成，服务器会反馈回一个信息，这一过程又称"格式协商"。最后，服务器把 Web 页数据以客户指定的方式传给客户，并等待下一个指令。这样，一个服务器就能为多个客户提取 Web 页，并将客户请求排队，顺序进行。这种模式使 Web 页以一种格式存储，以多种格式发布，Web 页与平台和特定的数据格式无关，而客户又能以最佳的方式得到所需的资料。

　　统一资源定位符 URL（Uniform Resource Locator）用来唯一和统一地定位在 WWW 上的资源位置。URL 由三部分组成，其格式为：Scheme://Host/path/filename。

　　其中，Scheme 代表取得数据的方法或通信协议的种类，常见的有：http、news、gopher、WAIS、file 和 telnet，分别代表 WWW 服务器上的文件、新闻组服务器上的新闻组、gopher 服务器上的文件、WAIS 服务器上的文件、自己机器上的文件和 telnet 登录到另一个主机。URL 的 Host 部分指定存放各种电子数据的服务器的网络地址。URL 的第三个部分为文件或目录的路径，它指定浏览器所访问的最终目标。

　　例如，CNN（Cable News Network，美国有线电视新闻网）网站的 URL 就是 http://www.cnn.com。多数 URL 都是用"http://"开头，以表明使用的是 Web 的标准通信协议。在输入 URL 时，通常可以省略"http://"。

　　如果相关文件位于同一台主机甚至同一个目录下时，也可使用部分 URL。部分 URL 是以当前计算机上的位置作为指引浏览器的参考路径，所以又称相对 URL。

　　多数网站都有一个主页（又称首页），以充当站点其他页面的"指引入口"。术语"主页"有时也指打开浏览器时显示的页面。网站主页的 URL 通常是简明扼要的。

　　URL 是 URI（Uniform Resource Identifier，统一资源识别符）的一种。其他类型的 URI 还包括社会保障号码和标识图书用的 ISBN（International Standard Book Number，国际标准图书编号）。一些作者也将 Web 地址作为一种 URI。

　　网站的页面通常存储在以主题分类的文件夹中，并通过网页的 URL 反映出来。例如，CNN 网站的气象信息可能就存储在 www.cnn.com/weather/文件夹下，而娱乐信息则存储在 www.cnn.com/showbiz/文件夹下。特定网页的文件名总会出现在 URL 的最后。网页文件的文件扩展名通常是.htm 或.html。图 10-7 展示了 URL 的各个部分。

http://www.cnn.com/showbiz/movies.htm
Web协议标准　　　　Web服务器名　　　　文件夹名　　　文件名和文件扩展名

图 10-7　网页的 URL 表明了存储该页面的计算机在 Web 服务器上的位置、文件名和文件扩展名

　　URL 中不能含有空格,可以用下画线来替代单词间的空格;确保使用了正确的斜线(URL 中全是正斜线),并正确地输入了 URL 的大写字母。有些 Web 服务器是区分大小写的。

10.1.5　上行速度和下行速度

　　上行速度是指由用户计算机到因特网的数据传输速度,而下行速度则是指数据到达用户计算机的速度。许多 ISP 会限制用户与因特网之间的数据交换速度,以保证所有用户能共享到相同的带宽。在很多情况下,上行速度要远慢于下行速度。在上行速度与下行速度不同时,用户所使用的是非对称因特网连接。而上行速度等于下行速度时,用户所使用的是对称因特网连接。

　　非对称连接会阻止用户架设可以传输大量上行数据的 Web 服务器或电子邮件服务器。对多数用户来说,非对称连接就足够了。

10.1.6　移动 IP

　　无线接入中的移动 IP 技术使得无处不在的多媒体全球网络连接成为可能,它为移动结点提供了一个高质量的实现技术,可应用于用户需要经常移动的所有领域。扩展移动IP 技术, 还可以使一个网络移动, 即把移动结点改成移动网络。它的实现可以简单地认为是把原先移动结点所做的工作改成移动网络中的路由器所做的工作。这种技术被广泛地应用于轮船、列车等活动网络中。

　　移动 IP 不是移动通信和因特网技术的简单叠加,也不是无线话音和无线数据的简单叠加,它是移动通信和 IP 的深层融合,也是对现有移动通信方式的深刻变革。为适应快速增长的数据型业务需求,人们需要的是一个以包交换为基础的无线网络,这种新型网络结构正是移动 IP 的结构。移动 IP 真正实现了话音和数据的业务融合,其目标是将无线话音和无线数据综合到一个技术平台上传输, 即 IP 协议。移动通信的 IP 化进程将分为三个阶段:首先是移动业务的 IP 化;接着是移动网络的分组化演进;最后是在第三代移动通信系统中实现全 IP 化。

　　移动因特网最重要的意义在于它把锁定在一个个固定站点中的信息释放到时空中去;每一个活动的个体都成了移动的网络结点,随时随地获取所需信息。在有线因特网里,是人找网、人上网,个体受制于网络结点的固定性;在移动因特网里,这种关系发生了逆转,"移动而互联"的愿望变为现实。可以预见,在一个统一的 IP 通信网络平台中传输话音、数据、视频、图像、消息等是大势所趋,而移动终端所能提供的"Information anytime, anywhere; Internet in your pocket"将使因特网的作用发挥到极点。

1. 移动 IPv4

因特网的互联协议、IP 的地址结构和路由算法等，限制了移动主机在移动因特网中的灵活操作。IP 协议中的网络地址分为两层结构：子网号，用来确定与主机相连的网络；主机号，用来确定这个子网中的特定主机。如果一个主机改变了与因特网的连接点，移动到了一个具有不同网络前缀的子网，那么发给它的数据包将不能正确到达。另外，移动通信的引入也使 IP 地址空间存在着极大的不足。

为了解决这些问题，负责因特网相关技术，在全球因特网界最具权威的大型技术研究组织 IETF（The Internet Engineering Task Force，因特网工程任务组）等国际组织开始了在移动 IP 上的研究，并在移动 IPv4 和移动 IPv6 方面取得了一定的成绩。

移动 IP 定义了三种功能实体，即移动主机、家乡代理和外地代理。家乡代理和外地代理又统称为移动代理。

在移动 IP 协议中，每个移动主机在"家乡链路"上有一个唯一的"家乡地址"。与移动主机通信的主机被称为"通信主机"，通信主机可以是移动的，也可以是静止的。通信主机与移动主机通信时，通信主机总是把数据包发送到移动主机的"家乡地址"，而不考虑移动主机的当前位置情况。

在"家乡链路"上每个移动主机必须有一个"家乡代理"来为自己维护当前位置信息。这个位置由"转交地址"来确定，移动主机的"家乡地址"与它当前"转交地址"的联合称为"移动绑定"（简称"绑定"）。每当一个移动主机得到一个新的转交地址时，它必须生成一个新的绑定来向"家乡代理"注册，以使"家乡代理"即时了解移动主机的当前位置信息。一个"家乡代理"可以同时为多个移动主机提供服务。

当一个移动主机连接到"家乡链路"之外的"外地链路"时，可以通过两种方法来获得转交地址。通常情况下，移动主机使用"代理发现"协议在外地链路上发现一个"外地代理"，然后，移动主机向这个"外地代理"进行注册，并用此"外地代理"的 IP 地址作为自己的"转交地址"。"外地代理"的主要功能是为这个移动主机转发数据包。另外，移动主机也可以通过其他方法（如 DHCP）在外地链路上获得一个临时 IP 地址来作为自己的"转交地址"，在这种情况下移动主机可以作为自己的"外地代理"。

当移动主机离开"家乡链路"时，它的"家乡代理"把发往移动主机的所有数据包转发到其当前位置。"家乡代理"可以使用"代理 ARP"或其他方法在"家乡链路"上截获发往移动主机的数据包。对于每个截获的数据包，"家乡代理"使用隧道技术把它们发送到移动主机的当前"转交地址"。如果"转交地址"是"外地代理"的 IP 地址，那么这个"外地代理"是隧道的终端，此时"外地代理"从数据包中移走隧道报头，并把剩余部分发送到移动主机。如果移动主机使用一个临时地址作为"转交地址"，那么数据包将直接通过隧道传送到移动主机。

2. 移动 IPv6

移动 IPv6 是在继承移动 IPv4 优点的基础上，利用了 IPv6 的许多新特点进行设计的，成为 IPv6 协议的一部分。协议中定义了三种操作实体：移动结点、通信结点和家乡代理；四种新的 IPv6 目的地选项：绑定更新、绑定认可、绑定请求和家乡地址。

无论移动结点在家乡还是在外地，它总是通过家乡地址来被寻址。当移动结点在家乡时，可以使用通常的路由机制来对发往移动结点的数据包进行路由。由于移动结点的子网前缀是移动结点家乡链路的子网前缀，所以发往移动结点的数据包将被路由到它的家乡链路。

当一个移动结点连接在外地链路时，它可以通过一个或多个转交地址或它的家乡地址来被寻址。转交地址是当移动结点访问外地链路时获得的一个 IP 地址，此地址的子网前缀是移动结点所访问的外地链路的子网前缀。如果移动结点使用此转交地址连接在这个外地链路，那么发往这个转交地址的数据包将被直接路由到在这个外地链路上的移动结点。

当移动结点离开家乡链路时，它要向家乡链路上的一个路由器注册自己的一个转交地址，并要求这个路由器作为自己的家乡代理。进行注册时，移动结点向家乡代理发送"绑定更新"消息；然后家乡代理要为移动结点返回"绑定认可"消息。移动结点把这个"绑定更新"消息中的转交地址向家乡代理注册，这个被注册的转交地址称为移动结点的"主转交地址"。移动结点的家乡代理在家乡链路上，利用"代理邻居发现"来为移动结点截获发往移动结点的数据包，并且把每个数据包通过隧道传送到移动结点的主转交地址。为了通过隧道传送截获的数据包，家乡代理利用"IPv6 封装"协议来封装数据包，IPv6 封装的外部报头的目的地址是移动结点的"主转交地址"。

移动结点可以同时使用多个转交地址。移动结点的"主转交地址"必须是唯一的，因为家乡代理只为每个移动结点维护一个转交地址，并且通常都是把数据包通过隧道传送到移动结点的"主转交地址"。这样的话，家乡代理使用隧道传送数据包时就不用采取任何策略来决定要利用哪个转交地址作为隧道的出口，而把这项功能留给移动结点去完成。当移动结点离开家乡时，家乡链路上的一些结点可能被重新配置，如原来作为移动结点家乡代理的路由器可能被别的路由器所替换。在这种情况下，移动结点可能不再知道它自己家乡代理的 IP 地址。为了解决这个问题，移动 IPv6 提供了"动态家乡代理地址发现"机制来允许移动结点动态地在家乡链路上发现一个家乡代理的 IP 地址，发现之后，移动结点可以向这个家乡代理注册自己的转交地址。

10.2　固定因特网接入

因特网最具挑战性的方面之一就是对服务提供商的选择，而固定因特网接入通常是连接到因特网的主要方式。

10.2.1　拨号连接

拨号连接是指使用语音频带调制解调器和电话线在用户计算机和 ISP 之间进行数据传输的固定因特网连接。许多 ISP 都能提供拨号因特网接入服务，其服务费通常便宜但接入速度很慢。

使用拨号连接时，用户计算机上的调制解调器实际上是给其 ISP 拨打了一个普通电话。在 ISP 的计算机"应答"了这个呼叫后，用户计算机和 ISP 之间就建立了一个专用的电路——就像是拨打了一个语音电话，而 ISP 那边有人"接听"了电话一样。在呼叫期间，这个电路会一直连接着，并且在用户计算机和 ISP 之间的这个电路可以提供一条传送数据的通信链路。当用户数据到达 ISP 时，路由器把它转发到因特网上。

10.2.2　专线、ISDN 和 DSL

尽管电信公司提供的标准设备限制了可以发送和接收的数据量，但是电话系统所使用的铜线实际上可以提供相当大的容量。专线、ISDN、DSL 这几种服务就利用这种容量提供了高速语音和数据的数字通信链路。

用户可以直接向电信公司租用高容量专线，专线的速度范围是 1.544~274Mb/s。通常这些高速服务对于个人来说是很昂贵的，而企业租用专线以获得大量连接到因特网主干网的链路。

ISDN（综合业务数字网络，Integrated Services Digital Network）是指一种在普通电话线上以 64Kb/s 或 128Kb/s 的速度传输数据的固定因特网连接。ISDN 的速度是对称的，用户的上下行数据的传输速度相同。用户通常可以从本地电信企业那里获得这种服务。

和拨号连接一样，ISDN 用户需要使用电话线插口作为连接点，但用户不需要将其计算机连接到调制解调器，而是使用一种能传输数字信号的称为 ISDN 终端适配器的设备。ISDN 终端适配器从技术上说并不是调制解调器，因为它并不会调制和解调数据信号。

基础的 ISDN 服务就像拨号那样，只有在用户打开浏览器、电子邮件或其他因特网应用软件时才会进行连接，而在用户关闭那些应用软件后就会断开连接。但 ISDN 连接几乎是瞬时的，所以 ISDN 用户不需要为拨号和"握手"过程进行漫长的等待。一些 ISDN 提供商也会提供一种持续在线动态 ISDN 的服务，只要计算机和终端适配器开着，就会一直保持到 ISP 的连接。但持续在线连接容易使计算机被黑客入侵。

ISDN 允许用户的电话线在进行语音通话的同时进行数据传输。由于 ISDN 服务要比拨号快，有时也将其归类为高速因特网服务，但实际上它并不是真正的高速因特网连接（如 DSL 和有线电视因特网连接）。

DSL（Digital Subscriber Line，数字用户线路）是指一种高速、数字化并且持续在线的因特网接入技术，它使用标准的电话线系统，是个人消费者能够负担得起的几种最快的因特网连接方式之一。这种技术存在几种变体，包括 ADSL（Asymmetric DSL，非对称数字用户线路，下行速度比上行速度快）、SDSL（Symmetric DSL，对称数字用户线路，下行和上行速度相等）、HDSL（High-Speed DSL，高速数字用户线路）、VDSL（Very-high-bit-rate DSL，极高速数字用户线路）及 DSL lite（DSL 简化版）。常用"xDSL"泛指 DSL 技术的整个家族。

DSL 传入和传出本地电话交换站的数据都是以纯数字形式传输的，这样就规避了模拟-数字-模拟转换的瓶颈，避免了使用分配给语音传输的狭窄带宽，从而可以在标准的电话电缆上进行高速数据传输。DSL 能将数字信号附加到普通电话线上未使用的频率范围中。如果 DSL 提供商允许的话，DSL 连接可以同时传输语音和数据。语音和数据信号通过电话线路传输到本地电话公司的交换站，在那里，语音信号与数据信号分离。语音信号被路由到普通的电话系统中，而数据信号被路由到 ISP，然后传输到因特网。影响

DSL 速度的因素有电话线路的特性，以及计算机与电话公司交换站的距离等。在许多地区，DSL 是由电信公司和 ISP 共同投资的，电信公司负责物理线路和语音传输，而 ISP 则负责数据传输。

10.2.3　有线电视因特网服务

所谓有线电视因特网服务（Cable Internet Service）是指建立在能提供有线电视服务基础设施上的持续在线宽带因特网接入。一些有线电视公司能提供按月计费的有线电视因特网服务，而在所有的因特网服务中，有线电视因特网现在能提供最快的接入速度。

有线电视系统本来是为了向无法使用天线接收电视广播信号的偏远地区传输电视信号而设计的，这些系统本来称为公用天线电视（CATV, Community Antenna Television）。公用天线电视的概念就是在社区中安装一个或多个规模庞大、价格昂贵的碟形卫星天线，并用这些天线来接收电视信号，然后通过电缆系统将电视信号发送到各个家庭。有线电视系统的拓扑结构很像计算机网络的物理拓扑结构，因此，可以利用有线电视网络来提供因特网服务，而用户的计算机可以连接到一个由有线电视基础设施的线路组建的邻里局域网中。

有线电视的同轴电缆或光缆除了能传输数字数据外，还具有传输数百甚至上千个频道电视信号的带宽的能力，可以同时为电视信号、输入数据信号和输出数据信号提供带宽。多数有线电视因特网服务是不对称的，上行速度要比下行速度慢很多，以避免用户架设公共的 Web 服务器。有线电视信号不太容易受环境干扰的影响，但数据传输速度会受用户使用的影响。用户与邻居共享的线路只有一定的带宽，如果越来越多的邻居同时使用这种服务，速度就会越来越慢。

在为计算机安装有线电视因特网服务时，用户的计算机实际上是接入到了有线电视网络的以太网类型的局域网中，这个局域网连接了许多邻近地区的有线电视用户。这种类型的连接有两个要求：处理以太网协议的电路和电缆调制解调器。电缆调制解调器将计算机的信号转变成可以在有线电视网络上传送的信号，多数用户都会从有线电视公司那里租用电缆调制解调器。

10.2.4　卫星因特网服务

多数人对通过个人碟形卫星天线接收电视节目的服务都很熟悉，卫星电视服务的公司也能提供因特网接入。卫星因特网服务是指使用个人碟形卫星播信号而建立的持续在线、高速非对称的因特网接入。在很多农村地区，卫星因特网是除拨号连接外的唯一选择。

卫星因特网服务使用同步卫星在计算机和个人拥有的碟形天线间直接传输数据，如图 10-8 所示。在所有因特网接入服务中，卫星有着最大的覆盖范围和到达偏远地区的能力。ISDN 和 DSL 服务被限制在电信公司交换站附近方圆数公里的范围内，有线电视因特网服务被限制在提供了有线电视服务的地区，而任何与在轨卫星间没有障碍的用户都可以使用卫星因特网服务。地球同步轨道上的通信卫星与地球的自转同步运动，并始终出现在天空中的同一位置。

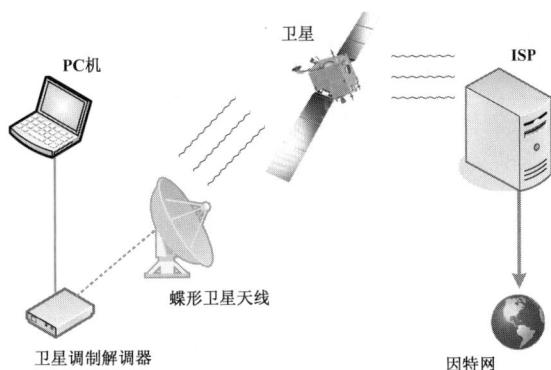

图 10-8　卫星因特网服务使用同步卫星在用户和 ISP 之间传输数据

　　卫星因特网服务平均能提供 1~1.5Mb/s 的有效下行速度，但上行速度只有 100~256Kb/s。卫星信号的发送和接收可能会很慢，且容易受不利天气情况的影响，使得这种数据传输方式的可靠性比有线因特网接入服务要差。

　　卫星数据传输会有一秒或更长时间的延迟，这是由于数据要在计算机和距地面 35 719.8km 的绕轨道运行卫星之间进行传送的缘故。延迟可能对一般的 Web 浏览和下载文件等影响不大，但对于需要快速反应的互动游戏和 IP 电话来说，这可能会成为一个致命的缺陷。

　　与有线电视因特网服务一样，卫星数据传输的速度也可能会随着其他用户的加入而下降，因为卫星的带宽是由所有用户共享使用的。

　　碟形卫星天线和卫星调制解调器是卫星因特网接入所必需的两种设备，并且其设备和安装的费用要比其他因特网服务高。

10.2.5　固定无线服务

　　固定无线因特网服务（又称无线宽带服务）可以通过向能覆盖多数城市及边远地区的地理范围广播数据信号来为家庭和企业提供因特网接入。固定无线技术符合城域网（MAN）标准，这与 Wi-Fi 之类符合局域网（LAN）标准的技术不同。最著名的固定无线标准之一就是 WiMAX（微波存取全球互通，Worldwide Interoperability for Microwave Access），美国公司（如 Clearwire）和英国公司（如 FREEDOM4）提供了 WiMAX 服务。

　　WiMAX 是指一种与以太网兼容的网络标准，它的 IEEE 标识号是 802.16。因为可以作为有线技术（如需要昂贵的基础设施建设费用的 DSL 和有线电视因特网服务）的替代选择，所以正在逐渐流行起来。WiMAX 可以部署在没有有线电视服务的农村地区，或是消费者远离使用 DSL 服务所需的电话交换站的地区。而在城市中，WiMAX 可以与其他因特网服务提供商形成良性竞争。

　　WiMAX 系统使用架设在发射塔上的 WiMAX 天线收发数据。每一个发射塔可以为一片大的地理区域内的用户提供服务。发射塔既可以向用户传输数据，也可以作为其他使用微波连接的发射塔的数据中继站，而且它们可以直接通过电缆连接到因特网的主干网。在距发射塔 5km 的范围内，信号强度足够使非视线范围内的设备接收到信号，这一点类似于 Wi-Fi 接入点。而超出这个范围后，就需要使用天线了。

　　在理想情况下，WiMAX 能以 70Mb/s 的速度传输数据。但实际的速度会受到距离、天气和使用情况的影响。WiMAX 既可以作为对称服务，也可以作为非对称服务。固定无线技术比卫星因特网服务的延迟要短，通常可以提供适合在线游戏、IP 电话和电话会议使用的连接速度。

无线服务提供商通常会提供能够连接到用户计算机的无线调制解调器。这种调制解调器包括能接收无线接入点的信号和发送信号到无线接入点所使用的无线收发器，而无线接入点通常是设置在附近的通信发射塔上。在网络覆盖边缘的用户也可能需要在窗户或屋顶上架设天线，并需要使天线架设在 WiMAX 发射塔的视线范围内。

10.3　便携式和移动因特网接入

拨号、有线电视因特网服务、ISDN、DSL、卫星因特网服务和 IEEE802.16 WiMAX 之类的固定因特网接入使计算机受到了电缆及设备（如调制解调器、碟形卫星天线和天线）的束缚。在台式计算机作为标准配备的时期，固定因特网连接看起来更实用。而现在，随着时尚的笔记本式计算机、PDA、智能手机及其他移动终端的流行，因特网用户呼唤着一种能让他们在访问在线信息和服务的同时自由漫步的服务。

目前的技术还没有达到理想的"因特网无处不在"的境界，也不允许用户使用任何数字设备在任何地点连接到全球因特网数据池。事实上，现在的因特网消费者还必须面对各种混乱的技术、数量繁多的账户，以及为多种因特网连接所支付的不恰当的费用。

尽管如此，现在可用的便携式及移动因特网接入选择还是有一定价值的。对于有着不同生活方式的人，这些选择中的一种或多种可以带来收益、成效或仅仅是简单的乐趣。

所谓便携式因特网接入可以定义为能够方便地将因特网设备从一个位置移动到另一个位置的能力，其服务包括 Wi-Fi、便携式卫星因特网服务及便携式无线因特网服务。

所谓移动因特网接入是指在用户走动或者搭乘汽车、火车或飞机时可以为用户提供不间断的因特网连接。这和移动电话服务的理念非常相似，允许用户在网络的覆盖区域内自由移动，而且在从一个发射塔的覆盖区域移动到另一个发射塔的覆盖区域时信号不会中断。移动因特网接入包括 Wi-Fi、移动 WiMAX 和蜂窝宽带服务。

10.3.1　Wi-Fi 热点

Wi-Fi 是一种无线局域网技术。除了作为常用的家庭网络之外，Wi-Fi 也常用在商店、酒店、学校和公共网络中。如果用户的计算机像现在大多数笔记本式计算机那样装备了 Wi-Fi，那么就可以将计算机带到任何 Wi-Fi 热点以使用便携式因特网接入。

所谓 Wi-Fi 热点是指公众可以访问能提供因特网服务的 Wi-Fi 网络的区域。人们通常可以在咖啡店、露营地、酒店、社区中心、大学校园和机场候机大厅等地方找到 Wi-Fi 热点。

通常情况下，将装有 Wi-Fi 卡的笔记本式计算机带到本地的某个咖啡馆，买一杯咖啡，坐在舒适的座椅上，然后打开计算机。Windows 连接网络的实用程序会自动识别 Wi-Fi 网络并建立连接，接着就可以浏览 Web，这就像在家里使用台式计算机 ISP 提供的连接上网一样。尽管 Wi-Fi 是一种常见的便携式因特网接入方式，但它并不能提供移动因特网接入，用户只能在网络热点的覆盖范围内保持连接。

10.3.2　便携式 WiMAX 和移动 WiMAX

WiMAX 可以被用作一种便携式技术，在发射塔的覆盖范围内的任何地点，用户都可以使用因特网接入服务。使用集成有天线的调制解调器的 WiMAX 用户可以方便地移动他们的因特网服务，只需将其调制解调器重新放置在服务提供商覆盖范围内的任何一个地方即可。

装有 WiMAX 的计算机可以让便携式因特网接入变得更简单。就像许多笔记本式计算机装配了 Wi-Fi 电路那样，生产商也可以为笔记本式计算机添加 WiMAX 电路和天线，这样一来就不需要外置的调制解调器了。

便携式 WiMAX 最大的优点就是，不管用户在家里还是在外面，都可以使用同一个因特网服务提供商，但 WiMAX 目前还没有被广泛使用，其覆盖范围有限。

由 ISP 和移动电话运营商所使用的移动 WiMAX 是一种前途光明的标准，因为它能在不同发射塔的覆盖范围间提供无缝的因特网接入。移动 WiMAX 可以让用户只用一个服务商就能同时满足对移动电话服务和因特网接入服务的需求。

10.3.3　便携式卫星服务

WiMAX 和 Wi-Fi 热点能够为偏远地区和小型城镇提供信号覆盖，但通常不会延伸到很远的人烟稀少的地区。如果用户计划停留在一个固定的偏远地点，那么固定卫星因特网服务是一个好的选择。而如果是在多个偏远地区作远足旅行或是进行研究时需要因特网接入，则可以使用便携式卫星技术。

对便携式卫星因特网服务来说，卫星天线通常是架设在车辆上的。在车辆开动时碟形天线会被收起来，但只要车辆停下来就可以迅速架设好碟形天线。就像固定卫星碟形天线那样，便携式碟形天线也是能发送信号到同步卫星并接收来自同步卫星的信号。如果固定卫星碟形天线的朝向有所改变，它就不能准确地捕捉信号。而移动卫星服务所面临的挑战就是不管用户在什么地方使用，碟形天线都要确保始终能对准正确的朝向。

10.3.4　蜂窝数据服务

如今，在许多国家，蜂窝电话（即手机）的覆盖区域非常广阔，这项技术真正算得上是"移动"技术，用户可以在行走或乘坐移动中的车辆时使用蜂窝电话服务，从一个蜂窝区域移动到另一个区域的过程（信号不受干扰）真正实现了无缝衔接。使用蜂窝电话技术接入因特网可以提供很好的可移动性，这是当前多数有线或无线计算机网络技术所无法实现的。虽然初期的基于蜂窝技术的因特网接入速度比拨号接入还要慢，但现在新技术所提供的速度已经可以与其他宽带服务的速度相媲美。

数据传输的速度取决于蜂窝系统所使用的技术。第一代（1G）蜂窝技术是模拟的，主要是提供语音通信功能，而且传输数据需要语音频带调制解调器来将数据转换成模拟音调。现在所提供的第四代（4G）数字蜂窝服务技术具有更高的语音和数据容量。而每一代技术又分为多个子类，如 CDMA、GSM 和 GPRS 等。

多数蜂窝服务提供商能提供电子邮件和因特网服务。普通的蜂窝电话可以使用 WAP 来访问一些数目有限的经过专门设计的网站。

　　WAP 是一种通信协议，它可以为手持设备（如蜂窝电话）提供因特网接入。具有 WAP 功能的设备包含一个微型浏览器，它可以显示简化版的常见网站，WAP 设备也带有适合小的低分辨率屏幕使用的电子邮件软件。

　　实现"真正的"因特网访问需要一种与 WAP 方式所不同的方式。蜂窝服务提供商提供的真正的因特网数据服务被称为移动宽带服务。宽带接入需要快速的连接、数据服务费及移动宽带设备。

10.4　Web 技 术

　　1990 年，英国科学家 Tim Berners-Lee 制定了 URL、HTML 及 HTTP 技术规范，他希望这三种技术能够让研究人员通过建立访问一种电子文档的"网络"（Web）来共享信息。Berners-Lee 的免费 Web 软件于 1991 年在因特网上出现，但是直到 1993 年马克·安德森和他的同事在伊利诺斯大学开发出图像浏览器 Mosaic 后，Web 才真正开始腾飞。之后，安德森建立了自己的公司并开发了名为 Netscape 的浏览器。正是 Netscape 浏览器把 Web 推到了数以百万计的 Web "冲浪者"的面前。

10.4.1　Web 基础

　　作为因特网最有魅力、最吸引人的地方之一，WWW（万维网，World Wide Web）是指能通过 HTTP 协议在因特网上连接和访问的文档、图像、视频和声音文件的集合。

　　虽然术语"因特网"和"Web"有时被混用，但两者其实是不同的。Web 是互连信息的集合，而因特网是一个通信系统，其用途是把存储在计算机上的信息传输到需要查看该信息的客户端。

　　网站通常会包含一系列经过组织和格式化的相关信息，用户能使用浏览器软件访问这些信息。网站也可以提供基于 Web 的应用。除了提供基于文本的信息和新闻的传统网站外，还有其他各种网站。业余视频、相片和音乐类的网站能获得很大的流量。网上购物是一种很流行的基于 Web 的活动，从小型的淘宝商店到亚马逊（Amazon.com）大型超市及数不清的 eBay 拍卖，用户几乎可以在 Web 上找到各种商品或服务。

　　许多网站还为用户提供了创建个人博客和查看他人博客的工具。很多新闻和政治评论都源于博客。Web 上也有数量繁多的播客。播客是指通过下载或使用 RSS（真正简单聚合，Really Simple Syndication）或"订阅"服务传播的音频文件。用户可以选用一种订阅服务来确保自己可以自动收到新制作的播客。播客已经广泛地用来传播新闻、体育、音乐、教育指导及博客，视频广播则和播客类似，只不过它传播的是视频而不是音频。

　　像维基百科（Wikipedia）之类的维基（wiki）网站、博客、社交网站和 Web 应用有时也被定义为 Web 2.0。Web 2.0 看起来像是 Web 的新版本，实际上它不过是指代一些新兴的对 Web 的创造性使用方式。Web 2.0 和"旧"Web 所使用的都是同样的因特网通信体系。

　　所有在网站上的行为都是在 Web 服务器的控制之下进行的。Web 服务器是指连接到因特网能接收浏览器请求的计算机。服务器会收集被请求的信息，并将这些信息按照浏览器可以显示的格式（通常是以网页的形式）传回浏览器。

所谓网页是指一个或多个基于 Web 的文件按照类似于书页的格式显示出来的结果或输出。但与书页不同的是，网页可以动态地组合视频、声音及其他各种互动元素。网页既可以基于以文件形式存储的文档，也可以由从运行中的数据库中取出的信息组合而成。例如，用户在 Amazon.com 网站上查看有关新发行 CD 的网页时，网页就是从包含有 CD 名称、艺术家名称、歌曲标题、价格、专辑封面插图及其他产品信息的数据库中调取信息组合而成的。访问网页的主要工具是浏览器软件。

10.4.2　HTML 与 XML

HTML 是指创建 HTML 文档需要遵循的一组规范，这些文档可以在浏览器中显示为网页，它能方便地将一个文档中的文字或图像与另一个文档连接在一起，而不必考虑这些文档是保存在同一台计算机中还是保存在网络中的其他地方。超文本、多媒体、超媒体通过链接方式内嵌在 Web 页中。单击 Web 页上的下画线文字或者高亮度图形，可以激活超文本或多媒体链接，单击超链接可以转到另一文档，该文档可以是其他页的信息，或另一个 Web 结点。用户可以在 Web 上通过超链接从某一页跳到其他页中。这就使无数单一存在的信息在 WWW 网中形成了统一信息库，并使原来对计算机网络一无所知的人能轻松地运用网络带来的便利。

HTML 之所以被称为标记语言，是因为创建者可以通过插入特定的指令来标记文档。人们把这些指令称为 HTML 标记，用来说明该文档如何在计算机屏幕上显示或打印。

Tim Berners-Lee 于 1990 年制定了最初的 HTML 规范。这些规范经由万维网联盟（W3C，World Wide Web Consortium）多次修订，但是很多早期的修订没有得到广泛的接受。现有的版本 HTML 4.01 于 2000 年推出。

XHTML 是指一种和 HTML 4.01 非常类似的标记语言，不过它更易于定制。现在的 Web 是按照 XHTML 标准运作的，但人们一般还是将这种技术简称为 HTML。而像 DHTML（动态 HTML）和 Ajax（异步 JavaScript 和 XML）之类的技术为扩展基础 HTML 提供了工具和技术指导，并且使网页有更强的交互性、视觉吸引力及更丰富的媒体资源。HTML 5 的规范目前还在发展中。这些规范整合了 XHTML 和其他动态 Web 技术的很多方面。一旦 HTML 5 出炉，它有可能成为 Web 中应用最广泛的语言。

HTML 文档（与文字处理文件类似，其扩展名是 .htm 或 .html）中包含有 HTML 标记，如 "<hr/>" 和 "<b>" 之类，并嵌入文档中。这些标记是浏览器的指示符，当浏览器在计算机屏幕上显示网页时，它不会将标记或尖括号显示出来，而是尝试按照标记的指示来显示。

HTML 文档就像电影剧本，而浏览器就像导演。导演可以通过整合各个角色并且确保这些角色说了正确的台词，这样一来就能把剧本变成现实。当打开 HTML "剧本" 时，浏览器必须按照 HTML 文档的说明，以正确的颜色、大小及位置在计算机屏幕上显示文字 "台词"。如果剧本需要一个图片，浏览器就必须要从 Web 服务器上获取这个图片并将它显示出来。尽管 HTML "剧本" 是作为永久性文件存在的，所看到的网页在计算机屏幕上存在的时间也只是一小段 "表演" 而已。

从技术的角度来说，需要将 HTML 文档（"剧本"）和网页（"表演"）相区分，但是在日常的谈话中，"网页"通常既指 HTML 文档，也指屏幕上显示出来的网页。HTML 文档有时又被称为源文档，因为用来构建网页的 HTML 标记都来源于它。如果用户对网页如何构建感到好奇的话，在大多数情况下可以通过查看网页的 HTML 源文档来了解。

XML 是 eXtensible Markup Language 的简写，又称扩展标记语言，可以用在数据库或是各种文件格式上，用来接收与应用各种网页的需求。XML 要比 HTML 强大得多，它不再是固定的标记，而允许定义数量不限的标记来描述文档中的资料，允许嵌套的信息结构。HTML 只是 Web 显示数据的通用方法，而 XML 提供了一个直接处理 Web 数据的通用方法。HTML 着重描述 Web 页面的显示格式，而 XML 着重描述 Web 页面的内容。

10.4.3　HTTP

HTTP 是指一个与 TCP/IP 协同工作的协议，它能把 Web 资源获取到台式计算机上来。Web 资源可以定义为任何具有 URL 的数据块，如 HTML 文档、图形或声音文件等。

HTTP 包括称为"方法"的命令，该命令可以帮助浏览器与 Web 服务器进行通信。GET 是 HTTP 中最常用的方法。GET 常用于取回显示网页所需的文本和图像文件。该方法也可以用来将搜索请求传递给文件服务器。HTTP 能够将浏览器的 Web 资源请求发送到 Web 服务器。之后，它能将 Web 服务器的响应传回给浏览器。

一次 HTTP 交流需要一对套接字。套接字是指对连接端的抽象称呼。尽管在包交换网络中，网络结点之间不是真的进行点对点连接，但许多人还是将网络连接看成是在每一端都带有一个套接字的通信线路。对于 HTTP 来说，客户端和服务器上的套接字通常都是关联到端口 80。

在一次 HTTP 交流中，浏览器可打开 PC 机上的一个套接字，然后连接到 Web 服务器上类似的一个打开着的套接字上，并向 Web 服务器发送命令，如"给我发来一个 HTML 文档"这样的命令。Web 服务器收到命令之后开始执行，并通过套接字发回响应。然后套接字关闭，直到下次浏览器准备发送另一个指令的时候再打开。

每一个网页元素是分别取回的。HTTP 属于无状态协议，这种协议对前面发生的交互没有任何记录，它能处理完全基于伴随请求信息的每一次请求。

HTTP 通常会在一次会话中只允许一个请求与响应。因此，浏览器在一次会话中可以请求一个 HTML 文档，一旦文档发出，会话就结束了。Web 服务器上对该浏览器曾经有过的请求也没有相关的记录。这时候，要想再请求其他的内容（如在网页上显示的图形文件），那么浏览器就必须打开另外一个会话。这样就可以明白，当需要组成一个有着很多图片、按钮及声音的复杂网页时，浏览器需要向 Web 服务器发出许多次 HTPP 请求。

Web 服务器响应浏览器请求时会带有一个 HTTP 状态码，它可以指示浏览器的请求能否被满足。状态码为 200 说明请求已经得到满足，即所请求的 HTML 文档、图形或其他资源已经发出。上过网的用户都应该遇到过"404 Not Found"这样的消息。在 Web 服务器发出状态码 404 以说明所请求的资源不存在后，浏览器会相应地显示出"404 Not Found"这条消息。

10.4.4　Web 浏览器的版本

当浏览器有新版本时，应该对现有的浏览器进行升级。浏览器的更新一般都是免费的，用户只需要花几分钟的时间下载和安装，就能够使浏览器拥有最新的功能。

某些网页依赖于新的 HTML 特性，而这些特性只有新版本浏览器才能支持。如果浏览器没有进行升级，那么浏览器试图显示这些网页的时候就很可能会出错。有时显示网页时会出现浏览器解释不了某些 HTML 内容的情况；有时虽然网页并无错误提示，但用户不能从浏览器中看到预期的效果。

升级浏览器的另外一个重要原因是增强安全性。黑客会去寻找和利用各种安全漏洞，浏览器发行商会尽可能地修补这些漏洞。升级程序通常会包括一些已知安全漏洞的补丁，尽管有时新特性也可能会带来新的漏洞。

浏览器最初仅限于显示 HTML 格式的文件和 GIF、JPEG 格式的图形文件。而现在，浏览器可以显示更多的文件格式。但是一些浏览器没有为那些 Web 上常用来显示视频、动画和其他媒体的专用的文件格式提供内在的支持。如果浏览器不能处理所链接到的文件（以某种格式存储），那么通常需要下载一个相关的软件来读取这种文件格式。例如，要阅读 PDF 文件，用户可能被引导到 Adobe 公司的网站去下载 Adobe Reader 软件来处理 PDF 文件。如果要播放动画，用户可能会需要 Adobe 公司的 Flash 软件。浏览器调用的这些读取非专属文件格式的软件能以帮助程序、插件或者播放器的形式存在。

帮助程序（有时又称浏览器加载项）是指可以使浏览器扩展到能够处理不同文件格式的程序。多数帮助程序可以从 Web 上下载。安装帮助程序的过程中会在浏览器和要处理的文件格式（如 PDF、SWF 或 MOV 格式）之间建立关联。每当遇到其中的一种文件格式时，浏览器会自动运行相应的帮助程序来打开该文件。

插件是指由 Netscape 的开发人员所倡导的一类帮助程序。它可以通过在 HTML 文档中添加 "<embed>" 标记来激活。

IE 能使用 ActiveX 组件，该类组件可以由 "<object>" 标记激活。除了这些技术的差别之外，在用户看来当今的帮助程序和插件之间是非常相似的。

在浏览器从网页上获取页面和图片后，就会将这些材料存储在计算机的临时文件中，这种临时文件有时被称为 Web 缓存或浏览器缓存，用户需要在页面或站点间跳转时它们就派上用场了。浏览器可以将整个页面和它上面的图片从本地缓存中读出，而不用再次从 Web 服务器获得这些页面和图片。Web 缓存中的文件会在几天或几周内被删除，这取决于浏览器的设置。

Web 缓存有一个潜在的问题，就是它会将用户浏览过的所有网页元素都存储下来。如果用户使用的是公共计算机或是实验室的计算机，所存储的网页元素是可以被他人浏览的。为了保护个人隐私，就需要定期删除这些文件，调整浏览器设置以限制这些文件在计算机上的留存时间，或是限制 Web 缓存所使用的硬盘空间的大小。

10.4.5　cookie

cookie（在技术上称为 HTTP cookie）是指由 Web 服务器生成后存储在用户计算机硬盘上的文本文件中的一小块数据。Cookie 中包含有效期限，它经过编码，所以用户无法将其辨认出来。图 10-9 显示了一个这样的例子。

ppkcookie1hellowww.quirksmode.org/1600182732736
0298117151147060128298103007*

图 10-9

图中的 cookie 是 ppkcookie，其值是"hello"，它是在 www.quirksmode.org 上创建的

cookie 允许网站将信息存储在客户端计算机上以备将来检索之用，而网站可以使用 cookie 来实现下列功能：

- 通过网站监控路径，记录用户查看的页面或者用户购买的货物清单。
- 收集信息使得 Web 服务器能够根据用户以前在该网站上购买的产品弹出相应的广告条。
- 收集用户在网页表单中输入的个人信息，留作今后用户访问该网站使用。

从许多方面来说，cookie 是对 HTTP 无状态协议所产生问题的一种修补。假设用户使用浏览器访问一个热门的在线音乐商店。用户可以搜索喜爱的乐队，听一些示例曲目，选一些想买的 CD 放入购物车。尽管一个用户可能在音乐网站浏览了 30 分钟或更长的时间，但从网站服务器的角度来看，该行为和几个人访问该站点几秒是差不多的。这是因为 HTTP 是无状态协议，每一次用户连接到不同的页面时，服务器都会认为这是一次新的访问。

cookie 使服务器能够记录用户的行为并编制用户的购买列表，其工作原理是这样的：当浏览器连接到一个使用 cookie 的网站时，浏览器会收到 Web 服务器发出的 HTTP"设置 cookie"的消息。该 cookie 消息包含一些浏览器存储在客户端计算机硬盘上的信息。cookie 信息可能包括客户号、购物车号、地区号或一些其他的数据。另外，cookie 通常包含 cookie 的有效期及生成 cookie 的主机域名。生成 cookie 的服务器在客户端下次访问网页的时候可以向用户请求该 cookie。

IE 浏览器通常将 cookie 作为 Windows\Temporary Internet Files 文件夹中的单独文件存储在用户计算机的硬盘上。用户可以看到存储在计算机上的 cookie 的列表。"@"符号后的信息通常是创建该 cookie 的网站的域名。

Web 开发人员可以编写程序让 cookie 在指定的时间后失效，到了预设的有效期后，Web 浏览器就会把 cookie 删除。因为有些 cookie 没有包括有效期或有效期特别长，所以 cookie 在用户计算机的硬盘上有不断累加的趋势。

10.4.6　网页制作

用户可以使用 HTML 转换实用程序、在线网页制作工具、网页制作软件或文本编辑器来制作网页所使用的 HTML 文档。

HTML 转换实用程序能将 HTML 标记添加到文档、电子表格或是其他基于文本的文件，以创建浏览器可以显示的 HTML 文档。例如，Microsoft Word 允许使用 Word 的"另存为网页"命令将标准的 DOC 文件转换成 HTML 格式。但是，把某个文件转换成 HTML 格式时，有时会产生不正常的结果，这是因为原始文件中的某些特性和格式可能在 HTML 中不能实现。

对于网页制作者来说，制作网页的第二个选择是使用在线网页制作工具。这些模板

式的工具是由一些为个人或企业托管网页的 ISP 或其他公司提供的，用户可以输入、选择、拖放一些元素到网页上，使用方法很简单。

制作网页的第三个选择是使用网页制作软件或 HTML 编辑器的专用软件，它们提供了很多专门设计的工具，用来输入和格式化网页中的文本、图形和链接。常用的网页制作软件有 Adobe Dreamweaver 等。

不管是用文本编辑器还是其他工具，都需要以.htm 扩展名保存 HTML 文档。制作网页并不是发布过程的终点，用户还必须测试页面并把它们传送到 Web 服务器上，然后测试所有的链接。

10.4.7　HTML 脚本

标准 HTML 提供了在网页上显示文本和图形，及链接到其他网页的方法，但由于它不是一门编程语言，没有提供能执行复杂任务或响应用户动作的方法。HTML 脚本是指一系列的程序指令，它可以直接嵌入到 HTML 文档的文本或由 HTML 文档引用的文件中。脚本并不会被浏览器显示出来，而是指示浏览器执行特定的动作或响应特定的用户动作。

HTML 脚本增强了网页的交互性并且结合了一些活动（这些活动起到了计算机程序的作用），如电子商务网站可以使用脚本来验证信用卡信息。脚本可以用来制作交互式网页（如临时表单），也可以与 cookie 协同工作传送定制的网页，如每当用户再次访问亚马逊网站时生成的那些页面。脚本功能扩展和增强了 HTML。

可以将用户使用在线表单时所发生的一切看作是使用脚本的一个例子。HTML 表单可以用来收集用户为电子商务订单、网站注册或民意调查所输入的信息。用户输入到 HTML 表单中的信息会存放在计算机的内存中，而浏览器会在内存中创建与由表单的 HTML 标记所指定的与输入区名称相对应的临时存储区。

脚本可以在客户端或服务器端运行。服务器端脚本由运行于服务器上的语句组成。服务器端脚本负责接收表单提交的数据，处理那些数据然后生成一个定制的 HTML 文件发送到浏览器进行显示。通常这些动态生成的页面能被识别，是因为在浏览器地址栏中显示的它们的 URL 中包含问号(？)。服务器端脚本可以用许多种编程或脚本语言来编写，如 Perl、PHP、C、C++、C#或 Java 等。

客户端脚本由在本地计算机上运行的脚本语句组成，这些语句由浏览器执行，而浏览器必须具有处理编写脚本所使用的编程语言的能力。常见的客户端脚本语言包括 VBScript 和 JavaScript。现在大部分浏览器都可以处理 JavaScript，但是，只有 IE 内置了执行 VBScript 的能力。客户端脚本通常会以 Java 小程序或 ActiveX 控件的形式存在。

Java 小程序是用 Java 编程语言编写的应用程序。程序员或网页制作者可以在 HTML 文件中使用 HTML 标记"<object>"来引用 Java 小程序。在处理包含"<object>"标记的网页时，浏览器会下载相应的小程序并执行它的指令。这种小程序不会安装在用户的计算机上，所以不会在计算机中留下永久性的痕迹。Java 小程序是相当安全的，因为它们不会在用户的计算机上打开、修改、删除或创建文件；而且除了源站点外，它们不会进行任何网络连接；它们也不能打开别的程序。

ActiveX 控件是指一种编译过的计算机程序，它可以在 HTML 文件中被引用并被下载安装到计算机上，可在浏览器窗口中执行。ActiveX 控件也可以在服务器端使用，但用户通常只会在浏览器显示安全性警告或请求进行安装的许可时遇到这些控件的客户端版本。这些控件能通过多种方式增强网页的交互性。ActiveX 可以帮助程序员为许多用户提供一些除全功能应用程序（如文字处理、图形和娱乐软件等）之外的所需功能。

大部分的 ActiveX 控件是安全的。但是，ActiveX 控件是一种成熟的程序，这就给予了它一些潜在的能力。例如，它能够包含有一些可以改变或删除计算机硬盘上数据的程序。ActiveX 控件中包含数字证书以增强它们的安全性。数字证书是指文件的电子附件，它可以验证文件来源的身份。

与创建并测试 HTML 文档相比，编写并测试脚本的工作多少会困难一些，所以与脚本打交道的通常是专业网页设计者。但对脚本有个基本了解，再结合对 HTML、HTTP、cookie、浏览器和超文本的深入掌握，就可以对 Web 的工作原理有更完整的了解。

10.5　搜索引擎与电子邮件

Web 中包含有数以亿计的页面，它们存储在遍布世界各地的服务器上。不过要使用这些信息，就必须找到它们。想要找到基于 Web 的信息的位置是很难的，用户希望发现的特定事实，可能位于某台地理位置偏僻的服务器上，也可能深藏在某个大型电子商务网站文件夹的结构中。Web 冲浪者可依靠搜索引擎来为他们在浩如烟海的 Web 信息中导航。

10.5.1　搜索引擎基础

Web 搜索引擎（简称"搜索引擎"）是指一种通过形成简单的关键字查询来帮助人们定位 Web 上的信息的程序。作为对查询的响应，搜索引擎会把结果或"命中"以相关网站列表的形式显示出来，并且还带有到源页面的链接，以及包含关键字的简短摘录。

常用的搜索引擎是存放在网站上的，如 www.google.com、www.soso.com 等。通常情况下，图书索引能帮助读者找到含有特定词语或概念的书页，而搜索引擎能帮助 Web 冲浪者链接到包含他们所找信息的网页。但与书本不同的是，Web 上的信息量实在大得惊人，根本不可能通过手工对其按目录分类，所以是由搜索引擎软件来完成这项工作。

可以简单地认为 www.google.com 就是搜索引擎，但更确切地说，它是一个提供搜索引擎访问的网站。搜索引擎是在幕后从 Web 上收集信息、编制索引、查找和排列信息的程序。包括 Google 在内的一些网站使用的是自有版权的搜索引擎，而其他网站则会付费使用第三方搜索技术。搜索引擎技术还可以与电子商务、信息和公司网站结合在一起，多是以用来搜索网站内信息的查询工具栏的形式存在的。搜索引擎包含四个组件：爬网程序、索引程序、数据库和查询处理器。爬网程序会遍寻 Web 以收集描述网页内容的数据。而索引程序则会处理爬网程序收集来的信息，将其转换成存储在数据库中的关键字列表和 URL 列表。而查询处理器允许用户通过输入关键字访问数据库，然后会产生一个网页列表，列表中包含与查询相关的内容。

10.5.2　爬网程序

爬网程序（Web crawler）有时又称蜘蛛程序（Web spider），它是指一种能自动而有条不紊地访问网站的计算机程序。爬网程序可以在它们访问网站时进行各种活动，不过对搜索引擎来说，爬网程序只会下载网页，并将其提交给索引程序处理。

爬网程序会从一个可访问 URL 的列表开始。在复制完指定 URL 的材料后，爬网程序会查找超文本链接并将其添加到这个可访问 URL 的列表。为了尽可能高效地覆盖 Web，爬网程序可以并行地进行多个处理。尖端的算法可以保证处理不重叠、不陷入死循环，并且不会试图抓取由服务器端脚本动态生成的网页。

高性能的爬网程序一天能访问数以亿计的网页，但那些页面也只是整个 Web 的冰山一角。研究人员估计即使是覆盖面最广的搜索引擎也只覆盖了 Web 不到 20% 的部分。每一种搜索引擎似乎所关注的网站集都有细微差别。在不同搜索引擎中输入相同的搜索会产生不同的结果，所以有时尝试多种搜索引擎是很值得的。

爬网程序通常不会从不可见的网站上收集材料，所谓不可见是指需要受到密码保护登录的页面，或是由服务器端脚本动态生成的页面。动态生成网页潜在的数量（如亚马逊网站根据它的仓储数据库能生成的所有可能的页面）十分巨大，要编索引根本不可行。如果要访问与电子商务商品或图书目录相关的信息，也许需要直接访问商家或图书馆的网站，并使用它们所提供的搜索工具。

用户在用搜索引擎查询时，会希望结果是最新的，这样就不会把时间浪费在那些指向已更改或被删除网页的链接上。搜索引擎会使用多种算法来刷新它们的索引。

搜索引擎的爬网程序访问网页的次数各有不同，这取决于多种因素，如页面的更新频度和网站的受欢迎程度等。不重要的页面可能一个月仅被访问一次，而新闻网站的页面则是会被每天访问。

搜索引擎索引器是指从网页中取出关键字并将其存入数据库的软件。索引器的作用就是让基于特定内容的页面查找过程变得更为简单。例如，一个经典漫画书网站可能包含旧漫画的信息和封面，包括“经典”“漫画”“漫画书”“插图”“封面”“陈列馆”“超级英雄”“犯罪”“爱情”“黄金时代”之类的关键字，可以对将来要访问的页面进行分类。

搜索引擎的查询处理器会在搜索引擎索引化的数据库中查找搜索项，并返回相关网站列表。在响应搜索所生成的网站列表中，网站的顺序取决于关联标准（如关键字匹配）和链接流行度。

如果搜索是基于多个关键字进行的，那么包含有最多匹配词的页面会先被显示。链接流行度是指度量网页链接的数量和质量的标准。带有流行网站链接的页面往往会获得更高的检索地位。

将网站添加到搜索引擎索引中的方法有多种。搜索引擎的爬网程序可以自动地找到网站，而管理着许多网站的网站管理员可以向搜索引擎提交网站，也可以通过竞价排名的形式提交网站，或者以标题广告或弹窗广告的形式提交。

大多数搜索引擎提交网站 URL 的过程是很简单的，所以网站管理员不必等着爬网程序来找到他们的网站。手工提交的网站可以被添加到爬网程序的可访问网站的列表中，最终网站会被添加索引。

一些搜索引擎是接受竞价排名的，这会将支付过竞价费用的网站放在结果列表的上部。另外一些搜索引擎则接受付费广告，但会将它们放在一个特别划定的区域中。例如，Google 会显示一栏和用户输入的搜索关键字相关的广告。假设用户想要查找山地自行车的旅行路线，主结果列表中会显示山地自行车旅行路线图及相关评论。而含有赞助链接的附加栏是由销售山地自行车相关产品的商家进行竞价排名的。只有在广告链接被点击后商家才需要付费。

某些不良网站的运营者会不时尝试谋划一些阴谋，如操纵网页的描述关键字，使得他们的网站移动到搜索引擎查询结果列表的上部。描述关键字是指在制作网页时输入到网页头部中描述页面内容的文本。为搜索所输入的单词可以称为查询、搜索条件、搜索项或关键字。

关键字堆砌是指一种不道德的行为，它被用在操纵描述关键字以获得高的检索排名的行为中。例如，网页中可能包括类似"性"（这个词经常被用来作为搜索词语）的描述关键字，但实际上这个网页中几乎就没有关于这个词语的信息。

10.5.3　电子邮件基础

人们对因特网的真正应用始于电子邮件（E-mail），如今，每天有大约 2 500 多亿封电子邮件在因特网上传送。电子邮件可以仅仅指单个邮件，也可以指传送、接收和存储电子邮件的整个计算机和软件的系统。

任何人只要有电子邮件账号即可发送和接收电子邮件。电子邮件账号为用户提供了存储空间或"邮箱"的使用权利，它一般由电子邮件提供商（如 ISP）提供。每个邮箱都有唯一的地址，一般由用户 ID、@ 符号及维护邮箱的计算机的名称组成。例如，zhousu@qq.com。

电子邮件是指在计算机上撰写、以数字或"电子"形式保存并能够传送到另一台计算机上的文档。消息头包括收件人的电子邮件地址和消息主题。消息头也许还包括其他收到同样消息的人的邮箱地址，以及附在消息上的文件附件的名称。电子邮件的正文包含了发信人的消息。消息头和正文通常都在一个表单内显示。

电子邮件的基本功能包括撰写、阅读、回复及转发邮件。邮件可以被打印出来，可以保存下来供以后参考，或可以被删除。

最初，电子邮件是以普通的、简单的 ASCII 码格式的文本进行存储的，不允许有其他格式，邮件中没有不同的字体或颜色、没有下画线或粗体字，当然也没有图片和声音。尽管不能将数码照片或声音文件插入到普通的 ASCII 码格式的电子邮件中，但是这类文件可以作为电子邮件附件发送。

任何随电子邮件一同发送的文件都是电子邮件附件。一种称为 MIME（多用途因特网邮件扩展，Multipurpose Internet Mail Extensions）的转换过程可巧妙地将数码照片、声音和其他媒体文件伪装成普通的 ASCII 码格式的文本，然后将其作为电子邮件附件在因特网上传送。电子邮件头中合成有电子消息，可向电子邮件客户端软件提供相关信息，用于把附件还原成其原有形式。

大部分电子邮件客户端软件都允许用 HTML 格式创建电子邮件。之所以使用 HTML 格式，是因为 HTML 格式的邮件能装载图片及许多格式复杂的文本，而这对普通的 ASCII

码文本来说是不可能的。

选择电子邮件客户端软件的 HTML 选项后，撰写电子邮件时，便可使用多种颜色、粗体、斜体和带下画线的文本，使用不同的字体，嵌入图片，以及使用不同大小的字体。唯一的限制是，电子邮件的收件人必须有适用 HTML 格式的电子邮件客户端软件。否则，电子邮件将以普通的、未经格式化的 ASCII 码格式的文本传送给收件人。人们还应该知道，HTML 格式的电子邮件可以传播病毒，并且可以打开安全漏洞，这会使计算机很容易遭受黑客的攻击。

除了附件和 HTML 格式外，如今的电子邮件系统一般还具有维护地址簿等功能。

10.5.4　电子邮件技术

电子邮件系统是指能够传送、操作电子邮件的设备及软件，它包括对邮件进行分类、存储和发送的称为电子邮件服务器的计算机与软件，以及收发邮件的归个人所有的个人计算机。电子邮件是基于"存储—转发"技术发展而来的，该通信技术能把不能直接发送到其目的地的数据先临时存储起来，等数据传输可以进行时再将其发出。这种技术使得电子邮件在转发到下一服务器或个人的电子邮箱之前，能够先被发送并存放到一个服务器上。

现在广泛使用的电子邮件系统有三种：POP、IMAP 和 Web 电子邮件。POP（邮局协议，Post Office Protocol）可将邮箱的新邮件暂时存储在电子邮件服务器上，当用户连接 ISP 或是查看电子邮箱时，新邮件就会被下载并存储到自己的计算机上。IMAP（因特网消息存取协议，Internet Messaging Access Protocol）是类似于 POP 的协议，POP 可选择把邮件下载到用户的计算机或者留在服务器上，而 IMAP 却不能。Web 电子邮件则会将邮件保留在网站上，用户可以使用标准 Web 浏览器访问它。

在使用 Web 电子邮件之前，首先要有 Web 电子邮件提供商提供电子邮件账号。常见的 Web 电子邮件服务包括 Google 的 Gmail、MSN 的 Hotmail 等。

只需打开 Web 电子邮件提供商的网站，并输入要申请电子邮件账号所需的个人信息，即可获取一个 Web 电子邮件账号，包括电子邮件地址、用户 ID 和密码。取得电子邮件账号即可通过连接在因特网的任何计算机用浏览器打开该邮箱所在的网站，并登录到自己的邮箱。在该网站上，即可对电子邮件进行撰写、阅读、回复和删除等操作。由于相当多的 Web 电子邮件的提供商发放的账号都有空间的限制，所以，删除已不再需要的旧邮件是很重要的。否则一些新邮件便会因为电子邮箱空间已满而被退回给发信人。

大多数使用 POP 或 IMAP 电子邮件的人需要从 ISP 那里获得一个电子邮件账号，而 POP 电子邮件账号更为常用。这样的一个账号可以在 ISP 的 POP 服务器上为用户提供一个邮箱，POP 服务器（即一台计算机）负责存储新邮件，一直到这些邮件被发送到用户的计算机上为止。使用 POP 电子邮件，需要有电子邮件客户端软件，如 Microsoft Outlook 等。这些软件可以安装在用户的计算机上，由于它们提供了收件箱和发件箱用于处理邮件，因此即使计算机离线时也能进行操作。

收件箱用于存放接收到的邮件。当用户向电子邮件服务器发出递送自己的邮件的请求时，存储在服务器上的所有该用户的电子邮件都会被传送到该用户计算机的存储设备上，同时将它们作为新邮件列在收件箱中。

发件箱可以临时存放撰写中或者已经完成的、但还没有经由因特网发送出去的电子邮件。在撰写邮件时可以断开因特网连接（离线撰写），在撰写完毕后，邮件即可被存储在用户的计算机中，并会在发件箱中列出。在连接因特网后，即可把存放在发件箱中的所有邮件发送出去。发出的邮件被发送到 SMTP 服务器（Simple Mail Transfer Protocol server，简单邮件传输协议服务器）上，而不是 POP 服务器。

10.6　因特网服务与技术

因特网上的信息资源非常丰富，信息应用的种类也是多种多样的。除了前面介绍的万维网（WWW）、电子邮件等服务形式之外，还包括：

（1）远程登录（Telnet）。在因特网中，用户可以通过远程登录使自己成为远程计算机的终端，即远距离使用对方计算机，运行程序或使用它的软件和硬件资源。

（2）电子公告牌（BBS）。BBS 也是一项受广大用户欢迎的服务项目，用户可以在 BBS 上留言、发表文章、阅读文章等。

（3）网络新闻（USENET），又称电子新闻或新闻组。与 BBS 比较类似，它也是提供一个场所，让对某个问题感兴趣的各个用户之间进行提问、回答、新闻和评论，以及其他信息交流。

在拥有因特网连接后，用户就可以访问全球数据通信系统了。协议（如 TCP/IP 和 UDP）处理的是基础的数据传输，但补充协议（有时又称应用协议）实现了多种实用的因特网应用，如实时消息、IP 电话、网格计算、FTP 和文件共享等。

此外，在移动商务系统的建设和应用中，还使用了其他很多关键技术，如分布式计算、安全技术、无线通信技术等。

10.6.1　实时消息

基于网络的实时消息系统可以让在线的人互发短消息。一对一地发送消息称为即时消息（IM，Instant Messaging），而群组通信则称为聊天。

每天会有数以百万计的人使用消息系统，如 AOL Instant Messenger（AOL 即时通）、Yahoo! Messenger（雅虎通）、Google Talk、Apple iChat 和 Windows Live Messenger，在国内通常是用 QQ 来与朋友、家人及同事互相交流。一些系统会提供语音消息选项，这样使用者就可以通过使用连接到计算机的麦克风互相对话了。而视频消息则是由一些系统提供的另一个选项，前提是参与的双方都要有连接到计算机的摄像头。

多数消息是基于客户端/服务器模式的，这样就需要使用服务器来处理用户（客户端）间的通信包。在用户登录时，他们需要连接到消息服务器，在那里将验证用户的 ID 和密码。然后服务器会传回用户列表或好友列表。对聊天室来说，"用户"是指那些现在参与到讨论中的人。而对即时消息来说，"好友"是指用户的朋友列表中现在在线的人。消息被输入到客户端软件中并使用消息协议将消息分割成包，然后根据系统的不同，将这些包发送到服务器进行分发，或者直接将包发送给接收者。一些协议还会在传输消息前对消息进行加密。消息和聊天协议包括 IRC（Internet Relay Chat，因特网中继聊天）、MSNP

（移动状态通知协议，Mobile Status Notification Protocol）和 Jabber 协议。

　　如果正在使用消息服务，就应该采取措施保护计算机及隐私的安全。即时消息系统是很脆弱的，因为即时消息病毒和间谍软件很可能隐藏在消息中的链接所指向的文件中。要免受病毒的侵扰，就要确保启用了最新的杀毒软件，还要使用反间谍软件，并且一定不要打开来历不明的文件，也一定不要点击来历不明的链接。即时消息病毒会利用即时消息客户端软件中的代码错误或缺陷，因此一定要确保使用最新版本的客户端软件，或者在有客户端软件更新时及时地安装更新。注意不要在聊天室中泄露个人信息，以保护隐私。许多聊天室的用户只是利用虚构的身份来获得乐趣。在使用即时消息时，要注意到消息是能被好友记录下来并转发给其他人的，消息也是可以被拦截的。

10.6.2　VoIP

　　VoIP（Voice over Internet Protocol，IP 电话）是指一种使用宽带因特网连接代替普通电话系统进行电话通话的技术。最早的 VoIP 连接是计算机到计算机的连接，其工作方式更像是带语音功能的即时消息，而不像传统的电话通话。但现在的 VoIP 系统还允许用户使用标准电话机听筒来打电话或接电话。它们也可以让用户将固定电话机收到的电话转接到标准电话机上。

　　现在的 VoIP 系统的工作原理是：将语音通信转换成数据包，IP 地址被附加在每个包上。例如，如果用户正在通过基于计算机的 VoIP 给朋友打电话，那么朋友的 IP 地址就会被附加在数据包上。如果通话对象使用的是固定电话，或是其他没有 IP 地址的电话，那么 VoIP 包上附加的地址就是可将包通过所需的固定电话线路路由到其目的地的服务 IP 地址。

　　要安装标准的 VoIP 系统，可以使用价格便宜的 ATA、IP 电话机、无线 IP 电话机或 USB 电话机。

　　ATA（Analog Telephone Adapter，模拟电话适配器）是指可将模拟语音信号转换成数字数据包的设备。ATA 可将标准电话连接到局域网路由器或宽带调制解调器上的以太网端口。IP 电话机包括内置的模拟数字转换装置，而且具有传统电话听筒的作用。IP 电话可以直接插在路由器的以太网端口上。而无线 IP 电话机则可向无线路由器发送 Wi-Fi 信号，所以无线 IP 电话机的听筒可以像无绳电话那样使用。

　　如果需要给固定电话的用户打电话，就需要注册服务提供商像 Skype 之类的 VoIP 服务。多数提供有线电视因特网服务的 ISP 也能提供 VoIP 服务。VoIP 服务会收取固定的月费，以处理基于因特网的电话数据与本地电话公司互联的问题。在登录 VoIP 服务后，用户会得到一个指定的标准电话号码。而用户还会发现这个号码也是有区号的，但这个区号不一定是所在地的普通电话所使用的区号。

　　VoIP 就像使用普通电话那样，几乎能拨打世界各个地区的电话，用户在缴纳月费或年费后，基本上就可以不受限制地使用 VoIP 服务拨打本地或长途电话。这就是说，没有时间的限制，没有漫游费，没有额外的国内外长途电话费。

　　能同时提供 Wi-Fi 接入和蜂窝电话服务的移动电话既可以使用 VoIP，也可以使用蜂窝服务拨打电话。如果在 Wi-Fi 热点的覆盖范围内，电话会作为 VoIP 电话通过因特网路由，否则，电话会通过标准蜂窝服务路由。VoIP 的通话质量取决于快速的因特网连接。

10.6.3　FTP

FTP（文件传输）服务器允许因特网上的客户将一台计算机上的文件传送至另一台计算机上。一般在 FTP（File Transfer Protocol，文件传输协议）服务器上，存放着大量的资源，用户借助于任何一台因特网终端计算机和相关软件，通过用户名和密码的控制，可以上传和下载各种类型的文件：文本文件、二进制可执行文件、图像文件、声音文件、数据压缩文件等。FTP 比其他方式（如电子邮件）交换数据都要快得多。

人们通常使用 FTP 共享项目中存储在文件服务器上的大型文件。文件可以由某一用户上传到服务器上，然后被其他用户下载。不使用 FTP，而通过电子邮件附件来传送文件，这对于发送非常大的文件或因特网连接速度较慢的用户来说是不现实的。

FTP 服务器通常是指一台包含很多远程用户想要访问的文件的计算机。FTP 服务器会运行软件监听 20 和 21 端口，以响应来自于其他计算机的请求。用户可以使用 FTP 客户端软件或 Web 浏览器访问 FTP 服务器。当请求到达服务器时，服务器会确保发送请求的用户有权限访问所请求的文件。如果请求是有效的，文件就会以一系列包的形式通过因特网传输到发送请求的计算机，计算机文件会被保存到本地存储设备的指定位置。

一些 FTP 站点要求远程用户在访问文件前登录服务器。登录 ID 和密码可以从 FTP 站点运营者那里获得。访问权限能够以多种形式进行配置，以允许或防止远程用户更改文件名、删除文件、上传文件或下载文件。

在不使用密码的情况下，可以使用用户 ID"anonymous"登录访问匿名 FTP。一些匿名站点可能要求用户输入其电子邮件地址作为密码，但所使用的信息很少是用来进行身份验证或地址追踪的。

10.6.4　Java EE

Java EE 是 Sun 公司推出的一种应用平台、一个规范，它使用了多层分布式应用模型，与传统的因特网应用程序模型相比，Java EE 应用模型定义了一种让多层应用程序实现服务的建筑模型，提供了可伸缩、易访问、易于管理的方法。

Java EE 应用程序模型通过在建立多层应用程序中降低其复杂程度，来简化和加速应用程序的开发。Java EE 应用模型把实现多层结构服务的工作划分为两部分：开发者实现商业和表达逻辑，以及由 Java EE 平台提供的标准的系统服务。开发者可以依赖这个平台为开发中间层服务中遇到的系统级硬件问题提供解决方案，这种标准模型使培训开发人员的费用降为最小。

Java EE 应用程序模型的一个重要目的就是使应用程序最小化。实现这一点的一种方法是提高在 Java EE 平台上运行普通任务的能力，这些普通任务包括强制一个应用程序的安全目标，执行它的交易处理，链接它所需要的组件。Java EE 提供了一种简单的，公开的方式来说明这些行为。这些说明被分散地放在各部分代码中和开发描述中，而开发描述是应用程序包的一部分。这些基于 XML 的说明使应用程序开发者不用修改任何组件就可以改变应用程序的作用。

10.6.5　Web Service

　　所谓的 Web Service 是封装成单个实体并发布到网络上供其他程序使用的功能集合，是用于创建开放分布式系统的构件，是指由企业发布的完成其特别商务需求的在线应用服务，其他公司或应用软件能够通过因特网来访问并使用这项在线服务。

　　Web Service 是下一代的 WWW，它允许在 Web 站点上放置可编程的元素，能进行基于 Web 的分布式计算和处理。Web Service 的发展非常迅速，新规范（SOAP、WSDL 和 UDDI）的构建模块刚出现就已经对设计、开发和部署基于 Web 的应用产生了巨大的影响。

　　Web Service 的特点包括：

　　（1）互操作性。任何的 Web Service 都可以与其他 Web Service 进行交互。由于有了 SOAP（Simple Object Access Protocol，简单对象访问协议）这个所有主要供应商都支持的新标准协议，避免了协议之间转换的麻烦。还因为可以使用任何语言来编写 Web Service，因此，开发者无须更改其开发环境，就可生产和使用 Web Service。

　　（2）普遍性。Web Service 使用 HTTP 和 XML 进行通信，任何支持这些技术的设备都可以拥有和访问 Web Service。

　　（3）易于使用。Web Service 的概念易于理解，并且有来自 IBM 和 Microsoft 这样的供应商的免费工具箱能够让开发者快速创建和部署 Web Service。

　　（4）行业支持。所有主要的供应商都支持 SOAP 和周边 Web Service 技术。例如，Microsoft 的 .Net 平台就基于 Web Service，因此用 Visual Basic 编写的组件很容易作为 Web Service 的部署，并可以被 IBM Visual Age 编写的 Web Service 所使用。

10.6.6　分布式计算

　　分布式计算是近年提出的一种新的计算方式，就是在两个或多个软件互相共享信息，这些软件既可以在同一台计算机上运行，也可以在通过网络连接起来的多台计算机上运行，它把需要进行大量计算的工程数据分割成小块，由多台计算机分别计算，在上传运算结果后再统一合并得出数据结论。

　　与其他算法相比，分布式计算具有以下优点：

　　（1）稀有资源可以共享。

　　（2）通过分布式计算可以在多台计算机上平衡计算负载。

　　（3）可以把程序放在最适合运行它的计算机上。

　　其中，共享稀有资源和平衡负载是计算机分布式计算的核心思想之一。实际上，网格计算就是分布式计算的一种。如果说某项工作是分布式的，那么，参与这项工作的一定不只是一台计算机，而是一个计算机网络，显然这种方式具有很强的数据处理能力。

　　分布式计算体系是指一个使用分布式计算的方法来设计、编写和运行的应用系统。就其本质来说，它和面向对象编程一样，是指一种程序设计和软件发布的方式，而与具体的语言和编译器无关。

　　分布式计算体系从概念上来说，可以分为以下三个部分：

　　（1）数据库服务器。负责有关数据库的管理工作，包括数据库的建立，数据的组织和查询，对数据进行统计等与数据操作有关的功能。

　　（2）客户程序。主要实现与用户进行交互的功能，从用户收集信息和命令，反馈给系统；从系统得到数据和结果，通过显示或打印机等其他输出设备，反馈给用户。

（3）应用服务器。应用服务器是数据库服务与客户程序之间的桥梁，客户程序通过应用服务器向数据库服务器发送命令、请求数据，数据库服务器通过应用服务器响应命令、返回数据。应用服务器在此过程中对所有的命令和数据进行控制，以实现商业逻辑运行。

与传统的 C/S 结构体系相比，分布式计算体系更安全可靠。首先，客户端不和数据库服务器直接相连，甚至可以不在同一物理网络上，充分保证了数据的安全性，保证用户只能通过客户端应用程序来存取数据。其次，只要系统设置有相应权限管理，用户就只能进行与其权限相符的操作，从而进一步保证系统数据的安全性。最后，应用服务器的分布，使得相应的商业逻辑的实现由不同的人员管理，使系统更具安全性。

分布式计算体系对客户端的要求更低，可以充分发挥服务器的能力。所有的商业逻辑的实现，都在应用服务器和数据库服务器上实现了，并且大量的统计和计算工作都是在服务器上完成，这样可以充分发挥服务器的能力，客户端所要做的工作就只是与用户进行交互，而不需要进行大量的计算工作，对客户端的要求比较低。

使用分布式计算体系，可以很轻易地实现系统的无缝升级。如果商业逻辑变化了，只要对应用服务器进行修改和升级，而不要到用户那里去升级其客户端程序，更方便快捷、省时省力。

【习　　题】

1. 20 世纪 70 年代开始发展起来的因特网是一个遍及全球并且彼此相互通信的大型计算机网络，组成因特网的计算机网络包括（　　　）。

    A. 小规模的局域网（LAN）　　　　　　B. 中等规模的城域网（MAN）

    C. 大规模的广域网（WAN）　　　　　　D. 上述全部

2. ISP（因特网服务提供商）管理路由器、通信设备和其他的网络设备，这些网络设备能够在物理层面上处理用户和因特网之间传送与接收的（　　　）。

    A. 数据　　　　B. 数字　　　　　C. 邮件　　　　　　D. 文字

3. 由用户计算机到因特网的数据传输速度称为（　　　）。

    A. 下行速度　　B. 用户速度　　　C. 上行速度　　　　D. 网络速度

4. 一对一发送消息称为即时消息（IM），而群组通信称为（　　　）。

    A. 广播　　　　B. 聊天　　　　　C. 群组消息　　　　D. 讨论

5. cookie 被开发出来是因为 HTTP 是一种（　　　）协议，所以每次用户连接到不同的页面时，Web 服务器都会将其视作一个新连接。

    A. 无状态　　　B. 有状态　　　　C. 非常状态　　　　D. 特殊状态

6. 若上行速度和下行速度不同，那么用户使用的是非对称因特网连接。对或错？（　　　　）

7. 可以使用 VoIP 呼叫其他计算机，因为它是一种因特网服务，但不能使用 VoIP 呼叫固定电话。对或错？（　　　）

【实验与思考】关注发展：乌镇世界互联网大会

1．实验目的

本节"实验与思考"的目的是：

（1）学习和熟悉因特网与 Web 技术的相关概念和知识。

（2）了解网络通信管理的基本概念与方法。

（3）通过因特网搜索与浏览，了解网络环境中主流的网络通信测试技术网站，尝试通过专业网站的辅助与支持来学习和开展网络通信管理应用实践。

2．工具/准备工作

在开始本实验之前，请回顾教科书的相关内容。

需要准备一台带有浏览器，能够访问因特网的计算机。

3．实验内容与步骤

1）因特网技术的基本概念

请参考课本或者网络搜索，熟悉并解释下列因特网技术名词：

（1）Wi-Fi 热点：_____

_____

（2）移动 IP：_____

_____

（3）移动因特网接入：_____

_____

（4）蜂窝技术：_____

_____

（5）WAP 技术：_____

_____

（6）5G 技术：_____

_____

（7）搜索引擎：_____

_____

（8）实时消息：_____

_____

（9）VoIP：_____

_____

（10）FTP：_____

_____

2）关注乌镇世界互联网大会

背景：乌镇（见图 10-10）位于浙江省嘉兴市桐乡，地处江浙沪"金三角"的杭嘉湖平原腹地，距杭州、苏州均为 60km，距上海 106km。乌镇属太湖流域水系，河流纵横交织，京杭大运河依镇而过。乌镇是首批中国历史文化名镇、中国十大魅力名镇、全国环境优美乡镇、国家 5A 级景区，素有"中国最后的枕水人家"之誉，拥有 7 000 多年文明史和 1 300 年建镇史，素有"鱼米之乡、丝绸之府"之称。2014 年 11 月 19 日始，乌镇成为世界互联网大会永久会址。

世界互联网大会（World Internet Conference，见图 10-11）是由中国倡导并举办的互联网盛会，旨在搭建中国与世界互联互通的国际平台和国际互联网共享共治的中国平台，让各国在争议中求共识、在共识中谋合作、在合作中创共赢。首届世界互联网大会（乌镇峰会）2014 年 11 月 19 日～21 日在浙江乌镇举行，大会由国家互联网信息办公室和浙江省人民政府共同主办，由浙江省网信办、浙江省经信委、乡市政府和中国互联网络信息中心联合承办。

图 10-10　乌镇　　　　　　　　图 10-11　世界互联网大会

请通过网络搜索学习，深度了解历届世界互联网大会，把握世界互联网科技发展的脉搏。

请记录：

（1）首届世界互联网大会于 2014 年 11 月 19 日～21 日在浙江乌镇举行，并宣布今后乌镇将作为世界互联网大会的永久会址。为何选址乌镇作为"永久会址"？据悉，专家组在中国寻找会址提出三个条件。这三个条件是：

① _____

② _____

_____

③ _____

_____

（2）关于首届世界互联网大会。

举办时间：_____

大会主题：_____

_____

主要议题：_____

_____

重要新闻：_____

_____
_____
_____
_____

（3）关于第二届世界互联网大会。

举办时间：_____

大会主题：_____
_____

主要议题：_____
_____

重要新闻：_____
_____
_____
_____
_____

（4）关于第三届世界互联网大会。

举办时间：_____

大会主题：_____
_____

主要议题：_____
_____

重要新闻：_____
_____
_____
_____
_____

（5）关于第四届世界互联网大会。

举办时间：_____

大会主题：_____
_____

主要议题：_____
_____

重要新闻：_____
_____
_____
_____
_____

4．实验总结

_____

_____

_____

5．实验评价（教师）

_____

_____

第11章

云计算与物联网

【导读案例】足以颠覆微信和阿里的 60 万亿大产业

李彦宏说，移动互联网的时代结束了。周鸿祎说，互联网下半场就要开启。谷歌公司董事长埃里克·施密特预言：互联网即将消失，一个高度个性化、互动化的有趣世界即将诞生。下一个足以颠覆微信、超越阿里的超级风口在哪里？当下看，唯有物联网。

风正起

"物联网"一词从 1999 年提起到现在，专业"忽悠" 18 年，孩子上大学了，都没见着大规模商业化的影子。人们早不拿它当"风口"了。

但在 2016 年，物联网领域发生两件惊天动地的大事。

一是在 2016 年 6 月，3GPP 组织（移动通信标准化团体）将 NB-IoT 标准协议（即"窄带蜂窝物联网"，或称"NB 的物联网协议"）确定为物联网通信的全球统一标准。

关于 NB-IoT 的重要特性，通俗地说：它用于移动性不强、传输数据量小、延时不敏感的应用场景，如智能抄水表；它比 GSM 网覆盖范围高 10 倍，地下管道也能信号全覆盖；一个基站接入设备量高达 10 万；电池不充电能让通信模块死扛 10 年；成本仅需 5 美元。最重要的是，华为正是这一标准的发起者。

二是在 2016 年 11 月，"经过艰苦卓绝的努力和万分残酷的竞争"，3GPP 组织将华为的极化码方案确定为 5G 短码的最终方案。这成为中国在通信领域拥有重大话语权的标志性事件。

5G 技术被认为是物联网的标配，能提供低成本、低能耗、低延迟、高速度、高可靠性的通信，以支持物联网长时间、大规模的连接应用。例如，智能汽车，时速达到 200 公里，5G 还要保证车与车、车与路的信号延时仅 1ms。这好比站在两辆飞奔的跑车上打乒乓球，一眨眼（0.6s），双方要打 300 个回合还不丢球。这让 5G 的物联网应用无比广阔，唯一的限制就是人们的想象。标准尘埃落定，所有厂商都决定放手大干一场。2017 年，很可能成为物联网大规模商用的肇始元年。

物联网的市场空间有多大？

美国市场研究公司 Gartner 预测，到 2020 年全球物联网设备将达 260 亿台，市场规模将达 1.9 万亿美元；麦肯锡的预测更惊人，到 2025 年市场规模将达 11.1 万亿美元（相当于 60 万亿人民币）。

显然，这正是互联网大佬们热议的"下半场"。

有人认为不一定，五大科技趋势"大智云物移"（即大数据、人工智能、云计算、物联网、移动互联网）都风起云涌，阿法狗屠灭人类围棋手风头正劲，凭什么说物联网是"下半场"？

那是因为很多人没把"大智云物移"的关系捋顺。

李彦宏说"移动互联网时代结束"，是指该领域再难出"独角兽"，即便保守点，"移"也不再是大未来；而周鸿祎认为，人工智能并没有算法突破，眼前的进步不过是沾了大数据和云计算的光。传统产业不可能再造淘宝、支付宝来构建大数据，因此根本希望正是在物联网。物联网能产出行业专属的大数据，再配以云计算和开源的人工智能算法，传统产业由此才能插上智能科技的新翅膀。

显然，我们正处在移动互联网时代与物联网时代悄然转换的节点。

未来 5 年，肉眼可见的所有事物都可能被物联网化，家用电器、智能汽车、机械设备乃至森林、沼泽和大海……仅中国，就将有 500 亿量级的智能设备连接起来，产生的数据量将大大超越互联网时代，令当前的大数据和云计算相形见绌。这些超海量数据将成为商业价值的无尽源泉，人工智能通过对物联网的数据挖掘，也将使现有的生活、生产方式被彻底改变。

所以，先别被人工智能、大数据等热词忽悠，把转型变成了转行。系好安全带，让我们冲进物联网时代先睹为快。

物联网之梦

在互联网时代，人与人的连接基于主动分享。在物联网时代，你什么都没干，信息就被身边的"物"搜集、整理，成为"网络意识"的一部分。

清晨，当你从睡梦中渐醒，你的智能手环已经跟家庭机器人"聊"开了：主子昨天睡晚了，根据数据分析，要来杯特浓咖啡提神；空气净化器检测到有霾，悄然启动；起床灯发现是阴天，调整为渐亮模式；电子日程显示今天有商务活动，家庭机器人忙着准备衬衣、西装、皮鞋。传统服装业已经过物联网革命，机器人能精准识别衣物鞋帽，搭配方案更是从时尚网站下载。

起床后先刷牙，你的牙医已说服你使用新型物联网电动牙刷，它会将你的刷牙时间、手势力度等习惯完全记录，并随时纠正错误的刷牙习惯。你不得不听牙医的，不用这款牙刷，你的牙科保险将无人问津。

刷完牙，喝了精确温控杯中的咖啡，你还要穿智能跑鞋进行晨跑。现在的医保已大不相同，一个月不跑满 20 万步，保费便会被医保人工智能翻一倍。奔跑中，心跳、血压、呼吸、步速、路线等被全面记录，并传回社区医院云端。医院人工智能比对数据发现，你的心跳频率与往常略有不同，消息推送给保健医生后才发现，你只是跑步时撞到了邻居王大妈，结果被她的狗追着狂奔了一段所致。

回来后，家庭机器人已做好早餐。由于万物互联，酱醋油盐的罐子上都装有射频识别器，机器人连牙签都不会搞错。智能冰箱成了食品大管家，只要确定食品采购订单，冰箱会直接上网下单、付费，食物采购完全不用操心。

出门上班的一刻，机器人已通知了智能汽车恭候多时。汽车完全知道主人是谁，你喊出"去公司"时，它已联网规划好最便捷的路径，开始自动导航驾驶。

如今的公路，建筑、路灯、护栏、道路标识线等都遍布信号探测器。智能汽车一上路，便时刻与道路探测器和其他汽车进行高速信息交换。智能汽车的图像识别能力日益成熟，外加道路的全面物联网化，足以保证无人驾驶汽车的安全性。这全拜 5G 通信技术所赐，它能在 1 毫秒内完成紧急制动判断，比人类驾驶安全太多。

突然，车流停了下来。前方一辆有人驾驶汽车出现车祸，你不禁一声叹息。全国人大正考虑立法，将人类驾驶汽车定为犯罪行为，只是部分有人驾驶汽车尚未淘汰，并引发争议。前方智能汽车迅速规划出一条集体规避线路，车流有条不紊驶离车祸点，并未造成拥堵。

抵达公司，汽车自动前往停车场充电。如今，人们已不需要为智能汽车的保养操心，车企在零部件内植入了大量探测器，一出问题，它便会召唤服务、自我修复。你的支付宝上，汽车自动发出的保养单曾让你大吃一惊，甚至后悔把支付功能授权给汽车智能，但想想安全事大，还是算了。

你的创业公司是一家城市垂直农场，位于一栋远离城市中心的大楼里。由于有了物联网，你培育果蔬的照明、浇水、施肥等工作，都由传感器实时监控，也能远程完成；农业机器人则帮助实现种植、培育、收获、打包、标签、运输等体力劳动。

你的客户同样来自物联网。由于种植的果蔬绿色环保，实时监控数据透明，你的产品赢得了很多智能冰箱和家庭机器人的"芳心"，自动订单源源不断。除非主人刻意更换，你的产品对智能冰箱和机器人具有强大黏性，竞争对手想抢走订单并不容易。

投资人对你的商业模式极有兴趣，今天特意来公司参观、洽谈，并决定在你身上投下重注。智慧城市的物联网化正从一二线城市向下蔓延，你的公司会在新城市中大举扩张，并成长为细分领域的行业霸主。

就在你准备大展拳脚时，一场黑客攻击席卷而来。原来，竞争对手通过侵入你家的智能电灯，进而控制家庭机器人，逐步夺取了汽车和公司设备的网络权限，完成了对全公司智能设备的摧毁。

转眼间，一家大有希望的创业公司在黑客攻击下化为乌有，老客户落入竞争对手手中。你的投资人开始在网上分享《一家不设防的物联网化独角兽是怎样垮掉的》血泪文章。你则在悲愤中猛然惊醒，这不过是一场虚拟的物联网之梦。

谁是大玩家

有了物联网的"南柯一梦"，我们才能更好理解巨头们在现实中的玩法。

科技巨头们已在物联网上动作频频。英特尔、高通、ARM 等掘金物联网芯片；中国三大电信运营商正忙着做 NB-IoT 商用试验，建站布网；腾讯发布 QQ 物联网智能平台，让美的的家电、李宁的跑鞋、惠普的打印机统统实现了用 QQ 智控物联；阿里的物联战略更具商业化视野，海尔的智能电视、联想的机顶盒、大众的智能汽车、飞利浦的空气净化器统统链上云端，连汽车预定车位、加油和冰箱上天猫购物，都不再是科幻，直接启动内置的支付宝即可付费。

未来已呼之欲出。但当下的物联网机会，恰恰不在科技公司，而在传统制造业里。

譬如美国通用电气（GE），原本只是制造航空发动机，如今将智能传感器装进发动机，将其实时运行的数据通过卫星传回云端。当全球的航空发动机数据得以汇总，再针对数据进行深挖，便能实现对发动机的提前预警、维护，再也不用让飞机"强制休假"，拿着微型摄像头钻到发动机里反复检查。仅此一项，航空公司和GE的成本都大大降低。

中国同样有成功改造的案例

在机械制造行业，一些制造商需要为工矿企业提供设备检修服务，以前都要工厂停工停产、老师傅爬进爬出。如今，采用物联网传感器实时监测，设备的压力、温度、噪声等数据被云端化，再利用开源的人工智能算法比对，即可发现不正常设备，再提供精准的维修服务。一个传统的制造行业，就此完成物联网、智能化改造。

中国肺癌防治联盟也在2017年实施物联网战略。通过诊断设备的联网，积累肺癌检查的病理数据，再通过数据挖掘、联网诊断，便能大大提高早期肺癌患者的诊断率，避免大量患者在晚期才确诊的悲剧，从而挽救更多生命。

当下的物联网化改造，以现有技术就能实现。这其中最难的并不是技术，是科技企业不了解传统产业的内在需求点，从而难以开发出有价值的应用。毕竟，"隔行如隔山"。

例如智能插座，家用的可能需要断电保护；医用的则需要断电报警，因为要确保血浆、疫苗、病毒等低温保存，反而不能自动断电。

谁能深入理解行业、抓住细分需求，谁就能在物联网智造中占据先机。

新入口

有人看到物联网的行业与技术壁垒，感叹物联网水太深，有人则迫不及待切入，唯恐在技术和商业模式确定的那一刻失去先机。雷军则极有预见地表示，未来没有所谓的互联网公司，每家公司都会变成物联网公司。

小米曾被人诟病为"电子百货公司"，照明、插座、小家电、安防等什么都做。但最近，人们才看清小米的生态链布局，那就是基于米家APP，将55款智能家居产品全部接入。如今，5 000万台小米的物联网设备紧密连接，新产品、新用户不断涌入。人们猛然发现，智能硬件成为家庭物联网的新入口，小米已成为智能家居的重要引领者。

物联网将带给人们一个脑洞大开的新世界，但随之而来的安全挑战，也是前所未有。

在计算机、手机上，人们还能安装防火墙和杀毒软件，而几百亿设备连在一起时，任何一个传感器漏洞，都会成为整个系统崩溃的缺口。周鸿祎就预言，海量设备的物联网中，人们可能根本找不到崩溃的原点，黑客便已完成了对网络的全面摧毁。传统的网络隔离术将不再有效，人们不得不面对虚拟攻击大面积摧毁国家基础设施的可怕现实。

2016年10月，美国东海岸爆发DDoS攻击事件，黑客入侵全球10万台智能设备组成的僵尸网络，对域名解析服务器展开分布式拒绝服务攻击（DDoS），令美国公共服务系统、社交网络等瘫痪。如果物联网大规模实现，这种可怕的攻击便会渗透到每个公司、家庭，智能电器和机器人被恶意软件挟持，其危害难以预料。当然，这对网络安全公司来说，则是梦寐以求的新入口和大生意。

显然，物联网的一切正处于爆发前夜。它的技术标准刚刚确定，商业模式一片模糊，网络安全更无从谈起，但人们无比笃定，一个互联网新物种将破土而出，并引发一场技术与商业的革命。这股超级产业浪潮注定席卷一切，有人将就此开辟新的产业边疆，有人仍会坐视它一掠而过。但不管怎样，每个国家、行业乃至个人，都将被彻底改变。

（资料来源：华商韬略，2017-2-1）

阅读上文，请思考、分析并简单记录。

（1）为什么文中说：未来的物联网足以颠覆微信和阿里？

答：＿＿＿＿＿＿＿＿＿＿＿＿＿＿＿＿＿＿＿＿＿＿＿＿＿＿

＿＿＿＿＿＿＿＿＿＿＿＿＿＿＿＿＿＿＿＿＿＿＿＿＿＿＿＿＿＿＿

＿＿＿＿＿＿＿＿＿＿＿＿＿＿＿＿＿＿＿＿＿＿＿＿＿＿＿＿＿＿＿

＿＿＿＿＿＿＿＿＿＿＿＿＿＿＿＿＿＿＿＿＿＿＿＿＿＿＿＿＿＿＿

（2）如今，五大科技趋势"大智云物移"（即大数据、人工智能、云计算、物联网、移动互联网）正风起云涌，凭什么说物联网才是互联网的"下半场"？

答：＿＿＿＿＿＿＿＿＿＿＿＿＿＿＿＿＿＿＿＿＿＿＿＿＿＿

＿＿＿＿＿＿＿＿＿＿＿＿＿＿＿＿＿＿＿＿＿＿＿＿＿＿＿＿＿＿＿

＿＿＿＿＿＿＿＿＿＿＿＿＿＿＿＿＿＿＿＿＿＿＿＿＿＿＿＿＿＿＿

＿＿＿＿＿＿＿＿＿＿＿＿＿＿＿＿＿＿＿＿＿＿＿＿＿＿＿＿＿＿＿

（3）物联网的风生水起对于移动商务的持续发展意义何在？

答：＿＿＿＿＿＿＿＿＿＿＿＿＿＿＿＿＿＿＿＿＿＿＿＿＿＿

＿＿＿＿＿＿＿＿＿＿＿＿＿＿＿＿＿＿＿＿＿＿＿＿＿＿＿＿＿＿＿

＿＿＿＿＿＿＿＿＿＿＿＿＿＿＿＿＿＿＿＿＿＿＿＿＿＿＿＿＿＿＿

＿＿＿＿＿＿＿＿＿＿＿＿＿＿＿＿＿＿＿＿＿＿＿＿＿＿＿＿＿＿＿

（4）请简单记述你所知道的上一周内发生的国际、国内或者身边的大事。

答：＿＿＿＿＿＿＿＿＿＿＿＿＿＿＿＿＿＿＿＿＿＿＿＿＿＿

＿＿＿＿＿＿＿＿＿＿＿＿＿＿＿＿＿＿＿＿＿＿＿＿＿＿＿＿＿＿＿

＿＿＿＿＿＿＿＿＿＿＿＿＿＿＿＿＿＿＿＿＿＿＿＿＿＿＿＿＿＿＿

＿＿＿＿＿＿＿＿＿＿＿＿＿＿＿＿＿＿＿＿＿＿＿＿＿＿＿＿＿＿＿

11.1　云计算及其发展

很少有一种技术能够像"云计算"这样，在短短几年间就产生巨大的影响力。Google（谷歌）、Amazon（亚马逊）、IBM 和微软等 IT 巨头们以前所未有的速度和规模推动云计算技术和产品的普及，如今业界已对云计算有高度认同。

云计算（Cloud Computing）是指基于因特网的超级计算模式，即把存储于个人计算机、移动电话和其他设备上的大量信息和处理器资源集中在一起，协同工作。它是一种新兴的共享基础架构的方法，可以将巨大的系统池连接在一起以提供各种 IT 服务。很多因素推动了对这类环境的需求，其中包括连接设备、实时数据流、SOA 的采用，以及搜索、开放协作、社会网络和移动商务等应用的急剧增长。此外，数字元器件性能的提升也使 IT 环境的规模大幅度提高，从而进一步加强了对一个由统一的云进行管理的需求。

云计算是在 2007 年第 3 季度才正式诞生的新名词，但很快，其受到关注的程度甚至超过了网格计算（Grid Computing）等概念。

11.1.1 云计算的定义

云计算（见图 11-1）是并行计算（Parallel Computing）、分布式计算（Distributed Computing）和网格计算（Grid Computing）的发展，或者说是这些计算科学概念的商业化实现。云计算是虚拟化（Virtualization）、效用计算（Utility Computing）、将基础设施作为服务 IaaS（Infrastructure as a Service）、将平台作为服务 PaaS（Platform as a Service）和将软件作为服务 SaaS（Software as a Service）等概念混合演进并跃升的结果。

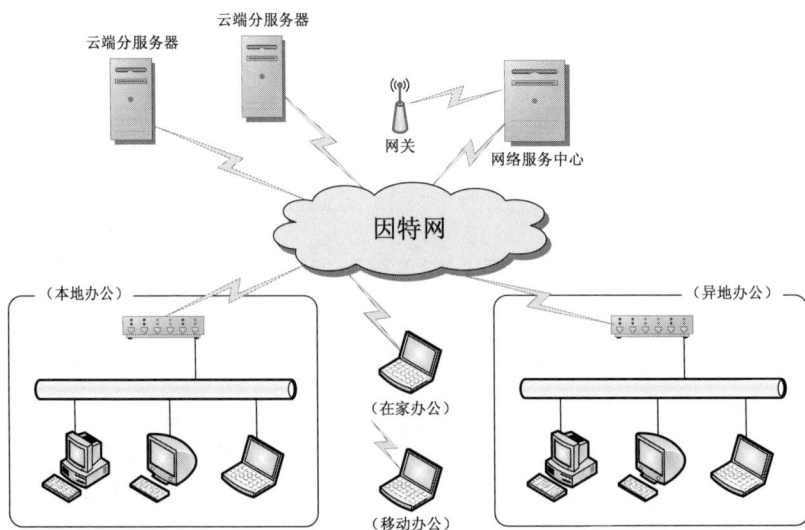

图 11-1 云计算

云计算的一个定义是：云计算是一种商业计算模型，它将计算任务分布在大量计算机构成的资源池上，使用户能够按需获取计算力、存储空间和信息服务。

这种资源池称为"云"。"云"是一些可以自我维护和管理的虚拟化了的计算资源，通常是一些大型服务器集群，包括计算服务器、存储服务器和宽带资源等。云计算将计算资源集中起来，并通过专门软件实现自动管理，无须人为参与。用户可以动态申请部分资源，支持各种应用程序的运转，不必为烦琐的细节而烦恼，因而能更加专注于自己的业务，有利于提高效率、降低成本和实现技术创新。云计算的核心理念是资源池，这与早在 2002 年就提出的网格计算池（Computing Pool）的概念非常相似。网格计算池将计算和存储资源虚拟成一个可以任意组合分配的集合，池的规模可以动态扩展，分配给用户的处理能力可以动态回收重用。这种模式能够大大提高资源的利用率，提升平台的服务质量。

之所以称为"云"，是因为它在某些方面具有现实中云的特征：云一般都比较大；云的规模可以动态伸缩，其边界是模糊的；云在空中飘忽不定，无法也无须确定它的具体位置，但它确实存在于某处。还因为，云计算的鼻祖之一 Amazon 公司将大家曾经称为"网格计算"的东西，取了一个新名称"弹性计算云"（Elastic Computing Cloud），并取得了商业上的成功。

有人将这种模式比喻为从单台发电机供电模式转向了电厂集中供电的模式。它意味着计算能力也可以作为一种商品进行流通，就像煤气、水和电一样，取用方便，费用低廉。最大的不同在于，它是通过因特网进行传输的。

从研究现状看，云计算具有以下特点：

（1）超大规模。"云"具有相当的规模。Google 云计算已经拥有 100 多万台服务器，Amazon、IBM、微软和 Yahoo 等公司的"云"均拥有几十万台服务器。"云"能赋予用户前所未有的计算能力。

（2）虚拟化。云计算支持用户在任意位置、使用各种终端获取服务。所请求的资源来自"云"，而不是固定的有形实体。应用在"云"中某处运行，但实际上用户无须了解应用运行的具体位置，只需要一台计算机或一个 PDA，就可以通过网络服务来获取各种能力超强的服务。

（3）高可靠性。"云"使用了数据多副本容错、计算结点同构可互换等措施来保障服务的高可靠性，因此，可以认为：使用云计算比使用本地计算机更加可靠。

（4）通用性。云计算不针对特定的应用，在"云"的支撑下可以构造出千变万化的应用，同一片"云"可以同时支撑不同的应用运行。

（5）高可伸缩性。"云"的规模可以动态伸缩，满足应用和用户规模增长的需要。

（6）按需服务。"云"是一个庞大的资源池，用户按需购买服务，像自来水、电和煤气那样计费。

（7）极其廉价。"云"的特殊容错措施使得可以采用极其廉价的结点来构成云；"云"的自动化管理使数据中心管理成本大幅降低；"云"的公用性和通用性使资源的利用率大幅提升；"云"设施可以建在电力资源丰富的地区，从而大幅降低能源成本。因此，"云"具有前所未有的性能价格比。

按照服务类型，云计算大致可以分为三类：将基础设施作为服务 IaaS、将平台作为服务 PaaS 和将软件作为服务 SaaS（见图 11-2）。

图 11-2 云计算的服务类型

IaaS 将硬件设备等基础资源封装成服务供用户使用，如 Amazon 云计算 AWS（Amazon Web Services）的弹性计算云 EC2 和简单存储服务 S3。在 IaaS 环境中，用户相当于在使用裸机和磁盘，既可以让它运行 Windows，也可以让它运行 Linux，因而几乎可以完成任何任务，但用户必须考虑如何才能让多台机器协同工作。AWS 提供了在结点之间互通消息的接口简单队列服务 SQS（Simple Queue Service）。IaaS 最大的优势在于它允许用户动态申请或释放结点，按使用量计费。运行 IaaS 的服务器规模达到几十万台之多，用户因而可以认为能够申请的资源几乎是无限的。同时，IaaS 是由公众共享的，因而具有更高的资源使用率。

PaaS 对资源的抽象层次更进一步，它提供用户应用程序的运行环境，如 Google App Engine。微软的云计算操作系统 Microsoft Windows Azure 也可归入这一类。PaaS 负责自身资源的动态扩展和容错管理，用户应用程序不必过多考虑结点间的配合问题。但与此同时，用户的自主权降低，必须使用特定的编程环境并遵照特定的编程模型。这有点像在高性能集群计算机里进行 MPI 编程，只使用于解决某些特定的计算问题。例如，Google App Engine 只允许使用 Python 和 Java 语言、基于称为 Django 的 Web 应用框架、调用 Google App Engine SDK 来开发在线应用服务。

SaaS 的针对性更强，它将某些特定的应用软件功能封装成服务，如 Salesforce 公司提供的在线 CRM（Client Relationship Management，客户关系管理）服务。SaaS 既不像 PaaS 一样提供计算或存储资源类型的服务，也不像 IaaS 一样提供运行用户自定义应用程序的环境，它只提供某些专门用途的应用服务供调用。

随着云计算的深化发展，不同云计算解决方案之间相互渗透融合，同一种产品往往横跨两种以上类型。例如，Amazon Web Services 是以 IaaS 发展起来的，但新提供的弹性 MapReduce 服务模仿了 Google 的 MapReduce，简单数据库服务 Simple 模仿了 Google 的 Bigtable，这两者属于 PaaS 的范畴，它新提供的电子商务服务 FPS 和 DevPay 及网站访问统计 Alexa Web 服务，则属于 SaaS 的范畴。

11.1.2 云计算实现机制

云计算分为 IaaS、PaaS 和 SaaS 三种类型，不同的厂家又提供了不同的解决方案，并没有一个统一的技术体系结构。综合不同厂家的方案，构造一个供参考的云计算体系结构如图 11-3 所示，它概括了不同解决方案的主要特征。

云计算技术体系结构分为四层：物理资源层、资源池层、管理中间件层和 SOA（Service-Oriented Architecture，面向服务的体系结构）构建层。物理资源层包括计算机、存储器、网络设施、数据库和软件等。资源池层是将大量相同类型的资源构成同构或接近同构的资源池，如计算资源池、数据资源池等。构建资源池更多的是物理资源的集成和管理工作，如研究在一个标准集装箱的空间如何装下 2 000 个服务器、解决散热和故障结点替换的问题并降低能耗。管理中间件层负责对云计算的资源进行管理，并对众多应用任务进行调度，使资源能够高效、安全地为应用提供服务。SOA 构建层将云计算能力封装成标准的 Web Services 服务，并纳入到 SOA 体系进行管理和使用，包括服务接口、服务注册、服务查找、服务访问和服务工作流等。管理中间件层和资源池层是云计算技术的最关键部分，SOA 构建层的功能更多依靠外部设施提供。

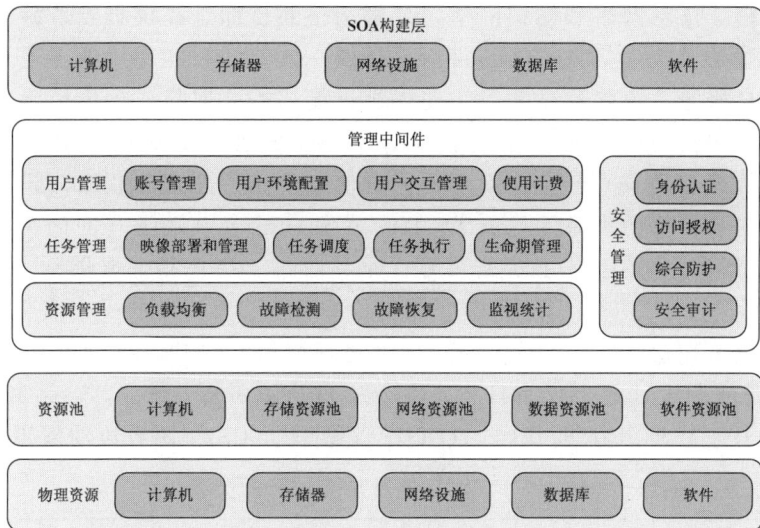

图 11-3 云计算技术体系结构

云计算的管理中间件层负责资源管理、任务管理、用户管理和安全管理等工作。资源管理负责均衡地使用云资源结点，检测结点的故障并试图恢复或屏蔽之，并对资源的使用情况进行监视统计；任务管理负责执行用户或应用提交的任务，包括完成用户任务映像（Image）的部署和管理、任务调度、任务执行、任务生命期管理等；用户管理是实现云计算商业模式的一个必不可少的环节，包括提供用户交互接口、管理和识别用户身份、创建用户程序的执行环境、对用户的使用进行计费等；安全管理保障云计算设施的整体安全，包括身份认证、访问授权、综合防护和安全审计等。

11.1.3 网格计算与云计算

网格（Grid）是 20 世纪 90 年代中期发展起来的下一代因特网核心技术。网格技术的开创者 Ian Foster 将之定义为"在动态、多机构参与的虚拟组织中协同共享资源和求解问题"。网格是在网络基础之上，基于 SOA，使用互操作、按需集成等技术手段，将分散在不同地理位置的资源虚拟成为一个有机整体，实现计算、存储、数据、软件和设备等资源的共享，从而大幅提高资源的利用率，使用户获得前所未有的计算和信息能力。

国际网格界致力于网格中间件、网格平台和网格应用建设。国外著名的网格中间件有 Globus Toolkit、UNICORE、Condor、gLite 等，其中，Globus Toolkit 得到了广泛采纳。国际知名的网格平台有 TeraGrid、EGEE、CoreGRID、D-Grid、ApGrid、Grid3、GIG 等。美国 TeraGrid 是由美国国家科学基金会计划资助构建的超大规模开放的科学研究环境，其中集成了高性能计算机、数据资源、工具和高端实验设施。就网格应用而言，知名的网格应用系统数以百计，应用领域包括大气科学、林学、海洋科学、环境科学、生物信息学、医学、物理学、天体物理、地球科学、天文学、工程学、社会行为学等。

我国在十五期间有 863 计划支持的中国国家网格（CNGrid）和中国空间信息网格（SIG）、教育部支持的中国教育科研网格（ChinaGrid）、上海市支持的上海网格（ShanghaiGrid）等。

就像云计算可以分为 IaaS、PaaS 和 SaaS 三种类型一样，网格计算也可以分为三种类型：计算网格、信息网格和知识网格。计算网格的目标是提供集成各种计算资源的、虚拟化的计算基础设施。信息网格的目标是提供一体化的智能信息处理平台，集成各种信息系统和信息资源，消除信息孤岛，使得用户能按需获取集成后的精确信息，即服务点播（Service on Demand）和一步到位的服务（One Click is Enough）。知识网格研究一体化的智能知识处理和理解平台，使得用户能方便地发布、处理和获取知识。

网格计算与云计算的关系（见表 11-1），就像 OSI 与 TCP/IP 之间的关系：国际标准化组织（ISO）制定的 OSI（开放系统互联）网络标准，考虑得非常周到，也异常复杂，虽然很有远见，但过于理想，实现的难度和代价非常大。当 OSI 的一个简化版——TCP/IP 将七层协议简化为四层，内容大大精简，因而迅速取得了成功。在 TCP/IP 一统天下之后多年，语义网等问题才被提上议事日程，开始为 TCP/IP 补课，增加其会话和表示的能力。因此，可以说 OSI 是 TCP/IP 的基础，TCP/IP 又推动了 OSI，两者滚动发展。

表 11-1　网格计算与云计算的关系

	网格计算	云计算
目标	共享高性能计算力和数据资源实现资源共享和协同工作	提供通用的计算平台和存储空间提供各种软件服务
资源来源	不同机构	同一机构
资源类型	异构资源	同构资源
资源结点	高性能计算机	服务器/PC
虚拟化视图	虚拟组织	虚拟机
计算类型	紧耦合问题为主	松耦合问题
应用类型	科学计算为主	数据处理为主
用户类型	科学界	商业社会
付费方式	免费（政府出资）	按量计费
标准化	有统一的国际标准 OGSA/WSRF	尚无标准，但已经有了开放云计算联盟 OCC

没有网格计算打下的基础，云计算不会这么快到来。通常意义上的网格以科学研究为主，非常重视标准规范，也非常复杂，但缺乏成功的商业模式。云计算是网格计算的一种简化形态，可以说云计算的成功也是网格的成功。网格不仅要集成异构资源，还要解决许多非技术的协调问题，也不像云计算有成功的商业模式推动，所以实现起来要比云计算难度大很多。但对于许多高端科学或军事应用而言，云计算是无法满足需求的，必须依靠网格来解决。

11.1.4　云计算的发展环境

云计算技术的发展，与 4G/5G、因特网和移动因特网、三网融合等有着密切的关系。

1. 云计算与 4G/5G

4G/5G 技术与云计算互相依存、互相促进。一方面，移动通信技术为云计算带来数以亿计的宽带移动用户，这些用户的终端是手机、笔记本式计算机等，计算能力和存储空间有限，却有很强的联网能力，对云计算有着天然的需求，实实在在地支持着云计算取得商业成功；另一方面，云计算有强大的计算能力、接近无限的存储空间，并支撑各种各样的软件和信息服务，能够为移动通信用户提供更好的用户体验。

2．云计算与移动因特网

因特网和移动通信网是当今最具影响力的两个全球性网络，移动因特网融合了两者的发展优势，掌握云计算核心技术的企业无疑在移动因特网时代可以获得更强的主动性。

移动因特网和云计算是相辅相成的。通过云计算技术，软硬件获得空前的集约化应用，人们通过手持终端就能实现传统 PC 的功能。二者在软硬件设施成本上的极大节约为中小企业带来了福音，为人们带来舒适和便捷。

手机拥有便携性和通信能力等众多天然优势，但其计算能力、存储能力弱，虽然各厂商推出的手机正逐渐向智能化演进，但受限于体积和便携性的要求，短时间内手机的处理能力难以和计算机相比。

从这点出发，云计算的特点更能在移动因特网上充分体现，将应用的"计算"与存储从终端转移到服务器的云端，从而弱化了对移动终端设备的处理需求。例如，在各种数据业务快速推陈出新中，手机很难及时支持这些新业务的要求，成为新业务的发展瓶颈。在云计算下，只要配备功能强大的浏览器，就能应用各种新业务。在后台，云计算的存储量和计算能力也解决了手机存储量有限和丢失信息的问题。同时，实现了手机移动与固定计算、笔记本式计算机计算的协同。对于追求个性化的移动因特网市场来说，云计算的力量十分关键。

云计算正从因特网逐渐过渡到移动因特网。随着一些典型的因特网云计算应用，因特网的"云"与"端"之间已经形成了平滑对接，而在移动因特网上，"云"与"端"之间还需要"管道"来填补它们之间的鸿沟，浏览器或许将成为重要的"管道"角色。对用户来说，最好的体验是淡化有线和无线的概念。在这样的理念下，云计算有望突破各种终端，包括手机、计算机、电视和视听设备等在存储及运算能力上的限制，显示的内容、应用都能保持一致性和同步性。各大 IT 厂商都在利用云计算制定如 IaaS、PaaS 和 SaaS 等的策略，希望通过利用因特网的力量，以软件为基准，将无缝的服务提供给移动终端用户。

云计算对于云和端两侧都具有传统模式不可比拟的优势。在云这一侧，为内部开发者和业务使用者提供更多的服务，提升基础设施的使用效率和资源部署的灵活性；在端这一侧，能够迅速部署应用和服务，按需调整业务使用量。云计算极大地提高了因特网信息技术的性能，具有巨大的计算和成本优势。

3．云计算与三网融合

所谓"三网融合"，是指广播电视网、电信网与因特网的融合，其中因特网是核心。

云计算使计算能力从分散终端向网络综合服务转变，使商业模式从网络设备基础设施向服务转变，从连接计算机资源向连接个人和设备转变。云计算的基础仍然是宽带，其服务手段和服务对象都需要宽带。社会的各种生活、娱乐和就业都对宽带发展提出了高要求。业内专家认为，随着三网融合政策的出台及下一代广电网络的上马，云计算不但会为现有广电和电信产业带来新商机，还会大大拓展相关产业链，使更多企业收益，为云计算提供切实的应用机会。三网融合和下一代广电网项目是要为用户提供多样、便捷的服务。由于云计算可以大大降低数据储存、计算和分发成本,一些以前无法实现的应用,现在都有可能变为现实。云计算完成计算任务,加上物联网等终端应用和 3G 的数据信息传输,将三网整合形成一个系统的信息采样、接受和处理的整体。

有了云计算技术,一些从事传统行业的企业也能搭上三网融合和下一代广电网的快车。例如,传统的 GPS 厂商只是生产商,而借助云计算技术,他们可以成为服务性企业,通过增值业务获取更多收入。

11.2　主流的云计算技术

由于云计算是多种技术混合演进的结果,其成熟度较高,又有业内大公司推动,发展极为迅速。Google、Amazon、IBM、微软和 Yahoo 等大公司都是云计算的先行者。

例如,IBM 在 2007 年 11 月推出了"改变游戏规则"的"蓝云"计算平台,为客户带来即买即用的云计算平台。它包括一系列自我管理和自我修复的虚拟化云计算软件,使来自全球的应用可以访问分布式的大型服务器池,使得数据中心在类似于因特网的环境下运行计算。IBM 与 17 个欧洲组织合作开展名为 RESERVOIR 的云计算项目,以"无障碍的资源和服务虚拟化"为口号,欧盟提供了 17 亿欧元作为部分资金。IBM 已在全球范围内建立了 13 个云计算中心,并且帮助数个客户成功部署了云计算中心。

11.2.1　Google 云计算

Google 是最大的云计算技术的使用者。Google 搜索引擎建立在分布的 200 多个站点、超过 100 万台服务器的支撑之上,而且这些设施的数量还在迅猛增长。Google 的一系列成功应用平台,包括 Google 地球、地图、Gmail、Docs(谷歌文档,包括在线文档、电子表格和演示文稿)等也同样使用了这些基础设施。采用 Google Docs 之类的应用,用户数据会保存在因特网上的某个位置,可以通过任何一个与因特网相连的终端十分便利地访问和共享这些数据。Google 也允许第三方在 Google 的云计算中通过 Google App Engine 运行大型并行应用程序。

Google 拥有目前全球最强大的搜索引擎。除了搜索业务,Google 还有 Google Maps、Google Earth、Gmail、YouTube 等其他业务。这些应用的共性在于数据量巨大,且要面向全球用户提供实时服务,因此,Google 必须解决海量数据存储和快速处理的问题。Google 研发出了简单而又高效的技术,让多达百万台的廉价计算机协同工作,共同完成这些任务。这些技术在诞生几年之后才被命名为 Google 云计算技术。

Google 云计算技术包括:Google 文件系统 GFS、分布式计算编程模型 MapReduce、分布式锁服务 Chubby、分布式结构化数据表 Bigtable、分布式存储系统 Megastore 及分布式监控系统 Dapper 等。

1. Google 文件系统 GFS

Google 文件系统(Google File System,GFS)是一个大型的分布式文件系统。它为 Google 云计算提供海量数据的存储和访问能力,并且与 Chubby、MapReduce 及 Bigtable 等技术紧密结合,处于所有核心技术的底层。GFS 不是开源的系统。

当前主流的分布式文件系统有 RedHat 的 GFS（Global File System）、IBM 的 GPFS、SUN 的 Lustre 等，这些系统通常用于高性能计算或大型数据中心，对硬件设施条件要求较高。与之相比，Google GFS 的新颖之处在于它采用廉价的商用机器构建分布式文件系统，同时将 GFS 的设计与 Google 应用的特点紧密结合，简化实现，使之可行，最终达到创意新颖、有用的完美组合。GFS 将容错的任务交给文件系统完成，利用软件的方法解决系统可靠性问题，使存储的成本成倍下降。CFS 将服务器故障视为正常现象，并采用多种方法，从多个角度，使用不同的容错措施，确保数据存储的安全、保证提供不间断的数据存储服务。

2．分布式数据处理 MapReduce

MapReduce 是 Google 提出的一个软件架构，是一种处理海量数据的并行编程模式，用于大规模数据集（通常大于 1TB）的并行运算，使海量信息的并行处理变得简单易行。"Map（映射）"、"Reduce（化简）" 的概念和主要思想，都是从函数式编程语言和矢量编程语言借鉴来的。正是由于 MapReduce 有函数式和矢量编程语言的共性，使得这种编程模式特别适合于非结构化和结构化海量数据的搜索、挖掘、分析与机器智能学习等。

与传统的分布式程序设计相比，MapReduce 封装了并行处理、容错处理、本地化计算、负载均衡等细节，还提供了一个简单而强大的接口。通过这个接口，可以把大尺度的计算自动地并发和分布执行，使编程变得非常容易。另外，MapReduce 也具有较好的通用性，大量不同的问题都可以简单地通过 MapReduce 来解决。

据相关统计，每使用一次 Google 搜索引擎，Google 的后台服务器就要进行 1 011 次运算。这么庞大的运算量，如果没有好的负载均衡机制，有些服务器的利用率会很低，有些则会负荷太重，有些甚至可能死机，这些都会影响系统对用户的服务质量。而使用 MapReduce 这种编程模式，就保持了服务器之间的均衡，提高了整体效率。

3．分布式锁服务 Chubby

Chubby 是 Google 设计的提供粗粒度锁服务的一个文件系统，它基于松耦合分布式系统，解决了分布的一致性问题，保证了分布式环境下并发操作的同步问题。通过使用 Chubby 的锁服务，用户可以确保数据操作过程中的一致性。不过值得注意的是，这种锁只是一种建议性锁（Advisory Lock）而非强制性锁（Mandatory Lock），这种选择使系统具有更大的灵活性。

GFS 使用 Chubby 选取一个 GFS 主服务器，Bigtable 使用 Chubby 指定一个主服务器并发现、控制与其相关的子表服务器。除了最常用的锁服务之外，Chubby 还可以作为一个稳定的存储系统存储包括元数据在内的小数据。同时，Google 内部还使用 Chubby 进行名字服务（Name Server）。

4．分布式结构化数据表 Bigtable

Bigtable 是 Google 开发的基于 GFS 和 Chubby 的分布式存储系统。Google 的很多数据，包括 Web 索引、卫星图像数据等在内的海量结构化和半结构化数据，都存储在 Bigtable 中。Bigtable 使得海量数据的管理和组织十分方便。从实现上看，Bigtable 并没有什么新的技术，但是如何选择合适的技术并将这些技术高效、巧妙地结合在一起恰恰是最大的难点。Bigtable 在很多方面和数据库类似，但它并不是真正意义上的数据库。

5．分布式存储系统 Megastore

因特网的迅速发展带来了新的数据应用场景。与传统的数据存储有别的是，因特网上的应用对于数据的可用性和系统的扩展性具有很高的要求。一般的因特网应用都要求能够做到 7 天 × 24 小时的不间断服务，达不到的话则会带来较差的用户体验。热门的应用往往会在短时间内经历急剧的用户数量增长，这就要求系统具有良好的可扩展性。在因特网的应用中，为了达到好的可扩展性，常常会采用 NoSQL 存储方式。但是从应用程序的构建方面来看，传统的关系型数据库又有着 NoSQL 所不具备的优势。Google 设计和构建了用于因特网中交互式服务的分布式存储系统 Megastore，该系统成功地将关系型数据库和 NoSQL 的特点与优势进行了融合。

6．大规模分布式系统的监控基础架构 Dapper

Dapper 能够全方位地监控整个 Google 云计算平台的运行状况。Google 认为系统出现故障是一种常态，基于这种设计理念，Google 的工程师们结合 Google 的实际开发出了Dapper。这是目前所知的第一种公开其实现的大规模分布式系统的监控基础架构，对系统的行为进行监控。

7．Google 应用程序引擎

Google App Engine 是一个由 Python 应用服务器群、Bigtable 数据库及 GFS 数据储存服务组成的 PaaS 平台，它为开发者提供了基于 Python 语言的、一体化的、可自动升级的在线应用服务，由于 Google App Engine 与 Google 自身的操作环境联系比较紧密，涉及底层的操作很少，用户比较容易上手。并且 Python 语言相对而言简单易学，开发人员可以很容易地开发出自己的程序，并在 Google 的基础设施上运行和维护此软件。应用程序可根据访问量和数据存储需要的增长轻松进行扩展。

在 Google App Engine 中，用户可以使用 appspot.com 域上的免费域名为应用程序提供服务，也可以使用 Google 企业应用套件从自己的域为它提供服务。开发人员可以与人共享自己的应用程序，也可以限制为只有自己组织内的成员可以访问。此外，开发人员免费注册 Google App Engine 账户，即可开发和发布应用程序。

应用 Google App Engine，每个开发程序都有自身的应用程序环境，该环境对应用程序提供了一些基本的支持，使应用程序可以在 Google App Engine 上正常运行。此外，Google App Engine 为每个应用程序提供了一个安全运行环境（即沙盒），以保证每个应用程序能够安全地隔离运行。通过 Google App Engine 的 Java 运行环境，还可以使用标准Java 技术构建应用程序。

11.2.2　Amazon 云计算

Amazon（亚马逊）是依靠电子商务逐步发展起来的，凭借其在电子商务领域积累的大量基础性设施、先进的分布式计算技术和巨大的用户群体，Amazon 很早就进入了云计算领域，并在云计算、云存储等方面一直处于领先地位。

在传统的云计算服务基础上，Amazon 不断进行技术创新，开发出了一系列新颖、实用的云计算服务。Amazon 研发了弹性计算云 EC2（Elastic Compute Cloud）和为企业提供计算和存储服务的简单存储服务 S3（Simple Storage Service）。收费的服务项目包括存储空间、带宽、CPU 资源及月租费。月租费与电话月租费类似，存储空间、带宽按容量收费，CPU 根据运算量时长收费。在诞生不到两年的时间内，Amazon 的注册用户就达 44 万人，其中包括为数众多的企业级用户。

Amazon 的云计算服务还包括：简单数据库服务 Simple DB、简单队列服务 SQS、弹性 MapReduce 服务、内容推送服务 CloudFront、电子商务服务 DevPay 和 FPS 等。这些服务涉及云计算的方方面面，用户完全可以根据自己的需要选取一个或多个 Amazon 云计算服务。所有的这些服务都是按需获取资源，具有极强的可扩展性和灵活性。

1. Amazon 平台基础存储架构 Dynamo

在 Web 服务刚兴起时，各种平台大多采用的是关系型数据库。由于大量的 Web 数据是半结构化数据，随着数据量的急剧增加，传统的关系型数据库已经无法满足这种存储要求，为此不少服务商都设计开发了自己的存储系统。Amazon 的 Dynamo 就是其中具有代表性的一种存储架构，作为状态管理组件被用于 Amazon 的很多系统中。2007 年，Amazon 将其以论文形式发表，很快 Dynamo 就被应用于其他云存储架构。

Amazon 作为目前世界上最主要的电子商务提供商之一，它的系统每天要接受全球数以百万计的服务请求，高效的平台架构是保证其系统稳定性的根本。图 11-4 介绍了面向服务的 Amazon 平台基本架构。

从图中可以看出，整个 Amazon 平台的架构是完全分布式的，在 Amazon 平台中处于底层位置的存储架构 Dynamo 也是如此。Amazon 平台中有很多服务对存储的需求只是读取、写入，即满足简单的键/值（key/value）式存储即可，不支持复杂查询。例如，常用的购物车、信息会话管理和推荐商品列表等，如果采取传统的关系数据库方式，则效率低下。针对这种需求，Dynamo 应运而生，虽然 Dynamo 目前并不直接向公众提供服务，但是大量的用户服务数据被存储在 Dynamo 中，它为 Amazon 的电子商务平台及其云计算服务提供了最基础的支持。

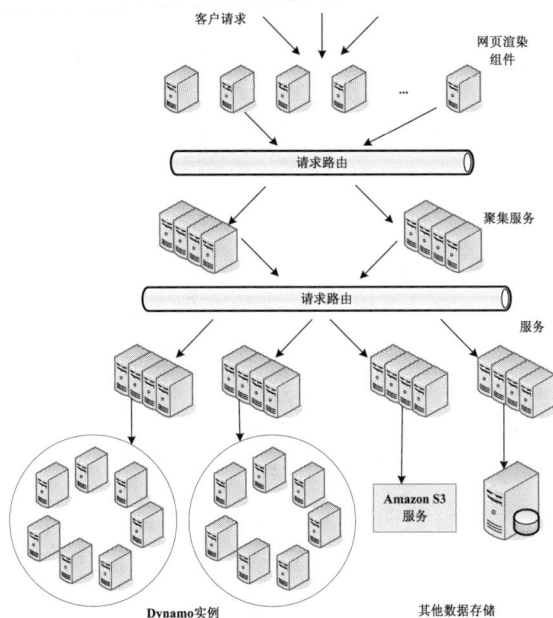

图 11-4 面向服务的 Amazon 平台基本架构

相比传统的集中式存储系统，Dynamo 在设计之初就被定位为一个高可靠、高可用且具有良好容错性的系统，实践表明 Dynamo 是一种非常成功的分布式存储架构。

2．弹性计算云 EC2

Amazon 弹性计算云服务（Elastic Compute Cloud，EC2）是 Amazon 云计算环境的基本平台。EC2 向用户提供了一些非常有价值的特性：

（1）灵活性：EC2 允许用户对运行的实例类型、数量自行配置，还可以选择实例运行的地理位置，可以根据用户的需求随时改变实例的使用数量。

（2）低成本：EC2 使得企业不必为暂时的业务增长而购买额外的服务器等设备。EC2 的服务都是按小时来收费的，而且价格非常合理。

（3）安全性：EC2 向用户提供了一整套安全措施，包括基于密钥对机制的 SSH 方式访问、可配置的防火墙机制等，同时允许用户对它的应用程序进行监控。

（4）易用性：用户可以根据 Amazon 提供的模块自由构建自己的应用程序，同时 EC2 还会对用户的服务请求自动进行负载平衡。

（5）容错性：利用系统提供的如弹性 IP 地址之类的机制，在故障发生时 EC2 能最大程度地保证用户服务仍能维持在稳定的水平。

EC2 的基本架构如图 11-5 所示。

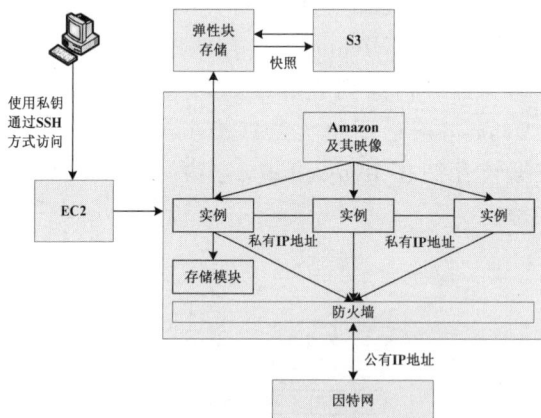

图 11-5　EC2 的基本架构

AMI 是一个可以将用户的应用程序、配置等一起打包的 Amazon 加密机器映像，是用户云计算平台运行的基础。所以，用户使用 EC2 服务的第一步就是要创建一个自己的 AMI，这和使用 PC 首先需要操作系统的道理相同。目前，Amazon 提供的 AMI 有以下四种类型：

（1）公共 AMI：由 Amazon 提供，可免费使用。

（2）私有 AMI：用户本人和其授权的用户可以进入。

（3）付费 AMI：向开发者付费购买的 AMI。

（4）共享 AMI：开发者之间相互共享的一些 AMI。

初次使用 EC2 时，用户可以以 Amazon 提供的 AMI 为基础创建自己的服务器平台，也可以用 EC2 社区提供的脚本来创建新的 AMI（对用户的要求比较高）。一般使用 Amazon 提供的 AMI 即可。选好 AMI 后，将 AMI 打包（压缩）、加密并分割上传，最后再使用相关的命令将 AMI 恢复即可。

用户创建 AMI 后，实际运行的系统称为一个实例（Instance）。实例和人们平时用的主机类似。EC2 服务的计算能力是由实例提供的。按照 Amazon 目前的规定，每个用户最多可以拥有 20 个实例。每个实例自身携带一个存储模块（Instance Store），临时存放用户数据。当用户实例重启时，它其中的内容还会存在，但如果出现故障或实例被终止，存储在其中的数据将全部消失。因此，Amazon 建议把重要数据保存在 EBS 中。

3．简单存储服务 S3

S3 是 Amazon 推出的简单存储服务，用户通过 Amazon 提供的服务接口可以将任意类型的文件临时或永久地存储在 S3 服务器上。S3 的总体设计目标是可靠、易用及很低的使用成本。

S3 系统架构在 Dynamo 之上，它采取的并不是传统的关系数据库存储方式。这么做主要有两个原因：一方面是为了使文件操作尽量简单、高效；另一方面对于一个普通的用户来说最常用的操作是存储和读取数据，而传统的关系数据库最擅长的查询在此无用武之地，使用关系数据库只会增加系统的复杂性。S3 存储系统中涉及三个基本概念：对象（Object）、键（Key）和桶（Bucket），其基本结构如图 11-6 所示。

4．简单队列服务 SQS

要想构建一个灵活且可扩展的系统，低耦合度是很有必要的。因为只有系统各个组件之间的关联度尽可能低，才可以根据系统需要随时从系统中增加或者删除某些组件。但松散的耦合度也带来了组件之间的通信问题，如何实现安全、高效地通信是设计一个低耦合度的分布式系统所必须考虑的问题。简单队列服务（Simple Queue Service, SQS）是 Amazon 为了解决其云计算平台之间不同组件的通信而专门设计开发的。

SQS 基本模型非常简单（见图 11-7）。从图中不难看出，SQS 由三个基本部分组成：系统组件（Component）、队列（Queue）和消息（Message）。系统组件是 SQS 的服务对象，而 SQS 则是组件之间沟通的桥梁。组件在这里有双重角色，它既可以是消息的发送者，也可以是消息的接收者。组件、队列和消息可以形象地比喻为储户、银行和储户账户中的资金。储户随时可以向银行中自己的账户存钱；同时，储户还可以接受别人给他的汇款或给别人汇款；当有需要时，储户可以从银行中取出自己账户中的钱；不需要时，账户中的资金会很安全地保存在银行中。SQS 组件也是如此既发送消息也接收消息，不接收时消息会被安全地存放在队列中。

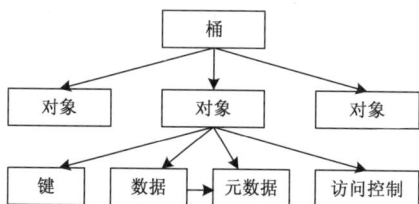

图 11-6 S3 的基本结构

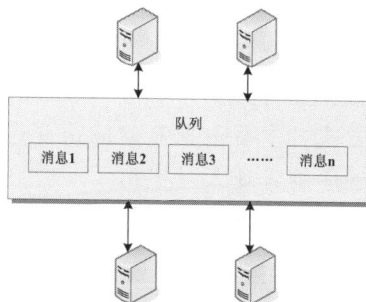

图 11-7 SQS 基本模型

5. 简单数据库服务 Simple DB

与 S3 不同，简单数据库服务 Simple DB（SDB）主要用于存储结构化的数据，并为这些提供查找、删除等基本的数据库功能。SDB 基本结构如图 11-8 所示。

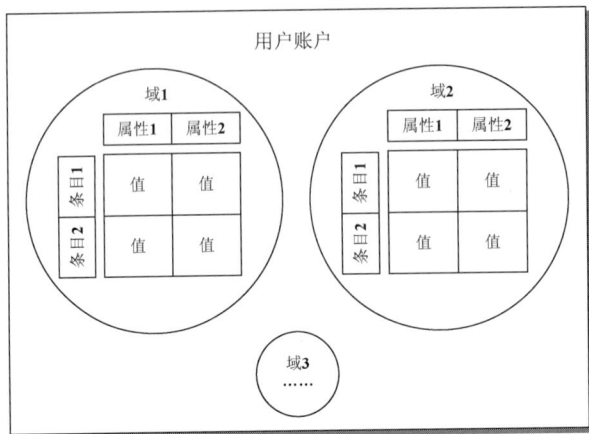

图 11-8　SDB 基本结构

6. 关系数据库服务 RDS

关系数据库主要以 SQL 为搜索引擎，又称 SQL 关系数据库；与之相对的是 NoSQL 非关系数据库，它以键值数据库（Key-Value Store DB）为代表，前文介绍的 Simple DB 就属于键值数据库。随着网络的不断发展，特别是超大规模和高并发的社交网络的出现，传统的关系型数据库已经显得力不从心，但是非关系数据库也存在着一些先天性的不足。于是人们开始尝试对传统的关系数据库进行修改，提高它的可扩展性，如 Amazon RDS（Relational Database Service）。

Amazon RDS 是一种云中的 MySQL 数据库系统，它采用集群方式将 MySQL 数据库移植到云中，在一定的范围内解决了关系数据库的可扩展性问题。

MySQL 集群采用了 Share-Nothing 架构（见图 11-9）。每台数据库服务器都是完全独立的计算机系统，通过网络相连，不共享任何资源。这是一个有较高可扩展性的架构，当数据库处理能力不足时，可以通过增加服务器数量来提高处理能力，同时多个服务器也增加了数据库并发访问的能力。

集群 MySQL 通过表单划分的方式将一张大表划分为若干个小表，分别存储在不同的数据库服务器上，这样就从逻辑上保证了数据库的可扩展性。但是表单的划分没有固定的方式，主要根据业务的需要进行针对性的划分，这就对数据库的管理人员提出了非常高的要求，如果划分得不科学，而查询经常会跨表单和服务器，性能就会严重下降。

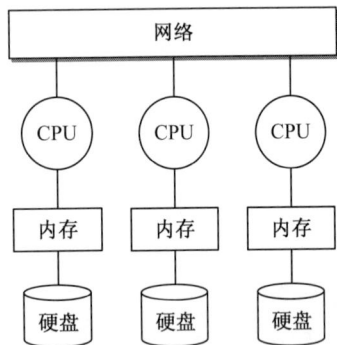

图 11-9　Share-Nothing 架构

7. 内容推送服务 CloudFront

CloudFront 实际上就是一个基于 Amazon 云计算平台实现的内容分发网络（Content

Delivery Network，CDN）。通过 Amazon 部署在世界各地的边缘结点，用户可以快速、高效地对由 CloudFront 提供服务的网站进行访问。

传统的网络服务模式中，用户和内容提供商位于服务的两端，网络服务提供商将两者联系起来。在这种情况下，网络服务提供商仅仅起到"桥梁"作用。在这种模式下，网站服务器处于中心地位，各地的访问者都必须直接和网站服务器连接才可以访问相关内容，缺点不言而喻。

而 CDN 通过将网站内容发布到靠近用户的边缘结点，使不同地域的用户在访问相同网页时可以就近获取。这样既可以减轻源服务器的负担，也可以减少整个网络中流量分布不均的情况，进而改善整个网络性能。

所谓的边缘结点是 CDN 服务提供商经过精心挑选的距离用户非常近的服务器结点，仅"一跳"（Single Hop）之遥。用户在访问时就无须再经过多个路由器，访问时间大大缩减。CDN 是通过在现有的网络上增加一层网络架构来实现的。图 11-10 是使用了 CDN 后用户访问网站的基本流程图。

CloudFront 正是通过 Amazon 设在全球的边缘结点来实现 CDN 的，但是较普通的 CDN 而言，它的优势无疑是巨大的。首先，CloudFront 的收费方式和 Amazon 的其他云计算收费方式一样，是按用户实际使用的服务来收费，这尤其适合那些资金缺乏的中小企业。其次，CloudFront 的使用非常简单，只要配合 S3 再加上几个简单的设置就可以完成 CDN 的部署。

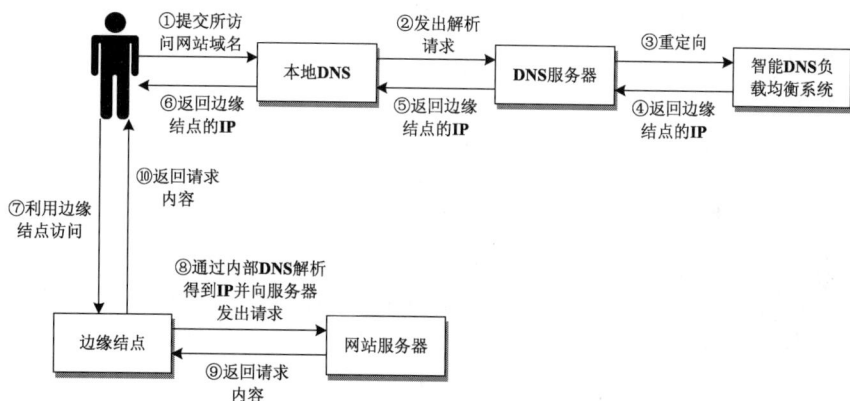

图 11-10　加入 CDN 后用户访问流程

其他 Amazon 云计算服务包括：

（1）快速应用部署 Elastic Beanstalk 和服务模板 CloudFormation；

（2）云重的 DNS 服务 router 53；

（3）虚拟私有云 VPC；

（4）简单通知服务 SNS 和简单邮件服务 SES；

（5）弹性 MapReduce 服务；

（6）电子商务服务 DevPay、FPS 和 Simple Pay；

（7）Amazon 执行网络服务；

（8）土耳其机器人；

（9）Alexa Web 服务。

11.3　物联网及其应用

物联网（The Internet of things，见图 11-11）的概念是在 1999 年提出的。所谓"物联网"，就是"物物相连的因特网"，这里有两层意思：第一，物联网的核心和基础仍然是因特网，是在因特网基础上的延伸和扩展的网络；第二，其用户端延伸和扩展到了任何物品与物品之间，进行信息交换和通信。

图 11-11　物联网

11.3.1　物联网的发展

物联网过去被称为传感网。1999 年，在美国召开的移动计算和网络国际会议提出了，"传感网是下一个世纪人类面临的又一个发展机遇"。2003 年，美国《技术评论》提出传感网络技术将是未来改变人们生活的十大技术之首。

2005 年 11 月 17 日，在突尼斯举行的信息社会世界峰会（WSIS）上，国际电信联盟（ITU）发布了《ITU 互联网报告 2005：物联网》，正式提出了"物联网"的概念。报告指出，无所不在的"物联网"通信时代即将来临，世界上所有的物体从轮胎到牙刷、从房屋到纸巾都可以通过因特网主动进行交换。射频识别技术（RFID）、传感器技术、纳米技术、智能嵌入技术将到更加广泛的应用。

根据 ITU 的描述，在物联网时代，通过在各种各样的日常用品上嵌入一种短距离的移动收发器，人类在信息与通信世界里将获得一个新的沟通维度，从任何时间任何地点的人与人之间的沟通连接扩展到人与物和物与物之间的沟通连接。

2009 年 1 月 28 日，奥巴马就任美国总统后，与美国工商业领袖举行了一次"圆桌会议"，作为仅有的两名代表之一，IBM 首席执行官彭明盛首次提出"智慧地球"这一概念，建议新政府投资新一代的智慧型基础设施。

2009 年 2 月 24 日，IBM 大中华区首席执行官钱大群在 2009 IBM 论坛上公布了名为"智慧的地球"的最新策略。此概念一经提出，即得到美国各界的高度关注，甚至有分析认为 IBM 公司的这一构想极有可能上升至美国的国家战略，并在世界范围内引起轰动。IBM 认为，IT 产业下一阶段的任务是把新一代 IT 技术充分运用在各行各业之中，具体地说，就是把感应器嵌入和装备到电网、铁路、桥梁、隧道、公路、建筑、供水系统、大坝、油气管道等各种物体中，并且被普遍连接，形成物联网。

IBM 希望"智慧的地球"策略能掀起"因特网"浪潮之后的又一次科技革命。IBM 前首席执行官郭士纳曾提出一个重要的观点，认为计算模式每隔 15 年发生一次变革。这一判断像摩尔定律一样准确，人们把它称为"十五年周期定律"。1965 年前后发生的变革以大型机为标志，1980 年前后以个人计算机的普及为标志，而 1995 年前后则发生了因特网革命。每一次这样的技术变革都引起企业间、产业间甚至国家间竞争格局的重大动荡和变化。而因特网革命一定程度上是由美国"信息高速公路"战略所催熟。20 世纪 90 年代，美国克林顿政府计划用 20 年时间，耗资 2 000 ~ 4 000 亿美元,建设美国国家信息基础结构，创造了巨大的经济和社会效益。

如今，"智慧的地球"战略被不少美国人认为与当年的"信息高速公路"有许多相似之处，同样被他们认为是振兴经济、确立竞争优势。竞争优势是一个企业或国家在某些方面比其他的企业或国家更能带来利润或效益的优势,源于技术、管理、品牌、劳动力成本等。

物联网产业链可以细分为标识、感知、处理和信息传送四个环节，每个环节的关键技术分别为 RFID、传感器、智能芯片和电信运营商的无线传输网络。EPOSS 在《Internet of Things in 2020》报告中分析预测，未来物联网的发展将经历四个阶段：2010 年之前 RFID 被广泛应用于物流、零售和制药领域；2010~2015 年物体互联；2015~2020 年物体进入半智能化；2020 年之后物体进入全智能化。作为物联网发展的排头兵，RFID 成为市场最为关注的技术。

11.3.2 物联网的定义

物联网把新一代 IT 技术充分运用在各行各业之中，具体地说，就是把感应器嵌入和装备到电网、铁路、桥梁、隧道、公路、建筑、供水系统、大坝、油气管道等各种物体中，然后将"物联网"与现有的因特网整合起来，实现人类社会与物理系统的整合。在这个整合的网络当中，存在能力超级强大的中心计算机群，能够对整合网络内的人员、机器、设备和基础设施实施实时的管理和控制。在此基础上，人类可以以更加精细和动态的方式管理生产和生活，达到"智慧"状态，提高资源利用率和生产力水平，改善人与自然间的关系。

物联网代表了下一代的信息发展技术，但它的某些应用领域和应用方式对公众来说并不算生疏，如一些重要商品上的条形码、电子标签和因特网连接后，就可以使人们控制这些商品的流向。例如，查询邮递快件转到了何地，就不是像过去一样要根据人工搜索跟踪，而是通过射频技术，以及在传递物体上植入芯片等技术手段，取得物品的相关具体信息。

物联网至今还没有约定俗成的公认的概念，其基本定义是：把所有物品通过射频识别等信息传感设备与因特网连接起来，实现智能化识别和管理。总体上说，它是指各类传感器和现有的因特网相互衔接的一项新技术。可以把物联网定义为：通过射频识别（RFID）、红外感应器、全球定位系统、激光扫描器等信息传感设备，按约定的协议，把任何物品与因特网连接起来，进行信息交换和通信，以实现智能化识别、定位、跟踪、监控和管理的一种网络。

或者说：物联网指的是将无处不在的末端设备（Devices）和设施（Facilities），包括具备"内在智能"的传感器、移动终端、工业系统、楼控系统、家庭智能设施、视频监控系统等，和"外在使能"（Enabled）的，如贴上 RFID 的各种资产（Assets）、携带无线终端的个人与车辆等"智能化物件或动物"或"智能尘埃"（Mote），通过各种无线或有线的长距离或短距离通信网络实现互联互通（M2M）、应用大集成（Grand Integration），以及基于云计算的 SaaS 营运等模式，在内网（Intranet）、专网（Extranet）或因特网环境下，采用适当的信息安全保障机制，提供安全可控乃至个性化的实时在线监测、定位追溯、报警联动、调度指挥、预案管理、远程控制、安全防范、远程维保、在线升级、统计报表、决策支持、领导桌面等管理和服务功能，实现对"万物"的"高效、节能、安全、环保"的"管、控、营"一体化。

2009 年 9 月在北京"物联网与企业环境中欧研讨会"上，欧盟委员会信息和社会媒体司 RFID 部门负责人 Lorent Ferderix 博士给出了欧盟对物联网的定义：物联网是一个动态的全球网络基础设施，它具有基于标准和互操作通信协议的自组织能力，其中物理的和虚拟的"物"具有身份标识、物理属性、虚拟的特性和智能的接口，并与信息网络无缝整合。物联网将与媒体因特网、服务因特网和企业因特网一起，构成未来因特网。

在这里，"物"要满足以下条件才能够被纳入"物联网"的范围：

（1）要有相应的信息接收器；

（2）要有数据传输通路；

（3）要有一定的存储功能；

（4）要有 CPU；

（5）要有操作系统；

（6）要有专门的应用程序；

（7）要有数据发送器；

（8）遵循物联网的通信协议；

（9）在世界网络中有可被识别的唯一编号。

"物联网"的概念打破了之前的传统思维。过去的思路一直是将物理基础设施和 IT 基础设施分开：一方面是机场、公路、建筑物，而另一方面是数据中心，个人计算机、宽带等。而在"物联网"时代，钢筋混凝土、电缆将与芯片、宽带整合为统一的基础设施，在此意义上，基础设施更像是一块新的地球工地，世界的运转就在它上面进行，包括经济管理、生产运行、社会管理乃至个人生活。

11.3.3　物联网的技术架构

从技术架构上来看，物联网可分为三层：感知层、网络层和应用层（见图 11-12）。

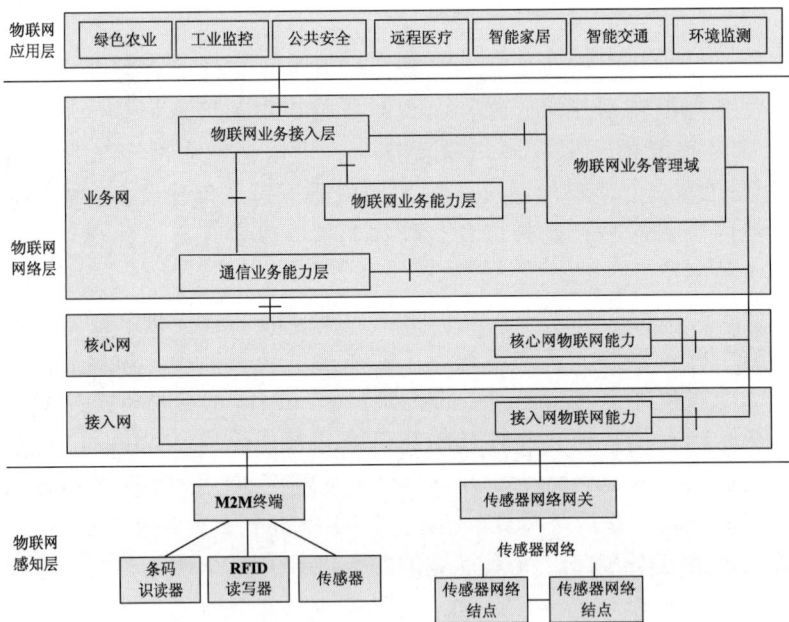

图 11-12　物联网参考业务体系结构

感知层由各种传感器及传感器网关构成,包括二氧化碳浓度传感器、温度传感器、湿度传感器、二维码标签、RFID 标签和读写器、摄像头、GPS 等感知终端。感知层的作用相当于人的眼耳鼻喉和皮肤等神经末梢,它是物联网获识别物体,采集信息的来源,其主要功能是识别物体,采集信息。

网络层由各种私有网络、因特网、有线和无线通信网、网络管理系统和云计算平台等组成,相当于人的神经中枢和大脑,负责传递和处理感知层获取的信息。

应用层是物联网和用户(包括人、组织和其他系统)的接口,它与行业需求结合,实现物联网的智能应用。

物联网的行业特性主要体现在其应用领域内,目前绿色农业、工业监控、公共安全、城市管理、远程医疗、智能家居、智能交通和环境监测等各个行业均有物联网应用的尝试,某些行业已经积累一些成功的案例。

11.3.4　物联网的应用

物联网的用途已经遍及智能交通、环境保护、政府工作、公共安全、平安家居、智能消防、工业监测、老人护理、个人健康、花卉栽培、水系监测、食品溯源、敌情侦查和情报搜集等众多领域。

物联网把新一代 IT 技术充分运用在各行各业之中,具体地说,就是把感应器嵌入和装备到电网、铁路、桥梁、隧道、公路、建筑、供水系统、大坝、油气管道等各种物体中,然后将"物联网"与现有的因特网整合起来,实现人类社会与物理系统的整合。

在这个整合的网络当中,存在能力超级强大的中心计算机群,能够对整合网络内的人员、机器、设备和基础设施实施实时的管理和控制,在此基础上,人类可以以更加精细和动态的方式管理生产和生活,达到"智慧"状态,提高资源利用率和生产力水平,改善人与自然间的关系。人们正走向"物联网"时代,但这个过程可能需要很长的时间。

要真正建立一个有效的物联网,有两个重要因素。一是规模性,只有具备了规模,才能使物品的智能发挥作用。例如,一个城市有 100 万辆汽车,如果只在 1 万辆汽车上装上智能系统,就不可能形成一个智能交通系统。二是流动性,物品通常都不是静止的,而是处于运动的状态,必须保持物品在运动状态,甚至高速运动状态下都能随时实现对话。

11.4　云计算与物联网

物联网通过大量分散的射频识别(RFID)、传感器、GPS、激光扫描器等小型设备,将感知的信息通过因特网传输到指定的处理设施上进行智能化处理,完成识别、定位、跟踪、监控和管理等工作。笼统地看,物联网属于传感网的范畴。传感器的应用历史悠久而且相当普及,物联网是传感网的一个高级阶段,它通过大量信息感知结点采集信息,通过因特网传输和交换信息,通过强大的计算设施处理信息,然后再对实体世界发出反馈或控制信息。

物联网根据其实质用途可以归结为三种基本应用模式:对象的智能标签、环境监控和对象跟踪、对象的智能控制。物联网基于云计算平台和智能网络,可以依据传感器网络用获取的数据进行决策,改变对象的行为进行控制和反馈。

云计算服务物联网的驱动力有以下三个方面:

(1)需求驱动:海量信息的处理,在目前技术下存在高成本压力。云计算充分利用并合理使用资源，降低运营成本。

（2）技术驱动：IT 与 CT（Computed Tomography，电子计算机 X 射线断层扫描）技术融合，推动 IT 架构的升级和云计算标准的逐渐快速发展。

（3）政策驱动：政府的低碳经济与节能减排的政策要求；政府高度关注物联网、云计算等基础设施自助发展战略。

物联网具有全面感知、可靠传递和智能处理三个特征，其中智能处理需要对海量的信息进行分析和处理，对物体实施智能化的控制，这就需要信息技术的支持。云计算的超大规模、虚拟化、多用户、高可靠性、高扩展性等特点正是物联网规模化、智能化发展所需的技术。

云计算架构在因特网之上，而物联网将主要依赖因特网来实现有效延伸，云计算模式可以支撑具有业务一致性的物联网集约运营。因此，很多研究提出了构建基于云计算的物联网运营平台，该平台主要包括云基础设施、云平台、云应用和云管理。依托公众通信网络，以数据中心为核心，通过多接入终端实现泛在接入，面向服务的端到端体系架构。基于云计算模式，实现资源共享与产业协作，提高效率，降低成本，提升服务。

有观点认为云计算是物联网"后端"支撑关键。所谓物联网的"后端"，是指基于因特网计算的涌现智能及对物理世界的反馈和控制。"后端"是实现物联网智能化管理目标和价值追求的关键所在，云计算协同信息处理与计算平台对信息处理与决策。实时感应、高度并发、自主协同和涌现效应等特征对物联网"后端"提出了新的挑战，需要有针对性地研究物联网特定的应用集成问题、体系结构及标准规范，特别是大量高并发时间驱动的应用自动关联和智能协作问题。在因特网计算领域，将软件的实现与运维和用法相关部分（服务）相剥离，并纳入到因特网级基础设施中，这是大势所趋。而因特网级基础设施也是云计算、网格计算的本质所在。

物联网与云计算交互辉映。一方面，物联网的发展离不开云计算的支撑。从量上看，物联网将使用数量惊人的传感器（如数以亿万计的 RFID 、智能尘埃和视频监控等），采集到的数据量惊人。这些数据需要通过无线传感网、宽带因特网向某些存储和处理设施汇聚，而使用云计算来承载这些任务具有非常显著的性价比优势；从质上看，使用云计算设施对这些数据进行处理、分析、挖掘，可以更加迅速、准确、智能地对物理世界进行管理和控制，使人类可以更加及时、精细地管理物质世界，从而达到"智慧"的状态，大幅提高资源利用率和社会生产力水平。可以看出，云计算凭借其强大的处理能力、存储能力和极高的性能价格比，很自然就会成为物联网的后台支撑平台。另一方面，物联网将成为云计算最大的用户，将为云计算取得更大商业成功奠定基石。

【习　　题】

1. 云计算是并行计算、（　　　　）和网格计算的发展。

　　A. 电子计算　　　B. 分布式计算　　　　C. 量子计算　　　　　D. 纳米计算

2. 云计算是虚拟化、效用计算、（　　　　）等概念混合演进并跃升的结果。

　　A. 将基础设施作为服务（IaaS）、将平台作为服务（PaaS）和将软件作为服务（SaaS）

　　B. 互联网+

C．大数据平台

D．量子计算

3．以下（　　　）不是云计算的特点。

    A．超大规模　　B．虚拟化　　　　　C．精密细小　　　　D．高可靠性

4．以下（　　　）不是云计算的特点。

    A．专用性　　　B．高可伸缩性　　C．按需服务　　　　D．极其廉价

5．云计算技术体系结构分为四层，以下（　　　）除外。

    A．物理资源层　B．资源池层　　　C．构建层　　　　　D．中间图层

6．所谓"物联网"就是"物物相连的因特网"。以下（　　　）不属于物联网概念。

    A．核心和基础仍然是因特网

    B．是在因特网基础上的延伸和扩展的网络

    C．通过电缆连接网络设备，它的很多基础结构也是有线的

    D．它的用户端延伸和扩展到了任何物品与物品之间，进行信息交换和通信

【实验与思考】熟悉云计算：阿里云

1．实验目的

本节"实验与思考"的目的是：

（1）了解云计算的基本概念，熟悉云计算的发展环境。

（2）了解主流的云计算技术。

（3）透过对云计算 AWS 应用实例的了解，体验云计算技术的实际运用，体验云计算技术的应用场景和实际发展前景。

2．工具/准备工作

在开始本实验之前，请回顾教科书的相关内容。

需要准备一台带有浏览器，能够访问因特网的计算机。

3．实验内容与步骤

背景：阿里云（见图 11-13）创立于 2009 年，是一家云计算及人工智能科技公司，致力于以在线公共服务的方式，提供安全、可靠的计算和数据处理能力，让计算和人工智能成为普惠科技。服务着制造、金融、政务、交通、医疗、电信、能源等众多领域的领军企业。

图 11-13　阿里云

　　云计算，是用足够低的成本、商业化的模式来解决大计算的问题。以前大家只会想到超级计算机，它的运营成本高，而反应速度还是很慢，当这些大的互联网应用真正发展时，如淘宝，数亿商家提出的购买需要，实时信息匹配的背后，就是大数据的计算。所以，云计算就是使用分布式的方法，针对海量数据大计算的一种解决方案。如果没有计算能力，谈不上大数据的时代，谈不上海量数据的高效应用。

　　下面请通过网络搜索等方法，深入了解阿里云，以进一步熟悉云计算产业。

　　请记录：

　　（1）在传统认知中，"计算"一词对于大多数人而言太过遥远和冰冷，那是必须去花费力气破解的代码世界，与日常生活的交集看起来是那么微乎其微。

　　阿里云认为，＿＿＿＿＿＿＿＿＿＿＿＿＿＿＿＿＿＿＿＿＿＿＿＿＿＿＿＿＿＿

＿＿＿＿＿＿＿＿＿＿＿＿＿＿＿＿＿＿＿＿＿＿＿＿＿＿＿＿＿＿＿＿＿＿＿＿＿＿

＿＿＿＿＿＿＿＿＿＿＿＿＿＿＿＿＿＿＿＿＿＿＿＿＿＿＿＿＿＿＿＿＿＿＿＿＿＿

　　（2）阿里巴巴集团首席战略官曾鸣曾系统性地概括了云计算对于企业的价值，即：

　　①＿＿＿＿＿＿＿＿＿＿＿＿＿＿＿＿＿＿＿＿＿＿＿＿＿＿＿＿＿＿＿＿＿＿＿＿

＿＿＿＿＿＿＿＿＿＿＿＿＿＿＿＿＿＿＿＿＿＿＿＿＿＿＿＿＿＿＿＿＿＿＿＿＿＿

　　②＿＿＿＿＿＿＿＿＿＿＿＿＿＿＿＿＿＿＿＿＿＿＿＿＿＿＿＿＿＿＿＿＿＿＿＿

＿＿＿＿＿＿＿＿＿＿＿＿＿＿＿＿＿＿＿＿＿＿＿＿＿＿＿＿＿＿＿＿＿＿＿＿＿＿

　　③＿＿＿＿＿＿＿＿＿＿＿＿＿＿＿＿＿＿＿＿＿＿＿＿＿＿＿＿＿＿＿＿＿＿＿＿

　　（3）马云在2016杭州云栖大会上提出了五新："新零售，新制造，新金融，新技术，新能源"，阿里云正在成为这"五新"的经济基础设施。请简单阐述你对这"五新"的看法。

　　答：＿＿＿＿＿＿＿＿＿＿＿＿＿＿＿＿＿＿＿＿＿＿＿＿＿＿＿＿＿＿＿＿＿＿

＿＿＿＿＿＿＿＿＿＿＿＿＿＿＿＿＿＿＿＿＿＿＿＿＿＿＿＿＿＿＿＿＿＿＿＿＿＿

＿＿＿＿＿＿＿＿＿＿＿＿＿＿＿＿＿＿＿＿＿＿＿＿＿＿＿＿＿＿＿＿＿＿＿＿＿＿

＿＿＿＿＿＿＿＿＿＿＿＿＿＿＿＿＿＿＿＿＿＿＿＿＿＿＿＿＿＿＿＿＿＿＿＿＿＿

　　（4）阿里云自主研发的超大规模通用计算操作系统飞天（Apsara）诞生于2009年2月，可以将遍布全球的百万级服务器连成一台超级计算机，以在线公共服务的方式为社会提供计算能力。

　　① 填空描述："飞天"是由阿里云自主研发、服务＿＿＿＿＿＿的＿＿＿＿＿＿＿通用计算操作系统，目前为全球＿＿＿＿＿＿多个国家和地区的＿＿＿＿＿＿＿、政府、机构等提供服务。飞天希望解决人类计算的＿＿＿＿＿＿＿＿＿＿＿问题。它可以将遍布全球的＿＿＿＿＿＿＿服务器连成＿＿＿＿＿＿台超级计算机，以在线公共服务的方式为社会提供计算能力。飞天的革命性在于将云计算的三个方向整合起来：提供足够强大的计算能力，提供通用的计算能力，提供普惠的计算能力这三个方向是指＿＿＿＿＿＿＿＿＿＿＿＿＿＿＿。

　　② 填空描述：在基础公共模块之上，有两个最核心的服务，一个是＿＿＿＿＿＿，

另一个是_____。_____是存储管理服务，_____是资源调度服务，飞天内核之上应用的存储和资源的分配都是由它们管理。

在基础公共模块边上，还有一个服务，称为_____。意思是"_____"。

_____是飞天的自动化运维服务，负责飞天各个子系统的部署、升级、扩容及故障迁移。

飞天核心服务分为：_____

飞天最顶层是阿里云打造的软件交易与交付第一平台——云市场。

（5）人工智能。阿里的人工智能 ET 拥有全球领先的人工智能技术，目前已具备智能语音交互、图像/视频识别、交通预测、情感分析等技能。

填空描述：阿里人工智能 ET 可化身成为城市大脑、_____

_____

等领域，成为人类的强大助手。基于阿里云飞天操作系统强大的计算能力，ET 的感知和思考能力正在多个领域不断进化。

ET 背后的阿里云图像识别技术采用了世界领先的深度学习技术，功能准确度均达到 93%以上，可以检测出图片中的具体的物品及所在图片的位置区域，现已经支持水果、蔬菜、常见日用品、美食、运动器械、交通工具、植物、动物等百种以上物体的识别检测能力。

（6）关于安全性。阿里云从诞生第一天起就将安全作为头等大事。2015 年 7 月，对客户信息的保护，阿里云面向全社会、全行业，率先发起"数据保护倡议"，首次定义行业标准：

① _____

_____

_____

② _____

_____

③ _____

_____

_____

_____

（7）请通过网络搜索了解并简单阐述。阿里云主要产品包括：

① 弹性计算：_____

_____

_____

② 数据库：_____

_____

③ 存储: _____

④ 网络: _____

⑤ 大数据: _____

⑥ 人工智能: _____

⑦ 云安全: _____

⑧ 互联网中间件: _____

⑨ 应用服务: _____

⑩ 其他: _____

请记录: 操作能够顺利完成吗? 如果不能, 请分析原因。

4. 实验总结

5. 实验评价(教师)

第12章

移动商务安全

【导读案例】智慧物流构架和发展趋势

什么样的物流才能被称为智慧物流？北京交通大学副教授秦璐在全国智能物流学术研讨会上对智慧物流进行了深入解读，对智慧物流构架和发展趋势的认识进行了探讨，以下是演讲记录。

住建部分三批一共确定了 300 多个智慧城市试点项目，为了配合智慧城市建设，住建部城市科学研究会成立了 18 个学组推动智慧城市建设。智慧物流学组 2015 年 4 月开始筹建，10 月正式成立。从 2015 年 10 月建立以来，我们一直致力于推动智慧物流在城市的落地工作。

我们一起来探讨对智慧物流构架和发展趋势的认识。主要从三个方面的内容来展开：第一我们要解决"什么是智慧"；第二是在"智慧"的含义下尝试描述智慧物流构成；第三是探讨智慧物流发展趋势。

一、什么是"智慧"

是不是只要搭上互联网，就能插上"智慧"的翅膀？什么样的状态是智慧的状态？什么样的物流才是智慧的物流？智慧物流建设首先要回答这些问题。什么是"智慧"呢？"智慧"就是通过认识万物来引导万物的思想。这之中有两大重点：认识和引导，围绕着这两大重点，形成了"智慧"的基本架构。

好比一个人智慧形成过程，认识事物的基础是感知，只有感知到的事物才能被我们注意，才可能进入我们的思维过程。人感知世界的工具是感官，如视觉、触觉、味觉、听觉、嗅觉等，通过它们，人获得了对事物大小、材质、温度、气味等基本信息。在正在构建的智慧物理世界中，感知是通过传感器、手机、RFID（射频技术）等设备实现的，它们如同人的感官，是获取数据的工具，建立起物理世界数据采集基础（见图 12-1）。

人把感知信息传导到大脑的过程通过神经系统完成，人有中枢神经，有末梢神经，它们构成一张无处不在的大网，互联互通。如果某一根神经出现故障，将导致某一功能缺陷或者彻底丧失。在物理世界中，互联网和物联网如同人的神经系统，建立了信息交互的机制和基础设施。物联网和互联网的最大区别是物联网将自动传输信息和数据，更像人的感官和神经系统关系，发生即传导，而互联网的信息是被动上传的。因此，物联网才是智慧物理世界的传导基础，物联网技术和应用每向前推进一步，物理世界的智商就提升 5 分。

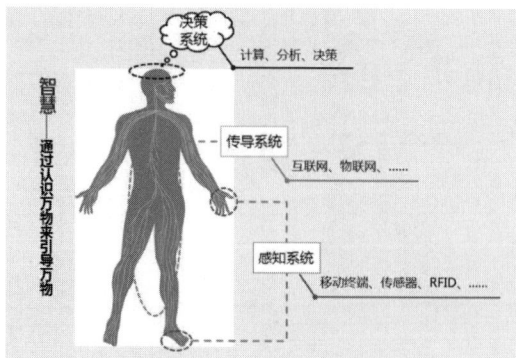

图 12-1　智慧——通过认识万物来引导万物

传导的信息到了大脑之后，人的大脑，要对信息进行复杂的计算、分析，融入思维、想象和情感过程，最终得以决策。而在物理世界中，如何实现这一过程？

我们知道目前已经有人工智能，人工智能诞生于 1956 年，其后经历了几次发展和几次停滞，其原因是开发人工智能的逻辑以模仿人脑思维机制为出发点，然而人脑实在太复杂，人工智能一度走进死胡同。后来人们终于意识到，人工智能无法完全模仿人脑，但有些部分却可以超越人脑，特别是在计算方面，人的能力是有限的，计算机可以极大突破这种有限性，由此以计算能力为突破口，人们终于找到了人工智能的出路。大脑的计算功能从此被模拟并被无限放大，终于在储存和计算方面，机器超越了人。于是，在物理世界中，类似人脑的决策过程被简化为计算、分析、决策。

首先是计算，随着互联网和物联网的飞速发展，数据计算量级呈指数上升，单个计算机无法完成，诞生了云计算技术，利用分布式计算方式来完成对大数据的处理和计算过程，大大提升了物理世界处理海量数据的能力。

然而技术到此，还远未达到"智慧"，智慧在于从已知中发现未知，从无序中提炼有序。它不是我们对已知规律进行求证过程，而是利用已知数据发现未知规律，并最终成为决策并付诸行动的过程。因此，自动发现规律，用规律指导行为，主动决策并自觉行动，才是"智慧"。现如今大数据分析技术可以提供物理世界规律发现、深度关联机制。

最后一步，是主动决策并自觉行动，大数据分析的结果需要直接用于决策并转化为行动，还需要有决策机制。这一步，在微观比较封闭的局部已有实现，如自动化仓库，但在更大的数据交互范围，还在探索之中。

因此，物理世界的"智慧"，认识万物通过能自动读写信息的设施设备获得信息感知，传导通过物联网完成，引导则是通过云计算、大数据分析及决策系统实现。于是我们对物理世界的"智慧"进行定义：物理世界的智慧是感知、交互、分析、发现、决策的综合。智慧以增强系统内外的感知量为基础，通过建立万物间的深度关联，自动发现新规律，将感知、认知、决策相结合，建立真正独立完成操作并自动进行决策的自制系统。智慧一定是可以获得、可以传导、可以分析、可以决策并可以行动的自动过程。最初我们利用机器代替人，是为了进行数据的采集和机械化、自动化的工作，在此基础上，我们进行物物联系，然后发现规律，辅助决策，再到决策。于是在这一过程中，我们完成了从数据采集、云计算、大数据分析到数据产品（决策和服务）的层次。"智慧"与"智能"的区别在于："智能"是"can do"，而"智慧"是"What do、Why do、How do"，所以"智慧"包含"智能"（见图 12-2）。

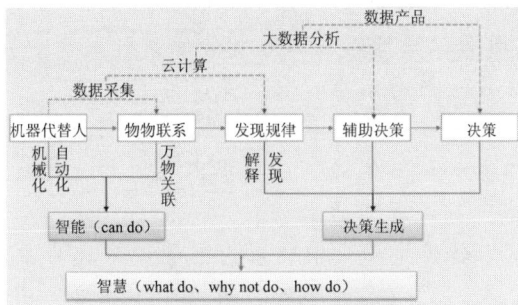

图 12-2　智慧的结构

二、"智慧物流"的构成

在智慧的概念上可以形成"智慧+"，如"智慧城市"及"智慧城市"里面的"智慧管网""智慧社区""智慧物流"等，和所有智慧系统一样，智慧物流也必须实现感知、交互、分析、发现和决策过程。

物流有五大物理要素，分别是人、货、车、节点、线路，这些物理要素为什么现在受到这么大关注，是因为人们将实体经济和虚拟经济进行结合的时候，发现物流是最重要的结合点。从虚拟走向实体，从实体走向虚拟，一定是物流实现（见图 12-3）。同时，这些物理要素具有价值，它们自身价值加上其背后交织的大量经济关系、社会关系、资金流、信息流，形成盘根错节的各种链条和网络。物流结构变迁可以客观反映实体经济变化，物流承载信息是最真实信息。从而物流就像一个深潭，藏着太多可以被挖掘的、增量的价值；又像一个支点，任何逻辑的改变都可能演绎出各种各样的商业模式，撬动越来越大的市场，或者越来越细分的市场。

人、货、车、节点、线路是什么状态又将怎样发展呢？

人，如运输中的司机、仓库中的拣货人员、园区中的参与者等，过去利用 GPS 进行定位数据采集，现在利用手机 APP 获得对人行为数据多维刻画。货，过去利用条码技术记录，现在利用 RFID 技术，不仅跟踪货物安全，还通过反复读写数据发现商业机会。比如奢侈品牌 PRADA 以往通过服装销量判断款式的流行程度，通常销售量低的服装被淘汰。而现在，PRADA 给店面里的每一件试品装上

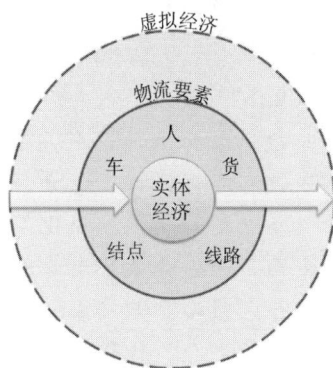

图 12-3　智慧物流构成

RFID，通过服装试穿次数与其销售数据进行关联统计，对试穿次数多、销售量小的服装进行分析改进，让服装重获新生。

车，过去利用 GPS 进行数据采集，现在载运货车出厂时已安装传感器。Agheera，一个实时追踪解决方案的提供商，已经开发了一个可用于连接各种远程信息技术和传感

器硬件设备开放平台，以便整合不同的应用程序和模式下的数据。这个平台能够合并多种资源，例如将货厢或卡车与一个易于使用、具有世界范围访问权限的门户网站相连，让物流供应商和客户都能在他们的各种设备上实时跟踪所有资产。线路，过去利用摄像头采集数据，现在美国 Solar Roadways 公司发明一种利用太阳能技术进行发电的路面，如果全美铺设这种路面，每年的供电量是全美用电量的 3 倍，若与电动车充电技术结合，电动车瓶颈迎刃而解，该路面下还可以安装各种传感器对车辆和其他线路信息实时采集。比如在车队和资产管理方面，传感器可以监测某个卡车、集装箱、ULD（航空载具）的使用及闲置频率，然后它们将采集这些数据用于最优化利用分析，通过测量负载能力可以了解特定路线上交通工具的闲置运力，从中提出巩固和优化路线的建议。这将创造车队效益、节约燃料，并减少空车返回的里程。

节点，尽管物流园区、物流中心目前仍以内部管理系统为主，如 WMS、TMS、ERP等，但更多的中小公司已经通过 Saas 等互联网软件服务应用模式，向提供商租用基于 Web 的软件，可以用更低的成本，更快速地采用先进技术管理企业经营活动，此过程也为数据互联互通创造了可能。

我们把互联分为互联 1.0 和互联 2.0。互联 1.0 中人通过移动互联，货、车、线路通过信息平台互联，节点和企业通过内部管理系统链接，互联 1.0 主要特点是互联有明确的边界，是有限的连接。互联 2.0 的范围要大得多，初步看来有三类企业及其联盟可能在未来举足轻重。

第一类是互联网企业（如谷歌、腾讯、阿里等），它们一直声称自己不是互联网企业，而是数据公司，这也确实是它们的战略核心。所以它们同时在设备和应用上加大投资力度，谷歌在无人驾驶车辆技术方面遥遥领先于汽车制造企业，而阿里也在汽车领域流露出野心。互联网企业通过终端设备提供对接平台业务接口，以服务数据化，数据服务化方式掌控全网资源，一个个庞大的网络帝国正超越政治边界急速膨胀。

第二类是以云服务和物流为核心竞争力的运营类企业，类似于亚马逊和京东，亚马逊 AWS 占有全球云计算市场份额的 27%，营业利润率为 23.5%，活跃用户数已经突破100 万，其中包括 900 多个政府机构、3 400 个教育机构和超过 11 200 个非盈利机构。"AWS IoT" 服务，使工厂生产车间、车辆、家电等物联网设备通过云计算技术相互连接。亚马逊通过开放其 "亚马逊物流+" 平台，将物流与云无缝连接。京东模仿亚马逊，虽然还没有那么强大，但方向颇为一致。

第三类是物流专业化互联网平台，物流是典型低利润、零散化行业，尤其在公路货运方面，如今分散物流资源联盟化趋势已经非常明显，一些平台开始着手物流联盟间资源整合，帮助企业完成全链条、多环节、跨行业物流资源整合和协同。如 oTMS 一站式运输服务平台，传化、天地汇、卡行天下等公路港整合平台，物流数据服务商 G7 等都崭露头角，表现出强劲的增长势头。

在 "发现未知规律" 这一层次，也会分出阶段。我们现在可以看到的是利用数据分析对未来事件发生进行预测，从而指导资源重新配置。例如，亚马逊使用大数据、人工智能、云计算等进行仓储物流管理，推出预测性调拨、跨区域配送。"双十一" 到来之前，阿里通过预警指导快递企业提前布局仓库和运力资源。尽管目前我们认为这一预警已经相当厉害，但是从商业和物流运作来看，仍是沿着互联 1.0 模式在进行。而当互联 2.0

的商业化运作成熟后，物流形态可能会打破现有从分散到集中再到分散的轴辐型网络基础模式，步入在实操层面形散，而在协同层面高度组织化阶段，全新的物流组织形式将会出现（见图 12-4）。在此基础上，物流解决方案是否会出现颠覆性的商业模式？我们拭目以待。

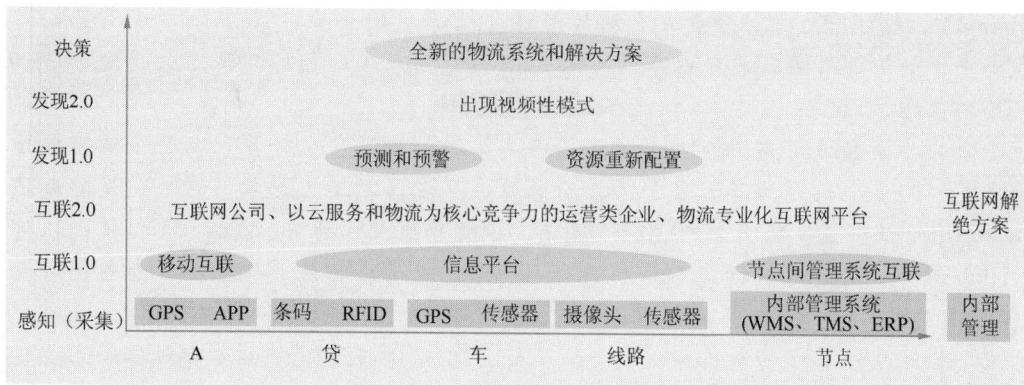

图 12-4　物流系统解决方案

在智慧物流自动决策层面，一些子系统中已经能够自动形成决策方案，如自动化仓库中能够自动储存、自动分拣。在更大的范围我们还有待从无序走向有序，从封闭系统向互联系统跨越。智慧物流结构是围绕五大实体要素形成的物流数据感知、物流数据互联、物流规律发现、物流行为决策和自动执行的有机结构。

三、"智慧物流"发展趋势

"智慧物流"有多种发展可能，在此主要提及三种趋势：

1. 在物联网技术商业化背景下，智慧物流产业链全面爆发，形成设备、应用、平台、数据产品服务多层级多维度发展态势，产业规模巨大。而贯穿其中的底层技术需要同步发展，包括标准化技术的发展（如托盘标准化、集装箱标准化、车辆标准化等）、物联网技术的发展等。智慧物流产业链是一个巨大市场（见图 12-5）。

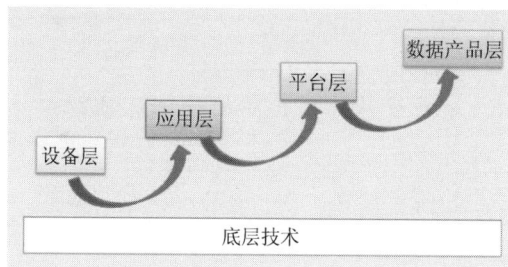

图 12-5　智慧物流产业链

2. 物流中最散小环节将最先被智慧化，然后再逐步瓦解互联程度低、组织化程度高的环节。因此公路货运、城市配送等分散无序的领域将率先实现智慧化。我们统计了国内"互联网+运输平台"（包括供应链服务、车辆调度、整合服务和物流交易等）的一些数据，从注册司机数、投融资额和注册货主数来看，车辆调度均表现突出。2015 年和2016 年，这个领域也是物流投资热点。对于大型传统企业，墨守成规的组织结构成为变革阻力，在互联网重构商业模式进程中，这些大型传统企业最终被迫互联网化。

3. 共享经济在物流发展中逐步占据主导地位，将催生颠覆性物流组织模式和商业模式。最近的一项研究表明，"共享经济"已运用于集装箱运输行业。全球空集装箱调运成本每年达到 150~200 亿美元，BCG 咨询公司启动全球集装箱空箱共享平台，名为"xChange"。到目前为止，分散在全球的超过 100 家运输企业、20 家租赁企业已经参与到市场中，平均每只集装箱可以节约 200~400 美元的成本，已经实现了每周超过 35 000 只空箱的流转。

在仓位共享领域，美国 Flexe 仓库资源共享平台专做仓位分享，其他企业可以预定它在全美 80 多个地方的若干个仓位。而仓位共享在国内尚未起步。在快递送货领域，2014 年 Uber 推出了一款产品叫 Uber Rush，它用普通人作为 messenger（信使）取货送货，Uber 对外声称自己实际是一家物流公司，这也表明在物流共享经济方面它还有大的计划。2015 年，京东也推出类似的"京东众包"，之后正式改名"京东到家"。目前"京东到家"临时快递员注册量已经达到 25 万人。2014 年在同城配送方面国内一家快货运企业，也推出了类似众包的业务模式，货车司机通过抢单，就近取货，就近送货，数据显示，使用了该平台的司机，月收入可以从 1 万元增长到 3 万元。2015 年美国物流领域风投项目中，有两个投给了共享经济。

从集装器具、仓位到人和车，只要有资源，就有可能共享，用共享方式配置资源，就近方式服务，物流将用更高度集中的智慧中枢指挥更分散的行动。一个令人兴奋的智慧物流领域大门已经打开，让我们一起去探索。

（资料来源：腾讯-快报 2016-6-1）

阅读上文，请思考、分析并简单记录。

（1）阅读本文，请简述什么是"智慧"？

答：_____

_____

_____

（2）为什么说：物联网才是智慧物理世界的传导基础？

答：_____

_____

_____

（3）互联网企业（如谷歌、腾讯、阿里等），它们一直声称自己不是互联网企业，那它们是什么企业？为什么？

答：_____

_____

_____

（4）请简单记述你所知道的上一周内发生的国际、国内或者身边的大事。

答：＿＿＿＿＿＿＿＿＿＿＿＿＿＿＿＿＿＿＿＿＿＿＿＿＿＿

＿＿＿＿＿＿＿＿＿＿＿＿＿＿＿＿＿＿＿＿＿＿＿＿＿＿＿＿

＿＿＿＿＿＿＿＿＿＿＿＿＿＿＿＿＿＿＿＿＿＿＿＿＿＿＿＿

＿＿＿＿＿＿＿＿＿＿＿＿＿＿＿＿＿＿＿＿＿＿＿＿＿＿＿＿

＿＿＿＿＿＿＿＿＿＿＿＿＿＿＿＿＿＿＿＿＿＿＿＿＿＿＿＿

12.1　移动商务的安全性

移动商务可利用轻便易携带的无线移动设备进行浏览和存取网络上的资源，进而提供一个不受时间与空间限制的商务环境。然而，移动设备的便携性也对移动商务的安全性带来了更多的挑战。当前的移动商务一般还是小额购物，对安全性的要求相对较低。但是，随着移动商务技术和环境的日趋成熟，全球移动商务的消费者不断增多，安全和隐私问题无疑是大众关注的焦点。

当计算机连接到网络中，尤其是接入因特网时，必须认真对待可能遭受的入侵风险。数以亿计的在线用户与人们自己的计算机，以及计算机上存储的宝贵和私密的数据之间仅有一个 IP 地址之隔。此外，在现实社会中，Web 和电子邮件中充斥着垃圾邮件和骗局，它们不仅会监视人们的在线行为，还会收集如信用卡号码、密码、银行账户等机密信息。因此，用户应该重视并采取行之有效的安全措施，保护计算机免受未经授权的访问，努力降低给计算机安全和个人隐私带来的风险。

12.1.1　移动商务面临的安全威胁

无线通信网络是开展移动电子商务的必要技术，由于无线线路的开放性，移动商务面临多种安全威胁。主要包括以下方面：

（1）Wi-Fi 安全。接入有线网络时必须使用网络电缆插接在路由器上，而接入无线网络却只需启用相应的无线设备，如在无线路由器覆盖范围内所使用的笔记本计算机。无线网络更容易受未经授权接入和使用的影响。

因为无线网络数据直接通过空气自由传播，所以黑客很容易在驾车穿越商业区或居民点时截取无线信号，他们只需使用带有 Wi-Fi 功能的笔记本计算机，就可以轻易地实行局域网劫持（LAN Jacking）。局域网劫持者通过使用 GPS 接收器或合法的网络侦测和监视软件能查到无线接入点的准确位置。要识别出网络是否被攻击，可以查看网络路由器所维护的有线或无线接入网络的客户端列表，或者可以通过安装路由器软件来维护按小时或者按天记录的日志。

要防止 Wi-Fi 信号被拦截是很困难的，但加密传输的数据可以让入侵者毫无收获。无线加密会编码无线设备间传输的数据，只有在具有有效加密密钥的设备上才能解码数据。

（2）无线窃听。在无线通信过程中，所有通信内容，如通话信息、身份信息和数据信息等，都是通过无线信道开放传送的。任何拥有一定频率接收设备的人均可以获取无线信道上传输的内容。无线窃听可以导致通信信息和数据的泄漏，而移动用户身份和位置信息的泄漏可以导致移动用户被无线追踪。这对于无线用户的信息安全、个人安全和个人隐私都构成了潜在的威胁。

（3）漫游安全。在无线网络中，当用户漫游到攻击者所在的一定区域内，在终端用户不知情的情况下，信息可能被攻击者窃取和篡改，服务也可能被拒绝。中途交易后，由于缺少重新认证的机制，通过刷新使连接重新建立会给系统带来风险。连接一旦建立，使用安全套接层（SSL）协议和无线传输层安全（WTLS）协议的多数站点不再进行重新认证和重新检查证书，因此，攻击者可以利用该漏洞。

（4）假冒攻击。是指由于无线通信信道的开放性，当攻击者掌握了网络信息数据规律或解密了商务信息以后，可以假冒合法用户或发送假冒信息欺骗其他用户的行为。在无线通信中，移动通信站需要通信用户的身份信息，以认证其是否为合法用户。攻击者容易截获通信用户包括身份信息在内的所有通信数据，从而假冒该合法用户发送错误信息。另外，攻击者可以通过冒充网络信息控制中心，如在移动通信网络中假冒网络基站以欺骗用户，骗取用户身份信息。

（5）手机病毒。随着智能手机的不断普及，手机病毒的迅速蔓延也成为移动商务的一个严重的安全威胁。和计算机病毒（程序）一样，手机病毒可以利用发送短信、彩信、电子邮件，或者浏览网站、下载铃声、蓝牙连接等方式进行传播，有可能会导致用户手机死机、关机、资料被删、向外发送垃圾邮件、拨打电话等，甚至还会损毁 SIM 卡、芯片等硬件部件。

此外，移动电子商务中的移动终端面临的安全威胁包括移动终端设备的物理安全、SIM 卡被复制、电子标签（RFID）被解密和拒绝服务等多个方面。

12.1.2　移动商务的安全需求

移动商务的安全性应确保双方的合法权益所涉及的内容不受非法入侵者的侵害，应满足数据的认证性、可追究性、公平性、不可否认性、保密性、完整性等，主要涉及以下需求：

（1）认证性。认证是分布式网络系统中的主体进行身份识别的过程，是最重要的安全性质之一，其他安全性质的实现都依赖于认证性。当入侵者修改错误消息、重发消息、故意发送错误消息、消息不全或在网络数据丢失的情况下，不会导致任意一方支付或产品的损失。

移动终端的 SIM 卡通常需要具有加密和身份认证的能力，SIM 卡号就像无线通信中的物理地址，具有全球唯一性。随着移动用户的实名制实施，一个用户对应一张 SIM 卡，SIM 卡可以识别用户身份，利用可编程的 SIM 卡，还可以存储用户的银行账号、CA 证书等用于标识用户身份的有效凭证。另外，可编程的 SIM 卡还可以用来实现数字签名、加密算法和身份认证等电子商务领域必备的安全手段。

（2）可追究性。是指当移动商务交易发生纠纷时，可通过历史信息获取交易当时的情况，从而获得解决交易纠纷的能力。可追究性的两个基本目标是仲裁者验证接收方和发送方提供的非否认证据。如果仲裁者能够判断出正确的消息来源，就符合可追究性。

（3）公平性。是指合法的参与方能按照协议规范产生消息，并根据某些特定的消息推导规则处理消息。公平性建立在可追究性的基础上，即如果不满足可追究性，意味着同时也不满足公平性。

（4）不可否认性。业务抵赖是指业务发生后否认业务发生，以逃避付费或逃避责任，这在移动商务中很常见。在移动商务中，这种威胁包括两个方面：一方面交易双方中的买方收货后否认交易，企图逃避付费；另一方面，卖方收款后否认交易，企图逃避付货。

不可否认性是电子支付商务协议的一个重要性质。其目的在于通过通信主体提供对方参与协议交换的证据，来保证其合法利益不受侵害。协议主体必须对自己的合法行为负责，不能也无法事后否认。通过数字签名技术，证据一般是以签名消息（或多重共享密钥加密）的形式出现的，从而将消息与消息的发送方和接受方进行绑定。

（5）私密性。私有交易重要信息不能被其他人截获及读取，没有人能够通过拦截会话数据获得账户信息，同时还需满足订单和支付信息的保密性。

此外，移动商务的匿名性主要包括以下 3 个方面：

用户身份隐藏：用户的永久身份不能在无线接入链路上被窃听到。

用户位置隐藏：用户到达某个位置或某个区域不能通过对无线接入网窃听得到。

用户的不可跟踪性：攻击者不能通过在无线接入网上窃听推断出是不是对某个用户提供了不同的服务。

（6）完整性。是指网络攻击者截取信息后，私自修改、删除、插入或重传合法用户的信息或数据的过程。完整性侵害可以通过信息的修改阻止用户双方建立连接，也可以欺骗接收者相信收到的已被修改的信息是由原发送者传出的未经过修改的信息，还可以通过阻止合法用户的身份信息、控制信息或业务数据，从而使合法用户无法享受正常的网络服务。保证完整性，可以发现信息未经授权的变化，防止信息被替换。完整性可以使用消息摘要技术和加密技术（Hash 函数）来实现，而支付信息的完整性则可由支付协议来保证实现。

（7）容错性。信息在网络中传输，设备和线路经常会发生故障，要保证在故障产生时，系统不会长时间处于停滞状态，要有备用方案去处理，还要保证更新系统时对原有软硬件的兼容能力。

另外，移动商务对于系统的经济性也得适当考虑，希望在增强系统安全性的同时，能够尽量降低所花费用；合理的加密技术是增强安全的最有力措施，目前已有不少加密算法以实现，要从算法的可实践性上来适当选择。

12.1.3 移动设备的安全问题

无线网络容易受到多种安全威胁的影响，其中许多威胁可以使用如同独立计算机所采用的技术来处理，如需要将网络设备连接到防电涌电源转换器上，以防止设备被电力尖峰所损坏。为了防止硬盘驱动器故障导致数据损坏，需要注意及时备份数据。移动工作站应该安装杀毒软件进行防护，而网络访问必须设置密码等。

移动商务所用的终端设备由于其计算、存储、屏幕显示、存储空间及电池续航等方面的能力有限等特点，限制了复杂加密程序的使用，使加密和认证等安全措施难以有效使用，从而带来安全隐患。另外，移动设备体积小，很容易失窃或者因跌落、进水等造成损坏。

许多安全性相对较好的加密和认证措施都需要客户端有比较强大的运算能力和存储能力来支撑。为了降低加密所需的计算强度，同时又保证较高的安全性，移动设备目前主要利用椭圆曲线（ECC）加密技术。ECC 是基于一种复杂的数学算法，很难破译，且所需要的密码位数较少，这样运行速度快，需要传送的密码字节较少，因而适合在移动环境下使用。

12.2　移动商务的安全技术

由于移动商务在传输技术和终端的处理能力上与传统电子商务存在着较大差距，传统电子商务中的安全技术不能直接照搬到移动商务中。因此，研究适用于移动环境的电子商务安全技术，对于移动商务的推广与普及非常关键。

12.2.1　安全技术基础

移动通信技术从基于模拟蜂窝系统的第一代移动通信技术发展到当前的基于宽带技术的第四代移动通信技术（4G）的过程中，移动网络的安全机制不断地完善。

在移动商务环境中，参与活动的各个主体属于不同的拥有者，执行着不同的安全策略，如某个用户通过移动终端发出一个信息，该信息将经过 ISP、电信运营商（甚至会跨越多个不同的运营商）和商家。对移动商务用户来说，在整个传输过程中希望能够得到与自己一致的所期望的安全保护。因此，业界采用端到端的安全策略来保护移动商务安全。信息在传输过程中是透明的，即信息只能被接收方所理解，传输方即使截获了信息也不能获得机密信息，使用加密技术和安全认证技术来保证端到端的信息传输安全。此外移动商务中还需要可追究性和公平性，需要安全协议来提供这种安全特征。

实现端到端的安全通常有两种思路：一种是在收发主体之间建立一个安全通道，对所有的信息采用同样的措施进行安全保护，如 TLS/SSL 协议；另一种是对需要保护的内容，采用一定的安全机制进行保护。

第五代移动通信技术（5G）与 4G、3G、2G 不同的是，5G 不是独立的、全新的无线接入技术，而是对现有无线接入技术（包括 2G、3G、4G 和 Wi-Fi）的技术演进，以及一些新增的补充性无线接入技术集成后解决方案的总称。从某种程度上讲，5G 将是一个真正意义上的融合网络。以融合和统一的标准，提供人与人、人与物及物与物之间高速、安全和自由的联通。

预计 2020 年的数据流量将比 2010 年增长 1 000 倍。5G 系统的研发将面向 2020 年移动通信的需求，包含体系架构、无线组网、无线传输、新型天线与射频及新频谱开发与利用等关键技术。

12.2.2 移动商务安全技术体系

移动商务的各个层次都存在着安全风险，因此，必须从系统的角度考虑移动商务的安全。中国移动通信研发中心将移动商务安全技术体系结构分为移动承载层、加密技术层、安全认证层、安全协议层和应用系统层等 5 个层次，如图 12-6 所示。

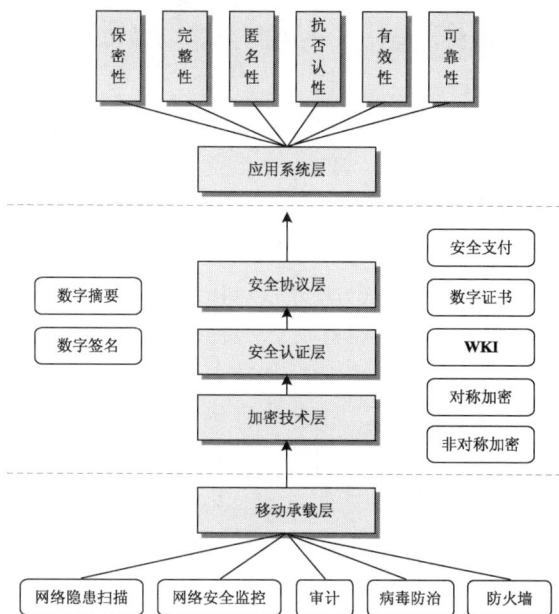

图 12-6 移动商务安全技术体系

从图 12-6 中的层次结构中可以看出，下层是上层的基础，为上层提供技术支持；上层是下层的扩展与递进。各层次之间相互关联成为统一整体，实现移动商务系统的安全。移动商务系统是依赖于移动网络和因特网实现的商务系统，需要利用因特网基础设施和标准，所以构成移动商务安全框架的底层是移动承载网络，包括有线网络和无线网络，它是提供信息传送的载体和用户接入的手段，为移动商务系统提供了基本、灵活的网络服务。

为确保移动商务系统全面安全，必须建立完善的加密技术和认证机制。在图 12-6 中所示的安全框架体系中，加密技术层、安全认证层和安全协议层是为电子交易数据安全而构建。其中，安全协议层是加密技术层和安全认证层的安全技术的综合运用和完善。

12.2.3 加密

可供使用的加密有很多种，但其中有一些要明显比其他的有效。早期的无线加密称为 WEP（Wired Equivalent Privacy，有线对等保密），这是因为这种加密所达到的加密级别大致与有线网络的加密效果一致。而 WEP 的早期版本是很容易被破解的，所以 WEP 的第二个版本使用了更强的加密。即便如此，还是有很多可以轻而易举被黑客利用的漏洞。

WPA（Wi-Fi Protected Access，Wi-Fi 保护访问）和它的后续版本 WPA2 通过确保数据包没有受到任何形式的截取和篡改提供了更强的保护。PSK（pre-shared key，预共享密钥），又称个人模式，它是一种在多数家庭网络中使用的 WPA。所有工作站都使用相同的密钥来连接到网络。

所有网络中的设备都必须使用同种加密。例如，即便网络中只有一台设备是支持 WEP 的，整个网络也都需要使用 WEP。虽然 WEP 的确很容易被黑客破坏，但终究还是比整个网络不受任何保护要好。如果可能的话，最好是使用更安全的 WPA2 或 PSK2。

要激活无线网络的加密，需要打开路由器配置软件。多数无线路由器可以通过打开浏览器输入路由器 IP 地址进行配置。可使用路由器配置实用程序选择加密协议。另外，用户还需要创建无线网络密钥。

无线网络密钥（有时称为网络安全密钥）是编码解码无线设备之间传输的数据的基础。密钥和密码相似，只是长度略长。在路由器说明文档或屏幕上的"帮助"文件中，都会有创建有效密钥的操作指南。例如，密钥可以只限使用数字 0~9 和字母 A~F，也可以使用如 notrespassingthismeansu 这样的密码作为密钥。

不要使用入侵者很容易破译的密钥或密码短语，并记住配置路由器所使用的密钥或密码短语。在安装计算机和其他网络设备后，只需要输入同样的密钥，网络中所有的设备就都可以加密和解密网络中传输的数据。

许多无线网络（如在一些咖啡馆、酒店和机场等）都是未加密而向公众开放的，而其他的网络虽然也可供公共使用，但采取了加密手段。要将计算机、PDA 或 iPhone 连接到加密过的（如学校校园或朋友家中的）无线热点，就需要输入无线网络密钥。在计算机进入加密网络的覆盖范围后，会打开网络对话框，提示输入安全密钥。可询问网络管理员，来获得密钥或网络密码。在输入密钥后，计算机就可以通过该网络传送和接收数据了。网络软件也能存储这个密钥，以便在今后使用该网络时省略重新输入密钥的麻烦。

经过加密转换的消息的内容，对未授权读者是不可见的。计算机中有如下多种加密方式：

- 通过编码有线或无线网络上传输的数据来防止入侵；
- 保护在购物者的计算机和电子商务网站之间传输的信用卡号码和其他用户信息的安全；
- 加密计算机数据库，以保证包含数据库的设备丢失或损害时，数据库所包含的数据能够作废；
- 通过编码电子邮件的内容以保护隐私。

没有加密的原始消息，通常称为纯文本（plaintext）或明文（cleartext），而加密过的消息则称为密文（ciphertext）。将纯文本转换成密文的过程就是加密，而它的逆过程，将密文转换成纯文本的过程就是解密。

一般通过使用加密算法和密钥对消息进行加密。加密算法是一种对消息进行加密和解密的过程。而加密密钥（通常简称密钥）则必须是已知的单词、数字或短语，只有知道密钥才能加密和解密消息。

例如，凯撒大帝（Julius Caesar）曾广泛使用一种称为简单置换的加密方式，这种加密方式会将纯文本消息"Do not trust Brutus"转换成密文"GRQRWWUXVWEUXWXV"。这种加密算法会让字母表中的字母进行一定的偏移。在图 12-7 所示的例子中其密钥是 3。

密文字母表：

D E F G H I J K L M N O P Q R S T U V W X Y Z A B C

等价的纯文本字母表：

A B C D E F G H I J K L M N O P Q R S T U V W X Y Z

图 12-7　凯撒的加密技术所使用的算法是让字母表中的字母进行一定量的偏移

（在这个例子中是偏移 3 位）。加密和解密消息使用的是很简单的转换表。

例如，如果加密后的消息中出现字母 "G"，则在原始的未加密消息中它应该是 "D"

凯撒所使用的密钥置换属于弱加密的例子，因为即使没有加密算法和密钥，也很容易解密。有时未经授权解密是指破解或破译密码。破解凯撒密码的方式就有很多种。例如，可以通过列出 25 个不同的转换表来找出密钥，其中每个表都使用不同的偏移值。当然，这种方法的前提是加密方法所使用的字母表中的字母是有序而不是随机的。还有一种方法就是分析字母出现的频率，在英文文档中，E、T、A、O 和 N 出现的频率最高，然后可以通过猜解其他字母的方式来破译消息。

所谓强加密，不严格地说就是指 "很难被破解" 的加密。WPA2 所使用的 AES（Advanced Encryption Standard，高级加密标准）技术是最强大的加密算法之一。但随着技术的不断进步，强加密成了移动的靶子。一些以前被认为不可破解的加密方法，现在也被破解了。

可以使用昂贵的特制密码破译计算机来破解加密方法。加密方法也可能被标准计算机硬件（如超级计算机、大型机、工作站甚至是个人计算机）破解。这些计算机通常使用蛮力破解来破解密码，这就是说它们会尝试所有可能的密钥。

凯撒加密就是一种对称式密钥加密，在上述例子中，密钥既用来加密消息，又用来解密消息。而对称性密钥加密可以用来加密固定的数据，如公司财务记录。同时它也可以用来加密无线局域网中传输的数据。对称式密钥对电子邮件和其他接收加密过的数据的人预先没有密钥的情形来说是不实用的。用电子邮件邮寄密钥可能成为主要的安全问题，因为黑客有截获密钥的潜在可能。

公钥加密（Public Key Encryption，PKE）解决了密码分配的问题，在这种模式中，加密消息使用一种密钥，而解密消息则是用另一种密钥。图 12-8 显示了公钥加密是如何起作用的。

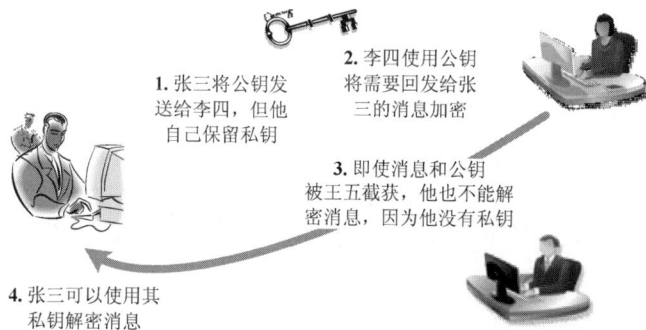

1. 张三将公钥发送给李四，但他自己保留私钥

2. 李四使用公钥将需要回发给张三的消息加密

3. 即使消息和公钥被王五截获，他也不能解密消息，因为他没有私钥

4. 张三可以使用其私钥解密消息

图 12-8　公钥加密使用两种密钥。公钥用来加密消息，而私钥则用来解密消息

公钥加密对电子商务和电子邮件来说很重要。在使用安全连接传输信用卡号码时，服务器会向用户浏览器发送一个公钥，用户的浏览器会利用这个公钥加密信用卡号码。在信用卡号码被加密后，没有人能使用公钥来解密消息。加密过的消息会传输到 Web 服务器，在那里可以用私钥来解密消息。

在个人计算机用户需要加密电子邮件或其他文档时，他们会使用一种称为 PGP（Pretty Good Privacy，良好保密）的公钥加密软件。在第一次使用 PGP 时，这种软件会生成一个私钥和一个公钥。用户必须保证私钥的隐秘性。在用户使用电子邮件将公钥发送给已得到授权的人后，那些人就可以给用户发送加密消息。收到用户公钥的人可以将它存储在他们的 PGP 程序中，之后他们就能用 PGP 程序来加密消息。在他们将这些消息发送给用户时，用户可以使用自己的私钥解密这些消息。PGP 软件可以从许多网站上免费下载。

12.2.4　WAP（无线应用协议）安全架构

WAP 是有线网络和移动通信网络的桥梁，无线终端通过 WAP 可以获取因特网上的大量的信息资源。WAP 安全结构有其特殊性并受到了人们的广泛关注。

WAP 安全结构由 WTLS、WIM、WPKI 和 WMLScript 等四部分共同组成。每个部分在实现无线网络应用的安全中起着不同的作用，基于 WAP 的安全结构组成如图 12-9 所示。

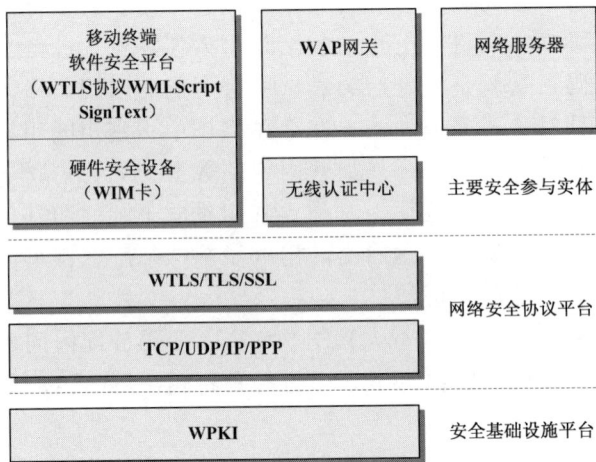

图 12-9　WAP 安全结构体系组成

其中，WPKI 作为安全基础设施平台，是安全协议能有效施行的基础，WPKI 可以与 WTLS、TCP/IP、WML 相结合，实现身份认证、私钥签名等功能。基于数字证书和私钥，WPKI 提供一个在分布式网络中高度规模化、可管理的用户验证手段。

网络安全协议平台包括 WTLS 协议，以及有线环境下位于传输层上的安全协议 TLS、SSL 和 TCP/IP。安全参与实体作为安全协议的实际应用者，相互之间的关系也由底层的安全协议决定。

（1）网络服务器认证

有一些应用环境要求在移动终端和网络服务器之间进行安全传输，由于有线和无线网络之间的所有转换都发生在 WAP 网关，实际上并不存在真正的移动终端-网络服务器加密。取而代之，这一条安全连接被分成两部分：WTLS 保证移动终端和 WAP 网关之间的无线安全传输；SSL/TLS 保证 WAP 网关和网络服务器之间的有线安全传输。

为了建立 SSL 连接，网络服务器将自己的数字证书发送给从 WAP 网关来证明自己的身份，WAP 网关利用对服务器证书签名的根 CA 证书验证网络服务器的证书。整个过程如图 12-10 所示。

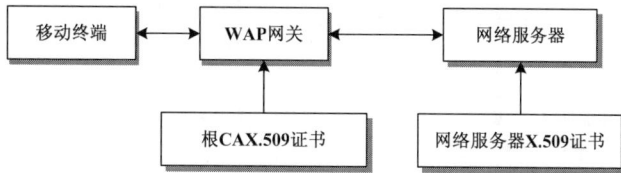

图 12-10　用 SSL 实现有线安全连接

（2）移动终端认证

在许多情况下都需要验证用户的身份，如网络购物、办理信用卡等。图 12-11 表示了 WAP 中实现移动终端认证的过程。

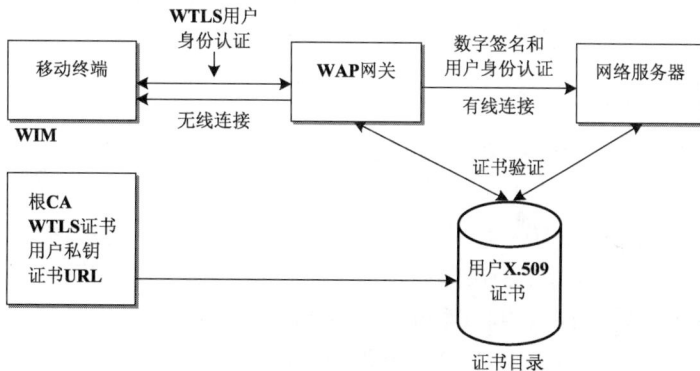

图 12-11　移动终端身份验证和签名

有两种方式可以实现移动终端身份认证：一是 WTLS 终端之间的 WTLS 客户端证书认证；二是用 WMLScript 中的签名函数 SignText 实现终端和网络服务器的安全连接。

这两种方法都要求移动终端有一个私钥和一个用户证书 URL。私钥必须保存在终端，通常保存在 WIM 中，因为 WIM 是一个防篡改硬件。一般都将 WIM 做在 SIM 卡中，称为 S/WIM 卡，也就是两卡合并，而不是一个移动终端中装入两张卡。

由于用户证书（移动终端证书）是被 WAP 网关和网络服务器验证，也就是在有线环境中进行验证，因此用户证书可以是 X.509 证书。不过这样又产生一个问题，X.509 证书的尺寸较大，不太可能存储在 WIM 中，为了解决这个问题，WAP 中规定 WIM 中存储的不是终端的证书，而是证书的 URL，而证书则集中存储在证书目录中。当 WAP 网关和网络服务器需要验证移动终端身份的时候，根据 WIM 中的证书 URL 到相应的位置取证书。

（3）WAP 网关认证

使用与网络服务器非常类似的方法，当建立 WTLS 连接的时候，WAP 网关首先将自己的数字证书发送给移动终端来证明自己的身份，移动终端必须事先拥有对网关证书签名的根 CA 证书，用根 CA 证书来验证网关证书。整个过程如图 12-12 所示。

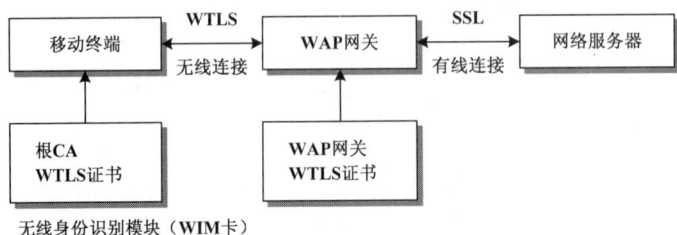

图 12-12　用 WTLS 实现无线安全连接

一般来说，根 CA 的 WTLS 证书保存在移动终端的无线身份识别模块（WIM）中。与有线网络安全连接最大的不同是移动终端的存储能力和计算能力有限，因此采用了一种新的证书格式——WTLS 证书。WTLS 格式证书是对 X.509 证书的简化，证书尺寸本身，就比 X.509 证书小得多，更适合移动终端的有限存储资源，而且 WTLS 采用椭圆曲线密码算法（ECC）代替了 PKI 中的 RSA 算法，使得密钥长度大大降低。

12.2.5　WLAN（无线局域网）安全架构

无线局域网络是以无线连接至局域网络的通信方式，采用的是 IEEE 802.11 系列标准，其中有三种最基本的安全机制：

（1）采用服务区别号 SSID：服务区别号 SSID 相当于一个简单的口令，只有与无线访问点 AP（Access Point）的 SSID 相同的移动终端才可以接入该网络。如果把 AP 配置成向外广播其 SSID，则任何没有配置指定的 SSID 的移动终端都可以收到 AP 的 SSID，并接入 AP，此时这种安全机制将不起任何作用。在一般情况下，WLAN 中的多个用户都知道 AP 的 SSID，泄密的可能性很大，因此这种措施的安全性很低。

（2）使用 MAC 地址访问控制列表（MAC ACL）：与有线网卡类似，无线网卡也具有一个唯一的 MAC 地址，所以在 AP 中可以手工维护一组允许访问的移动终端的 MAC 地址列表，进行物理地址过滤。

（3）使用有线等价保密 WEP（Wired Equivalent Privacy），保证了信道上传送数据的安全。另外，无线局域网的网络管理员分配给每个授权用户一个基于 WEP 算法的密钥，可有效阻止非授权用户的访问。

12.2.6　WPKI（无线公开密钥体系）安全架构

WPKI 即 "无线公开密钥体系"，它是将因特网电子商务中 PKI 安全机制引入到无线网络环境中的一套遵循既定标准的密钥及证书管理平台体系，用来管理在移动网络环境中使用的公开密钥和数字证书，有效建立安全和值得信赖的无线网络环境。

图 12-13 表明了 WPKI 的结构及工作流程，其上半部分与 WAP 体系结构相同，下半

部分描述了 WPKI 证书签发过程,移动终端在与有线网络服务器连接之前必须先得到 CA 颁发的证书。

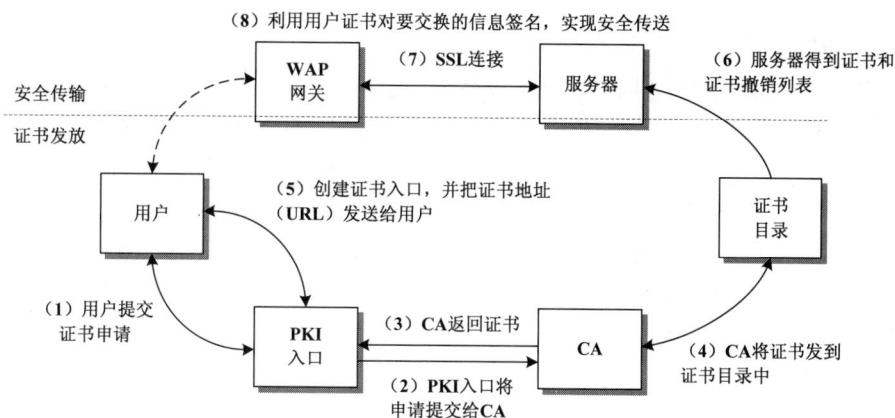

图 12-13　WPKI 结构及工作流程

WPKI 是传统 PKI 技术应用于无线环境的优化扩展。将 PKI 技术直接应用于移动通信领域存在两方面的问题:其一是无线终端的资源有限(运算能力、存储能力、电源等);其二是通信模式不同。为适应这些需求,出现了 WPKI 标准,对现有 PKI 标准进行扩充和修改,使之更适合于移动通信网络环境,它是 WAP 安全结构的一个组成部分。

WPKI 是无线公钥基础设施,它采用非对称密码算法和原理来提供移动通信网中的安全服务,包括身份认证、数据完整比和加密等服务。WPKI 中同样采用证书作为密钥对的管理手段。可以说 WTLS、WIM 和 WIMScript 都是在 WPKI 的基础上运行的,WPKI 是 WAP 安全的基础。

12.3　移动交易信任机制

移动商务交易中的信任是指网上消费者对在线交易的总体信任,它分为广义和狭义两种。狭义的信任机制局限于网络平台的技术手段的研究,一般分为基于身份的信任模型、基于角色的信任模型、自动信任协商模型、基于名誉的信任模型。广义的信任机制是指电子商务交易系统中构成、影响相互信任关系的各部分和它们之间的作用方式,以及为促进和维持信任关系所发生的相关作用方式和所有手段、方法等。在这一机制中主要涉及交易主体(网上企业和消费者)及在交易过程中起保护和支持作用的第三方机构(如银行、政府等)。

建立移动电子商务交易信任机制,需要综合考虑政府、企业和交易伙伴三方面因素的影响,需要涉及交易的各方主体共同努力。

(1)从政府的角度。

一是加强法律的威慑力度。加强法律建设是政府介入移动电子商务信任机制形成的重要途径。当前,国际社会为了确保电子商务交易的顺利进行和发展,都纷纷着手制定相关法规。目前，较为规范和完整的电子商务交易法规当首推联合国国际贸易法委员会（UNCITRAL）提出的《电子商务示范法蓝本》。除此之外，1997 年欧盟发布的《欧盟电子商务行动法案》、美国的《全球电子商务发展纲要》和世界贸易组织达成的《信息技术协议》，都为电子商务交易提供了有力的安全保障。我国已经颁布的《电子签名法》标志着我国电子商务法律建设的开始，但有关移动电子商务方面的法规几乎没有，而传统的电子商务法规则不能完全适应移动电子商务。国际上许多国家已经采取了法律手段规范短信息服务，以控制有害短信蔓延的势头，在我国这些法律法规还有待完善。二是提升移动电子商务经营者的自律水平。经营者自律、监管是建立移动电子商务信任机制的重要手段。电子商务行业自律可由政府牵头，制定行业自律规章制度，规范移动电子商务经营者的经营行为。提高移动电子商务经营者的诚信法律知识和素质；企业要经常进行自查自评，对客户跟踪调查，了解消费者反馈，从而推动移动电子商务经营的诚信服务质量。

（2）从企业的角度。

企业应以不断创新为手段，全心全意致力于提供安全诚信服务，来满足广大顾客需要；尤其是在网站电子商务信息化诚信服务方面，加强网站安全建设，不断创新超越，强化网站服务功能，扩展服务领域范围，优化电子商务服务流程。例如，南航在国内首家推出电子客票，率先提供电子客票网上值机和手机值机等特色服务。不管是电子商务网站和移动电子商务网站的运营者还是会员，都有责任和义务去保证上传信息的真实性和有效性，特别是作为电子商务网站和移动电子商务网站的运营者，更应承担自己网站上传或者所发布信息的审核工作，这个环节是重中之重。

（3）从交易伙伴角度。

要完善第三方认证形式。在移动电子商务中，通过担保的方式建立消费者信任，建立商务交易主体的信任途径。第三方认证可以降低不确定性和机会主义行为所带来的利益诱惑，有力保证认证结果的公正性、客观性和真实性，相对而言具有更高的可信度和公正性。如果银行、第三方支付机构在移动商务中做担保，可极大地推进交易双方信任机制的建立，如支付宝公司为淘宝网交易者提供的"第三方担保"，对淘宝网信任机制的建立就起到了巨大作用。由于第三方认证在国内仍处于发展阶段，还不能满足交易伙伴间建立信任的要求，所以需要大力发展和建设。2011 年出台的《第三方电子商务交易平台》服务规范在电子商务服务业发展中具有举足轻重的作用。第三方电子商务交易平台不仅沟通了买卖双方的网上交易渠道，大幅度降低了交易成本，也开辟了电子商务服务业的一个新领域。加强第三方电子商务交易平台的服务规范，对于维护电子商务交易秩序，促进电子商务健康快速发展，具有非常重要的作用。

总之，建立和完善移动商务交易信任机制，需要政府、企业和交易各方的共同努力，需要法律、技术和诚信多方面的协调共建。只要政府发挥自身职能提高移动商务交易过程的监管力度；企业有意识地采取一些措施提高自己在网络上的信任度；交易者遵守法律、恪守道德、诚实守信，那么我国移动商务信任机制就会得以快速建立，电子商务行业将会更加健康快速地发展。

12.4 云 备 份

备份是一项未雨绸缪性的工作，它先将数据以副本形式保存起来，当移动终端存储的信息由于某种原因遭到破坏时，即可将保存的数据副本恢复，重新加以利用。所谓云备份（见图 12-14），就是把个人数据的通讯录、短信、图片等资料通过云存储的方式备份在网络上面。云备份的特点是：备份数据更加安全，支持多平台管理，数据传输加密更放心。云备份不受空间和设备限制，也不用数据线，也不需要备份到存储卡上以免丢失的风险。

图 12-14 云备份

云备份通过集群应用、网格技术或分布式文件系统等功能，将网络中大量各种不同类型的存储设备通过应用软件集合起来协同工作，共同对外提供数据存储备份和业务访问的功能服务。

数据云备份要重视数据安全。云备份一般是内部进行备份，如学校、医院、政府部门、企事业单位，通过内部资源整合，通过备份软件来建立自己的私有云。建立私有云，要考虑整合硬件，要重视存储的写和备份过程。

12.4.1 云备份的优缺点

云备份的优点包括：

（1）可扩展节约成本。使用云备份后，可以依靠第三方云提供商的无限扩展能力，而不需担心投资问题。事实上，边使用边付费的模式减少了备份的采购和实施带来的烦恼。这种方式使得使用者能够预测并管理容量增长和运营费用。

（2）高效可靠。云提供商通常会提供最先进的技术，比如基于磁盘的备份、压缩、加密、重复数据删除、服务器虚拟化、存储虚拟化、应用优化数据保护等。除了认证要求的安全性之外，多数提供商还能提供 7×24 小时的监控、管理和报表，这些能力一般公司通常无力负担。

（3）恢复时间缩短。从磁带恢复时，管理员需要找到磁带，将其加载并找到数据的位置再恢复数据。而从云中恢复数据要快得多；它不需要从磁带存放点运送磁带，处置及寻找的时间。需要恢复的数据被找到后通过广域网（WAN）进行传输，节省时间且无须建设本地磁带设备。

（4）可用性。对无力负担灾难恢复架构的公司，或者能负担得起，但是意识到通过外包可以提高效率并降低成本的公司来说，云备份可能会很有吸引力。离站数据副本能通过任何因特网连接或设备来访问，在发生区域性灾难时增加了保险系数。

云备份的缺点有：

（1）大小限制。受限于带宽资源，企业每天上传云端的数据量有限制，影响了备份策略。

（2）终止服务。理解最佳的"推出策略"和审阅具体功能一样重要。需要考虑的指标包括服务终止费用、提前退出费用、取消服务通知、数据取回方式等。

（3）无服务等级协议。服务的性能和对备份能够顺利完成的"保证"，这些往往不是服务提供商能控制的。例如，是否有足够带宽、需要通过网络传输的数据量、被保护系统的可访问性，这些都有可能造成无法遵守服务等级协议。

12.4.2　CBS 云备份

微世界云备份服务（Cloud Backup Service）是一个针对海量文件的远程备份和远程归档系统，适合于企事业单位内部的文件服务器、互联网服务器、笔记本计算机、个人 PC 和移动终端等设备上的文件保护，可将上述设备中的 Office 文档、邮件、图片、视/音频、开发程序包等通过互联网备份和归档到云端。即使本地设备损坏或丢失，CBS 云备份中的数据都能完整无缺，且可随时恢复还原。

CBS 云备份有以下优点：

（1）多设备和终端数据同步。实现服务器、笔记本计算机、个人 PC 和移动终端之间的数据同步。备份的数据按设备名称分别管理，可下载或预览所有文件。手机拍照后备份到云端，在远程个人 PC 上马上就能编辑。

（2）自动备份、多版本恢复。通过客户端软件设置自动备份策略，实现每天、每周或即时自动定时备份。备份后的文件可实现不同时间的版本进行恢复。

（3）重要资料长期归档保护。将本地设备或云端已备份的文件中具有长期保存价值的各种资料，经整理后归档单独保存，归档后的文件无法修改、覆盖和删除，如重大活动的照片和视频，各种证明材料，设计方案，小说原稿等。

（4）按需购买、随时扩容。存储容量可按需购买，按实际使用的容量大小来收费，可根据需求随时扩容。

（5）群组共享、灵活分享。支持以群组方式构建虚拟团队、项目组或兴趣爱好组。文档、图片和视/音频可通过链接或邮件快速分享给朋友及同事，可设置分享时长和访问密码。

（6）在线编辑、预览。支持 Office 文档、PPT 文件和图片的在线浏览和编辑。

12.5　移动商务的隐私保护

隐私问题是与移动商务安全息息相关的重要话题。人们普遍比较担心通过因特网来提供个人电话、地址、信用卡号码等涉及个人隐私的信息，而移动商务要想得以进行和顺利发展，需要用户通过网络来提供这些信息。由于移动商务的一些独特特性，隐私问题比传统的电子商务显得更加突出。随着客户保护隐私的意识越来越强。如果没有足够的隐私保护，那些移动商务中最为重要的、个性化的、基于场景的增值服务就无法获得成功。

由于智能移动终端功能日益强大和参与移动商务的用户越来越多，用户大量的隐私信息保存在移动终端上。同时，移动商务作为电子商务的延伸也需要提供对个人隐私信息的保护，这样才能获得更健康的发展，而且由于移动商务的一些独特性，隐私问题比传统电子商务更加突出。随着技术的发展，将会有越来越多更可靠和更安全的保护措施应用于移动设备上。

隐私侵犯涉及社会道德甚至法律问题，单从技术层面来保证是不够的，在这样的大环境下，有关安全性的标准制定和相应法律出台也将成为趋势。

针对移动商务环境中隐私问题涉及的实体及其相互关系，加拿大 McMaster 大学的 Coursaris 教授等，提出了移动商务环境下的隐私保护交互模型，如图 12-15 所示。

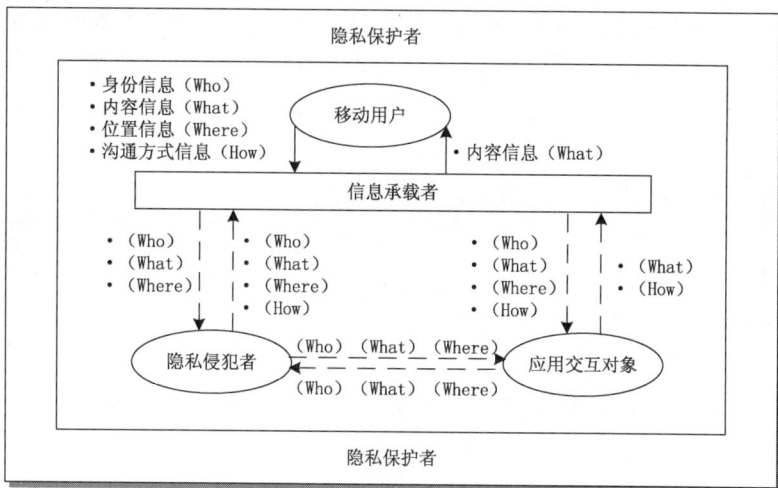

图 12-15　移动商务环境下的隐私保护交互模型

该模型提出，移动商务环境下的隐私保护涉及以下五种实体：

（1）隐私保护者。该隐私保护者可能是政府，也可能是行业协会、第三方隐私保护机构，还可能是认证程序、隐私保护软件等。主要指保护移动商务用户的私密信息不为他人侵犯的组织、团体、个人或软件技术等。

（2）隐私主体。是指对隐私具有所有权和处分权的个人、团体或组织。在移动商务环境下，隐私主体即为移动商务的用户。

（3）应用交互对象。在移动商务过程中，为了完成移动商务的流程而与隐私主体进行交互的团体、组织和个人，可以是提供移动商务服务的企业，也可以是其他的移动商务用户，如移动商务定位服务中的其他用户。

（4）隐私侵犯者。对移动商务用户的隐私信息进行非法或不道德的获取、存储和使用的组织、团体或个人，如黑客等。信息承载者也有可能成为信息侵犯者，当其收集的隐私信息未经隐私主体同意，对隐私主体的私密信息进行非法和不道德的使用时，即成为隐私侵犯者。

（5）信息承载者。为移动商务用户和其他实体之间的交互提供通信服务，主要是一些通信服务的提供商，像移动网络运营商等在移动商务环境下属于信息承载者，能够掌握大量的隐私主体的非公开个人信息，如移动商务用户的位置、移动设备的型号、定制服务的个人偏好等，在隐私保护中起着极其重要的作用。

在移动商务的过程中，以下四种信息可以被收集和传递：

一是身份信息，指与信息发送者和接受者的身份相关的信息。

二是内容信息，指在移动商务交互的过程中所传递信息的内容。

三是未知信息，指移动商务用户所处的位置，可以是静态的，也可以是动态的。

四是沟通方式信息，指移动商务用户所利用的移动设备型号、沟通时间、利用何种网络等。

相对于传统商务而言，移动商务中的隐私保护更加困难。有些企业认为，只要客户同意对其个人信息的收集、使用和披露，隐私问题就很容易解决，事实并非如此。在传统的商务网站上，都有比较详细的隐私政策文件，这些冗长的文件在移动商务环境下，由于屏幕的限制，客户很难阅读，因此隐私保护政策往往成为一种摆设，客户没有办法在真正了解公司的隐私策略后才决定是否同意其政策。

【习　题】

1．无线通信网络是开展移动电子商务的必要技术，由于无线线路的开放性，移动商务面临的安全威胁包括（　　）。

　　A．Wi-Fi 安全　B．无线窃听　　　C．漫游安全　　　　D．A、B 和 C

2．移动商务的安全性应确保双方的合法权益所涉及的内容不受非法入侵者的侵害，应满足数据的（　　）。

　　A．B、C 和 D　B．认证性　　　　C．可追究性　　　　D．完整性

3．移动商务所用的终端设备由于其计算、存储、屏幕显示、存储空间及电池续航等方面的能力有限等特点，限制了（　　）复杂加密程序的使用，使加密和认证等安全措施难以有效使用，从而带来安全隐患。

　　A．简单加密程序　　　　　　　　B．复杂加密程序

　　C．通用加密程序　　　　　　　　D．专业加密程序

4．由于移动商务在传输技术和终端的处理能力上与传统电子商务存在一定区别，传统电子商务中的安全技术（　　）直接照搬在移动商务中。

　　A．简单　　　　B．通常　　　　C．不能　　　　D．可以

5．（　　）是网络通信中标志通信各方身份信息的一系列数据，提供一种在因特网上验证身份的方式。

　　A．数字认证　B．数字证书　　　C．电子证书　　　　D．电子认证

6．所谓云备份，就是把个人数据的通讯录、短信、图片等资料通过云存储的方式备份在（　　）上面。云备份的特点是：备份数据更加安全，支持多平台管理，数据传输加密更放心。云备份不受空间和设备限制，也不用数据线，也不需要备份到存储卡上以免丢失的风险。

　　A．网络　　　　B．U 盘　　　　C．移动硬盘　　　　D．蓝光光盘

7．云备份的特点是（　　）。

　　A．备份数据更加安全，支持多平台管理，数据传输加密更放心

　　B．云备份不受空间和设备限制，也不用数据线

　　C．需要备份到存储卡上避免丢失的风险

　　D．A 和 B，以及不需要备份到存储卡上造成丢失的风险

8．移动商务环境下的隐私保护涉及的实体包括（　　）。

　　A．隐私保护者、隐私主体　　　　B．通信光缆，同轴电缆

　　C．应用交互对象、信息承载者　　D．A 和 C

【课程学习与实验总结】

至此，在学习移动商务知识的同时，我们顺利完成了本书有关移动商务的全部实验。为巩固通过实验所了解和掌握的移动商务知识和技术，请就所做的全部实验作系统的总结。由于篇幅有限，如果预留的空白不够，请另外附纸张粘贴在旁边。

1．学习的基本内容

（1）本学期学习的移动商务相关知识与实验主要有（请根据实际完成情况填写）：

第 1 章。主要内容是：_____

_____

_____

主要实验内容是：_____

_____

_____

第 2 章。主要内容是：_____

_____

_____

主要实验内容是：_____

_____

_____

第 3 章。主要内容是：_____

_____

_____

主要实验内容是：_____

_____

_____

第 4 章。主要内容是：_____

_____

_____

主要实验内容是：_____

_____

_____

第 5 章。主要内容是：_____

_____

_____

主要实验内容是：_____

_____

_____

第 6 章。主要内容是：_____

主要实验内容是：＿＿＿＿＿＿＿＿＿＿＿＿＿＿＿＿＿＿＿＿＿＿＿＿＿＿＿＿＿＿＿＿＿
＿＿

第 7 章。主要内容是：＿＿＿＿＿＿＿＿＿＿＿＿＿＿＿＿＿＿＿＿＿＿＿＿＿＿＿＿＿＿
＿＿

主要实验内容是：＿＿＿＿＿＿＿＿＿＿＿＿＿＿＿＿＿＿＿＿＿＿＿＿＿＿＿＿＿＿＿＿＿
＿＿

第 8 章。主要内容是：＿＿＿＿＿＿＿＿＿＿＿＿＿＿＿＿＿＿＿＿＿＿＿＿＿＿＿＿＿＿
＿＿

主要实验内容是：＿＿＿＿＿＿＿＿＿＿＿＿＿＿＿＿＿＿＿＿＿＿＿＿＿＿＿＿＿＿＿＿＿
＿＿

第 9 章。主要内容是：＿＿＿＿＿＿＿＿＿＿＿＿＿＿＿＿＿＿＿＿＿＿＿＿＿＿＿＿＿＿
＿＿

主要实验内容是：＿＿＿＿＿＿＿＿＿＿＿＿＿＿＿＿＿＿＿＿＿＿＿＿＿＿＿＿＿＿＿＿＿
＿＿

第 10 章。主要内容是：＿＿＿＿＿＿＿＿＿＿＿＿＿＿＿＿＿＿＿＿＿＿＿＿＿＿＿＿＿＿
＿＿

主要实验内容是：＿＿＿＿＿＿＿＿＿＿＿＿＿＿＿＿＿＿＿＿＿＿＿＿＿＿＿＿＿＿＿＿＿
＿＿

第 11 章。主要内容是：＿＿＿＿＿＿＿＿＿＿＿＿＿＿＿＿＿＿＿＿＿＿＿＿＿＿＿＿＿＿
＿＿

主要实验内容是：＿＿＿＿＿＿＿＿＿＿＿＿＿＿＿＿＿＿＿＿＿＿＿＿＿＿＿＿＿＿＿＿＿
＿＿

第 12 章。主要内容是：＿＿＿＿＿＿＿＿＿＿＿＿＿＿＿＿＿＿＿＿＿＿＿＿＿＿＿＿＿＿
＿＿

（2）通过实验，你认为自己初步了解和掌握的有关移动商务的主要知识点是：

知识点 1: _____

_____

_____

知识点 2: _____

_____

_____

知识点 3: _____

_____

_____

知识点 4: _____

_____

_____

知识点 5: _____

_____

_____

2．实验的基本评价

（1）在全部实验中，你印象最深或者相比较而言你认为最有价值的实验是：

① _____

你的理由是: _____

_____

② _____

你的理由是: _____

_____

（2）在所有实验中，你认为应该得到加强的实验是：

① _____

你的理由是: _____

_____

② _____

你的理由是: _____

_____

（3）对于本课程和本书的实验内容，你认为应该改进的其他意见和建议是：

_____

_____

_____

3．课程学习能力测评

请根据你在本课程中的学习情况，客观地对自己在移动商务知识方面作一个能力测评。请在表 12-1 的"测评结果"栏中合适的选项下打"√"。

表 12-1　课程学习能力测评

关键能力	评价指标	测评结果					备注
		很好	较好	一般	勉强	较差	
课程基础内容	1. 了解电子商务技术的发展						
	2. 了解本课程的主要内容						
	3. 熟悉本课程的网络学习环境						
理论知识水平	1. 熟悉移动商务定义、基本概念、基本分类与结构						
	2. 熟悉大数据及其对移动商务的影响						
	3. 熟悉移动商务全流程营销						
	4. 熟悉移动商务价值链及商务模式						
	5. 熟悉移动设备及其操作系统						
	6. 熟悉移动商务技术与云计算						
实践与应用能力	1. 掌握移动购物调查方法						
	2. 熟悉大数据概念与数据超市实践						
	3. 熟悉移动购物生命周期的 6 个阶段						
	4. 掌握使用移动终端的调查与分析						
	5. 熟悉移动商务模式的典型案例						
	6. 熟悉网络银行和移动支付						
自我管理和交流能力	1. 培养和具有良好的职业道德修养，具有良好的交流和沟通能力						
	2. 具有良好的专业素养，学会使用信息资源，能获取并反馈信息						
	3. 能通过积极的学习活动和良好的实践提高个人多媒体技术能力						
创新能力	1. 具有创新和竞争意识和精神						
	2. 能使用不同的思维方式，能根据现有知识创新地提出有价值的观点						

说明："很好"为 5 分，"较好"为 4 分，其余类推。全表栏目合计满分为 100 分，你对自己的测评总分为：＿＿＿＿＿＿＿＿分。

4. 学习与实验总结

＿＿＿＿＿＿＿＿＿＿＿＿＿＿＿＿＿＿＿＿＿＿＿＿＿＿＿＿＿＿＿＿＿＿＿＿＿＿
＿＿＿＿＿＿＿＿＿＿＿＿＿＿＿＿＿＿＿＿＿＿＿＿＿＿＿＿＿＿＿＿＿＿＿＿＿＿
＿＿＿＿＿＿＿＿＿＿＿＿＿＿＿＿＿＿＿＿＿＿＿＿＿＿＿＿＿＿＿＿＿＿＿＿＿＿
＿＿＿＿＿＿＿＿＿＿＿＿＿＿＿＿＿＿＿＿＿＿＿＿＿＿＿＿＿＿＿＿＿＿＿＿＿＿
＿＿＿＿＿＿＿＿＿＿＿＿＿＿＿＿＿＿＿＿＿＿＿＿＿＿＿＿＿＿＿＿＿＿＿＿＿＿
＿＿＿＿＿＿＿＿＿＿＿＿＿＿＿＿＿＿＿＿＿＿＿＿＿＿＿＿＿＿＿＿＿＿＿＿＿＿
＿＿＿＿＿＿＿＿＿＿＿＿＿＿＿＿＿＿＿＿＿＿＿＿＿＿＿＿＿＿＿＿＿＿＿＿＿＿

5. 实验总结评价（教师）

＿＿＿＿＿＿＿＿＿＿＿＿＿＿＿＿＿＿＿＿＿＿＿＿＿＿＿＿＿＿＿＿＿＿＿＿＿＿
＿＿＿＿＿＿＿＿＿＿＿＿＿＿＿＿＿＿＿＿＿＿＿＿＿＿＿＿＿＿＿＿＿＿＿＿＿＿

附　录

部分习题与实验参考答案

第 1 章

1. B　　　2. B　　　3. D　　　4. A　　　5. C　　　6. A

7. B　　　8. D　　　9. AB

第 2 章

1. A　　　2. A　　　3. A　　　4. C　　　5. D　　　6. B

7. ABCD　8. ABD　　9. ABCD

第 3 章

1. C　　　2. B　　　3. A　　　4. D　　　5. A　　　6. ACD

7. ABCD　8. ABCD

第 4 章

1. A　　　2. C　　　3. B　　　4. B　　　5. C　　　6. D

7. B　　　8. A　　　9. D　　　10. B

第 5 章

1. C　　　2. A　　　3. C　　　4. B　　　5. D　　　6. D

7. B　　　8. D　　　9. D　　　10. C

第 6 章

1. B　　　2. D　　　3. B　　　4. C　　　5. B　　　6. D

7. C　　　8. D　　　9. B　　　10. A　　11. B

第 7 章

1. A　　　2. B　　　3. D　　　4. C　　　5. D　　　6. C

7. A　　　8. B　　　9. C　　　10. D　　11. B　　12. D

13. B

第 8 章

1. B	2. D	3. C	4. A	5. C	6. C
7. D	8. A	9. D			

第 9 章

1. D	2. A	3. B	4. C	5. B
6. A	7. C	8. B	9. B	10. 错

第 10 章

习题：

1. D	2. A	3. C	4. B	5. A
6. 对	7. 错			

实验与思考：

2）关注乌镇世界互联网大会

（1）第一是互联网经济比较发达，第二是能找一个像达沃斯那样的小镇，然后赋予它互联网的魅力，第三它能代表中国几千年的传统文化。专家们经过反复比较，认为乌镇是举办世界互联网大会的最佳选择。

达沃斯小镇：位于瑞士东南部格里松斯地区，隶属格劳宾登州，坐落在一条 17 公里长的山谷里，靠近奥地利边境，它是阿尔卑斯山系最高的小镇。

（2）举办时间：2014 年 11 月 19 日～21 日

大会主题：互联互通·共享共治——构建网络空间命运共同体

主要议题：全球互联网治理、网络安全、互联网与可持续发展、互联网知识产权保护、技术创新及互联网哲学等

（3）举办时间：2015 年 12 月 16 日~18 日

大会主题：互联互通·共享共治——构建网络空间命运共同体

主要议题：

互联网+论坛

数字丝路·合作共赢论坛

网络安全论坛

协同 开放 共享 共赢——海峡两岸暨香港、澳门互联网发展论坛

互联网文化与传播论坛

数字中国论坛

互联网创新论坛

互联网技术与标准论坛

网络空间治理论坛

互联网技术与标准论坛

（4）举办时间：2016 年 11 月 16 日~18 日

大会主题：创新驱动，造福人类——携手共建网络空间命运共同体

主要议题：

数字经济论坛

互联网+论坛

移动互联网论坛

网络反恐论坛

智慧法院暨网络法治论坛

"一带一路"信息化论坛

中非互联网合作论坛

互联网国际高端智库论坛

新媒体发展论坛

海峡两岸暨香港、澳门互联网发展论坛

互联网文化论坛

大数据论坛

互联网全球治理论坛

互联网青年论坛

（5）举办时间：2017 年 12 月 3 日~25 日

大会主题：发展数字经济促进开放共享——携手共建网络空间命运共同体

主要议题：

第一板块 数字经济：造福人类社会；

第二板块 前沿技术：拓展未来空间；

第三板块 互联网与社会：推动普惠共享；

第四板块 网络空间治理：完善国际规则。其中新增议题："守护未来——未成年人网络保护"首次被写进大会议程；

第五板块 交流合作：构建命运共同体"数字丝绸之路"国际合作。

第 11 章

习题：

1. B   2. A   3. C   4. A   5. D   6. C

实验与思考：

（1）计算的终极意义是发挥数字的力量，去解决问题、创造价值，让数字不止于数字，赋予数字以人的喜怒哀乐。

（2）

① 移动+云计算=实现了 IT 服务的"在线化"，让技术的门槛大幅降低。

② 云计算是公共服务，是可变成本，可按需使用，不再是固定资产投入，创业公司的成本压力由此大幅下降。

③ 云计算将数据变成生产资料和企业资产。

（4）

① 全球，超大规模，200，创新创业企业，规模、效率和安全，百万级，一。IaaS、PaaS、SaaS

② 盘古，伏羲，盘古，伏羲

　天基，飞天的基础，天基

　计算、存储、数据库、网络

（5）法院书记员、影视投资经理、广州交警、智能外卖员等多种身份，在城市治理、交通调度、工业制造、健康医疗、司法

（6）

① 任何运行在云计算平台上的开发者、公司、政府、社会机构的数据，所有权绝对属于客户，客户可以自由安全地使用、分享、交换、转移、删除这些数据。

② 客户有权利选择安全的服务来运行数据，云计算平台不得将这些数据移作它用。

③ 如同银行有义务捍卫客户的资金，云计算平台也有义务捍卫客户的数据。云计算平台有责任和义务建立严密的管控体系和内部审计制度，更应不懈地提高安全防护、容灾备份等方面的能力，帮助客户保障其数据的私密性、完整性和可用性。

第 12 章

习题：

1. D　　　2. A　　　3. B　　　4. C　　　5. B　　　6. A

7. D　　　8. C

参 考 文 献

[1] 周苏，等. 移动商务 [M]. 北京：中国铁道出版社，2012.

[2] 查克 马丁. 决胜移动终端 [M]. 向坤. 译. 杭州：浙江人民出版社，2014.

[3] 钟元生，等. 移动商务——新应用新创意 [M]. 北京：清华大学出版社，2016.

[4] 周苏，等. 电子商务实务 [M]. 北京：中国铁道出版社，2011.

[5] 周苏，等. 电子商务概论 [M]. 北京：科学出版社，2005.

[6] 周苏，等. 信息安全技术 [M]. 北京：中国铁道出版社，2009.

[7] JUNE JAMRICH PARSONS, DAN OJA. 计算机文化 [M]. 吕云翔，傅尔也，译. 北京：机械工业出版社，2011.

[8] 刘鹏，等. 云计算 [M]. 2 版. 北京：电子工业出版社，2011.

[9] 杨兴丽，等. 移动商务理论与应用 [M]. 北京：北京邮电大学出版社，2010.

[10] 鲁耀斌，等. 移动商务的应用模式与采纳研究 [M]. 北京：科学出版社，2008.

[11] 张润彤，等. 移动商务概论 [M]. 北京：北京大学出版社，2008.

[12] 秦成德，等. 移动电子商务 [M]. 北京：人民邮电出版社，2009.